manual

Christian M. Piska, Jutta Frohner (Hg.)

Fachwörterbuch Einführung in die Rechtswissenschaften

facultas.wuv

Bibliografische Information Der Deutschen Nationalbibliothek

Die Deutsche Nationalbibliothek verzeichnet diese Publikation in der Deutschen Nationalbibliografie; detaillierte bibliografische Daten sind im Internet über http://dnb.d-nb.de abrufbar.

Druck: Facultas AG
Printed in Austria
ISBN 978-3-7089-0298-2

Vorwort

Grundvoraussetzung für einen gelungenen Einstieg in die Juristerei ist eine didaktisch auf AnfängerInnen zugeschnittene und abgestimmte Prüfungsliteratur. Die gibt es bereits. Sie wurde von den PrüferInnen mit Bedacht zusammengestellt, hat stets ihren Zweck erfüllt und wird dies auch in Zukunft in gelungener Weise tun.

Die Juristensprache lernt man nicht im Vorbeigehen.

Die größte Hürde bei der Erarbeitung des Prüfungsstoffs besteht allerdings im Erlernen der Juristensprache. Sie kommt – wie könnte es anders sein – juristischen Laien zu Beginn zwangsläufig *strange* vor: Ausdrücke, die in der Alltagssprache fix belegt sind, haben plötzlich eine völlig andere Bedeutung. Begriffe sind – in einer für Einsteiger nicht ohne weiteres nachvollziehbaren Weise – ungewöhnlich exakt belegt. Ein unpassendes Wort kann Aussagen mit juristischem Gehalt bis zur Unkenntlichkeit verfälschen. Die exakten Umrisse juristischer Phänomene bleiben ohne genaueres Wissen um die Besonderheiten der Juristensprache verborgen und der Versuch, eigene Wortkreationen für nur schemenhaft wahrgenommene rechtliche Konstruktionen zu schaffen, muss – ohne die nötige Erfahrung – zwangsläufig scheitern.

2.500 Begriffe.

Damit ist jetzt Schluss. Wir haben uns die Mühe gemacht, einmal nachzuforschen, wie viele Begriffe, Abkürzungen und Definitionen man kennen und verstehen muss, um den Prüfungsstoff erfassen zu können: Es sind rund 2.500. Die Zeiten, in denen man sich diese termini mühsam aus der Prüfungsliteratur herausfiltern musste, sind vorbei. Unser Fachwörterbuch enthält 2.632 Erklärungen, gezielt auf den Punkt gebracht, didaktisch maßgeschneidert für die Bedürfnisse von AnfängerInnen.

Es kann aber auch als Unterstützung im weiteren Verlauf des Studiums beim Einstieg in die Fächer Öffentliches Recht, Privatrecht und Rechtsphilosophie und als Orientierungshilfe für allgemeine Fragen (etwa zur juristischen Methodik) dienen. Fortgeschrittene können zB auf die hervorragenden tiefgehenden Fachwörterbücher von *Mayer* und *Welser* zurückgreifen (siehe unsere Literaturliste auf Seite 11).

Auch juristischen Laien, die sich mit Rechtsfragen auseinandersetzen müssen bzw wollen, bietet unser Fachwörterbuch eine Möglichkeit, sich durch unkompliziertes und gezieltes Nachschlagen juristisches Basis-Know-How anzueignen.

Aller Anfang ist schwer.

Das Fachwörterbuch macht es euch definitiv leichter, indem es jedem Studierenden ermöglicht, sich zu 100 % auf das Erfassen und Verstehen des Prüfungsstoffes zu konzentrieren. Nur das Lernen und Einprägen können wir keinem abnehmen. Das war unser Ziel: Den Zugang zum Wissen, das die Prüfungsliteratur vermittelt, so direkt und effizient wie möglich zu gestalten – ohne Umwege. Wer sich bei der Lektüre der Prüfungsliteratur die exakte Bedeutung eines Begriffs sowie nötige Querverbindungen gezielt vor Augen führen möchte, braucht nur noch nachzuschlagen, ohne den Lesefluss dauerhaft unterbrechen zu müssen.

Für genaue Hinweise zu den verschiedenen Einsatzzwecken unseres Fachwörterbuchs möchten wir empfehlen, sich den User's Guide zu Gemüte zu führen. Er ist quasi die Bedienungsanleitung zum Wörterbuch und gibt zahlreiche Hinweise zu seiner besonders effizienten Nutzung.

Dass es gelungen ist, das Fachwörterbuch auf die Beine zu stellen, verdanken wir zahlreichen eifrigen AutorInnen, die keine Mühe gescheut haben, um unser Ziel zu unterstützen. Das Team hat wie ein Uhrwerk perfekt zusammengearbeitet. Kleine Weichenstellungen führen bei einem Projekt dieser Größenordnung zu vielgestaltigen Konsequenzen. Hier war es unabdingbar, sich auf das Team verlassen zu können. Und das konnten wir zu 100 %. Dafür sei allen an dieser Stelle nochmals besonders herzlich gedankt. Großes Lob gilt auch Herrn *Gerhard Egger*, der mit der Schaffung einer grandiosen Internet-Plattform eine so zügige Realisierung des Projekts überhaupt erst ermöglicht hat. Ohne ihn und seine Kompetenz im EDV-Bereich hätten wir das Ziel in so kurzer Zeit nicht erreicht.

Wien, im Oktober 2009 *Christian M. Piska / Jutta Frohner*

AutorInnen

Mag. Dr. *Lukas Bauer* (LB),
Rechtsanwaltsanwärter .... ÖR

Ass.-Prof.[in] Mag.[a] Dr.[in] *Barbara Beclin* (BB),
Institut für Zivilrecht .... PR

Mag.[a] *Tatjana Cardona* (TC),
Institut für Staats- und Verwaltungsrecht .... ÖR

Mag.[a] *Jutta Frohner* (JF),
Institut für Staats- und Verwaltungsrecht .... ÖR

Mag. *Alexander Göd* (MH/AG)*,
Rechtsanwaltsanwärter und Lektor an der FH-Wien........ PR

Ass.-Prof.[in] Mag.[a] Dr.[in] *Verena Tiziana Halbwachs* (VTH),
Institut für Römisches Recht und Antike Rechtsgeschichte .... PR

Mag.[a] *Mara-Sophie Häusler* (MH/AG)*,
Institut für Zivilrecht .... PR

Dr. *Gregor Heißl*, E.MA (GH),
Institut für Staats- und Verwaltungsrecht .... ÖR

Mag.[a] *Diana Holzinger* (DH),
Fachbereich Privatrecht, Universität Salzburg .... PR

Mag.[a] *Elisabeth Kossarz* (EK/AP)**,
Institut für Römisches Recht und Antike Rechtsgeschichte .... PR

MMag. Dr. *Stephan Lenzhofer* (SL),
Rechtsanwaltsanwärter .... ÖR

ao. Univ.-Prof. Dr. *Gerhard Muzak* (GM),
Institut für Staats- und Verwaltungsrecht .... ÖR

Stud.-Ass. *Alexander Pichler* (EK/AP)**,
Institut für Römisches Recht und Antike Rechtsgeschichte .... PR

ao. Univ.-Prof. Dr. *Christian M. Piska* (CMP),
Institut für Staats- und Verwaltungsrecht .... ÖR

MMag.[a] *Julia Lemonia Raptis*, LL.M. (JLR)***,
Österreichische Finanzmarktaufsicht........ ÖR

Mag.[a] *Sabine Resch* (SR),
Institut für Zivil- und Unternehmensrecht, WU Wien........ PR

Mag. *Paul Schörghofer* (PS),
Institut für Zivil- und Unternehmensrecht, WU Wien........ PR

ao. Univ.-Prof. Dr. *Christian Stadler* (CS),
Institut für Rechtsphilosophie, Religions- und Kulturrecht........ RPH

Mag.[a] *Andrea Wall* (AW),
Institut für Zivilrecht .... PR

---

* Häusler und Göd haben die ihnen zugeordneten Begriffe gemeinsam definiert. Daher werden bei diesen Begriffen im Fachwörterbuch beide Autoren angeführt.

** Kossarz und Pichler haben die ihnen zugeordneten Begriffe gemeinsam definiert. Daher werden bei diesen Begriffen im Fachwörterbuch beide Autoren angeführt.

*** Vorliegende Publikation spiegelt die persönliche Meinung der Autorin wider.

User´s Guide

Worum es geht.

Mit diesem Guide wollen wir allen BenutzerInnen unseres Fachwörterbuchs eine kurze Anleitung für seine besonders effiziente, gezielte Nutzung zur Verfügung stellen. Er zeigt Euch, wie Ihr mit dem Fachwörterbuch umgehen müsst.

Sehen wir uns zuerst kurz an, auf welche Einsatzzwecke das Fachwörterbuch zugeschnitten ist:

1. Ergänzung zur Prüfungsliteratur für die Erarbeitung des Prüfungsstoffs.

Wer die Prüfungsliteratur (in Wien: die berühmten Einführungsskripten) unbefangen durchliest, merkt schon nach wenigen Kapiteln, dass die dort verwendeten Begriffe leicht durcheinandergeraten können. Das erschwert das Aneignen der juristischen Konstruktionen und Phänomene nicht unerheblich. Die Juristenwelt hat sich ihre eigene Sprache kreiert.

Wer den Einstieg in die Juristerei finden will, muss gleichzeitig diese neue Sprache lernen. Doch wo bekommt man sie vermittelt? Auch die beste Einführungsliteratur kann diese Aufgabe nicht allein übernehmen. Das war für uns der Anlass, ein einschlägiges Fachwörterbuch zusammenzustellen. Es erklärt die in der Einführungsliteratur verwendeten Fachausdrücke und Definitionen, die eine spezifische und nicht selten eine ganz andere Bedeutung haben, als wir es aus der Alltagssprache gewohnt sind. Wir haben uns – gemeinsam mit unseren AutorInnen – bemüht, alle Erklärungen und Definitionen so exakt wie möglich zu formulieren, aber doch so, dass man sie auch als Anfänger möglichst leicht versteht. Begriffliche Differenzen zwischen ähnlichen oder ähnlich klingenden Ausdrücken werden hervorgehoben und geklärt, erforderliche Abgrenzungen vorgenommen. Schon klar: Aller Anfang ist schwer, aber mit dem Fachwörterbuch wird es leichter.

2. Begleitender Ratgeber für alle Einführungs-Lehrveranstaltungen.

Ob es die Vorlesung ist oder eine der zahlreichen Einführungs-Übungen: Die Erklärungen des Lehrveranstaltungsleiters lassen sich mit dem Fachwörterbuch viel besser und leichter nachvollziehen, insbesondere dann, wenn man keine Zeit hatte, sich detailliert vorzubereiten. Das soll ja hin und wieder vorkommen und verliert jetzt seine drastischen Konsequenzen, weil man auch ohne ausgeprägte Vorkenntnisse beim Zuhören oder beim späteren Durchgehen der Mitschrift nicht mehr "aussteigt". Endloses Suchen und Blättern in den Büchern bzw Skripten war gestern. Jetzt genügt einfaches – gezieltes – Nachschlagen im Fachwörterbuch.

3. Definitionensammlung mit "Vokabelheft"-Funktion.

Wer sich die modulprüfungsrelevanten Begriffe gezielt aneignen oder einfach vor der Prüfung einen gerafften Wiederholungsdurchgang machen möchte, benutzt unser Fachwörterbuch als besonderes juristisches Vokabelheft. Einfach einen Begriff nach dem anderen durchgehen und einprägen. So prägnant und informativ zusammengefasst findet man das Basiswissen sonst nirgends.

4. Orientierungshilfe für Laien, die gelegentlich mit juristischen Fragen befasst sind.

Wer wissen möchte, was ihm sein Anwalt da gerade geraten hat, was für ein behördliches Schriftstück ihm da gerade ins Haus geflattert ist oder wie er dem unwilligen Leiter der Bauverhandlung auf die Sprünge helfen soll, findet im Fachwörterbuch eine wertvolle Orientierungshilfe.

Mehrfach aufscheinende Begriffe. Ein paar Worte zu unterschiedlichen Denkschulen, Lehrmeinungen und Prüferteams.

Wie bereits eingangs erwähnt, haben wir bei der Konzeption unseres Fachwörterbuchs besonders darauf geachtet, Euch zu den einzelnen Begriffen nicht nur gängige Erklärungen, sondern insbesondere auch Querverbindungen und sonstige verständnisfördernde Hinweise zu liefern, die das Erlernen und Verstehen des Stoffes erleichtern.

In unserem Fachwörterbuch werden die Unterschiede auf den Punkt gebracht und treten durch die direkte Gegenüberstellung von Begriffen natürlich deutlicher hervor als in den voneinander getrennten Skripten. Ein Beispiel ist etwa das Verhältnis von Recht und Gerechtigkeit, das im öffentlichen Recht und in der Rechtsphilosophie unterschiedlich gesehen wird. Auch wenn das zu Beginn manchmal nervt: Ihr lernt damit einen Aspekt der Juristerei kennen, der Euch von nun an oft begegnen wird. Häufig lassen sich verschiedene Positionen nicht einfach als richtig oder falsch einordnen, sondern schlicht als unterschiedliche – aber gleichermaßen vertretbare – Meinungen. Diskrepanzen in den Skripten sind so zu sehen und insoweit eine Konsequenz der Lehrfreiheit und unterschiedlicher methodischer Grundpositionen der Prüfer. Besonders im öffentlichen Recht gibt es – schematisiert betrachtet – 2 grundlegende Denkschulen, eine allgemeine und die positivistische, die durch größere Theorielastigkeit und Strukturbetontheit gekennzeichnet ist. Positivistische Positionen bzw Definitionen haben wir in der Regel besonders hervorgehoben.

Am Wiener Juridicum beispielsweise sieht es folgendermaßen aus: Im öffentlichen Recht gehören dem Prüferteam abwechselnd Prof. *Mayer* und Prof. *Raschauer* an: Während *Raschauer* tendenziell die allgemeine Denkschule propagiert, vertritt *Mayer* den positivistischen Ansatz (Reine Rechtslehre). Die ausdrücklich als "positivistisch" gekennzeichneten Positionen und Lehren (zB *Kelsen*, *Merkel*, Reine Rechtslehre) sind daher in der Regel nur für Prof. *Mayer* Bestandteil des Prüfungsstoffs.

Genug Theorie! Was bedeutet das für Euch und den Gebrauch des Fachwörterbuchs?

Scheint im Fachwörterbuch ein- und derselbe Begriff mehrmals hintereinander auf, achtet darauf, welchem Bereich er zugeordnet ist: ÖR für **Öffentliches Recht**, PR für **Privatrecht**, RPH für **Rechtsphilosophie**. Haben die Begriffe in verschiedenen Bereichen unterschiedliche Bedeutungen, wurden sie mehrfach angeführt. Ist die Bedeutung in mehreren Bereichen gleich, haben wir in der Regel darauf hingewiesen. Wichtig ist besonders in Wien: Prägt Euch bei gleichen Begriffen für die Modulprüfung die bereichsspezifische Wortwahl des jeweiligen Teils ein. Es lohnt sich! Denn es bringt wertvolle Punkte bei der Prüfung.

Weiterführende Literatur ...

... für besonders Interessierte gibt es genug. Wir dürfen hier zB auf das Buch „Jus in Wien“ sowie die hervorragenden Fachwörterbücher für Fortgeschrittene von *Mayer* (öffentliches Recht), *Welser* (Privatrecht) verweisen, ebenso auf die ausgezeichneten Basis-Lehrbücher (vgl Literaturliste) von *Funk* (öffentliches Recht), *Stelzer* (öffentliches Recht), *Stolzlechner* (öffentliches Recht), *Wielinger* (öffentliches Recht – Verwaltungsrecht) sowie *Krejci*

(Privatrecht) und *Zankl* (Privatrecht). Für die Rechtsphilosophie ist es *too much to list*. Das Skriptum von *Luf* enthält hier aber zahlreiche wertvolle Hinweise.

Hin und wieder wurde weiterführende Literatur in den Erklärungen zitiert, quasi als Service für jene, die tiefer schürfen und über das Modulprüfungsniveau hinausgehen möchten. Wer Näheres wissen will, kann dort nachblättern. Zur Vorbereitung auf die Prüfung ist das jedoch nicht erforderlich.

Es geht los ....!

Wir wollten Euch mit diesem Fachwörterbuch den Einstieg in die Welt der Juristerei und damit den Weg zum ersten Erfolg im Jusstudium erleichtern. Wir hoffen, Euch damit auch eine Motivationshilfe geliefert zu haben. Denn schließlich soll das Studium auch Spaß machen. Und dieser Effekt stellt sich leichter ein, wenn man in unbekanntem Terrain eine Art Navigationshilfe hat. In diesem Sinn: Ran an die Skripten, denn das Lernen können wir Euch trotzdem nicht abnehmen. Wir wünschen Euch viel Erfolg mit unserem Fachwörterbuch.

Literatur

1. Basisliteratur für die Einführung (in Wien)

Luf, Einführungsskriptum Rechtsphilosophie

Krejci/Pieler, Einführungsskriptum Privatrecht

Raschauer bzw *Mayer*, Einführungsskriptum Öffentliches Recht

2. Weiterführende Literatur für Anfänger

Funk, Einführung in das österreichische Verfassungsrecht[13] (2007)

Kneihs, Verfassungs- und Allgemeines Verwaltungsrecht[2] (2008)

Krejci, Privatrecht[7] (2007)

Krejci/Pieler/Potz/Raschauer, Jus in Wen[3] (2009)

Piska/Lenzhofer (Hg.),Casebook Einführung in die Rechtswissenschaften[3] (2009)

Perthold/Spitzer/Wallner, Prüfungsvorbereitung Studienjahr 2009/10

Stelzer, Grundzüge des Öffentlichen Rechts (2005)

Stolzlechner, Einführung in das öffentliche Recht[4] (2007)

Wielinger, Einführung in das österreichische Verwaltungsverfahrensrecht[11] (2008)

Zankl, Bürgerliches Recht[4] (2008)

3. Fachwörterbücher für Fortgeschrittene

Welser (Hg.), Fachwörterbuch zum bürgerlichen Recht (2005)

Mayer (Hg.), Fachwörterbuch zum Öffentlichen Recht (2003)

4. Sonstige Literatur

Ballon, Einführung in das österreichische Zivilprozessrecht[12] (2009)

Berka, Lehrbuch Verfassungsrecht[2] (2008)

Deixler-Hübner/Klicka, Zivilverfahren[5] (2007)

Holzhammer, Rechtswörterbuch Zivilprozessrecht[5] (2008)

Iro in *Apathy* (Hg.), Bürgerliches Recht IV, Sachenrecht[3] (2008)

Koziol/Welser, Bürgerliches Recht I[13] (2006)

Koziol/Welser, Bürgerliches Recht II[13] (2007)

Öhlinger, Verfassungsrecht[8] (2009)

Pernthaler, Allgemeine Staatslehre und Verfassungslehre[2] (1996)

Rechberger/Simotta, Zivilprozessrecht[7] (2009)

Walter/Mayer/Kucsko-Stadlmayer, Bundesverfassungsrecht[10] (2007)

3-Richter-Senat ÖR
Begriff aus der Gerichtsbarkeit; er besteht aus dem Vorsitzenden und zwei weiteren Mitgliedern; wird zB beim Obersten Gerichtshof (»Oberster Gerichtshof) und beim »Verwaltungsgerichtshof eingesetzt. *JF*

a posteriori RPH
bedeutet, dass die Erkenntnis von konkreten Gegenständen ("Sein") erst aufgrund von sinnlicher Anschauung bzw von empirischer Erfahrung zustande kommt. Diese Erkenntnisse sind daher abhängig von bzw bedingt durch die Erfahrung. Diese Erkenntnisweise eignet sich daher nicht, um Vernunftbegriffe wie »Freiheit, »Recht oder »Gerechtigkeit ("Sollen") zu behandeln. KANT legt besonderen Wert darauf, zu beachten, ob man Urteile "a posteriori" oder a priori fällt. *CMS*

a priori RPH
bedeutet, dass die Erkenntnis von Vernunftbegriffen ("Sollen", wie "Freiheit", "Recht" oder "Gerechtigkeit") bereits vor jeglicher sinnlicher Anschauung aufgrund von erfahrungsunabhängiger Reflexion geleistet wird. Solche Vernunfterkenntnis ist daher von jeglicher empirischer Erfahrung unabhängig und damit unbedingt. KANT legt besonderen Wert darauf, zu beachten, ob man Erkenntnisse a posteriori oder a priori gewinnt. *CMS*

AB ÖR
»Ausschussbericht *CMP*

Abdingbares Gesetzesrecht PR
»Dispositives Gesetzesrecht. *AP/EK*

Abfallwirtschaftsgesetz ÖR
setzt sich mit der Vermeidung, Beseitigung, Verwertung und Handhabung von gefährlichen und nicht gefährlichen Abfällen auseinander. *CMP*

Abgabenverfahren ÖR
ist das Verfahren im Hinblick auf gesetzlich geregelte Abgaben und ihre Einhebung. Rechtsgrundlage ist die Bundesabgabenordnung (BAO) bzw die Landesabgabenordnungen. *JF*

ABGB PR
»Allgemeines Bürgerliches Gesetzbuch *AW*

Abgeleiteter Eigentumserwerb PR
»Derivativer Eigentumserwerb *DH*

Abnahmepflicht PR
Diese trifft den Gläubiger grundsätzlich nicht, er gerät aber in »Verzug, wenn er die vom Schuldner gehörig angebotene Leistung nicht abnimmt. Trifft den Gläubiger ausnahmsweise eine vertraglich vereinbarte Abnahmepflicht, so ist er insofern Schuldner, und die Regeln über den »Schuldnerverzug kommen zur Anwendung. *AP/EK*

Abs ÖR
»Absatz *CMP*

Absatz ÖR
Untereinheit eines Paragraphen (»Paragraph) oder Artikels (»Artikel). *CMP*

Abschlussfehler PR
Siehe »Wurzelmangel. *MH/AG*

Abschlussfreiheit PR
Siehe »Vertragsfreiheit. *PS*

Absolut geschützte Rechtsposition PR
»Absolut geschütztes Rechtsgut *AW*

Absolut geschütztes Rechtsgut PR
Der Eingriff in ein absolut geschütztes Rechtgut ist rechtswidrig und kann zu einer Ersatzpflicht nach den Grundsätzen der »Verschuldenshaftung führen. Zu den absolut geschützten Rechtsgütern zählen unter anderen Eigentum, Leben, Gesundheit und Freiheit. *AW*

Absolut zwingende Rechtsnormen PR
»Absolut zwingendes Recht *AP/EK*

Absolut zwingendes Recht PR
(zweiseitig zwingendes Recht) lässt keinerlei Abweichungen durch Parteienvereinbarung zu, daher auch keine für die Beteiligten günstigeren Regelungen. Es wird meist aufgrund allgemeiner Ordnungsgesichtspunkte erlassen (Ordnungsprinzip) und ist hauptsächlich im öffentlichen Recht vertreten. Im Privatrecht stellt absolut zwingendes Recht grundsätzlich die Ausnahme dar, findet sich aber zB in den Normen über die »Geschäftsfähigkeit oder über die Eingehung und Auflösung der »Ehe. *AP/EK*

Absolute Geltung ÖR
Man spricht oft von der absoluten Geltung von Werten und bezieht sich damit auf den sog »Wertabsolutismus. Den Gegenpol markiert der »Wertrelativismus. *CMP*

Absolute Monarchie ÖR
Auch alleinige, unbeschränkte »Monarchie. »Regierungsform, in der die Rechtsetzungsbefugnis allein beim Monarchen liegt. Bsp: Ludwig XIV, der Sonnenkönig. Unterscheide »konstitutionelle Monarchie und »parlamentarische Monarchie. *JF*

Absolute Nichtigkeit ÖR
Entspricht ein Rechtsakt nicht den gesetzlichen Erzeugungsbestimmungen (dh ist er rechtswidrig), kann dies verschiedene Folgen haben: Erfüllt der Rechtsakt wenigstens gewisse Mindestvoraussetzungen und gibt es Regelungen, die an seine Fehlerhaftigkeit Rechtsfolgen (»Fehlerkalkül;

zB Aufhebung durch den VfGH) knüpfen, kommt er trotz des Fehlens zustande und gilt zumindest vorläufig bis zu seiner Aufhebung. Erfüllt der Rechtsakt hingegen nicht einmal die Mindestvoraussetzungen (dh besteht kein Fehlerkalkül), ist er absolut nichtig. Das bedeutet, er ist rechtlich nicht existent, es handelt sich um einen Nicht-Akt. Dementsprechend ist es auch nicht erforderlich, absolut nichtige Akte anzufechten. *GM*

Absolute Nichtigkeit (PR)
bedeutet Rechtsunwirksamkeit von Anfang an, normative Inexistenz. Durch einen absolut nichtigen Rechtsakt (Nichtakt) werden keine (der beabsichtigten) Rechtswirkungen ausgelöst (Bsp: Vertragserklärung eines vollkommen Geschäftsunfähigen). Der (beabsichtigte) Rechtsakt ist rechtlich nicht existent geworden, daher bedarf es auch keiner »Anfechtung, um ihn zu beseitigen. (Als Nichtakt kann man ihn vielmehr gar nicht anfechten, da das Objekt der Anfechtung fehlt.) Vgl »Nichtigkeit. *BB*

Absolutes Erwerbsrecht (PR)
Das subjektive Erbrecht (siehe »Erbrecht im subjektiven Sinn) ist gegenüber jedermann durchsetzbar und damit ein absolutes Erwerbsrecht. Es entsteht mit dem Tod des Erblassers und ist als solches veräußerlich und auch vererblich.

Beachte: Das Vermögen geht erst am Ende des Verlassenschaftsverfahren mit der »Einantwortung über! *MH/AG*

Absolutes Recht (PR)
wirkt gegenüber jedermann. Es ist von jedem zu achten und kann gegen jeden durchgesetzt werden. Herrschaftsrechte (»Herrschaftsrecht), Persönlichkeitsrechte (»Persönlichkeitsrecht), bestimmte Familienrechte (zB die „elterliche Gewalt") und das »Erbrecht im subjektiven Sinn sind absolute Rechte. Siehe auch »Absolut geschütztes Rechtsgut. Vergleiche demgegenüber »Relatives Recht. *AW*

Absolutes Veto (ÖR)
Im Bundesgesetzgebungsverfahren kommt dem Bundesrat das Recht zu, gegen Gesetzesbeschlüsse des Nationalrats Einspruch zu erheben. Das lateinische Wort „veto" bedeutet übersetzt „verhindern". Von einem absoluten Veto spricht man dann, wenn der Bundesrat dadurch das Zustandekommen des Bundesgesetzes verhindern kann. Dies ist nur ausnahmsweise (insb bei Verfassungsänderungen, die die Kompetenz der Länder einschränken) der Fall. Im Normalfall hat der Bundesrat ein bloß »suspensives Veto. *GM*

Absonderungsanspruch (PR)
Anspruch auf bevorzugte Befriedigung aus bestimmten Sachen des Gemeinschuldners (»Gemeinschuldner). *PS*

Abstraktes Verfügungsgeschäft (PR)
Geschäft, dessen Wirksamkeit nicht vom Bestehen eines Rechtstitels (Rechtsgrund) abhängt, der es rechtfertigt. Nach dem in Österreich geltenden Prinzip der kausalen Tradition sind abstrakte Verfügungsgeschäfte ungültig; zB bedarf es für eine gültige Eigentumsübertragung immer auch eines gültigen Titels, der die Übertragung rechtfertigt. *SR*

Abstraktes Verpflichtungsgeschäft (PR)
Geschäft, aus dem kein Zweck (Rechtsgrund) hervorgeht, der es wirtschaftlich rechtfertigt. Es wird etwas geschuldet, jedoch ist nicht klar, welchen wirtschaftlichen Hintergrund die Schuld hat. Bei einem abstrakten Verpflichtungsgeschäft ist die Berufung auf einen Rechtsgrund, eine „causa", nicht möglich, wodurch es auch den Vertragsparteien nicht möglich ist, Störungen (zB Gewährleistung) geltend zu machen. Im österreichischen Rechtssystem sind abstrakte Verpflichtungsgeschäfte grundsätzlich nicht zulässig (Ausnahme bei dreipersonalen Beziehungen, zB Anweisung). *SR*

Abwesenheitskurator (PR)
Ist für Abwesende und für unbekannte Teilnehmer an einem Geschäft zu bestellen, wenn der Abwesende/unbekannte Teilnehmer keinen ordentlichen Vertreter zurückgelassen hat, aber ohne einen solchen seine eigenen Rechte oder jene eines Dritten gefährdet würden und für die Wahrung dieser Rechte in anderer Weise nicht gesorgt werden kann (§ 270 ABGB). *SR*

Actio negatoria (PR)
»Eigentumsfreiheitsklage *DH*

Actio Publiciana (PR)
»Klage aus dem rechtlich vermuteten Eigentum *DH*

Actiones (PR)
Plural von lat actio – Klage. »Institutionensystem *AW*

Adäquanz (PR)
Das nach der Erfahrung des Lebens üblicherweise und allgemein zu Erwartende. Die Adäquanz dient zur Eingrenzung der Zurechnung im Schadenersatzrecht. »Adäquanztheorie *AW*

Adäquanztheorie (PR)
„Die Adäquanztheorie besagt, dass nicht jede Ursache ‚juristisch kausal sei, sondern nur jene, die dem entstandenen Schaden adäquat sei. Zugerechnet sollen nur jene Schäden werden, die angesichts des gesetzten Verhaltens üblicherweise, „nach dem gewöhnlichen Lauf der Dinge" eintre-

ten.“ Für atypische Schäden schließt die Adäquanztheorie die Haftung aus. Sie behandelt damit nicht die Frage der »Kausalität, sondern begrenzt die Zurechnung und ist daher dem Bereich der »Lehre vom Rechtswidrigkeitszusammenhang zuzuordnen. *AW*

Administrativer Instanzenzug ÖR
Darunter versteht man die Anfechtung von Bescheiden bei einer anderen – typischerweise der erstinstanzlichen Behörde übergeordneten – Verwaltungsbehörde mittels des Rechtsmittels der »Berufung. Das Bestehen eines administrativen Instanzenzugs begründet ein »Fehlerkalkül, das die »absolute Nichtigkeit rechtswidriger Bescheide verhindert. *GM*

Adoption PR
ist die Annahme eines fremden Kindes an Kindes Statt (§§ 179 ff ABGB). Die Adoption kommt durch einen schriftlichen »Vertrag zwischen dem Annehmenden (den Adoptiveltern) und dem »Wahlkind (»Adoptivkind) zustande und bedarf zu seiner Wirksamkeit der gerichtlichen Genehmigung (§ 179a ABGB). *SR*

Adoptionsverhältnis PR
ist das Verhältnis zwischen den »Adoptiveltern (Annehmenden; Wahleltern) und dem »Adoptivkind (»Wahlkind). Das Adoptionsverhältnis ist dem Eltern-Kind-Verhältnis nachgebildet mit dem einzigen Unterschied, dass das Eltern-Kind-Verhältnis durch die eheliche Geburt entsteht und das Adoptionsverhältnis durch schriftlichen »Vertrag. *SR*

Adoptiveltern PR
Personen, die ein fremdes »Kind (»Wahlkind) an Kindes Statt durch einen Adoptionsvertrag annehmen. Zwischen den Adoptiveltern und dem »Adoptivkind muss ein Altersunterschied von mindestens 18 Jahren vorliegen; außerdem muss der Annehmende voll geschäftsfähig sein und als Mann (Wahlvater) das 30. Lebensjahr, als Frau (Wahlmutter) das 28. Lebensjahr vollendet haben (§ 180 ABGB). Unter bestimmten, im Gesetz festgelegten Umständen ist eine Unterschreitung dieser Altersgrenze bzw des Altersunterschieds möglich. *SR*

Adoptivkind PR
(»Wahlkind) ist jenes »Kind, das von den »Adoptiveltern (Annehmenden) als fremdes Kind an Kindes Statt angenommen wird. Siehe »Adoption. *SR*

Adressat ÖR
auch »Rechtssubjekt oder »Rechtsunterworfener; juristisch ist der Adressat derjenige, an den eine Rechtsvorschrift adressiert, dh gerichtet ist. ZB: Die Straßenverkehrsordnung ist an diejenigen adressiert, die am inländischen Straßenverkehr teilnehmen. Beachte: Auch individuelle Akte haben Adressaten; man spricht dann zB vom Bescheidadressat. *JF*

ADV-Mahnverfahren PR
»Mahnverfahren, das mit Hilfe automationsunterstützter Datenverarbeitung durchgeführt wird. Der Kläger hat sich im ADV-Mahnverfahren Formblätter zu bedienen (Formblattklage). *PS*

Affektionsinteresse PR
Der besondere, immaterielle Wert, den eine beschädigte Sache für den Geschädigten hat. Dieser ideelle Schaden (»ideeller Schaden) ist nur bei besonders qualifiziertem Verschulden (strafgesetzwidrige Handlung, Mutwille, Schadenfreude) zu ersetzen. »Wert der besonderen Vorliebe *AW*

AG PR
»Aktiengesellschaft *MH/AG*

AGB PR
»Allgemeine Geschäftsbedingungen *MH/AG*

AHG ÖR
»Amtshaftungsgesetz *JF*

Akt unmittelbarer verwaltungsbehördlicher Befehls- und Zwangsgewalt ÖR
Dabei handelt es sich um „Anordnungen und Zwangsmaßnahmen, die auf Grund gesetzlicher Ermächtigungen ohne besondere Verfahrensförmlichkeiten ergriffen werden dürfen“ (Raschauer, Öffentliches Recht 2007/08). Es wird – typischerweise durch Exekutivorgane – unmittelbar in Rechte Betroffener eingegriffen, ohne dass dem ein Bescheid vorangeht. Beispiele sind etwa Festnahmen, die vorläufige Abnahme des Führerscheins durch Sicherheitswachebeamte oder das „Abschleppen“ von Kfz wegen verkehrsbeeinträchtigendem Abstellen. Das spezifische Rechtsmittel gegen AuvBZ ist die Maßnahmebeschwerde an den UVS des jeweiligen Bundeslandes. AuvBZ bilden neben Verordnungen (»Verordnung), Bescheiden (»Bescheid) und Weisungen (»Weisung) eine der verfassungsrechtlich vorgesehenen Formen hoheitlichen Verwaltungshandelns. *GM*

Aktiengesellschaft PR
»Kapitalgesellschaft mit eigener Rechtspersönlichkeit (dh »juristische Person), deren Gesellschafter mit Einlagen auf das in Aktien zerlegte Grundkapital beteiligt sind, ohne persönlich für die Verbindlichkeiten der »Gesellschaft zu haften. *MH/AG*

Aktive Dienstleistungsfreiheit ÖR
Die aktive Dienstleistungsfreiheit ermöglicht es, von einem

Mitgliedstaat aus Dienstleistungen in einem anderen Mitgliedstaat zu erbringen, ohne dort eine Niederlassung zu gründen bzw zu besitzen. Ausnahmen von der (aktiven und passiven) Dienstleistungsfreiheit sind nur zulässig, wenn sie aufgrund eines "Allgemeininteresses" gerechtfertigt sind und zu keinen unverhältnismäßigen Einschränkungen führen. *JLR*

Aktives Wahlrecht ÖR
Recht, wählen zu dürfen. Bei einer Nationalratswahl dürfen etwa alle österreichischen Staatsbürger, die am Wahltag das 16. Lebensjahr vollendet haben, ihre Stimme abgeben. Das aktive Wahlrecht kommt bei Kommunalwahlen und Wahlen zum Europäischen Parlament (»Europäisches Parlament) auch allen Unionsbürgern (»Unionsbürger/in) mit Wohnsitz in Österreich zu. Vgl »passives Wahlrecht. *SL*

Akzessorietät PR
Abhängigkeit von Neben- oder Sicherungsrechten vom gültigen Bestand eines Hauptrechts.

Beispiel: Der »Bürgschaftsvertrag ist nur gültig, sofern die Hauptschuld, für die sich der »Bürge verbürgt hat, gültig entstanden ist und noch besteht. Die Bürgschaft erlischt, sobald Hauptschuldner erfüllt hat. So auch bei dinglichen Sicherheiten (siehe »Dingliche Besicherung, zB im »Pfandrecht). *MH/AG*

Akzessorisch PR
»Akzessorietät *DH*

Aleatorisches Moment PR
Vom Zufall abhängiges, daher gewagtes Moment. Es geht um ein Wagnis bzw Risiko. Das aleatorische Moment ist das gemeinsame »Tatbestandsmerkmal aller Glücksverträge. Nicht jeder »Vertrag, der ein gewisses Risiko birgt, ist gleich ein »Glücksvertrag. Das aleatorische Moment muss unmittelbarer Vertragsgegenstand sein. Siehe zB »Wette, »Spiel, »Hoffnungskauf. *MH/AG*

Aliud PR
Erbringt der Schuldner nicht bloß eine mangelhafte Leistung, sondern überhaupt etwas anderes, als er zu leisten verpflichtet ist, liegt eine Aliud- oder Anderslieferung vor. Der Schuldner wird so betrachtet, als hätte er gar nicht geleistet, und gerät somit in »Schuldnerverzug. Bei der »Speziesschuld ist jede Leistung ein Aliud, die vom Versprochenen abweicht. *AP/EK*

Alleineigentum PR
Eine Sache gehört einer einzigen Person. Den Gegensatz zum Regelfall Alleineigentum bilden »Miteigentum zu ideellen Anteilen, »Wohnungseigentum und »Gesamthandeigentum. *DH*

Allgemeine Geschäftsbedingungen PR
werden in der Regel von »Unternehmen verwendet. Diese entwickeln sogenannte Vertragsformblätter (»Vertragsformblatt, „Vertragsschablonen"), deren Geltung bei allen Verträgen vereinbart wird (zB üblich: „Ich habe die AGB gelesen und akzeptiere sie"). Dies stellt für Unternehmen eine große Erleichterung dar, da sie darin spezielle Bedingungen vereinbaren können, die im Gesetz nicht geregelt sind („Spezialisierung"), und ihnen dadurch eine wesentlich schnellere und kostensparende Möglichkeit eröffnet wird, eine Vielzahl an Verträgen abzuschließen, ohne im Einzelnen die jeweiligen Vertragsbedingungen aushandeln zu müssen. *SR*

Allgemeine Rechtsgrundsätze im Gemeinschaftsrecht ÖR
sind jene Normen, die neben dem primären Gemeinschaftsrecht stehen und die grundlegenden Vorstellungen von Gerechtigkeit beschreiben, denen jede Rechtsordnung verpflichtet ist. Ihre Ermittlung erfolgt primär durch den EuGH mittels Rechtsvergleichung der Verfassungsprinzipien der EU-Mitgliedstaaten. Nicht notwendig ist, dass ein Rechtsgrundsatz in allen Verfassungen enthalten ist. Es genügt, wenn das Rechtsprinzip einigen Verfassungen zugrunde liegt und sich andere an ihm orientieren. *AP/EK*

Allgemeine Rechtsgrundsätze im Völkerrecht ÖR
sind gemäß Art 38 IGH-Statut (»Internationaler Gerichtshof) anerkannte »Völkerrechtsquellen. Darunter sind die den nationalen Rechtsordnungen aller Staaten gemeinsamen Grundsätze zu verstehen. ZB: Verpflichtung zu Schadenersatz, Verbot des Rechtsmissbrauchs, pacta sunt servanda. *JF*

Allgemeine Rechtslehre ÖR
Siehe »Rechtstheorie. *CMP*

Allgemeine Verschollenheit PR
Siehe »Verschollenheit. *BB*

Allgemeiner Teil des Schuldrechts PR
Die Regelungen aus dem »Schuldrecht, die für alle Schuldverhältnisse (siehe »Schuldverhältnis) gelten. *MH/AG*

Allgemeines Bürgerliches Gesetzbuch PR
Österreichische »Kodifikation des allgemeinen Privatrechts (»allgemeines Privatrecht), die durch Kaiserliches Patent vom 1. Juni 1811 kundgemacht wurde und am 1. Jänner 1812 in Kraft trat. Sie wurde we-

sentlich durch Franz von Zeiller geprägt, der auch den ersten Kommentar zum ABGB verfasste. Der Aufbau des ABGB folgt dem »Institutionensystem. *AW*

Allgemeines Preußisches Landrecht (PR)
Kodifikation für die preußischen Staaten, die 1794 in Kraft trat und alle Rechtsgebiete außer das Verwaltungs-, Prozess- und Militärrecht regelte. *AW*

Allgemeines Privatrecht (PR)
Auch Zivilrecht, ius civile, Bürgerliches Recht. Im Gegensatz zum »Sonderprivatrecht behandelt das Allgemeine Privatrecht Rechtsverhältnisse, die jede Person betreffen, ohne ein besonderes Anknüpfungsmerkmal zu erfüllen. *AW*

Allgemeines Verwaltungsrecht (ÖR)
Auch Allgemeine Lehren des Verwaltungsrechts. Durch eine typisierende Betrachtungsweise werden aus der Vielzahl der Verwaltungsvorschriften Gemeinsamkeiten und Systemstrukturen abgeleitet. Unterscheide »Besonderes Verwaltungsrecht bzw »materielles Verwaltungsrecht. *JF*

Allgemeines Verwaltungsverfahrensgesetz (ÖR)
Das AVG ist die gesetzliche Grundlage des Verwaltungsverfahrens, regelt Grundfragen der Zuständigkeit, der Parteien und den Gang des Verwaltungsverfahrens (»Verwaltungsverfahrensrecht) sowie das Rechtsmittelverfahren. *JF*

Allgemeines Wahlrecht (ÖR)
Grundsatz im »Wahlrecht, nach dem prinzipiell alle Staatsbürger/innen (»Staatsbürger/in), die das entsprechende Wahlalter erreicht haben, das aktive Wahlrecht (»aktives Wahlrecht) und das passive Wahlrecht (»passives Wahlrecht) haben. *SL*

Allokation (RPH)
ist ein Begriff aus der Wirtschaftstheorie und bedeutet, dass in einer gegebenen Situation für die möglichen oder gewünschten Verwendungszwecke nicht genügend (idR) Finanzmittel zur Verfügung stehen (Knappheitssituation). Also muss man entscheiden, für welche der möglichen Zwecke man die knappen Mittel einsetzt. Dieser Begriff spielt für die Frage der Verteilungsgerechtigkeit im Gesundheitssystem eine zentrale Rolle, da die Kosten explodieren und die Finanzmittel immer geringer werden. *CMS*

ALR (PR)
»Allgemeines Preußisches Landrecht *AW*

Alternativ (ÖR)
Entweder oder. Meist spricht man davon, dass gewisse Voraussetzungen alternativ vorliegen müssen, und meint damit, dass nur eine der genannten Voraussetzungen erfüllt sein muss. Gegenteil: »kumulativ. Gleichbedeutend im Privatrecht. Bsp: 3 Voraussetzungen für die Irrtumsanfechtung, 3 Voraussetzungen für den gutgläubigen Eigentumserwerb. *CMP*

Alternative Kausalität (PR)
Haftung für einen Schaden, obwohl die Kausalität des gesetzten Verhaltens nach der »Conditio sine qua non nicht feststeht. Es gibt mehrere mögliche Schädiger, von denen einer jedenfalls den Schaden herbeigeführt haben muss, es lässt sich allerdings nicht klären, wer tatsächlich der Verursacher war. Alle haften »solidarisch, wenn sie konkret gefährlich gehandelt haben. *AW*

Altliberales Modell (ÖR)
Man spricht hier auch von »Nachtwächterstaat. Der Staat wird in seinen Aufgaben auf einen bloßen Sicherheitszweck beschränkt. Vgl dazu »Totalitäres System und »Liberales System. *JF*

Amt (ÖR)
Im umgangssprachlichen Sinn bezeichnet man damit im Prinzip jede Behörde bzw jedes Staatsorgan. Als Terminus technicus meint man damit meist Hilfsapparate von Behörden, die als solche keine Behördenqualität aufweisen. Bsp: »Amt der Landesregierung *CMP*

Amt der Landesregierung (ÖR)
Das Amt der LReg ist ein „Hilfsapparat“, der der Landesregierung als oberstes Verwaltungsorgan des Landes beigegeben ist. Es ist zur Unterstützung der LReg bzw deren Mitglieder einschließlich des LH berufen und ist daher nicht selbst Behörde. *GM*

Amtsblatt der Europäischen Gemeinschaften (PR)
(ABl) Frühere Bezeichnung (bis Jänner 2003) für das »Amtsblatt der Europäischen Union. *MH/AG*

Amtsblatt der Europäischen Union (ÖR)
Das Amtsblatt (ABl) der EU ist das Kundmachungsmittel für das Gemeinschaftsrecht, es erscheint täglich in allen Amtssprachen der EU. Die Reihe L des Amtsblattes enthält Rechtsvorschriften (zB EG-RL und EG-VO). In der Reihe C werden Mitteilungen und Bekanntmachungen, ua Zusammenfassungen der Urteile des EuG und EuGH, kundgemacht. Bekanntmachungen zu öffentlichen Aufträgen finden sich in der Reihe S. *JLR*

Amtsblatt zur Wiener Zeitung ÖR
Offizielles Kundmachungsorgan für verschiedene amtliche Mitteilungen (Auszeichnungen, Beglaubigungen, Veröffentlichung von Insolvenzdaten wie Konkurse, Zwangsversteigerungen etc). Eine Online-Version ist unter www.wienerzeitung.at zugänglich. *CMP*

Amtsblätter ÖR
Offizielle Publikationsorgane (meist von Behörden), die Ankündigungen und Kundmachungen von Rechtsakten, Verhandlungen etc enthalten. Siehe auch »Amtsblatt der Europäischen Union. *CMP*

Amtshaftungsgesetz ÖR
(AHG); verpflichtet den Staat (genauer gesagt, den jeweils verantwortlichen Rechtsträger: Bund, Länder, Gemeinden), für das hoheitliche Handeln seiner Organe zu haften. Fügen Staatsorgane Dritten in ihren hoheitlichen Funktionen rechtswidrig und schuldhaft einen Schaden zu, so hat der jeweils dahinterstehende Rechtsträger »Schadenersatz zu leisten. Beachte: Die Judikatur des OGH dehnt das Verständnis vom hoheitlichen Handeln (das AHG spricht von der "Vollziehung der Gesetze") und damit den Anwendungsbereich des AHG stark aus. *CMP*

Amtshaftungsrecht PR
Das Amtshaftungsrecht regelt die Amtshaftung (»Amtshaftungsgesetz). *PS*

Amtssprache ÖR
Siehe »Rechtssprache. *CMP*

Amtswegig ÖR
Im Rahmen eines Verfahrens bedeutet es, dass eine Behörde ohne vorherigen »Antrag von sich aus tätig wird. Amtswegigkeit herrscht zB im »Verwaltungsstrafverfahren. *JF*

Analog PR
Siehe »Analogie. *AP/EK*

Analogie ÖR
Die Analogie ist im öffentlichen Recht nicht ausdrücklich vorgesehen, im Privatrecht hingegen in § 7 ABGB. Sie wird zur Ausfüllung einer echten Lücke (»echte Lücke) verwendet. Dabei werden bestimmte Rechtsvorschriften auf gleichartige oder ähnliche Sachverhalte angewendet. Bei der Analogie stehen die »Gesetzesanalogie, die »Rechtsanalogie sowie die »Rechtsgrundsatzanalogie zur Auswahl. Die Analogie kann nicht als »Auslegung bzw »Interpretation bezeichnet werden; sie fällt in den Bereich der Rechtsschöpfung, der ansonsten dem Gesetzgeber vorbehalten ist. *GH*

Analogie PR
hilft bei der Ausfüllung von Gesetzeslücken (»Gesetzeslücke). Sie erfolgt durch Anwendung eines oder mehrerer vorhandener Rechtssätze auf einen ungeregelten Sachverhalt, der im Wesentlichen gleiche Merkmale wie der geregelte Tatbestand aufweist. Zur Schließung von Gesetzeslücken dienen insb die »Gesetzesanalogie, die »Rechtsanalogie sowie die Heranziehung der natürlichen Rechtsgrundsätze (»natürliche Rechtsgrundsätze). Lässt sich jedoch nach dem Plan des Gesetzgebers keine Regelungslücke ausmachen, so darf es zu keiner Analogie kommen. Vgl »echte Lücke im Privatrecht. *AP/EK*

Analogieverbot PR
besteht insb im Bereich des materiellen Strafrechts.Nach dem Grundsatz "nullum crimen sine lege" darf es zu keiner Erweiterung bestehender Strafrechtstatbestände zum Nachteil des Täters kommen. Vielmehr gehen Regelungslücken im Strafrecht zu Lasten des staatlichen Strafanspruchs. Kein Verstoß gegen das Analogieverbot liegt hingegen bei Analogien zugunsten des Beklagten vor (bspw bei Rechtfertigungsgründen und Schuldausschließungsgründen). *AP/EK*

Anbot PR
(auch »Angebot, »Offerte) Erklärung, mit der jemand einem anderen verspricht, ihm ein Recht zu übertragen, dh dass er ihm etwas gestattet, etwas gibt oder für ihn etwas tun oder unterlassen will (§ 861 ABGB). Nimmt der andere Teil dieses Versprechen an, so kommt durch den übereinstimmenden Willen beider Teile ein »Vertrag zustande. Um rechtliche Wirkungen zu entfalten, muss das Anbot inhaltlich bestimmt sein, einen Bindungswillen des Erklärenden ausdrücken und dem Empfänger zugehen. *SR*

Anerbenrecht PR
Besondere »gesetzliche Erbfolge (Anerbengesetz) für spezielle land- und forstwirtschaftliche Betriebe (Erbhöfe), die den Zweck verfolgt, den leistungsfähigen Hof als eine Einheit zu erhalten und die Aufteilung auf mehrere Erben zu verhindern. *MH/AG*

Anerkenntnis PR
»Vertrag, bei dem ein strittiges oder zweifelhaftes Recht durch einseitiges Nachgeben endgültig bereinigt wird.

Beispiel: Clemens meint, Mona nur € 50 zu schulden, Mona behauptet aber € 100. Clemens anerkennt schließlich die gesamte Schuld von € 100. *MH/AG*

Anerkennung ÖR
ist die völkerrechtliche Akzeptanz von neuen Mitgliedern der Völkergemeinschaft durch die bereits existenten Staaten,

die durch einseitige völkerrechtliche Erklärung erfolgt. Das Völkerrecht fordert für den Bestand eines Staates neben den drei Staatselementen (»Staatselemente) eben diese Anerkennung. *JF*

Anerklärter Ⓟⓡ
Person, an die eine »Willenserklärung gerichtet ist; auch „Erklärungsempfänger". *SR*

Anfängliche Unmöglichkeit der Leistung Ⓟⓡ
bei der schon bei Vertragsschluss feststeht, dass nicht erfüllt werden kann, ist ein »Wurzelmangel, dh es fehlt eine der »Wirksamkeitsvoraussetzungen des Vertragsschlusses (im Ggs zur nachträglichen Unmöglichkeit der Leistung, die eine »Leistungsstörung ist). Der Vertrag ist allerdings nur dann nichtig (hier: »absolute Nichtigkeit), wenn "geradezu Unmögliches" versprochen wurde. Darunter fällt rechtlich Unmögliches, im Sinne einer Leistung, die der Rechtsordnung ihrer Art nach unbekannt ist (zB Alleineigentum am Zimmer eines Hauses begründen; eine fremde Sache übereignen dagegen nicht, da dies mit »Verfügungsbefugnis vom Eigentümer möglich ist), und faktisch Absurdes, dessen Erfüllung vernünftigen Parteien von Anfang an ganz und gar ausgeschlossen erscheinen musste (zB Kontakt zu einem Außerirdischen aufnehmen). Vgl »Kulpakompensation. *BB*

Anfechten ÖR
bedeutet, sich unter Inanspruchnahme des jeweils zur Verfügung stehenden Rechtsmittels gegen eine Entscheidung (zB Urteil, Bescheid) zu wehren. Man kann auch davon sprechen, dass ein Gesetz oder eine nationale Verordnung vor dem »VfGH "angefochten" wird. *CMP*

Anfechtung Ⓟⓡ
ist die Beseitigung eines zunächst wirksamen Vertrags (oder einseitigen Rechtsgeschäfts) durch (idR klagsweise) Ausübung eines »Gestaltungsrechts des Anfechtungsberechtigten, mit der Folge, dass der Vertrag (das Rechtsgeschäft) aufgehoben wird, idR »ex tunc, als wäre er (es) nie zustande gekommen. Das Gesetz gewährt Anfechtungsrechte bei Fehlen bestimmter »Wirksamkeitsvoraussetzungen des Vertragsschlusses, vor allem, wo ein »Willensmangel vorliegt, wie zB bei »Irrtum, »List, »Drohung. Vgl auch »Irrtumsanfechtung. *BB*

Angebot Ⓟⓡ
Siehe »Anbot. *SR*

Angeld Ⓟⓡ
Geldbetrag, der bei »Vertragsabschluss an die andere Partei gegeben wird. Der Empfänger darf das Angeld behalten, wenn der Geber den Vertrag schuldhaft nicht erfüllt. Erfüllt der Empfänger des Angelds schuldhaft nicht, muss er dem Geber den doppelten Betrag leisten.

Unterscheide davon: »Reugeld, »Konventionalstrafe. *MH/AG*

Angestellter Ⓟⓡ
»Arbeitnehmer, der im Geschäftsbetrieb eines Kaufmannes (siehe auch »Unternehmer) vorwiegend zur Leistung kaufmännischer oder höherer, nicht kaufmännischer Dienste oder zu Kanzleiarbeiten angestellt ist. Gemeint sind vor allem Tätigkeiten, die eher geistiger als körperlicher Natur sind und eine gewisse Ausbildung erfordern. Unterscheide davon: »Arbeiter. *MH/AG*

Anhängigkeit ÖR
Man spricht davon, dass ein Verfahren vor einem Gericht oder einer Verwaltungsbehörde "anhängig ist", dh das Verfahren ist gerade im Gange; eingeleitet wird das Verfahren entweder von Amts wegen oder auf Antrag; abgeschlossen wird es mit der jeweiligen Entscheidung (Urteil, Bescheid). *CMP*

Animus rem alteri gerendi Ⓟⓡ
Absicht, das Geschäft eines anderen zu führen. Fremdgeschäftsführungswille. Eine der Voraussetzungen der »Geschäftsführung ohne Auftrag. *AW*

Animus rem alteri habendi Ⓟⓡ
Wille, eine Sache für einen anderen zu haben. Siehe auch »Besitzmittler. *DH*

Animus rem sibi habendi Ⓟⓡ
(Besitzwille) Wille, eine Sache als die seinige zu haben. *DH*

Anklageprozess ÖR
Grundsatz, der im Strafverfahren eine Trennung von Ankläger und Urteiler vorsieht (Art 90 Abs 2 B-VG). Die strafverfolgende Tätigkeit wird von der »Staatsanwaltschaft ausgeübt, die urteilende Tätigkeit liegt bei der »Gerichtsbarkeit. *JF*

Anlage ÖR
Damit ist entweder ein Anhang zu einem Gesetz bzw zu einem sonstigen juristischen Dokument oder eine gewerbliche Betriebsanlage (zB Fabrik, Gasthaus, Mechanikerbetrieb etc) gemeint. *CMP*

Annahme Ⓟⓡ
(auch »Annahmeerklärung genannt) liegt vor, wenn der Adressat mit einem ihm zugegangenen »Anbot einverstanden ist und erklärt, es anzunehmen (»Konsens). Durch den übereinstimmenden Willen beider Parteien kommt der »Vertrag zustande, sobald die Annahme(erklärung) in den Machtbereich des Anbotstel-

lers eintritt. Die Annahmeerklärung ist eine »empfangsbedürftige Willenserklärung. *SR*

Annahmebedürftige Willenserklärung (PR)
»Willenserklärung, die dem Anerklärten nicht nur zugehen muss (siehe »empfangsbedürftige Willenserklärung), sondern auch dessen Zustimmung bedarf, um Wirksamkeit zu entfalten. *SR*

Annahmeerklärung (PR)
Siehe »Annahme. *SR*

Annahmeverzug (PR)
Siehe »Gläubigerverzug. *AP/EK*

Annexion (ÖR)
ist eine widerrechtliche Handlung eines Staates, mit der dieser sich fremde Gebietshoheit aneignet. ZB Annexion von Estland, Lettland und Litauen durch die Sowjetunion. *JF*

Anordnung (ÖR)
Siehe »Norm, »Rechtsvorschrift. *CMP*

Anschauung (RPH)
ist ein Begriff der Erkenntnistheorie und besagt, dass sinnliche Reize durch die Sinnesorgane aufgenommen und verarbeitet werden. Die Formen der Anschauung sind nach KANT Raum und Zeit, dh es kann nichts als Gegenstand (Seiendes) erkannt werden, das nicht dadurch schon in der Dimension von Raum (WO) und Zeit (WANN) wahrgenommen wird. Die Anschauung ist die Grundlage empirischer Erkenntnis von Gegenständen und macht in gewisser Weise das "»a posteriori" aus. *CMS*

Anscheinsvollmacht (PR)
Form der „gesetzlich vermuteten Stellvertretung". Liegt vor, wenn der Geschäftsherr den Eindruck erweckt, er habe eine »Vollmacht erteilt; der gutgläubige Dritte wird dann so behandelt, als würde tatsächlich eine Vollmacht vorliegen. Das Institut der Anscheinsvollmacht schützt somit „das Vertrauen eines Dritten auf den äußeren Tatbestand". Das Vertrauen des Dritten wird aber nur geschützt, wenn er weder wusste noch wissen musste, dass der »Stellvertreter ohne Vollmacht gehandelt hat. *SR*

Anschlusskonkurs (PR)
»Konkursverfahren, das auf ein gescheitertes »Ausgleichsverfahren folgt. *PS*

Anspruch (PR)
»Subjektives Recht, von jemandem anderen ein bestimmtes Tun oder Unterlassen zu fordern, das nötigenfalls mit staatlicher Zwangsgewalt (siehe »staatliche Zwangsgewalt) durchgesetzt werden kann.

Beispiel: Klage auf Herausgabe einer Sache, die nach dem rechtskräftigen »Urteil im Wege der »Exekution durchgesetzt werden kann. *MH/AG*

Anstalt (ÖR)
Im öffentlich-rechtlichen Sinn eine zur juristischen Person erhobene Gesamtsache (zB Universität). Sie bündelt Sach- und Personalmittel und ist dauernd bestimmten Zwecken der öffentlichen Verwaltung gewidmet. Vgl dazu »Körperschaft des öffentlichen Rechts, »Fonds, »Stiftung und »Juristische Person des öffentlichen Rechts. *JF*

Anstalt (PR)
nennt man im Privatrecht eine »Stiftung, die über eine besondere äußere Einrichtung für die Destinatäre (die durch die Stiftung Begünstigten) verfügt, zB stiftungseigenes Krankenhaus. *BB*

Anstiftung (ÖR)
liegt vor, wenn ein Mensch einen anderen zur Begehung einer (verwaltungs)strafrechtlichen Handlung motiviert. *CMP*

Antinomie (PR)
Siehe »Echter Normwiderspruch. *AP/EK*

Antrag (ÖR)
Bezeichnet im öffentlichen Recht grundsätzlich ein Begehren bzw Ansuchen einer Person bei einer »Behörde. Eine Betriebsanlagenbewilligung nach der »GewO oder eine Baugenehmigung (»BauO) wird nur auf Antrag erteilt. Unterscheide dazu das Einschreiten von Amts wegen (»Amtswegig). *JF*

Anwaltspflicht (PR)
Pflicht, sich vor Gericht durch Rechtsanwälte vertreten zu lassen. *PS*

Anweisung (PR)
Dreipersonales »Schuldverhältnis, bei dem der A (der Angewiesene) vom B (dem Anweisenden) ermächtigt oder verpflichtet wird, eine »Leistung an C (den Anweisungsempfänger) zu erbringen. Gleichzeitig wird C ermächtigt oder verpflichtet, die Leistung von B auf Rechnung des A entgegenzunehmen. *MH/AG*

Anwendbarkeit (ÖR)
Siehe »Wirksamkeit. *CMP*

Anwendungsbereich (ÖR)
Anderer Begriff für »Geltungsbereich. *SL*

Äquivalente Kausalität (PR)
Siehe »Äquivalenztheorie. *AW*

Äquivalenzstörung (PR)
bedeutet, dass bei einem entgeltlichen Geschäft Leistung und Gegenleistung nicht gleichwertig sind. Das österr Zivilrecht verlangt für die »Gültigkeit des Vertrags grundsätzlich keine objektive, sondern nur subjektive Äquivalenz: Diese resultiert idR schon aus der »Vertragsfreiheit: Jeder Partei ist subjektiv die Erlangung der Gegenleistung zumindest so viel wert wie die zu erbringende eigene Leistung (sonst würde sie den

Vertrag ja nicht schließen). Erst eine grobe Störung der objektiven Äquivalenz berechtigt unter bestimmten Umständen dazu, sich vom Vertrag zu lösen, vgl »Verkürzung über die Hälfte, »Wucher. *BB*

Äquivalenztheorie ⓅⓇ
(Bedingungstheorie) Lehre von der Gleichwertigkeit aller Bedingungen, die zur Feststellung der Kausalität eines Verhaltens im Schadenersatzrecht herangezogen wird. Entfällt der Schaden, wenn man sich das gesetzte Verhalten wegdenkt, so war dieses notwendige Bedingung (»Conditio sine qua non) und damit kausal für den Schadenseintritt. Alle Bedingungen sind gleichwertig, und jede, die nicht weggedacht werden kann, ohne dass der Schaden entfiele, ist kausal. Aber nicht jedes kausale Verhalten führt zur Haftung. »Adäquanztheorie. *AW*

Arbeiter ⓅⓇ
»Arbeitnehmer, der nicht »Angestellter ist. *MH/AG*

Arbeitgeber ⓅⓇ
(Auch: Dienstgeber) Jener Vertragspartner des Arbeitsvertrages, für den der »Arbeitnehmer tätig wird. Der Arbeitgeber hat gegenüber dem Arbeitnehmer ein Weisungsrecht (siehe »Weisung) und gewisse Fürsorgepflichten (siehe »Fürsorgepflicht). Siehe auch »Arbeitsvertrag, »persönliche Abhängigkeit. *MH/AG*

Arbeitnehmer ⓅⓇ
(Auch: Dienstnehmer) Jener Vertragspartner des Arbeitsvertrages, der sich zur Tätigkeit in persönlicher Abhängigkeit vom anderen Vertragspartner (»Arbeitgeber) verpflichtet. Der Arbeitnehmer schuldet keinen bestimmten Erfolg, sondern nur die gewissenhafte Ausübung der Tätigkeit. Aufgrund der persönlichen Abhängigkeit erscheint der Arbeitnehmer gegenüber dem Arbeitgeber schutzbedürftig, es bestehen daher im »Arbeitsrecht verschiedenste Regelungen des Arbeitnehmerschutzes. Im Arbeitsrecht unterscheidet man »Arbeiter und Angestellte (siehe »Angestellter), für die teilweise unterschiedliche Regelungen gelten. Siehe auch »Arbeitsvertrag, »persönliche Abhängigkeit. *MH/AG*

Arbeitnehmerähnliche Person ⓅⓇ
»Freier Dienstnehmer, der von einem einzigen Dienstgeber wirtschaftlich abhängig ist. Die arbeitnehmerähnliche Person ist aufgrund ihrer Abhängigkeit ähnlich schutzwürdig wie ein »Arbeitnehmer, weshalb gewisse arbeitsrechtliche Regelungen auf sie anzuwenden sind. Siehe »Wirtschaftliche Abhängigkeit. *MH/AG*

Arbeitnehmerfreizügigkeit ÖR
Die Arbeitnehmerfreizügigkeit ist die Freiheit jedes/-r Unionsbürgers/-in, in jedem Mitgliedstaat einer unselbständigen Erwerbstätigkeit nachzugehen, sich zu diesem Zweck dort aufzuhalten (Wohnsitz), Familienangehörige mitzunehmen und wie ein/-e StaatsbürgerIn des betreffenden Staates behandelt zu werden. Beachte, dass für neu in die EU aufgenommene Mitgliedstaaten Übergangsfristen gelten können, die die Arbeitnehmerfreizügigkeit für einen bestimmten Zeitraum beschränken. *JLR*

Arbeits- und Sozialgericht Wien ⓅⓇ
In Wien für die »Arbeits- und Sozialgerichtsbarkeit eingerichteter Gerichtshof erster Instanz. *PS*

Arbeits- und Sozialgerichtsbarkeit ⓅⓇ
Gerichtsbarkeit in Arbeits- und Sozialrechtssachen. Als Arbeits- und Sozialrechtssachen bezeichnet man bestimmte das Arbeits- und Sozialrecht betreffende Streitigkeiten. Das Arbeits- und Sozialgerichtsgesetz (ASGG) enthält Sondervorschriften für Verfahren in Arbeits- und Sozialrechtssachen. *PS*

Arbeits- und Sozialgerichtsgesetz ⓅⓇ
Siehe »Arbeits- und Sozialgerichtsbarkeit. *PS*

Arbeitsrecht ⓅⓇ
»Sonderprivatrecht der Arbeitnehmer. Summe aller Normen, welche die im Zusammenhang mit einem Arbeitsverhältnis (»Arbeitsvertrag) entstehenden Probleme regeln. Dazu zählen Angestelltengesetz, Arbeitszeitgesetz, Arbeitsruhegesetz, Arbeitsverfassungsgesetz, Urlaubsgesetz usw. *AW*

Arbeitsvertrag ⓅⓇ
»Dienstleistungsvertrag, bei dem sich ein Vertragspartner (»Arbeitnehmer) zu einer Tätigkeit in persönlicher Abhängigkeit (siehe »persönliche Abhängigkeit) vom anderen Vertragspartner (»Arbeitgeber) verpflichtet. Unterscheide davon: »Freier Dienstvertrag. Der Arbeitsvertrag ist ein »Dauerschuldverhältnis, der Arbeitnehmer schuldet keinen bestimmten Erfolg, sondern die gewissenhafte Ausübung der Tätigkeit. Unterscheide davon: »Werkvertrag. *MH/AG*

Arglist ⓅⓇ
Siehe »List. *BB*

Argumentum a maiori ad minus ⓅⓇ
ist eine Unterart des Größenschlusses (»Größenschluss), bei dem "vom Größeren auf das Kleinere" geschlossen wird. Löst demnach nicht einmal der mit weitreichenderen

Folgen verbundene Sachverhalt eine Rechtsfolge aus, so erst recht nicht jener, der mit weniger weitreichenden verbunden ist. ZB "Darf man in Notwehr töten, so darf man erst recht in Notwehr Eigentum beschädigen." Das argumentum a maiori ad minus wird auch im öffentlichen Recht verwendet und hat dort dieselbe Bedeutung. *AP/EK*

Argumentum a minori ad maius (PR)
ist neben dem »argumentum a maiori ad minus eine Unterart des Größenschlusses (»Größenschluss). Hier wird "vom Kleineren auf das Größere" geschlossen. Die Rechtsfolge, die mit einem weniger weitreichenden Sachverhalt verbunden ist, muss umso mehr für einen weitreichenderen Sachverhalt gelten. ZB "Wenn eine Regelung die Verletzung eines Menschen verbietet, so erst recht seine Tötung." Das argumentum a minori ad maius wird auch im öffentlichen Recht verwendet und hat dort dieselbe Bedeutung. *AP/EK*

Argumentum e contrario (PR)
(Umkehrschluss) Ergibt sich aus dem Plan des Gesetzgebers, dass die Rechtsfolge eines Tatbestandes deshalb nicht auf den ungeregelten Sachverhalt angewendet werden soll, weil der Gesetzgeber die Rechtsfolge gerade nur bei Vorliegen der geregelten Tatbestandselemente eintreten lassen will, so liegt keine Regelungslücke vor. Anstelle einer »Analogie hat ein Umkehrschluss zu erfolgen. *AP/EK*

Art (ÖR)
»Artikel *CMP*

Artikel (ÖR)
Untereinheit der zentralen Verfassungsurkunde (»B-VG) oder eines Bundesverfassungsgesetzes (»Bundesverfassungsgesetz), ebenso der Landesverfassungen (»Landesverfassung) und der Landesverfassungsgesetze. Findet auch in völkerrechtlichen Verträgen Verwendung.Weitere Untereinheiten: Absätze, Punkte, literae (Buchstaben) und Ziffern. *CMP*

Ärztliche Aufklärung (RPH)
bedeutet – vor dem Hintergrund des Prinzips des "Informierten Konsenses" –, dass ein Patient ausreichend über sowohl seine Krankheit (Diagnose) als auch die möglichen Therapieformen informiert wird. Entscheidend ist dabei, zu berücksichtigen, inwieweit ein Patient die angebotene Information überhaupt verstehen kann und in der Folge imstande ist, zusammen mit dem Arzt eine gemeinsame Vorgehensweise festzulegen, um solcherart seine Patientenautonomie sinnvoll und vernünftig zu verwirklichen. *CMS*

ASGG (PR)
»Arbeits- und Sozialgerichtsgesetz *PS*

Asylwerber/in (ÖR)
Werden in ihrer Heimat insbesondere aus politischen, rassischen oder religiösen Gründen verfolgt. Sie sind Drittstaatsangehörige, über deren eingereichten Asylantrag noch nicht entschieden wurde. Es besteht die Möglichkeit der Anerkennung als »Flüchtling durch die zuständige Behörde. *JF*

Atomhaftungsgesetz (PR)
(AtomHG) Atomhaftungsgesetz aus 1999 – Bundesgesetz über die zivilrechtliche Haftung für Schäden durch Radioaktivität. Die Haftung des Betriebsunternehmers einer Kernanlage setzt kein Verschulden voraus (»Gefährdungshaftung). *AW*

AtomHG (PR)
»Atomhaftungsgesetz *AW*

Atypischer Vertrag (PR)
»Vertrag, der keinem gesetzlich geregelten »Vertragstypus zuzuordnen ist. Im Gegensatz zu gemischten Verträgen (»gemischter Vertrag) setzt sich dieser auch nicht aus verschiedenen gesetzlich geregelten Vertragstypen zusammen.

Beispiele: »Krediteröffnungsvertrag, »Garantievertrag, »Bankomatvertrag. *MH/AG*

Außergerichtliche Pfandverwertung (PR)
Grds bedarf die Pfandrechtsverwertung einer gerichtlichen Mitwirkung. Vereinbart werden kann aber auch eine außergerichtliche Pfandverwertung beweglicher körperlicher Sachen im Wege des Verkaufs des Pfands durch den »Pfandgläubiger. Der Verkauf ist, soweit dies nicht untunlich ist, anzudrohen und darf grds erst einen Monat später durchgeführt werden. Der Verkauf wird durch eine »öffentliche Versteigerung vorgenommen, ein freihändiger Verkauf ist bei Sachen mit Börsen- oder Marktpreis möglich. Der Kaufpreis gebührt dem Pfandgläubiger im Ausmaß der gesicherten Forderung (und abhängig vom Rang seines Pfandrechts) und der für die Verwertung angefallenen Kosten. Der Restbetrag steht dem Pfandbesteller zu. *DH*

Außergerichtliche Streitbeilegung (PR)
Lösung eines Konflikts ohne Anrufung eines Gerichtes. *PS*

Außergerichtliches mündliches Testament (PR)
Mündliche Testamente sind nur mehr ausnahmsweise zulässig. So zB als »öffentliches Testament, das vor Gericht (siehe »ordentliches Gericht) oder vor einem »Notar errichtet wird. Das außergerichtliche mündliche Testament ist nur

als »Nottestament rechtswirksam. *MH/AG*

Außerordentliche Kündigung (PR)
(vorzeitige Auflösung) ist die Beendigung sowohl eines befristeten als auch eines unbefristeten Dauerschuldverhältnisses aus wichtigem Grund. Als wichtiger Grund gilt etwa die Unzumutbarkeit der Fortsetzung des Vertragsverhältnisses wegen Verlust des Vertrauens in den Vertragspartner. Im Unterschied zur ordentlichen Kündigung bedarf die außerordentliche Kündigung keiner Einhaltung etwaiger Fristen. *AP/EK*

Außerstreitgesetz (PR)
Das Außerstreitgesetz (AußStrG) regelt das »Außerstreitverfahren. *PS*

Außerstreitrecht (PR)
Das Außerstreitrecht regelt das »Außerstreitverfahren. *PS*

Außerstreitverfahren (PR)
(auch freiwillige Gerichtsbarkeit oder Verfahren außer Streitsachen genannt) Sonderverfahren, das sich unter anderem durch größere Einflussmöglichkeiten des Richters auf die Gestaltung der Rechtsbeziehungen auszeichnet. Dem Außerstreitverfahren sind insbesondere die folgenden Rechtssachen zugewiesen: Verfahren in Ehe-, Kindschafts- und Sachwalterangelegenheiten, Verlassenschaftsverfahren. *PS*

AußStrG (PR)
»Außerstreitgesetz *PS*

Audiatur et altera pars (PR)
Siehe »Grundsatz des beiderseitigen Gehörs. *PS*

Auf fremde Rechnung (PR)
Wird jemand auf Rechnung eines anderen tätig, so fließen diesem alle Vorteile aus dem Geschäft zu, und er hat sämtliche Kosten dafür zu tragen. Vgl zB »Auftrag. *MH/AG*

Aufenthaltsberechtigung (ÖR)
Auch "Aufenthaltstitel" im Sinne des Fremdenrechts. Es gibt unterschiedliche Arten von Aufenthaltstiteln, die im Niederlassungs- und Aufenthaltsgesetz geregelt sind. Grundsätzliche Unterscheidung nach befristeten und unbefristeten Aufenthaltstiteln. Sie werden auf »Antrag erteilt. *JF*

Aufhebung der Ehe (PR)
Eine Aufhebungsklage gem §§ 40 f EheG kann aus folgenden Willensmängeln (»Willensmangel) erhoben werden (§§ 35–39, 43 f EheG): Mangel der Einwilligung des gesetzlichen Vertreters; »Irrtum über die »Eheschließung bzw über die Person des Ehegatten oder Umstände, die diesen betreffen; arglistige Täuschung (»List); »Drohung; Wiederverheiratung im Falle einer »Todeserklärung. Die Aufhebung wirkt ex nunc, ihre Folgen bestimmen sich nach den Vorschriften über die »Scheidung. *VTH*

Aufklärungspflicht (PR)
Nebenpflicht eines Vertrags- bzw Verhandlungspartners, den anderen Partner über gewisse Umstände in Kenntnis zu setzen. Vor Vertragsabschluss betrifft dies vor allem Umstände, die die Entscheidung des Partners zum Vertragsabschluss beeinflussen könnten (siehe »Vorvertraglicher Kontakt, »Culpa in contrahendo). Generelle Aussagen darüber, wann und in welchem Umfang eine Aufklärungspflicht besteht, sind kaum möglich, es kommt hiebei vor allem auf die »Übung des redlichen Verkehrs an. *MH/AG*

Auflagenziffer (ÖR)
eines Buches. Wird nach gebräuchlicher Zitierweise durch eine kleine hochgestellte Zahl nach dem Buchtitel angegeben. *CMP*

Auflösende Bedingung (ÖR)
»Bedingung, die bei Eintritt eines bestimmten Ereignisses den Verlust eines Rechts oder das Unwirksamwerden einer Vorschrift vorsieht. So kann etwa ein »Gesetz anordnen, dass eine darin enthaltene Bestimmung bis zur Erlassung eines denselben Gegenstand regelnden Gesetzes gilt. *SL*

Auflösung der Ehe (PR)
geschieht durch Tod eines Ehepartners, »Scheidung, »Nichtigerklärung der Ehe sowie »Aufhebung der Ehe. *VTH*

Aufrechnung (PR)
(Auch: Kompensation) Aufhebung einer »Forderung durch eine Gegenforderung. Die Aufrechnung kann entweder einverständlich oder einseitig geschehen. Beispiel: Aus dem Verkauf eines Buches fordert Max von Heidi € 50. Heidi hat gegen Max noch eine Forderung aus einem Darlehen in der Höhe von € 20. Rechnet Heidi auf, kann Max nur mehr € 30 fordern. *MH/AG*

Aufsatz (PR)
Unselbständige Publikation (zumeist in einer Fachzeitschrift, zB ÖJZ), die eine Auseinandersetzung mit bestimmten Rechtsproblemen zum Inhalt hat. Der Aufsatz ist eine unverbindliche Rechtserkenntnisquelle (siehe »Erkenntnisquelle).

Beispiel: *M. Leitner*, Schadenersatz im Zinsenstreit, ÖJZ 2005/19. *MH/AG*

Aufschiebende Bedingung (ÖR)
»Bedingung, die den Erwerb eines Rechts vom Eintritt eines bestimmten Ereignisses abhängig macht. Die »Behörde kann etwa den Betrieb eines Schiliftes von der Errichtung eines Kfz-Parkplatzes abhän-

gig machen. Der Schilift darf dann erst in Betrieb genommen werden, wenn der Parkplatz zur Verfügung steht. *SL*

Aufschiebende Wirkung ÖR
ist die durch ein »Rechtsmittel veranlasste verzögerte Wirkung des angefochtenen erstinstanzlichen Bescheids. Eine Berufung entfaltet aufschiebende Wirkung: Das bedeutet, dass während des Berufungsverfahrens von einem im erstinstanzlichen »Bescheid verliehenen Recht noch kein Gebrauch gemacht werden darf. *JF*

Aufsichtsbehörde ÖR
Es liegt im Wesen der »Selbstverwaltung, dass die Organe von Selbstverwaltungskörpern keinen Weisungen staatlicher Organe unterworfen sind; ebenso wenig besteht ein Instanzenzug an diese. Gewissermaßen als Korrektiv dazu ermöglicht die Staatsaufsicht der zuständigen Aufsichtsbehörde, gesetzwidrige Rechtsakte von Selbstverwaltungskörpern aufzuheben. Aufsichtsbehörde über die Gemeinden ist in der Regel die jeweilige »Landesregierung, über Universitäten der Bundesminister für Wissenschaft und Forschung (BMWF). *GM*

Auftrag PR
»Dienstleistungsvertrag, bei dem sich eine Partei (»Auftragnehmer) zur Erbringung von Rechtshandlungen oder Rechtsgeschäften (siehe »Rechtshandlung, »Rechtsgeschäft) für die andere Partei (»Auftraggeber) verpflichtet. Der Auftragnehmer handelt auf Rechnung des Auftraggebers, aber in eigenem Namen. Handelt er im Namen des Auftraggebers, ist für die unmittelbare Wirkung des Rechtsgeschäfts zwischen Drittem und Auftraggeber eine »Vollmacht notwendig. *MH/AG*

Auftraggeber PR
Jener Vertragspartner des Auftragsvertrages (siehe »Auftrag), auf dessen Rechnung der »Auftragnehmer die geschuldete Rechtshandlung durchführt. *MH/AG*

Auftragnehmer PR
Jener Vertragspartner des Auftrags (siehe »Auftrag), der sich für den anderen zur Durchführung von Rechtshandlungen oder Rechtsgeschäften verpflichtet. Vgl auch »Rechtshandlung, »Rechtsgeschäft. *MH/AG*

Ausbildungsvertrag PR
Siehe »Mündiger Minderjähriger. *BB*

Ausdehnende Auslegung PR
(extensive Auslegung) liegt vor, wenn sich die Bedeutung eines Wortes dem äußerstmöglichen Wortsinn annähert. Dies ist etwa dann der Fall, wenn sich im Rahmen der Auslegung ergibt, dass eine gesetzliche Regelung aufgrund ihres Zwecks normativ, also vom allgemeinen Sprachgebrauch abweichend zu verstehen ist. *AP/EK*

Ausdehnende Interpretation PR
Siehe »Ausdehnende Auslegung. *AP/EK*

Ausdrückliche Willenserklärung PR
»Willenserklärung, bei der klar und deutlich zu erkennen ist, was der Erklärende meint. Die ausdrückliche Willenserklärung besteht aus allgemein anerkannten Verständigungsmitteln. Der Wille kann nicht nur durch Worte ausgedrückt werden, sondern auch durch allgemein angenommene Zeichen (§ 863 Abs 1 ABGB). In Bezug auf die Bedeutung und Wirkung von Handlungen und Unterlassungen ist auf die im redlichen Verkehr geltenden Gewohnheiten und Gebräuche Rücksicht zu nehmen (§ 863 Abs 2 ABGB). *SR*

Ausgleich PR
Siehe »Ausgleichsverfahren. *PS*

Ausgleichsfunktion PR
Grundgedanke des Schadenersatzrechts. Der dem Geschädigten zugefügte Schaden wird durch eine Ersatzleistung des Schädigers ausgeglichen. Unterscheide »Präventionsfunktion, »Rechtsfortwirkungsgedanke. *AW*

Ausgleichsgericht PR
Gericht, das für das »Ausgleichsverfahren zuständig ist. *PS*

Ausgleichsordnung PR
In der Ausgleichsordnung wird das »Ausgleichsverfahren geregelt. *PS*

Ausgleichsverfahren PR
Gerichtliches Verfahren, in dessen Rahmen ein Schuldner seinen Gläubigern die Befriedigung eines bestimmten Prozentsatzes ihrer Forderungen anbietet (Ausgleichsvorschlag). Stimmen die Gläubiger zu und hält der Schuldner sein Versprechen, wird er vom Rest seiner Schuld befreit. *PS*

Ausgleichsverwalter PR
Der Ausgleichsverwalter wird vom Ausgleichsgericht bestellt und hat unter anderem die Geschäftsführung des Schuldners und die Ausgaben für dessen Lebensführung zu überwachen. *PS*

Ausgleichsvorschlag PR
Siehe »Ausgleichsverfahren. *PS*

Auslandsberührung PR
Ein Privatrechtsfall mit Auslandsberührung liegt vor, wenn dieser eine Verbindung zum Recht eines anderen Staates aufweist (grenzüberschreitender Fall). Mögliche Bezugspunkte sind: Min. eine der Parteien besitzt eine ausländische Staatsbürgerschaft, ein

ausländischer Tatort, Vertragsabschluss im Ausland, die Sache befindet sich im Ausland etc. Mehrere Rechtsordnungen könnten den Sachverhalt regeln; welche anzuwenden ist, ist mit Hilfe der Regeln des Internationalen Privatrechts (»Internationales Privatrecht) zu klären. *AW*

Ausländerbeschäftigungsgesetz ÖR
(»AuslBG); regelt die Voraussetzungen für die Zulassung ausländischer Arbeitskräfte (»Fremde/r) zum österreichischen Arbeitsmarkt. EWR-Bürger (»EWR) sind vom Anwendungsbereich des Gesetzes ausgenommen. Dies gilt aber nicht für Staatsangehörige der "neuen" EU-Mitgliedstaaten. *JF*

AuslBG ÖR
»Ausländerbeschäftigungsgesetz *JF*

Auslegung PR
dient der Ermittlung und Klarstellung des maßgeblichen Sinnes einer Rechtsnorm (»Gesetzesauslegung) oder einer rechtsgeschäftlichen Erklärung (Auslegung von Willenserklärungen). *AP/EK*

Auslegungsmethoden PR
helfen dem Rechtsanwender, einer gesetzlichen Norm das richtige Verständnis zugrunde zu legen. Zu den Auslegungsmethoden des Privatrechts zählen die »Wortauslegung, die »systematische Auslegung, die »historische Auslegung und die »teleologische Auslegung. Grundsätzlich sind die unterschiedlichen Interpretationsmethoden gleichrangig und stehen gleichwertig nebeneinander zur Verfügung. *AP/EK*

Auslegungsmonopol des EuGH ÖR
Kompetenz des Europäischen Gerichtshofs (»Europäischer Gerichtshof), die ihm mit dem »Vorabentscheidungsverfahren überantwortet wird, in dem er letztinstanzlich über noch nicht gelöste gemeinschaftsrechtliche Fragen im Bezug zu entscheiden hat. *JF*

Auslobung PR
Eine nicht an bestimmte Personen gerichtete Zusage einer Belohnung für eine bestimmte »Leistung oder für die Herstellung eines bestimmten Erfolges, die durch öffentliche Bekanntmachung verbindlich wird. Die Auslobung ist ein »einseitiges Rechtsgeschäft.

Beispiel: „Wer meine entlaufene Katze Rosi einfängt, erhält € 50." Auch ein Preisausschreiben kann eine Auslobung sein: Der Preis ist die Belohnung, die Beantwortung der Frage die Leistung. Unterscheide davon: »Öffentliche Ausschreibung. *MH/AG*

Ausschlagung einer Erbschaft PR
Die dem Verlassenschaftsgericht vor »Einantwortung abgegebene negative „»Erbantrittserklärung", mit der der »Erbe es ablehnt, die »Erbschaft anzutreten, also die Erbschaft ausschlägt. *MH/AG*

Ausschließlichkeit der Regelung von Verfassungsrecht im materiellen Sinn durch Verfassungsrecht im formellen Sinn ÖR
Regel, die davon ausgeht, dass Rechtserzeugungsregeln (siehe »Verfassungsrecht im materiellen Sinn) in einer bestimmten schwierigeren Form (formelles Verfassungsrecht) zu erzeugen sind. Davon gibt es Ausnahmen, nämlich jenes Verfassungsrecht im materiellen Sinn, das aufgrund ausdrücklicher verfassungsrechtlicher Ermächtigungen in Form von einfachen Gesetzen zu erlassen ist (siehe Verfassungsrecht im materiellen Sinn). *CMP*

Ausschussbericht ÖR
zählt zu den »Gesetzesmaterialien. Stellungnahme des zuständigen Nationalratsausschusses (zB Verfassungsausschuss, Umweltausschuss etc) zu einem Gesetzesvorschlag. *CMP*

Aussonderungsanspruch PR
Anspruch auf Herausgabe von Sachen aus der »Konkursmasse, die nicht dem »Gemeinschuldner gehören. *PS*

Aussonderungsklage PR
Mit dieser kann der »Eigentümer einer Sache, die sich in einer Insolvenzmasse befindet, deren Herausgabe verlangen. Er muss sich daher nicht wie ein Gläubiger, der bloß einen schuldrechtlichen Anspruch gegen den insolventen Schuldner hat, mit einer Quote zufriedengeben. *DH*

Austausch PR
Dieser stellt neben dem Anspruch auf »Verbesserung einen primären Gewährleistungsbehelf dar, wobei eine mangelhafte Leistung gegen eine mangelfreie derselben Art ausgetauscht wird. Der Anspruch auf Austausch steht dem Übernehmer offen, sofern die Verbesserung der Sache unmöglich oder für den Übergeber mit einem unverhältnismäßig hohen Aufwand verbunden ist. Doch auch dem Übernehmer dürfen keine unzumutbaren Unannehmlichkeiten entstehen; insofern hat eine Interessensabwägung zu erfolgen. *AP/EK*

Austauschanspruch PR
Im Falle einer dem Schuldner zuzurechnenden nachträglichen Unmöglichkeit der geschuldeten Leistung (»nachträgliche Unmöglichkeit der Leistung) hat der Gläubiger aus dem Titel des Ersatzes des Erfüllungsinteresses (»Erfüllungsinteresse) die Möglichkeit, am Vertrag festzuhalten

und seine eigene Leistung zu erbringen. Fordert er den vollen Wert der vereitelten Schuldnerleistung, so macht er seinen Austauschanspruch geltend. *AP/EK*

Authentische Auslegung (PR)
(§ 8 ABGB) Hier erfolgt die Auslegung einer unklaren gesetzlichen Norm durch einen gesetzgeberischen Akt. Tatsächlich handelt es sich jedoch nicht um Auslegung, sondern um ein neues Gesetz, das ein älteres näher erklären will. Das neue Gesetz soll so verstanden werden, als ob sein Inhalt schon im früheren (ausgelegten) Gesetz enthalten gewesen wäre. Es kommt somit zur »Rückwirkung. Im Unterschied zur Gesetzesnovelle wird der Inhalt des erklärten Gesetzes aber nicht verändert. *AP/EK*

Authentische Interpretation (ÖR)
Dabei erklärt der Gesetzgeber selbst durch eine Novelle einen Begriff. Es handelt sich somit um einen neuen Rechtsakt. Die authentische Auslegung ist genau genommen keine »Interpretation und kann somit nicht zur Auslegung von Rechtsnormen herangezogen werden, sondern bedeutet die Setzung neuen Rechts. Für das Privatrecht wird die authentische Interpretation in § 8 ABGB geregelt (vgl dazu »Authentische Auslegung). *GH*

Autokratie (ÖR)
ist eine »Staatsform, welche alle Staatsfunktionen bei einem Organ vereint. Die Staatswillensbildung liegt bei einzelnen Personen oder kleinen Gruppen (zB Partei, Junta), die grundsätzlich nicht vom »Staatsvolk legitimiert oder abhängig sind. Bsp »Absolute Monarchie, Diktaturen. *JF*

Autonome Rechtsordnung (ÖR)
beschreibt eine eigenständige, selbstverwaltende rechtliche Ordnung. Der Begriff ist vor allem im Zusammenhang mit »Gemeinschaftsrecht und nationalem Recht (»Nationales Recht) von Bedeutung. Das Gemeinschaftsrecht gilt in den Mitgliedstaaten neben dem nationalen Recht, folglich kann es zu Normkollisionen zwischen den Regelungen kommen, da aber beides sogenannte autonome Rechtsordnungen sind, ist hier eine »Derogation nicht möglich. Dies hat zur Folge, dass im Fall einer Normkollision mit unmittelbar anwendbarem Gemeinschaftsrecht das nationale Recht unangewendet zu bleiben hat. *JF*

Autonomie (RPH)
ist der Kern des KANTischen Freiheitsbegriffs. Sie besagt, dass die Freiheit des Menschen in der Selbstbestimmung (= Autonomie) besteht, also darin, sich die Grenzen seines Handelns selbst und damit unabhängig von jeglicher Fremdbestimmung zu setzen, womit man für sein Handeln voll verantwortlich ist. Man kann Freiheit daher auch als "unbedingt" bezeichnen, womit sie iSd Autonomie »a priori jedem Menschen unbedingt und unverzichtbar zukommt! Vgl daher idF SARTRE "Verdammt zur Freiheit"! *CMS*

Autonomie (ÖR)
Im Zusammenhang mit der »Mehrwerttheorie bezeichnet sie die zweiseitige Normsetzungsbefugnis im Privatrecht und bildet den Gegenpol zur im öffentlichem Recht bestehenden »Heteronomie. Beachte: Auch im Öffentlichen Recht besteht teilweise eine zweiseitige Normsetzungsbefugnis, zB bei Genehmigungen, die nur auf Antrag erteilt werden dürfen. *JF*

Autorität, staatliche (ÖR)
Ist eine meist mit Befehlsgewalt ausgestattete Stelle, die dem Staat zuzurechnen ist. »Behörde, »Organ, »Körperschaft, gesetzgebend. *CMP*

AuvBZ (ÖR)
»Akt unmittelbarer verwaltungsbehördlicher Befehls- und Zwangsgewalt *GM*

AVG (ÖR)
»Allgemeines Verwaltungsverfahrensgesetz *CMP*

AWG (ÖR)
»Abfallwirtschaftsgesetz *CMP*

AZR (ÖR)
Abkürzungs- und Zitierregeln der österreichischen Rechtssprache und europarechtlicher Rechtsquellen, herausgegeben vom MANZ-Verlag. Werden laufend aktualisiert.
Siehe http://www.manz.at/index.html?load=/service/kunden/azr. *CMP*

B-VG (ÖR)
»Bundes-Verfassungsgesetz; nicht zu verwechseln mit »BVG. *SL*

Bankomatvertrag (PR)
(Nunmehr Europay-Vertrag) Regelt einerseits die Rechtsbeziehungen zwischen der zentralen Abwicklungsgesellschaft und den am Bankomat-Service teilnehmenden Banken und andererseits die Rechtsbeziehungen zwischen den Banken untereinander. *MH/AG*

Bankrecht (PR)
Die Summe aller Normen (siehe »Rechtsnorm), die die rechtliche Grundlage des Bankwesens bilden. Es enthält öffentlich-rechtliche und privatrechtliche Gesetze. *MH/AG*

Barkauf (PR)
Kauf unter sofortiger Zahlung. *JF*

Bartergeschäfte (PR)
(Begriff aus der Wirtschaftswissenschaft, von engl. *barter* – der Tausch) Grenzüberschreitendes Tauschgeschäft im internationalen Handel. Siehe auch »Tauschvertrag. *MH/AG*

Basiszinssatz (PR)
Dieser wird ua als Grundlage für die Berechnung der gesetzlichen »Verzugszinsen herangezogen. Für das jeweils folgende Halbjahr ist jener Basiszinssatz zugrundezulegen, der am letzten Kalendertag eines Halbjahres gilt. Derzeit (Stand: 14. 03. 07) beträgt der Basiszinssatz 3,19 %; er ist unter www.oenb.at abrufbar. *AP/EK*

Bauführung (PR)
Fall des originären Eigentumserwerbes (»originärer Eigentumserwerb). Haben Grundeigentümer und Bauführer keine rechtsgeschäftliche Vereinbarung getroffen, so gilt grundsätzlich der Grundsatz »Superficies solo cedit, dh, dass das Bauwerk Eigentum des Eigentümers der Liegenschaft wird, auf dem es errichtet wird. Das Gesetz unterscheidet im Einzelnen, ob auf eigenem Grund mit fremdem Material, auf fremdem Grund mit eigenem Material oder auf fremdem Grund mit fremdem Material gebaut wird. *DH*

Baugesetz der Bundesverfassung (ÖR)
»Grundprinzip der Bundesverfassung *SL*

BauO (ÖR)
»Bauordnung *JF*

Bauordnung (ÖR)
»Landesgesetz, das die Voraussetzungen für die Errichtung von Bauwerken regelt; die Zuständigkeit der »Länder zur gesetzlichen Regelung des Baurechts (»Baurecht im öffentlichen Recht ergibt sich aus der »Kompetenzverteilung der »Bundesverfassung; nicht zu verwechseln mit »Baugesetz der Bundesverfassung. *SL*

Baurecht im öffentlichen Recht (ÖR)
geregelt in den Bauordnungen der Länder (siehe »Bauordnung); regelt die Frage, ob und unter welchen Umständen Bauwerke errichtet werden dürfen; unter welchen Voraussetzungen sind Bauwerke bewilligungspflichtig und unter welchen Voraussetzungen ist eine behördliche Bewilligung zu erteilen? *CMP*

Baurecht im Privatrecht (PR)
Das dingliche Recht, auf oder unter der Bodenfläche eines fremden Grundstücks ein Bauwerk zu haben. Das Baurecht stellt daher eine Ausnahme zum Grundsatz »Superficies solo cedit dar, wonach mit dem Grund fest verbundene Bauwerke das rechtliche Schicksal des Grundstückes teilen. Das Baurecht kann veräußert und vererbt werden. Es muss auf mindestens zehn und darf nicht auf länger als 100 Jahre begründet werden. Pieler, Privatrecht (2007/2008), 85. *DH*

BDG (ÖR)
Beamtendienstrechtsgesetz. *CMP*

Beachtlicher Mangel (PR)
(erheblicher Mangel) Hierbei handelt es sich um einen Mangel, der sich nicht bloß in einer minimalen Wertminderung der geschuldeten Leistung erschöpft. Daher begründet dieser im Unterschied zu einem unbeachtlichen Mangel (»unbeachtlicher Mangel) Ansprüche aus »Gewährleistung. *AP/EK*

Beamter/in (ÖR)
Öffentlich Bedienstete/r. Sie werden durch »Bescheid ernannt und sind auf Dauer mit den Angelegenheiten der öffentlichen Verwaltung betraut. *JF*

Beauftragter (PR)
Siehe »Auftragnehmer. *MH/AG*

Bedingendes Recht (ÖR)
Siehe »Stufenbau nach der rechtlichen Bedingtheit. *CMP*

Bedingter Zahlungsbefehl (PR)
Siehe »Mahnverfahren. *PS*

Bedingtes Recht (ÖR)
siehe »Stufenbau nach der rechtlichen Bedingtheit. *CMP*

Bedingung (PR)
Zukünftiger ungewisser Umstand, von dessen Eintritt oder Nichteintritt eine bestimmte Rechtswirkung abhängt. Die Bedingung kann rechtsgeschäftlich als Nebenbestimmung vereinbart oder im »Gesetz vorgesehen sein (Rechtsbedingungen, zB das Erfordernis der Zustimmung einer »Behörde). Die rechtsgeschäftliche Bedingung kann aufschiebend oder auflösend ausgestaltet sein, je nachdem, ob bei Bedingungseintritt die Rechtswirkung erlöschen (dann auflösend) oder entstehen (dann aufschiebend) soll.

Beispiel: "Ich verkaufe dir mein Auto um € 5.000, wenn mein Vater zustimmt." *MH/AG*

Befristung (PR)
bedeutet die „zeitliche Beschränkung eines Rechtsverhältnisses“. Ein Recht beginnt und endet bei einer Befristung zu einem ganz bestimmten Zeitpunkt (Beachte: Unterschied zur Bedingung, bei der schon der Eintritt ungewiss ist). Eine Befristung kann sich etwa aus einem »Rechtsgeschäft (zB „Das Mietverhältnis beginnt mit 1. 1. 2008 und beträgt drei Jahre“) ergeben. *SR*

Begleitschaden (PR)
So nennt man jenen Schaden, der durch die Verletzung von Schutz- und Sorgfaltspflichten und damit durch eine positive

Vertragsverletzung (»positive Vertragsverletzungen) herbeigeführt wird. Vgl auch den »Mangelfolgeschaden. *AP/EK*

Begründung ÖR
Als Bescheidmerkmal, im Rahmen des Verwaltungsverfahrens, die Zusammenfassung der Ergebnisse des Ermittlungsverfahrens (»Ermittlungsverfahren) und der Nachweis der entscheidenden Erwägungen, die zum Spruch des Bescheides (»Bescheid) geführt haben. Vgl dazu »Rechtsmittelbelehrung, »Spruch. *JF*

Begriff RPH
besagt, was hinter einem Wort, einem Ausdruck als Bedeutungsgehalt abstrakt steht. HEGEL unterscheidet dabei "Begriff" und "Idee": Während der Begriff die abstrakte Bedeutung darstellt, ist Idee bereits die lebendige konkrete Wirksamkeit dieses Begriffs in der Wirklichkeit – daher "Idealismus" als Lehre von der lebendigen konkreten Wirklichkeit im Lichte ihrer abstrakten Begriffe. Lt. HEGEL hat der Philosoph daher seine Zeit auf den ihr jeweils zugrunde liegenden Begriff zu bringen! *CMS*

Begriffshof ÖR
bildet die absolute äußere Grenze des Interpretationsspielraums eines Begriffs. Siehe auch »Wortinterpretation, unterscheide von »Begriffskern. *JF*

Begünstigter (im Stifungsrecht) PR
Siehe »Destinatär. *BB*

Begriffskern ÖR
bildet die absolute innere Grenze des Interpretationsspielraums eines Begriffes. Eine engere Interpretation darf nicht vorgenommen werden. Vgl dazu »Wortinterpetation und unterscheide von »Begriffshof. *JF*

Beharrungsbeschluss ÖR
Im Bundesgesetzgebungsverfahren kommt dem Bundesrat gegenüber dem Gesetzesbeschluss des Nationalrats in der Regel bloß ein »suspensives Veto zu. Macht der BR von diesem Veto Gebrauch, kann der NR den Gesetzesantrag neuerlich (allerdings mit erhöhtem »Präsenzquorum) beschließen. Dies nennt man Beharrungsbeschluss. *GM*

Behebbarer Mangel PR
Hierbei handelt es sich um einen Mangel, der sich ohne unverhältnismäßig hohen Aufwand beseitigen lässt und einer »Verbesserung im Rahmen der »Gewährleistung zugänglich ist. Zur Relevanz der (Un-)Behebbarkeit eines Mangels für die Rangordnung der Gewährleistungsbehelfe siehe »Unbehebbarer Mangel. *AP/EK*

Behindertensachwalterschaft PR
Siehe »Sachwalterschaft. *SR*

Behörde ÖR
ist ein Organ der Vollziehung, das mit »Imperium ausgestattet ist und zur Durchführung öffentlicher Aufgaben berufen ist. Sie ist von der Rechtsordnung ermächtigt, einseitig verbindliche Rechtsakte zu setzen. Unter den Behördenbegriff fallen nicht nur Verwaltungsbehörden (»Verwaltungsbehörde), sondern auch Gerichte (»Gericht). *JF*

Behördenzuständigkeit ÖR
Gibt Auskunft darüber, welche »Behörde in bestimmten Angelegenheiten autorisiert und befugt ist, Rechtsakte zu setzen. Vgl dazu »Zuständigkeit. *JF*

Beiderseitig unternehmensbezogenes Geschäft PR
»Rechtsgeschäft, das für beide Vertragspartner zum Betrieb ihres Unternehmens gehört. Siehe »unternehmensbezogenes Geschäft. *MH/AG*

Beihilfenrecht ÖR
Das Beihilfenrecht der EG verbietet grundsätzlich jede Beihilfe (Subvention, Begünstigung) von Unternehmen durch Mitgliedstaaten. Ausnahmen werden in besonderen Fällen wie zB Naturkatastrophen gewährt. Die Kommission kontrolliert die Einhaltung des Beihilfenrechts in den Mitgliedstaaten. *JLR*

Beilagen zu den Stenographischen Protokollen des Bundesrats ÖR
Siehe »Stenographische Protokolle des Bundesrats. *CMP*

Beilagen zu den Stenographischen Protokollen des Nationalrats ÖR
Siehe »Stenographische Protokolle des Nationalrats. *CMP*

Beirat ÖR
hat in der öffentlichen Vollziehung eine beratende bzw kontrollierende oder überwachende Funktion (keine Weisungsbefugnisse); zB Menschenrechtsbeirat, der die Einhaltung der Menschenrechte durch die Vollziehung (zB Sicherheitsbehörden, Asylbehörden) überwacht. *CMP*

Beitrittsvertrag ÖR
ist der Vertrag, mit dem Österreich am 24. Juni 1994 der Europäischen Union (»Europäische Union) beigetreten ist. Mit dieser Erweiterungsrunde traten auch Finnland und Schweden der EU bei. *JF*

Beklagter PR
Partei des Zivilprozesses, gegen die sich die vom »Kläger eingebrachte »Klage richtet. *PS*

Belastetes Grundstück PR
Siehe »Dienendes Grundstück. *DH*

Bellum omnium contra omnes RPH
ist ein Begriff von HOBBES. Damit möchte er den für den

Naturzustand charakteristischen latenten Kriegszustand, den allgemeinen Bedrohungszustand beschreiben, der durch seine strukturelle Allgegenwart die radikale Gleichheit aller Bürger bewirkt: Niemand kann sich dieser Bedrohungssituation, diesem "Krieg" auf Dauer und mit Sicherheit entziehen! Dieses Szenario ist der Ausgangspunkt für HOBBES' Theorie vom "Starken Staat", dessen Hauptaufgabe daher die Gewährleistung von Sicherheit darstellt. *CMS*

Berechtigende Geschäfte (PR)
sind Rechtsgeschäfte, die auch Personen, welche nur »beschränkt geschäftsfähig sind, allein abschließen können, da daraus für sie ausschließlich Rechte, aber keine Pflichten erwachsen. Das Gesetz spricht davon, dass beschränkt Geschäftsfähige "ein bloß zu ihrem Vorteil gemachtes Versprechen annehmen" können (zB eine Schenkung). *BB*

Berechtigter (PR)
Derjenige, dem ein »subjektives Recht zusteht. Dies kann sich aus einem »Vertrag oder aus dem »Gesetz ergeben. *MH/AG*

Bereicherungsrecht (PR)
Aufgabe des Bereicherungsrechts ist es, Vermögensverschiebungen, die keine vertragliche oder gesetzliche Rechtfertigung haben (ungerechtfertigte Bereicherung), rückgängig zu machen. Es regelt, unter welchen Umständen der Bereicherte den erlangten Vorteil an den Verkürzten (Entreicherten) herauszugeben hat. Die Vermögensverschiebung kann entweder durch eine Leistung (»Leistungskondiktion) oder auf sonstige Weise (»Verwendungsanspruch) erfolgen. Das Bereicherungsrecht zählt zu den gesetzlichen Schuldverhältnissen. *AW*

Berner Konvention (ÖR)
ist das im Rahmen des Europarates 1979 abgeschlossene "Übereinkommen über die Erhaltung der europäischen wildlebenden Pflanzen und Tiere und ihrer natürlichen Lebensräume". *JF*

Berufsrecht (ÖR)
Vorschriften, welche den Antritt, die Ausübung, die Wahrung der Ehre des Standes, die disziplinäre Verantwortung usw bestimmter Berufe regeln. Berufsrechte existieren etwa für Rechtsanwälte, Notare, Richter, Lehrer, Universitätsbedienstete, Beamte etc. Bei Verstoß gegen das jeweilige Berufsrecht drohen mitunter empfindliche Sanktionen, die bis zu einem Berufsausübungsverbot reichen. *CMP*

Berufsrichter (PR)
Richter, die in einem ständigen Dienstverhältnis zum Staat stehen. *PS*

Berufung (ÖR)
Die Berufung stellt das ordentliche Rechtsmittel gegen Bescheide dar. Durch die Erhebung der Berufung kann ein Bescheid bei der »Berufungsbehörde bekämpft werden. Die rechtliche Möglichkeit der Erhebung der Berufung begründet das Vorliegen eines administrativen Instanzenzugs (»Administrativer Instanzenzug). *GM*

Berufung (PR)
»Rechtsmittel gegen Urteile erster Instanz. *PS*

Berufungsbehörde (ÖR)
Die Berufungsbehörde ist jene Behörde, die zur Entscheidung über das Rechtsmittel der »Berufung gegen einen Bescheid zuständig ist. *GM*

Berufungsbescheid (ÖR)
Der Berufungsbescheid stellt jenen Rechtsakt dar, durch den die zuständige Berufungsbehörde über das Rechtsmittel der Berufung in der Sache zu entscheiden hat. *GM*

Berufungssenat (ÖR)
Dieser entscheidet im Rahmen des zivilgerichtlichen Verfahrens (»Zivilgerichtliches Verfahren) über die Berufung in Rechtsstreitigkeiten mit einem »Streitwert bis € 10.000 und in gesetzlich bestimmten Rechtssachen in zweiter Instanz. *JF*

Berufungsvorentscheidung (ÖR)
Aufgrund des Rechtsmittels der Berufung hat nach dem AVG in der Regel die Berufungsbehörde in der Sache zu entscheiden. Die Berufungsvorentscheidung (§ 64a AVG) stellt insoferne eine Ausnahme von diesem Grundsatz dar, als die erstinstanzliche Behörde innerhalb der ersten zwei Monate nach Erhebung der Berufung ihre Entscheidung noch ändern, dh insb der Berufung stattgeben kann. Als Rechtsmittel gegen die Berufungsvorentscheidung dient der Vorlageantrag. Wird ein solcher erhoben, tritt die Berufungsvorentscheidung außer Kraft und die Berufungsbehörde hat jedenfalls in der Sache zu entscheiden. *GM*

Besachwalten (PR)
ist jener Vorgang, mit dem per Gerichtsbeschluss einer geistig behinderten oder psychisch kranken Person, die ihre Angelegenheiten nicht mehr selbständig besorgen kann, ein »Sachwalter bestellt wird. Siehe auch »Sachwalter; »Sachwalterschaft. *SR*

Bescheid (ÖR)
Individuell-konkreter Akt einer »Verwaltungsbehörde, der sich an einen konkreten Rechtsunterworfenen richtet und diesem Rechte einräumt bzw Pflichten auferlegt. ZB Verhängung einer Verwaltungsstrafe, Erteilung einer Bau- oder Betriebsanlagenbe-

willigung. Unterscheide »Leistungsbescheid, »Rechtsgestaltungsbescheid, »Feststellungsbescheid. Der »VfGH hat Befugnis, letztinstanzliche Bescheide daraufhin zu prüfen, ob der Beschwerdeführer in einem Grundrecht verletzt ist. *JF*

Bescheidbeschwerde ÖR
Zentrale Kompetenz des Verfassungsgerichtshofs (»Verfassungsgerichtshof) und des Verwaltungsgerichtshofs (»Verwaltungsgerichtshof). Behauptet der Beschwerdeführer, durch die Erlassung eines Bescheides (»Bescheid) in seinen subjektiven Rechten verletzt zu sein, so hat er nach der Erschöpfung des Instanzenzuges (»Instanzenzug) die Möglichkeit, Beschwerde beim Verfassungsgerichtshof oder Verwaltungsgerichtshof zu erheben. Die Entscheidung lautet auf Aufhebung des Bescheides, auf Zurückweisung oder auf Abweisung der Beschwerde. In den beiden letzten Fällen bleibt der angefochtene Bescheid bestehen. *JF*

Bescheidmäßig ÖR
Den Voraussetzungen bzw dem Inhalt eines Bescheides (»Bescheid) entsprechend. ZB bescheidmäßige Erledigung; Herstellung eines bescheidmäßigen Zustandes. *JF*

Beschluss (eines Gerichts) PR
Form der gerichtlichen Entscheidung. In Beschlussform wird insbesondere über Verfahrensfragen entschieden. *PS*

Beschränkt dingliches Recht PR
Alle dinglichen Rechte (»Dingliche Rechte), die nicht Eigentumsrechte sind. Es handelt sich um Abspaltungen vom Recht des Eigentümers. Das Eigentumsrecht ist im Gegensatz zu beschränkt dinglichen Rechten »Vollrecht. Beschränkt dingliches Recht sind »Pfandrecht, »Dienstbarkeiten, »Reallasten und Baurecht (»Baurecht im Privatrecht). *DH*

Beschränkt geschäftsfähig PR
sind Personen ab sieben Jahren bis vor Erreichen der »Volljährigkeit, und solche, denen ein »Sachwalter bestellt wurde. Für sie ausschließlich »berechtigende Geschäfte können sie allein gültig abschließen. Schließen sie ein sie verpflichtendes Rechtsgeschäft ab, ist dieses jedoch vor der Genehmigung durch den gesetzlichen Vertreter/Sachwalter schwebend unwirksam (vgl »Negotium claudicans). Daneben gilt auch für sie die Regelung bezüglich geringfügiger Angelegenheiten des täglichen Lebens (siehe »Geschäftsunfähig). Ein »Mündiger Minderjähriger (ab 14) hat eine erweiterte beschränkte Geschäftsfähigkeit. *BB*

Beschwerde ÖR
ist ein besonderer Rechtsbehelf. Beschwerden an die Gerichtshöfe des öffentlichen Rechts (»VfGH, »VwGH) zählen zu den außerordentlichen Rechtsmitteln und können erst nach Erschöpfung des administrativen Instanzenzuges ergriffen werden. Beschwerde gegen Ausübung von Akten unmittelbarer verwaltungsbehördlicher Befehls- und Zwangsgewalt (»AuvBZ) sind an den »UVS des jeweiligen Bundeslandes zu richten. *JF*

Besitz PR
»Innehabung (»Gewahrsame), die von Besitzwillen getragen ist (animus und corpus). Unterschieden werden »Sachbesitz und »Rechtsbesitz. *DH*

Besitzanweisung PR
Form der »Übergabe durch Erklärung: Die Sache befindet sich bei einem Dritten. Dieser wird angewiesen, die Sache nunmehr für einen anderen innezuhaben. Nach hA bedarf es keines Einverständnisses des Dritten. [Bsp: A ist Mieter der Wohnung des B, der sie an C verkauft. B (Veräußerer) weist A (als Mieter Inhaber der Wohnung) an, diese nunmehr für C (Erwerber) innezuhaben.] *DH*

Besitzauflassung PR
Siehe »Übergabe kurzer Hand. *DH*

Besitzauftragung PR
Siehe »Besitzkonstitut. *DH*

Besitzdiener PR
Unmittelbarer Inhaber einer Sache, der die »Gewahrsame über die Sache für einen anderen ausübt und dabei weisungsgebunden ist (zB Angestellter). *DH*

Besitzer PR
Wer die Sache, die er innehat, als die seinige behalten will. *DH*

Besitzkonstitut PR
(Besitzauftragung, constitutum possessorium) Art der Übertragung durch Übergabe bei beweglichen Sachen. Eine Form der Übergabe ist die Erklärung, wozu neben der »Übergabe kurzer Hand und der »Besitzanweisung auch das Besitzkonstitut gehört. Bei diesem bleibt die Sache beim bisherigen Besitzer, der sie nunmehr für den Erwerber innehat (Bsp: A ist Eigentümer eines Autos, das an B verkauft werden soll, A will das Auto anschließend leihen). *DH*

Besitzmittler PR
Unmittelbarer Inhaber einer Sache, der die »Gewahrsame über die Sache aufgrund eines Rechtsverhältnisses für einen anderen ausübt (zB Mieter). *DH*

Besitzrecht PR
»Qualifizierter Besitz, rechtlicher Besitz *DH*

Besitzschutz (PR)
Jeder echte Besitzer (»Echter Besitz) ist dagegen geschützt, dass eine Sache, die sich in seiner »Gewahrsame befindet, eigenmächtig entzogen oder gestört wird. Zu diesem Zweck steht ein rasches und vorläufiges Gerichtsverfahren zur Verfügung, nämlich das »Besitzstörungsverfahren. Man spricht von einem possessorischen Verfahren (»Possessorisches Verfahren). *DH*

Besitzstörungsverfahren (PR)
Rasches, vorläufiges Verfahren, das den echten Besitzer (»Echter Besitz) gegen eine eigenmächtige Entziehung oder Störung einer sich in seiner »Gewahrsame befindlichen Sache schützt. Das Besitzstörungsverfahren ist ein »possessorisches Verfahren. *DH*

Besondere Vorliebe (PR)
»Affektionsinteresse, »Wert der besonderen Vorliebe *AW*

Besonderes Verwaltungsrecht (ÖR)
Auch »materielles Verwaltungsrecht; umfasst einschlägige Verhaltensnormen sowie Bestimmungen über den Inhalt der Verwaltungstätigkeit. Bsp: Gewerberecht, Baurecht, Forstrecht, Abfallwirtschaftsrecht, Naturschutzrecht. Unterscheide »Allgemeines Verwaltungsrecht. *JF*

Besorgungsgehilfe (PR)
Das ABGB sieht auch eine Haftung für fremdes Verschulden vor. Wer sich zur Besorgung seiner sonstigen Angelegenheiten einer (habituell) untüchtigen oder wissentlich einer gefährlichen Person bedient, haftet für den Schaden, den diese im Rahmen der Besorgung einem Dritten zufügt. „Besorgung seiner sonstigen Angelegenheiten" bedeutet, dass der Geschäftsherr den Gehilfen nicht zur Erfüllung einer vertraglichen Schuld gegenüber dem Geschädigten einsetzt. Die Haftung für den Besorgungsgehilfen besteht vielmehr gegenüber jedem Dritten und ist dementsprechend an strengere Voraussetzungen gebunden als die Haftung für Erfüllungsgehilfen (»Erfüllungsgehilfe). *AW*

Bestandobjekt (PR)
Die »Sache, die zum Gebrauch (beim »Mietvertrag) bzw auch zum »Fruchtgenuss (beim »Pachtvertrag) überlassen wird, zB eine Wohnung oder ein Unternehmen. *MH/AG*

Bestandvertrag (PR)
»Vertrag, durch den sich jemand verpflichtet, eine Sache auf eine gewisse Zeit und gegen einen bestimmten Preis zum Gebrauch zu überlassen. Davon umfasst sind nach dem »Gesetz der »Mietvertrag und der »Pachtvertrag. Unterscheide davon: »Leihvertrag, der unentgeltlich und ein »Realvertrag ist. *MH/AG*

Bestimmbar (PR)
Eine »Willenserklärung ist bestimmbar, wenn durch »Auslegung und unter Heranziehung des dispositiven Rechts (siehe »Dispositives Recht) ein eindeutiger Sinn ermittelt werden kann. Vgl auch: »Bestimmt. *MH/AG*

Bestimmt (PR)
Damit ein gültiger Vertrag zustande kommen kann, müssen die Willenserklärungen bestimmt sein. Eine »Willenserklärung ist dann bestimmt, wenn sie die wesentlichen Punkte des Geschäfts enthält, das abgeschlossen werden soll (zB beim »Kaufvertrag: Ware und Preis). Es reicht aber, wenn die Erklärung »bestimmbar ist. *MH/AG*

Beugemaßnahmen (PR)
Geld- und Haftstrafen, mit denen im Exekutionsverfahren unvertretbare Handlungen (»Unvertretbare Handlung) vollstreckt werden. *PS*

Beugestrafe (ÖR)
Auch Zwangsstrafe; sie steht der Behörde als »Vollstreckungsmittel zur Verfügung und dient im Rahmen des Verwaltungsvollstreckungsverfahrens (»Verwaltungsvollstreckungsgesetz) zur zwangsweisen Durchsetzung von Bescheiden (»Bescheid). Dient zur Erzwingung von unvertretbaren Leistungen und Handlungen, die nur vom Verpflichteten persönlich erbracht werden können (zB: Vorladung zwecks Vernehmung). Sie werden durch Verhängung von Geld- bzw Haftstrafen durchgesetzt. Die Beugestrafe muss allerdings zuvor angedroht werden. *JF*

Beurkundung (ÖR)
Bei Abschluss des Gesetzgebungsverfahrens ist der Gesetzesbeschluss des Nationalrats zu beurkunden. Dies hat durch die Unterschrift des Bundespräsidenten zu erfolgen, die das verfassungsgemäße Zustandekommen des Bundesgesetzes bestätigt. Die Unterschrift des Bundespräsidenten ist durch den Bundeskanzler (»Bundeskanzler/in) gegenzuzeichnet (»Echtheitsbeglaubigung) *JF*

Bevollmächtigen (PR)
Handlung, wodurch eine Person (= »Vollmachtgeber) eine andere (= Bevollmächtigter) dazu berechtigt, sie (den Vollmachtgeber) gegenüber Dritten zu berechtigen und zu verpflichten. Siehe »Vollmacht. *SR*

Bevollmächtigungsvertrag (PR)
Das ABGB fasst »Auftrag und »Vollmacht unter dem Begriff des Bevollmächtigungsvertrages zusammen. Auftrag und Vollmacht können, müssen aber nicht miteinander verbun-

den sein. Die Begriffe sind strikt auseinanderzuhalten, da der Auftrag das Innenverhältnis regelt, während die Vollmacht das Außenverhältnis betrifft. *MH/AG*

Bewegliche Sache (PR)
(Fahrnis) Sachen, die ohne Verletzung ihrer Substanz von einer Stelle zur anderen versetzt werden können. Auch Rechte gelten grundsätzlich als bewegliche Sachen. *DH*

Beweis (PR)
Der Beweis dient der Feststellung der Wahrheit einer strittigen Tatsachenbehauptung. *PS*

Beweisaufnahme (ÖR)
ist die Feststellung eines Sachverhalts (»Sachverhalt) unter Einbeziehung von Beweismitteln (»Beweismittel) in einem Verfahren. Offenkundige Tatsachen bedürfen keines Beweises. Die Beweisaufnahme kann unmittelbar durch die Behörde selbst oder mittelbar durch ersuchte Behörden erfolgen. *JF*

Beweislastregel (PR)
Abweichend vom Grundsatz, dass derjenige, der einen Umstand behauptet, diesen auch beweisen muss (vgl etwa für das Schadenersatzrecht § 1296 ABGB), gilt bei Verschulden im Rahmen von vertraglichem Schadenersatz die in § 1298 ABGB normierte »Beweislastumkehr. Besondere Beweislastregeln enthalten etwa auch § 12 Abs 2 KSchG und § 12a Abs 3 MRG. *AP/EK*

Beweislastumkehr (PR)
Gemäß § 1298 ABGB wird bei der »Vertragshaftung, abweichend von der allgemeinen Regel (§ 1296 ABGB), das Verschulden des Schädigers gesetzlich vermutet (»Verschuldensvermutung). Dieser hat zu beweisen, dass ihn kein Verschulden an der Vertragsverletzung trifft. Andere Beispiele für Abweichungen von der allgemeinen »Beweislastregel sind etwa in § 12 Abs 2 KSchG und § 12a Abs 3 MRG normiert. *AP/EK*

Beweismittel (ÖR)
Personen, Sachen oder Vorgänge, mit deren Hilfe die Behörde den entscheidungserheblichen Sachverhalt ermittelt. Beweismittel sind unter anderem der Augenschein, die Parteienvernehmung, die Zeugenvernehmung, der Sachverständigenbeweis und Urkunden. Ebenso im Privatrecht. *CMP*

Beweiswürdigung (PR)
Tätigkeit des Richters, bei der dieser beurteilt, ob eine behauptete Tatsache der Wahrheit entspricht. *PS*

Bewilligung (ÖR)
Siehe dazu »Bewilligungsbescheid. *JF*

Bewilligungsbescheid (ÖR)
Siehe dazu »Rechtsgestaltungsbescheid. *JF*

Bezirksanwalt (ÖR)
ist ein Organ des Bezirksgerichtes (»Bezirksgericht) und steht unter der Aufsicht und Leitung der Staatsanwälte. Im Strafverfahren kann sich der Staatsanwalt durch ihn vertreten lassen. Der Bezirksanwalt trägt den Strafantrag vor und hat das Recht, den Beschuldigten und die Zeugen zu befragen. Die Ausbildung als Jurist/-in ist nicht unbedingt erforderlich. *JF*

Bezirksgericht (ÖR)
auch ordentliches Gericht 1. Instanz. In Zivilsachen ist dieses zur Entscheidung in erster Instanz für alle Rechtssachen mit einem »Streitwert bis €10.000 berufen. Im Bereich des Strafrechts ist es zur Entscheidung über alle Vergehen zuständig, für die nur eine Geldstrafe oder eine Freiheitsstrafe angedroht ist, deren Höchstmaß ein Jahr nicht übersteigt. *JF*

Bezirksgericht für Handelssachen (PR)
Bezirksgericht, das in Wien für die »Handelsgerichtsbarkeit eingerichtet wurde. *PS*

Bezirksgerichte (PR)
Ordentliche Gerichte erster Instanz, die insbesondere für Streitigkeiten zuständig sind, deren Streitwert € 10.000 nicht übersteigt, und die nicht in die Zuständigkeit der Landesgerichte fallen. Darüber hinaus fallen einige Angelegenheiten unabhängig vom Streitwert in die Zuständigkeit der Bezirksgerichte. *PS*

Bezirkshauptmann (ÖR)
Siehe »Bezirkshauptmannschaft. *JF*

Bezirkshauptmannschaft (ÖR)
Die Bezirkshauptmannschaft ist eine monokratisch organisierte Landesbehörde, die vom Bezirkshauptmann geleitet wird. Sie ist im Bereich des Landesverwaltung und in der Regel auch der mittelbaren Bundesverwaltung erste Instanz. Die Bezirkshauptmannschaft ist eine der beiden Typen von Bezirksverwaltungsbehörden (»Bezirksverwaltungsbehörde). In jedem politischen Bezirk, der keine Stadt mit eigenem Statut (Statutarstadt) darstellt, ist eine Bezirkshauptmannschaft eingerichtet. *GM*

Bezirksverwaltungsbehörde (ÖR)
Bei den Bezirksverwaltungsbehörden handelt es sich um Landesbehörden, die im Bereich der Landesverwaltung als erste Instanz zuständig sind. Es gibt zwei Arten von Bezirksverwaltungsbehörden: Während in Städten mit eigenem Statut Magistrate (»Magistrat) bestehen, sind in den übrigen Bezirken Bezirks-

hauptmannschaften (»Bezirkshauptmannschaft) eingerichtet. *GM*

BGB (PR)
»Bürgerliches Gesetzbuch *AW*

BGBl (ÖR)
»Bundesgesetzblatt *SL*

Bigamie (PR)
Siehe »Doppelehe. *VTH*

Bilaterale völkerrechtliche Verträge (ÖR)
Verträge, die zwischen zwei Völkerrechtssubjekten (»Völkerrechtssubjekt) abgeschlossen werden. Unterscheide davon: »Multilaterale völkerrechtliche Verträge. *JLR*

Billigkeit (PR)
ergänzt das positive Recht, um Härtefälle zu vermeiden, und kann somit helfen, die Gerechtigkeit für den Einzelfall zu justieren. Dem Gedanken der Billigkeit wird insb in den Bereichen des Eherechts (»Eherecht) (Unterhaltsrecht und Aufteilung des ehelichen Gebrauchsvermögens) und des Schadenersatzrechts Rechnung getragen. So hat der Richter etwa bei der Beurteilung der Haftung für Schädigungen im Notstand (§ 1306a ABGB) die besonderen Umstände des Einzelfalls zu berücksichtigen (Billigkeitshaftung). *AP/EK*

Billigkeit (RPH)
bedeutet Einzelfallsgerechtigkeit. Prinzipiell gehen Modelle der Gerechtigkeit immer von standardisierten Situationen aus – allgemeine Gleichbehandlung ist ja ein zentrales Gerechtigkeitsanliegen. Doch falls diese allgemeinen Regelungen in besonderen Einzelfällen dann zu einem der ursprünglichen Gerechtigkeitsabsicht zuwiderlaufenden Ergebnis führen, soll es möglich sein, im Geist der eigentlich beabsichtigten Gerechtigkeit von der generellen Grundregelung im Einzelfall begründet abzuweichen. *CMS*

Bindungswille (PR)
Siehe »Rechtsfolgenwille *SR*

Bindungswirkung (PR)
Die Bindungswirkung des Anbots (»Anbot, »Angebot, »Offerte) tritt dann ein, wenn das Anbot dem Adressaten zugeht, also in dessen Sphäre eintritt. Dies bedeutet, dass der Anbotsteller an sein Angebot gebunden ist und es nicht mehr einseitig widerrufen kann. Der Erklärungsempfänger hat daraufhin die Möglichkeit, durch »Annahmeerklärung einen »Vertrag im Sinne des Anbots zustande zu bringen. *SR*

Binnenmarkt (ÖR)
Der Binnenmarkt macht die EU zu einem Raum ohne Binnengrenzen, in dem der freie Verkehr von Waren, Personen, Dienstleistungen und Kapital nach den Vorschriften des »EGV möglich ist. Das Binnenmarktkonzept ist die Wirtschaftsverfassung der EU; der Begriff des Binnenmarktes wurde 1987 durch die Einheitliche Europäische Akte eingeführt. Strittig ist, ob und wie "Binnenmarkt" zum Begriff »Gemeinsamer Markt abzugrenzen ist. Gute Argumente sprechen dafür, den Binnenmarkt als besonders verdichteten (dh in hohem Maße integrierten) Teilbereich des Gemeinsamen Marktes zu sehen. *JLR*

Bittleihe (PR)
(Auch: precarium) Leihe auf jederzeitigen Widerruf. Bei ihr besteht im Gegensatz zum »Leihvertrag die jederzeitige Rückgabeverpflichtung. *MH/AG*

BKA (ÖR)
»Bundeskanzleramt *CMP*

BlgNR (ÖR)
Beilagen zu den Stenographischen Protokollen des Nationalrats. Siehe »Stenographische Protokolle des Nationalrats. *CMP*

Bloßer Vermögensschaden (PR)
(Reiner Vermögensschaden) »Vermögensschaden, der nicht durch einen Eingriff in ein »absolut geschütztes Rechtsgut verursacht wird. Er wird nur in eingeschränktem Umfang ersetzt. Ein umfassender Schutz würde den Rechtsverkehr zu sehr belasten. Bsp: Bei Schädigung (Umsatzeinbußen, uä) eines Konkurrenten durch den in einer Marktwirtschaft zulässigen Wettbewerb liegt ein bloßer Vermögensschaden vor, hier besteht aber keine Schadenersatzpflicht. *AW*

Blutschande (PR)
Geschlechtsverkehr zwischen Personen, die in gerader Linie miteinander verwandt oder (Halb-)Geschwister sind. Personen, die der Blutschande gerichtlich geständig oder überführt sind, sind im Verhältnis zueinander relativ erbunfähig (siehe »Erbunfähigkeit, relative). *MH/AG*

Blutsverwandtschaft (PR)
zwischen Verwandten in gerader Linie sowie zwischen Geschwistern und Halbgeschwistern (unabhängig davon, ob die Verwandtschaft auf ehelicher oder unehelicher Geburt beruht), stellt ein gravierendes Eheverbot (»Eheverbote) dar, das zur Vernichtbarkeit der dennoch geschlossenen »Ehe führt (§ 6 EheG). *VTH*

Börserecht (PR)
Rechtsgebiet, das die Organisation von Börsen und den Handel an den Börsen zum Inhalt hat. Börsen sind organisierte Märkte, an denen regelmäßig der Kauf und Verkauf von vertretbaren Handelsgegenständen (Wertpapiere, Waren) stattfindet. Das Börserecht wird weitgehend durch

das Gemeinschaftsrecht geregelt. Zentrale Rechtsquellen sind das Börsegesetz und das Wertpapieraufsichtsgesetz. *AW*

Bote ⓅⓇ
Der Bote teilt einem Dritten den Willen seines Geschäftsherrn mit. Beachte: Im Unterschied dazu gibt der »Stellvertreter im Namen des Vertretenen eine eigene Erklärung ab. Der Bote bildet keinen eigenständigen Willen, sondern übermittelt den bereits gebildeten Willen des Geschäftsherrn (»Geschäftsherrntheorie). Der Bote stellt somit den „verlängerten Arm" des Geschäftsherrn dar. Die Erklärung, die der Bote abgibt, bindet den Geschäftsherrn so, als hätte er sie selbst abgegeben. *SR*

BR ÖR
»Bundesrat *CMP*

BReg ÖR
»Bundesregierung *JF*

Bund ÖR
»Gebietskörperschaft, die das gesamte »Staatsgebiet Österreichs umfasst. *SL*

Bundes-Verfassungsgesetz ÖR
B-VG; ist die zentrale Verfassungsurkunde Österreichs. Daneben gibt es noch gesonderte Bundesverfassungsgesetze (BVG; ohne Bindestrich!) und einzelne Verfassungsbestimmungen in einfachen Bundesgesetzen (siehe dazu »Einfache Gesetze). *CMP*

Bundesdenkmalamt ÖR
Zuständig zur Unterschutzstellung von Gegenständen (Erklärung zum »Denkmal) sowie zur sonstigen Vollziehung des DenkmalschutzG ist idR das Bundesdenkmalamt. *CMP*

Bundesgesetz ÖR
ist eine vom »Nationalrat im Gesetzgebungsverfahren erlassene Rechtsnorm, die in der Folge im »Bundesgesetzblatt kundgemacht wird. Unterscheide »Landesgesetz. *JF*

Bundesgesetzblatt ÖR
»Offizielle Rechtserkenntnisquelle, in der jedes »Bundesgesetz, jede »Verordnung und jeder »Staatsvertrag, den der »Bund abgeschlossen hat, kundgemacht wird. Sie treten grundsätzlich mit Ablauf des Tages ihrer »Kundmachung in Kraft und gelten für das gesamte Bundesgebiet. Das Bundesgesetzblatt wird in seiner authentischen Version elektronisch im »RIS veröffentlicht und kann dort abgerufen werden. *SL*

Bundesgesetzgebung ÖR
Die Gesetzgebung des Bundes erfolgt in einem Zweikammersystem; sie obliegt dem »Nationalrat gemeinsam mit dem »Bundesrat. Das Gesetzgebungsverfahren wird mit dem »Gesetzesantrag eingeleitet. Bis zum endgültigen Beschluss des Gesetzes ist die Abhaltung von drei Lesungen im Plenum möglich. Zur Wahrung der Interessen der Länder ist jeder Gesetzesbeschluss des Nationalrats, dem Bundesrat vorzulegen, der innerhalb von acht Wochen Einspruch (»Suspensives Veto) erheben kann. Wird ein begründeter Einspruch erhoben, so kommt der Gesetzesbeschluss wieder an den Nationalrat, der in der Folge einen »Beharrungsbeschluss fassen kann. Vgl dazu »Kundmachung, »Beurkundung. *JF*

Bundeskanzler/in ÖR
Der Bundeskanzler ist Mitglied und Vorsitzender der »Bundesregierung (Art 69 B-VG). Als solcher gehört er zu den obersten Verwaltungsorganen des Bundes. Obgleich ihm in der Regel politisch große Bedeutung zukommt, ist er rechtlich den übrigen Bundesministern gleichgeordnet und kann diesen daher keine Weisungen erteilen. Auch der Bundeskanzler selbst ist ein »Bundesminister/in. *GM*

Bundeskanzleramt ÖR
Hilfsapparat des Bundeskanzlers. *CMP*

Bundesminister/in ÖR
Die Bundesminister sind Mitglieder der »Bundesregierung. Sie gehören zu den obersten Verwaltungsorganen des Bundes. Grundsätzlich ist jeder Bundesminister mit der Leitung eines Bundesministeriums betraut. Welche und wie viele Bundesministerien es gibt, richtet sich nach dem Bundesministeriengesetz. Auch Bundeskanzler und Vizekanzler sind Bundesminister. *GM*

Bundesministeriengesetz ÖR
Legt fest, welche Bundesministerien eingerichtet sind, und regelt ihren »Wirkungsbereich sowie ihre interne Organisation (Sektionen, Abteilungen, Referate etc). *CMP*

Bundesorgane ÖR
Organe, die in einem dienstrechtlichen Verhältnis zum Bund stehen (Bundesorgane im organisatorischen Sinn) oder deren Handeln dem Bund zuzurechnen ist (Bundesorgane im funktionellen Sinn). Zu den obersten Bundesorganen zählen der »Bundespräsident, die »Bundesregierung als »Kollegialorgan und die BundesministerInnen (»Bundesminister/in) als monokratische Organe (»Monokratisches Organ). Vgl dazu »Landesorgane. *JF*

Bundesorgane im funktionellen Sinn ÖR
sind zwar Landesorgane im organisatorischen und dienstrechtlichen Sinn, die aber im Rahmen der mittelbaren Bundesverwaltung (»mittelbare Bundesverwaltung) Funktio-

nen für den Bund ausüben. Bsp: Landeshauptmann. *JF*

Bundespolizeidirektion ÖR
Bundespolizeidirektionen (auch als Bundespolizeibehörden bezeichnet) sind auf polizeiliche Aufgaben (Gefahrenabwehr) spezialisierte erstinstanzliche Behörden. Sie sind nur in bestimmten Sprengeln (in der Regel in größeren Städten) eingerichtet und übernehmen dort Kompetenzen, welche außerhalb dieser Sprengel Bezirksverwaltungsbehörden (»Bezirksverwaltungsbehörde) zukommen. In diesen Angelegenheiten sind sie erste Instanz im administrativen Instanzenzug. *GM*

Bundespräsident ÖR
ist das Staatsoberhaupt der Republik Österreich. Neben der »Bundesregierung und den Bundesministern oberstes Verwaltungsorgan (»Verwaltungsorgane). Er wird auf 6 Jahre in Form einer direkten Wahl vom »Staatsvolk gewählt. Kompetenzen: Ernennung der Bundesregierung, Auflösung des Nationalrates, der Landtage, Oberbefehlshaber des Bundesheeres. *JF*

Bundesrat ÖR
Zweite Kammer des Parlaments; die Mitglieder des BR werden von den Landtagen entsandt. Der BR hat viel geringere Kompetenzen als der Nationalrat und spielt bei der Gesetzgebung eine bloß untergeordnete Rolle. *TC*

Bundesrecht ÖR
Unter „Bundesrecht" sind sämtliche Rechtsnormen zu verstehen, die von Organen des Bundes erlassen werden. Dazu zählen nicht nur Bundesverfassungsgesetze und Bundesgesetze, sondern auch von Bundesbehörden erlassene Verordnungen. *GM*

Bundesrecht bricht Landesrecht ÖR
Mit diesem Prinzip wird ein Vorrang des Bundesrechts gegenüber dem Landesrecht zum Ausdruck gebracht. Es gilt in Österreich nicht. Vielmehr sind Bundesgesetze und Landesgesetze gleichrangig. Welcher Gesetzgeber zuständig ist, richtet sich nach der in der Bundesverfassung geregelten Kompetenzverteilung. Entgegen der Kompetenzverteilung erlassene Bundes- oder Landesgesetze sind vom VfGH auf Antrag der Regierung der jeweils anderen Gebietskörperschaft aufzuheben (Art 140 B-VG). Ein gewisser Vorrang des Bundesrechts kann allerdings darin erblickt werden, dass Landesverfassungsgesetze Bundesverfassungsgesetzen nicht widersprechen dürfen (relative Verfassungsautonomie der Länder). *GM*

Bundesregierung ÖR
besteht aus »Bundeskanzler/in, Vizekanzler/in und übrigen Bundesministern/innen (»Bundesminister/in; die obersten Verwaltungsgeschäfte sind der Bundesregierung nach Art 69 B-VG übertragen. Die BReg ist ein oberstes Verwaltungsorgan des Bundes. *TC*

Bundessache ÖR
bezeichnet die Zuständigkeit des Bundes in den kompetenzrechtlich festgelegten Fällen. Unterscheide dazu »Landessache. *JF*

Bundesstaat ÖR
Im Sinne der Staatslehre: Die Summe der Staatsaufgaben (»Staatsaufgabe) ist zwischen mehreren Verbänden mit jeweils eigenen Organen und jeweils eigenständiger Rechtssetzungsbefugnis geteilt (vgl dazu Raschauer, Öffentliches Recht, 2007/08, 26). In Österreich sind nach dem bundesstaatlichen Prinzip (»Bundesstaatliches Prinzip) die Kompetenzen zwischen Bund und Ländern geteilt (vgl dazu Kompetenzverteilung). Unterscheide davon »Einheitsstaat und »Staatenbund. *JF*

Bundesstaatliches Prinzip ÖR
Das bundesstaatliche Prinzip ist eines der Grundprinzipien der Bundesverfassung, welches in Art 2 B-VG namentlich genannt wird. Merkmale des bundesstaatlichen Prinzips sind unter anderem die Verteilung der Staatsfunktionen (Gesetzgebung und Verwaltung) zwischen Bund und Ländern und die Vertretung der Länder durch den »Bundesrat. Vgl dazu »Kompetenzverteilung. *TC*

Bundesverfassung ÖR
»Verfassung des Bundes (»Bund); zentrale Verfassungsurkunde ist in Österreich das »B-VG; daneben gibt es zahlreiche Bundesverfassungsgesetze (»Bundesverfassungsgesetz) und Verfassungsbestimmungen (»Verfassungsbestimmung) in einfachen Bundesgesetzen (»Einfache Gesetze), die in ihrer Summe die Bundesverfassung ausmachen. Jedes Bundesland hat daneben seine eigene »Landesverfassung. *SL*

Bundesverfassungsgesetz ÖR
Jedes »Gesetz, das vom »Nationalrat mit 1. erhöhtem »Präsenzquorum (Anwesenheit: mind die Hälfte aller Abgeordneten) und 2. erhöhtem »Konsensquorum (Zustimmung: mind zwei Drittel aller anwesenden Abgeordneten) beschlossen wird UND 3. ausdrücklich als Bundesverfassungsgesetz bezeichnet wird. Es kommt dabei ausschließlich auf das Vorliegen dieser drei formalen Voraussetzungen an; der Inhalt kann beliebig sein.

Verfassungsbestimmungen (»Verfassungsbestimmung) in einfachen Bundesgesetzen (»Einfache Gesetze) unterscheiden sich davon in ihrem Zustandekommen nur in ihrer Bezeichnung ("Verfassungsbestimmung"). *SL*

Bundesverfassungsrecht ÖR
»Verfassungsrecht des Bundes (»Bund). *SL*

Bundesvergabegesetz PR
»Bundesgesetz, das die Vergabe öffentlicher Aufträge durch den »Bund regelt. Siehe »öffentliche Ausschreibung. *MH/AG*

Bundesverwaltung ÖR
Darunter versteht man die Vollziehung von Gesetzen durch Verwaltungsbehörden des Bundes. *GM*

Bürge PR
Jener Vertragspartner des Bürgschaftsvertrages (siehe »Bürgschaftsvertrag), der sich dem »Gläubiger gegenüber zur Zahlung verpflichtet, falls der Hauptschuldner nicht leistet. *MH/AG*

Bürgerbeteiligungsverfahren ÖR
sieht im Rahmen des Verwaltungsverfahrens (»Verwaltungsverfahrensrecht) ein Teilnahmerecht für jedermann am Verfahren vor. Damit können sich auch Personen, die nicht direkt betroffen sind, zu einem Vorhaben äußern. Von Relevanz insbesondere im UmweltverträglichkeitsprüfungsG (»Umweltverträglichkeitsprüfung). *JF*

Bürgerliche Rechtssachen PR
Die Gerichtsbarkeit in bürgerlichen Rechtssachen wird nach § 1 JN durch ordentliche Gerichte (»Ordentliches Gericht) ausgeübt. Damit sind Streitigkeiten des Privatrechts (»Privatrecht) gemeint. *PS*

Bürgerliches Gesetzbuch PR
(BGB) Das Bürgerliche Gesetzbuch ist die wesentliche Kodifikation des allgemeinen Privatrechts in Deutschland. Es trat am 1. Jänner 1900 in Kraft und folgt in seiner Gliederung dem »Pandektensystem. *AW*

Bürgerliches Recht PR
Siehe »Allgemeines Privatrecht. *AW*

Bürgermeister/in ÖR
Der Bürgermeister ist eines der Organe der Gemeinde. Raschauer charakterisiert ihn als „mit der laufenden Geschäftsführung betrautes monokratisches Organ" (Raschauer, Öffentliches Recht 2007/08). Die Wahl des Bürgermeisters hat in einigen Bundesländern unmittelbar durch die Gemeindebürger, in anderen dagegen durch den (allerdings seinerseits von den Gemeindebürgern zu wählenden) Gemeinderat zu erfolgen. Je nachdem ist er unmittelbar oder bloß mittelbar demokratisch legitimiert. *GM*

Bürgerrecht ÖR
ist ein Grundrecht, das nicht jedermann, sondern nur Staatsbürger/innen (»Staatsbürger/in) gewährleistet wird. Typische Beispiele hierfür sind etwa der Gleichheitsgrundsatz nach Art 7 B-VG oder die Erwerbsfreiheit nach Art 6 StGG. Zu beachten ist dabei aber, dass die Einschränkung auf Staatsbürger/innen im Anwendungsbereich des Gemeinschaftsrechts nach Art 12 EGV verboten ist. *TC*

Bürgschaft PR
Siehe »Bürgschaftsvertrag. *MH/AG*

Bürgschaftserklärung PR
Die Bürgschaftserklärung ist die »Willenserklärung des Bürgen (siehe »Bürge) dem »Gläubiger gegenüber, die dem Formgebot der Schriftlichkeit (siehe »Schriftform) unterliegt. Nur diese Verpflichtungserklärung bedarf der Schriftlichkeit, nicht der gesamte »Bürgschaftsvertrag. *MH/AG*

Bürgschaftsvertrag PR
»Sicherungsvertrag, durch den sich der »Bürge dem »Gläubiger gegenüber verpflichtet, den Gläubiger zu befriedigen, falls der Hauptschuldner nicht leistet.

Beachte: Der Bürgschaftsvertrag ist ein Vertrag zwischen dem Bürgen und dem Gläubiger, nicht mit dem Hauptschuldner!

Die Bürgschaft ist eine »persönliche Sicherung, dh der Bürge haftet mit seinem Vermögen, auf das der Gläubiger im Wege der »Exekution greifen kann. Im Gegensatz dazu steht zB das »Pfandrecht als »dingliche Besicherung. *MH/AG*

BVB ÖR
„BVB" stellt die übliche Abkürzung für »Bezirksverwaltungsbehörde dar. *GM*

BVergG PR
»Bundesvergabegesetz *MH/AG*

BVG ÖR
»Bundesverfassungsgesetz; nicht zu verwechseln mit »B-VG. *SL*

Bydlinski ÖR
Loseblattsammlung von vor allem privatrechtlichen und strafrechtlichen österr Gesetzen, in der juristischen Umgangssprache einfach nach ihrem Herausgeber benannt. *CMP*

Case Law RPH
ist die Bezeichnung für das angloamerikanische Fall- bzw Richterrecht. In diesem vom kontinentaleuropäischen Rechtskulturkreis sehr unterschiedlichen Rechtssystem kommt dem Präzedenzfall eine

sehr starke rechtliche, fast schon gesetzesartige Bindungswirkung über den entschiedenen Einzelfall hinaus zu. Rechtsfortbildung geschieht daher überwiegend durch "distinguishing" bzw "overruling" im Rahmen gerichtlicher Urteilsfindungsprozesse und weniger durch parlamentarische Novellierung. *CMS*

Case-Law-System ⓅⓇ
System einer »Rechtsordnung, das nicht abstraktes »Gesetzesrecht, sondern vorentschiedene Fälle (cases) als Grundlage hat, welche die »Rechtsprechung weiterentwickelt und an denen sie sich bei künftigen Entscheidungen orientieren muss. Es existiert va im angloamerikanischen Raum. *MH/AG*

Cassis-de-Dijon-Prinzip ÖR
Das vom »EuGH in seiner Rsp entwickelte Cassis-de-Dijon-Prinzip besagt, dass Beschränkungen der »Warenverkehrsfreiheit von den EU-Mitgliedstaaten nur aus zwingenden Gründen des Allgemeininteresses gerechtfertigt werden können. Dies bedeutet ua, dass Waren, unternehmerische Tätigkeiten und zT Berufsberechtigungen und Diplome, sobald sie in einem Mitgliedstaat zugelassen worden sind, auch in allen anderen zugelassen werden müssen (Prinzip der einmaligen Zulassung). *JLR*

Casum sentit dominus ⓅⓇ
(lat für „den Zufall spürt der Eigentümer") Als Grundsatz gilt, dass jeder Schäden an seinen Rechtsgütern selbst zu tragen hat (§ 1311 ABGB). Das »Schadenersatzrecht regelt jedoch, unter welchen Voraussetzungen der Geschädigte den erlittenen Schaden von jemand anderem ersetzt bekommt. *AW*

Causa ⓅⓇ
Siehe »Titel. *DH*

Checks and balances ÖR
beschreibt die gegenseitige Kontrolle bzw wechselseitigen Einwirkungsmöglichkeiten der Gewalten. Durch dieses System soll die »Gewaltenteilung aufrechterhalten werden und ein Machtmissbrauch im Staat verhindert werden. Es kann aber zu Verschränkungen zwischen den Gewalten kommen, insbesondere in der Form von Ernennungs- und Berufungsrechten, Mitwirkungsrechten und Kontrollrechten (vgl dazu Raschauer, Öffentliches Recht 2007/08, 28). Vgl dazu »Exekutive, »Legislative und »Judikative. *JF*

cic ⓅⓇ
»culpa in contrahendo *MH/AG*

Code Napoléon ⓅⓇ
Französische Kodifikation des allgemeinen Privatrechts, die durch Napoléon Bonaparte 1804 als Code Civil in Kraft gesetzt wurde und im Wesentlichen auch noch heute gültig ist. Unter Napoléon III. wurde der Code Civil vorübergehend in Code Napoléon umbenannt. *AW*

Codex Iuris Canonici ÖR
ist das Gesetzbuch des kanonischen Rechts der katholischen Kirche. In seiner jetzigen Fassung seit 1983 in Kraft. Vorgänger war der Codex Iuris Canonici aus 1917. *JF*

Codex Theresianus ⓅⓇ
Ein nach Kaiserin Maria Theresia benannter Entwurf für eine Privatrechtskodifikation, der allerdings nicht in Kraft gesetzt wurde. Er leistete Vorarbeit für das ABGB (»Allgemeines Bürgerliches Gesetzbuch). *AW*

Conditio sine qua non ⓅⓇ
Notwendige Bedingung für den Eintritt des Schadens. Vgl »Äquivalenztheorie *AW*

Constitutum possessorium ⓅⓇ
»Besitzkonstitut *DH*

Culpa in contrahendo ⓅⓇ
(cic) Verschulden beim Vertragsabschluss. Bereits vor »Vertragsabschluss treffen die Verhandlungspartner Pflichten (insbesondere Sorgfalts- und Aufklärungspflichten), deren schuldhafte Verletzung eine »Schadenersatzpflicht nach sich ziehen kann. Siehe auch »Sorgfaltspflicht, »Aufklärungspflicht.

Beispiel: Aufklärungspflicht des Rechtsanwalts über die zu erwartenden Honorarkosten; Aufklärungspflicht des Arztes über Risiken einer Behandlung. *MH/AG*

Cum-viribus-Haftung ⓅⓇ
Siehe »Haftung cum viribus. *MH/AG*

Darlehensbetrag ⓅⓇ
Siehe »Darlehensvaluta. *MH/AG*

Darlehensvaluta ⓅⓇ
Gegenstand des Darlehensvertrages. Eine bestimmte Menge vertretbarer Sachen (siehe »Vertretbare Sache), zumeist »Geld. Siehe »Darlehensvertrag. *MH/AG*

Darlehensversprechen ⓅⓇ
Die Zusage, künftig ein Darlehen zu gewähren. Da der »Darlehensvertrag ein »Realvertrag ist, liegt bei einem bloßen Darlehensversprechen ohne tatsächliche Übergabe der »Darlehensvaluta nur ein »Vorvertrag vor. *MH/AG*

Darlehensvertrag ⓅⓇ
»Realvertrag, der die Übereignung einer Menge vertretbarer Sachen (siehe »vertretbare Sache), regelmäßig »Geld, gegen die Verpflichtung, dieselbe Menge gleicher Gattung und Güte nach vereinbarter Zeit zurückzustellen, zum Inhalt hat. Unterscheide davon:

»Leihvertrag, »Krediteröffnungsvertrag. *MH/AG*

Darlehenszins (PR)
Sofern das Darlehen (siehe »Darlehensvertrag) nicht unentgeltlich ist, besteht das Entgelt in »Zinsen, dh einen bestimmten Prozentsatz vom Darlehensbetrag (siehe »Darlehensvaluta). *MH/AG*

Dauerschuldverhältnis (PR)
»Schuldverhältnis, dessen Inhalt ein andauerndes oder wiederholtes Verhalten ist, zB »Arbeitsvertrag, »Bestandvertrag, »Leihvertrag. Das Dauerschuldverhältnis wird nicht durch die Erfüllung der Leistungspflicht beendet, es bestehen eigene Regeln für die Beendigung (zB »Kündigung, Beendigung durch Zeitablauf, »einvernehmliche Beendigung). *MH/AG*

De lege ferenda (PR)
bezeichnet einen nicht geltenden, aber für die Zukunft diskutierten Rechtszustand. Insbesondere die »Rechtspolitik ist darum bemüht, Lösungsansätze de lege ferenda zu erarbeiten. Gegenbegriff: »de lege lata. Beachte: Gilt auch für das Öffentliche Recht. *AP/EK*

De lege lata (PR)
(wörtlich: nach gelegtem Recht) beschreibt die Rechtslage vom Standpunkt des geltenden Rechts aus. Gegenbegriff: »de lege ferenda. Beachte: Gilt auch für das Öffentliche Recht. *AP/EK*

Deklarativ (ÖR)
Man spricht von einem deklarativen (Rechts-)Akt und meint damit einen Akt, der die Rechtslage selbst nicht unmittelbar verändert, sondern nur das Bestehen einer bestimmten Rechtslage feststellt. Bsp: Feststellungsbescheid. Gegenteil: »konstitutiv. *CMP*

Delegationsnorm (ÖR)
Im Rahmen einer Ermächtigung ermöglicht eine Delegationsnorm (= ermächtigende Norm) Staatsorganen die Erlassung von weiteren Rechtsvorschriften. *JLR*

Delegationszusammenhang (ÖR)
Delegationszusammenhänge (= Ermächtigungszusammenhänge) entstehen, wenn eine »ermächtigende Norm (= »Delegationsnorm) Staats- bzw Gesetzgebungsorgane zur Erlassung weiterer Vorschriften ermächtigt. So können "Normen höherer Stufe" (»Norm höherer Stufe) und "Normen niederer Stufe" (»Norm niederer Stufe) unterschieden werden (siehe in weiterer Folge »Stufenbau der Rechtsordnung) *JLR*

Delikt (ÖR)
= Straftat, strafbare Handlung. Allgemein gesagt, bestimmte Handlungen, die der Gesetzgeber für gerichtlich oder verwaltungsbehördlich strafbar erklärt (zB Diebstahl, Raub, Betrug, Schnellfahren, unbefugtem Gewerbebetrieb, konsenslose Bauführung etc). Zur Terminologie: Statt "Diego hat ein Delikt begangen" könnte man auch gleichbedeutend sagen "Diego hat (durch sein Verhalten) einen Straftatbestand verwirklicht". *CMP*

Deliktsfähigkeit (PR)
ist die Fähigkeit, aus eigenem rechtswidrigen Handeln schadenersatzpflichtig zu werden. Eine »natürliche Person ist prinzipiell ab dem 14. Geburtstag deliktsfähig (»mündiger Minderjähriger). Auch Unmündige können ausnahmsweise subsidiär haftbar werden: Voraussetzung ist, dass die Aufsichtsperson nicht haftet und den Unmündigen entweder konkret doch ein »Verschulden trifft oder der Schaden aus Schonung des Schädigers entstanden ist oder ihm die Schadenstragung eher finanziell zumutbar ist als dem Geschädigten (»Vermögensvergleich). Zur Deliktsfähigkeit der juristischen Person vgl »Machthaber. *BB*

Deliktshaftung (PR)
Auch Haftung ex delicto. Die Deliktshaftung besteht gegenüber jedermann. Gehaftet wird für Eingriffe in ein »absolut geschütztes Rechtsgut, die Verletzung eines Schutzgesetzes (»Schutzgesetz) und den Verstoß gegen die guten Sitten. Unterscheide »Vertragshaftung. *AW*

Demokratie (ÖR)
ist eine »Staatsform, bei der die Staatswillensbildung von der Gesamtheit der Bevölkerung getragen wird, dh "das Volk ist die Quelle der Legitimation staatlicher Entscheidungen", sog »Volkssouveränität. Das demokratische Prinzip (»Demokratisches Prinzip) ist in der Bundesverfassung verankert. Vgl dazu »Unmittelbare Demokratie bzw »Mittelbare Demokratie . *JF*

Demokratie (RPH)
ist für ARISTOTELES eine Herrschaftsform, bei der sich alle Bürger im Lichte ihrer jeweils eigenen privaten (meist ökonomischen) Zwecke an der politischen Willensbildung beteiligen (vgl ROUSSEAU: volonté de tous). Für ARISTOTELES (in dieser Frage von Platon herkommend und die politische Theorie bis in die Gegenwart prägend) ist "Demokratie" daher ein negativ besetzter Begriff, da darin das notwendige Moment der öffentlichen Verantwortung und Tugend der Solidarität nicht angesprochen wird. *CMS*

Demokratiedefizit der EU ÖR
Der »EU (und insb der »EG) wird oft vorgeworfen, über den Willen der UnionsbürgerInnen hinweg Entscheidungen zu fällen. Vor allem wird das mangelnde Initiativ- und Gesetzgebungsrecht des »EP kritisiert. Die beiratsähnliche Stellung des EP ergibt sich aus dem Umstand, dass die EU momentan mehr einer internationalen Organisation (»Internationale Organisation) als einem Bundesstaat gleicht. Die nationalen Parlamente bieten die demokratische Legitimation der EU: Ihnen sind die Mitglieder des Rates verantwortlich (vgl Art 23e B-VG). *JLR*

Demokratisches Prinzip ÖR
Das demokratische Prinzip ist eines der Grundprinzipien der Bundesverfassung. Art 1 B-VG besagt, dass Österreich eine demokratische Republik ist. Grundsätzlich sieht das B-VG die Form der mittelbaren Demokratie (»Mittelbare Demokratie), durch den auf Bundesebene von den wahlberechtigten Staatsbürger/innen gewählten Nationalrat, vor. Das B-VG kennt allerdings auch Formen der direkten Demokratie, nämlich das »Volksbegehren, die »Volksabstimmung und die »Volksbefragung. *TC*

Demonstrativ ÖR
Hinweisend. Der Begriff wird meist im Zusammenhang mit einer Aufzählung verwendet und bringt hier zum Ausdruck, dass die Aufzählung nur Beispiele enthält. Neben die ausdrücklich angeführten Elemente können daher weitere treten. Vgl im Gegensatz dazu »Taxativ. *SL*

Denkmal ÖR
ist ein von Menschen geschaffener unbeweglicher oder beweglicher Gegenstand von geschichtlicher, künstlerischer oder sonstiger kultureller Bedeutung, dessen Erhaltung dieser Bedeutung wegen im öffentlichen Interesse (»Öffentliches Interesse) gelegen ist (§ 1 DenkmalschutzG). Zuständig zur Unterschutzstellung derartiger Gegenstände sowie zur sonstigen Vollziehung des DenkmalschutzG ist idR das »Bundesdenkmalamt. *CMP*

DepG PR
»Depotgesetz *MH/AG*

Depotgesetz PR
(DepG) »Bundesgesetz, das die Verwahrung und Anschaffung von Wertpapieren regelt. Siehe auch »Depotvertrag. *MH/AG*

Depotvertrag PR
»Verwahrungsvertrag mit einer Bank, der die Verwahrung und Verwaltung von Wertpapieren umfasst. *MH/AG*

Derivativer Eigentumserwerb PR
Eigentumserwerb, der von der Übertragung durch einen Vormann abhängig ist. Im Gegensatz zum originären Eigentumserwerb wird ein bereits vorhandenes Eigentumsrecht auf einen anderen übertragen. Für einen gültigen Eigentumserwerb ist das Vorliegen eines Titel (»Titel) und einer geeigneten Erwerbsart (»Modus) Vorraussetzung. Der Überträger muss berechtiger Vormann sein, in Ausnahmefällen ist auch ein Eigentumserwerb vom nicht Berechtigten möglich (»Gutgläubiger Eigentumserwerb). Pieler, Privatrecht (2007/2008), 80. *DH*

Derogation ÖR
Vorgang, durch den die Geltung einer »Rechtsvorschrift beendet wird. Die Rechtsvorschrift gehört danach dem Rechtsbestand nicht mehr an, sie gilt nicht mehr. Eine Derogation kann in zwei Formen auftreten, nämlich als »formelle Derogation oder als »materielle Derogation. Gleichbedeutend im Privatrecht. *SL*

Derogationsnorm ÖR
Bestimmung, die eine andere Bestimmung aufhebt, sodass sie nicht mehr gilt. Sie bewirkt eine »Derogation. Achtung: keine "Normen", sondern nur "Vorschriften" im theoretischen Sinn. Gleichbedeutend im Privatrecht. *SL*

Derogatorische Kraft ÖR
ist die Fähigkeit einer Rechtsvorschrift, andere Rechtsvorschriften aufzuheben oder abzuändern. *JF*

Derogieren ÖR
Dem Nomen »Derogation entsprechendes Verb; beachte: Das Verb derogieren verlangt den Dativ, einem Gesetz wird durch ein späteres derogiert! *SL*

Destinatär PR
(Nutznießer, Begünstigter) einer Stiftung ist eine Person, der nach der Widmung des Stifters die Erträgnisse der »Stiftung zugute kommen sollen. *BB*

Determinieren ÖR
Man spricht davon, dass Rechtsvorschriften die Entscheidung eines Organs determinieren, und meint damit, dass die Entscheidung dadurch beeinflusst bzw bestimmt wird. Das bedeutet: Das Organ muss sich an die entsprechenden Rechtsvorschriften halten. Siehe dazu »Legalitätsprinzip. *CMP*

Deutungsschema ÖR
ist die normative Deutung des tatsächlich Geschehenen durch eine Erzeugungsregel. *JF*

Devolutionsantrag ÖR
ist ein schriftlicher Antrag der Partei, womit die Zuständigkeit auf die Oberbehörde (dh die übergordnete Behörde) übergeht, wenn ein »Bescheid

nicht innerhalb der Entscheidungsfrist erlassen wird (§73 Abs 2 »AVG). Folglich geht auch die Entscheidungspflicht in der Sache auf die Oberbehörde über. *JF*

DHG (PR)
»Dienstnehmerhaftpflichtgesetz *MH/AG*

Dialektik (RPH)
ist die ua von HEGEL praktizierte Methode des Denkens, die von einer These ausgeht, sodann im argumentativen Prozess zur Antithese weitergetrieben wird, um schließlich in der Synthese den entscheidenden argumentativen Schritt vorwärts zu gehen. Der zentrale Vorgang bei der Dialektik ist die AUFHEBUNG in ihrer dreifachen Bedeutung: In der Synthese wird die These aufgehoben (1) iSv vernichtet, aber auch (2) iSv bewahrt und letztlich (3) iSv erhöht, auf eine nächste Stufe der Reflexion gestellt. *CMS*

Dicta et promissa (PR)
bezeichnen die ausdrücklich vereinbarten Eigenschaften einer gelieferten Sache. Weist der Vertragsgegenstand diese Eigenschaften nicht auf, so liegt ein »Sachmangel vor, der dem Übernehmer Ansprüche aus »Gewährleistung einräumt. *AP/EK*

Dienendes Grundstück (PR)
Jenes Grundstück, das im Rahmen einer Grunddienstbarkeit (»Grunddienstbarkeiten) benutzt werden darf. *DH*

Dienstbarkeiten (PR)
Beschränkte dingliche Nutzungsrechte an fremden Sachen, deren Eigentümer verpflichtet ist, etwas zu dulden oder zu unterlassen. Die Verpflichtung kann nicht in einem aktiven Tun bestehen. (Bsp: Recht, einen Weg auf einem fremden Grundstück zu benutzen; Recht, den Wald auf einem fremden Grundstück in jeder Hinsicht zu nutzen.) *DH*

Dienstleistungsfreiheit (ÖR)
Die Dienstleistungsfreiheit ermöglicht es, von einem Mitgliedstaat aus (gewerbliche, freiberufliche ua) Dienstleistungen in einem anderen Mitgliedstaat zu erbringen (»aktive Dienstleistungsfreiheit) oder solche Dienstleistungen nachzufragen (»passive Dienstleistungsfreiheit). Die Dienstleistungsfreiheit erlaubt die Erbringung von Dienstleistungen in anderen Mitgliedstaaten, ohne dort eine Niederlassung zu gründen. *JLR*

Dienstleistungsvertrag (PR)
»Vertrag, bei dem sich der »Schuldner zur Erbringung bestimmter Tätigkeiten verpflichtet. Zu den Dienstleistungsverträgen zählen der »Arbeitsvertrag, der freie Dienstvertrag (siehe »Freier Dienstvertrag), der »Werkvertrag, der »Auftrag und der »Verwahrungsvertrag. *MH/AG*

Dienstlohn (PR)
Entgelt, das aufgrund eines Arbeitsvertrages (siehe »Arbeitsvertrag) oder eines freien Dienstvertrages (siehe »Freier Dienstvertrag) für die Erbringung der Dienstleistung geleistet wird. *MH/AG*

Dienstnehmerhaftpflichtgesetz (PR)
(DHG) »Bundesgesetz, das die »Haftung des Arbeitnehmers (siehe »Arbeitnehmer) und der arbeitnehmerähnlichen Person (siehe »Arbeitnehmerähnliche Person) für Schäden, die sie bei Erbringung ihrer Dienstleistung dem Dienstgeber oder Dritten zufügen, regelt und einschränkt. *MH/AG*

Dienststelle (ÖR)
In seiner allgemeinen Bedeutung kann dieser Begriff mit dem »Organ gleichgesetzt werden. In der Praxis meint man damit oft Untereinheiten einer Behörde (zB Magistratsabteilungen) bzw Hilfsorgane wie das Gemeindeamt als Hilfsapparat des Bürgermeisters oder das Amt der Landesregierung als Hilfsapparat der Landesregierung und des Landeshauptmanns. *JF*

Dienstvertrag (PR)
»Dienstleistungsvertrag, der entweder als »Arbeitsvertrag oder als »freier Dienstvertrag ausgestaltet sein kann. Beachte: Oft wird der Begriff Dienstvertrag auch (nur) gleichbedeutend mit Arbeitsvertrag verwendet. *MH/AG*

Differenzanspruch (PR)
Sofern der Gläubiger im Falle einer dem Schuldner zuzurechnenden Unmöglichkeit (»nachträgliche Unmöglichkeit der Leistung) nicht den »Austauschanspruch wählt, sondern vom Vertrag zurücktritt und seine eigene Leistung nicht erbringt, kann er den Differenzanspruch geltend machen. Dabei zieht er den Wert der eigenen nicht erbrachten Leistung vom Betrag des vollen Wertes der vereitelten Schuldnerleistung ab. *AP/EK*

Digesten (PR)
(von lat digesta – Geordnetes) Andere Bezeichnung für »Pandekten. *AW*

Dilemmasituation (RPH)
bedeutet im Rahmen der Gesundheitsökonomie, dass durch Mittel-Knappheit prekäre Situationen entstehen, die – zumeist vom medizinischen Personal vor Ort – zu lösen sind. Im Kern geht es darum, dass zwischen zwei Möglichkeiten eine Entscheidung getroffen werden muss, die beide hochgradig unerwünscht sind. Man spricht in diesem Fall auch von einer Zwickmühle oder einer paradoxen Situation: Man hat zB nur EINE Herz-Lungen-Maschine, aber

es sind ZWEI Patienten lebenserhaltend darauf angewiesen. *CMS*

Dingliche Besicherung PR
Das Recht, sich aus einer Sache zu befriedigen, wenn die gesicherte Forderung bei Fälligkeit nicht erfüllt wird, wie beim Pfandrecht. Den Pfandbesteller zB trifft aber keine persönliche Haftung wie bei obligatorischen Sicherungsrechten (zB der Bürgschaft). *DH*

Dingliche Rechte PR
Absolute Rechte, die unmittelbare Herrschaft einer Person über eine Sache vermitteln. *DH*

Dispositionsbefugnis PR
Dieser Begriff wird meist auf Privatpersonen bezogen; ist die Befugnis, Handlungen zu setzen oder ihre Setzung zu unterlassen. Dazu zählen das "Ob" und das "Wie" des Eingehens einer (vertraglichen) Verpflichtung. Ist diese Befugnis unbeschränkt, spricht man von "freier" Dispositionsbefugnis. *CMP*

Dispositive Regelungen PR
Siehe »Dispositives Recht. *MH/AG*

Dispositives Gesetzesrecht PR
(nachgiebiges, abdingbares Recht oder auch ius dispositivum) lässt von den gesetzlichen Regelungen abweichende privatautonome Rechtsgestaltung zu, weicht also der Parteienvereinbarung. Es findet sich wegen des dort besonders ausgeprägten Grundsatzes der »Privatautonomie häufig im Schuldrecht. Funktionen: Es ergänzt unvollständige Verträge, hilft bei ihrer Auslegung und indiziert »Richtigkeitsgewähr. *AP/EK*

Dispositives Recht ÖR
Siehe »Dispositives Gesetzesrecht. Unterscheide: »Zwingendes Recht. *CMP*

Dissens PR
Bedeutet, dass die Erklärungen der einzelnen Parteien derart voneinander abweichen, dass sich keine Einigkeit feststellen lässt. Dies ist etwa dann der Fall, wenn die »Annahmeerklärung nicht dem »Anbot entspricht; der »Vertrag kommt nicht gültig zustande. *SR*

Disziplinarrecht ÖR
Siehe »Berufsrecht. *CMP*

Dogmatisch ÖR
Siehe »Rechtsdogmatik. *CMP*

Doktrinielle Interpretation ÖR
betont den Umstand, dass Interpretationsvorgänge gewissen Regeln (Doktrinen) folgen müssen, um objektive, intersubjektiv nachprüfbare Ergebnisse erzielen zu können. Ist dies der Fall, liegt nicht nur irgendeine, sondern eine doktrinelle Interpretation vor. Siehe auch »Interpretation. Hinweis: Die doktrinelle Interpretation wird auch der authentischen Interpretation gegenübergestellt, die ja keine Rechtserkenntnis, sondern Rechtsetzung bedeutet, siehe »Authentische Interpretation. *CMP*

Doppelehe PR
»Bigamie stellt ein gravierendes Eheverbot (»Eheverbote) dar, das zur Vernichtbarkeit der dennoch geschlossenen »Ehe führt (§8 EheG). In Österreich gilt das Prinzip der Einehe. *VTH*

Doppelstaatsbürgerschaft ÖR
liegt vor, wenn eine Person gleichzeitig mehr als eine Staatsbürgerschaft besitzt. Es sind zusätzlich die Voraussetzungen für den Erwerb eines anderen Staatsangehörigkeitsrechts erfüllt. Vgl dazu »Staatsbürger/in. *JF*

Doppeltes Rechtsantlitz ÖR
Die Theorie des „doppelten Rechtsantlitz" (»Merkl) macht deutlich, dass der Gegensatz von Rechtsetzung und Rechtsvollziehung nur relativ ist. Bei der Vollziehung wird durch Setzung eines Willensaktes auch Recht gesetzt (zB im erlassenen Bescheid wird ein Spielraum ausgefüllt, den die vollzogene Norm offenlässt). Ebenso wird bei der Rechtsetzung auch Recht vollzogen (zB bei der Erlassung einer VO wird die jeweilige übergeordnete Ermächtigungsnorm angewendet). *CMP*

Doppelvertretung PR
Liegt vor, wenn derselbe gesetzliche Vertreter (»Gesetzlicher Vertreter) zwischen zwei oder mehreren Personen, zu deren Vertretung er gesetzlich berufen ist, ein Geschäft abschließen soll. In diesen Fällen ist ein »Kollisionskurator zu bestellen, da nicht sichergestellt werden kann, dass die Interessen der vertretenen Personen entsprechend gewahrt werden können. Siehe auch »Kollisionskurator. *SR*

Drei-Säulen-Modell ÖR
Der »EUV sieht als Rahmenvertrag für die »EU ein Drei-Säulen-Modell vor: Die Erste Säule ist supranational und besteht aus der »EG und der »EAG (basierend auf zwei getrennten Verträgen: »EGV und »EAGV). Die Zweite Säule umfasst die Bestimmungen über die »GASP (Art 11 ff EUV), die Dritte Säule jene über die »PJZS (Art 29 ff EUV); diese beiden Säulen haben keinen supranationalen, sondern intergouvernementalen (»Intergouvernemental) Charakter. *JLR*

Dritte ÖR
In einem juristischen Sachverhalt meist Außenstehende, die mit der Zentralfigur in der Regel in keiner besonderen (Rechts-)Beziehung stehen, deren Handeln aber rechtliche Konsequenzen nach sich zieht.

ZB: ein Dritter (Fremder) betritt mein Grundstück – ich könnte eine Besitzstörungsklage erheben; ein Dritter nimmt meinen Range Rover unbefugt in Betrieb – er macht sich strafbar.Beachte: Die Bezeichnung "Dritter" ist auch dann üblich, wenn es keinen "Zweiten" gibt (wie in den obigen Beispielsfällen). *CMP*

Dritte (PR)
heißen die in Bezug auf eine bestimmte Rechtsbeziehung Außenstehenden. Meist spricht man von Dritten in Bezug auf einen Vertrag und meint damit alle nicht am Vertrag Beteiligten, dh die Personen, die nicht Vertragspartei sind, mit Ausnahme jener, deren Verhalten einer Partei zugerechnet wird (zerstört zB ein »Erfüllungsgehilfe des Verkäufers die Kaufsache vor Übergabe, so wird dies dem Verkäufer zugerechnet, die Leistung ist also nicht durch einen Dritten unmöglich geworden). *BB*

Dritte Säule (ÖR)
Die Dritte Säule der »EU (»Drei-Säulen-Modell) regelt in den Art 29 ff EUV die »PJZS. *JLR*

Drittwirkung der Grundrechte (ÖR)
Im Gegensatz zu Grundrechten (»Grundrecht) als staatsgerichtete Abwehrrechte, stellt sich die Frage, ob Grundrechte auch Privatpersonen binden (= Drittwirkung). In Österreich besteht grundsätzlich keine unmittelbare Drittwirkung der Grundrechte, doch fließen die Grundrechte mittelbar durch manche gesetzlichen Bestimmungen in die Rechtsbeziehungen von Privatpersonen ein (wie zB: § 879 ABGB = »Gute Sitten-Klausel). *TC*

Drohung (PR)
ist das Inaussichtstellen eines Nachteils für ein bestimmtes »Handeln. Wer durch Drohung zur Abgabe einer »Willenserklärung veranlasst wurde, hat das Recht zur »Anfechtung des Geschäfts, wenn die Drohung widerrechtlich war, dh der Drohende sein Ziel mit unerlaubten oder zumindest inadäquaten Mitteln anstrebte, und "gegründete Furcht" vorlag, dh die Drohung geeignet war, den Bedrohten einzuschüchtern (vgl »Willensmangel, »Wirksamkeitsvoraussetzungen des Vertragsschlusses, »Nichtigkeit). *BB*

Druckfehlerberichtigung (ÖR)
Ermächtigung des jeweils zuständigen Organs (etwa der »Bundeskanzler/in im Fall des »BGBl), Abweichungen der »Kundmachung vom zugrunde liegenden Beschluss selbständig zu berichtigen. Die Druckfehlerberichtigung muss dabei im selben Kundmachungsorgan (also etwa im BGBl) erfolgen. Sie ist nur bei Abweichungen möglich, die den Inhalt des Gesetzes nicht verändern. *SL*

Dunkelziffer (ÖR)
Nicht aufgeklärte Delikte. Siehe auch »Recht. *CMP*

Durchführungsregelung (ÖR)
Vorschriften, die andere – meist im »Stufenbau nach der derogatorischen Kraft höherrangige – Bestimmungen näher ausführen ("konkretisieren"). Vgl auch »Durchführungsverordnung. *CMP*

Durchführungsverordnung (ÖR)
(Nationale) Verordnung, die ein (allgemeines) Gesetz näher konkretisiert und ausführt. Besonderheit: Für die Erlassung solcher Durchführungsverordnungen bedarf es keiner konkreten Ermächtigung im zu konkretisierenden Gesetz. Art 18 Abs 2 B-VG enthält nämlich eine diesbezügliche Generalermächtigung: "Jede Verwaltungsbehörde kann auf Grund der Gesetze innerhalb ihres Wirkungsbereiches Verordnungen erlassen." *CMP*

E-Commerce (PR)
Überbegriff für Vertragsabschlüsse im elektronischen Verkehr; E-Commerce-Gesetz enthält dafür spezielle Bestimmungen; zB gilt eine elektronische Vertragserklärung oder Bestätigung dann als zugegangen, wenn sie der Empfänger unter gewöhnlichen Umständen abrufen kann. *SR*

E-contrario-Schluss (ÖR)
Prinzip, das im Rahmen der Auslegung von Bestimmungen zur Anwendung kommt. Danach werden ua aus dem Umstand, dass eine Vorschrift einen bestimmten Bereich erfasst oder nicht erfasst, Rückschlüsse auf den Inhalt dieser Bestimmung gezogen. Bsp: Ein Gesetz regelt das Verhalten im Wald, enthält aber keine Vorschriften über das Rauchen. Aus dem Schweigen des Gesetzes wird "e contrario" abgeleitet, dass das Rauchen im Wald erlaubt ist, da es das Rauchen im Wald nicht ausdrücklich verbietet. Oder: Daraus, dass ein G ausdrücklich nur vom Verbot der "Haltung von Füchsen" spricht, wird geschlossen, dass die Haltung von Mäusen oder Kängurus zulässig ist. *CMP*

EAG (ÖR)
»Europäische Atomgemeinschaft *JLR*

EAGV (ÖR)
Vertrag zur Gründung der Europäischen Atomgemeinschaft *JLR*

Echte Lücke (ÖR)
Eine echte Lücke (planwidrige Lücke) liegt vor, wenn eine Norm in eine gewisse Richtung nicht ausreichend präzisiert, eine Anwendung in diese

Richtung jedoch vorgesehen ist (nach Raschauer eine „planwidrige Unvollständigkeit einer Tatbestandsumschreibung"). Dies ist nach Walter/Mayer/Kucsko-Stadlmayer bspw dann der Fall, wenn die Wahl eines Organs vorgeschrieben, der Wahlmodus und die Mehrheitserfordernisse jedoch nicht näher geregelt sind. Diese Rechtsnorm ist so unvollständig, dass sie ohne Analogie nicht angwendet werden kann. Manchmal empfindet man jedoch eine Regelung deshalb als unvollständig, weil sie ungerecht erscheint. Dann liegt – vor allem aus rechtspositivistischer Sicht – keine echte, sondern eine rechtspolitische Lücke vor. Rechtspolitische Lücken dürfen nicht durch Analogie geschlossen werden; sie sind – bis zu einer Änderung der Rechtslage durch den Gesetzgeber – hinzunehmen. *GH*

Echte Lücke (PR)
Siehe auch echte Lücke im Öffentlichen Recht. Im Privatrecht wird der Begriff der planwidrigen Unvollständigkeit weiter verstanden. Als planwidrig wird eine Lücke nämlich auch dann angesehen, wenn die betrachtete Regelung bei Anwendung von Gerechtigkeitskriterien (insb Gleichbehandlungsprinzip) unvollständig erscheint. *CMP*

Echter Besitz (PR)
Besitz an einer Sache, ohne diese einem anderen gewaltsam oder heimlich entzogen zu haben oder bezüglich einer anvertrauten Sache missbräuchlichen Besitzwillen entwickelt zu haben (zB »precario modo). Es geht also darum, auf welche Art der Besitz erlangt wurde. *DH*

Echter Normwiderspruch (PR)
(Antinomie) liegt vor, wenn auf einen Sachverhalt mehrere Tatbestände anwendbar sind, deren Rechtsfolgen aber in unlösbarem Widerspruch zueinander stehen. Diesfalls heben sich die einander widersprechenden Rechtsnormen auf, wodurch im Ergebnis eine gesetzliche Regelung fehlt. *AP/EK*

Echtheitsbeglaubigung (ÖR)
bezeichnet die Gegenzeichnung der Unterschrift des Bundespräsidenten (»Bundespräsident/in) durch den/die »Bundeskanzler/in bei der »Beurkundung der Bundesgesetze. *JF*

Effektivität (ÖR)
Im Gegensatz zur »Geltung einer »Rechtsvorschrift oder einer »Rechtsordnung geht es bei der Effektivität um deren soziale Wirksamkeit. Zwei Fragen stehen hier im Mittelpunkt: Werden die Rechtsvorschriften von den Rechtsunterworfenen (»Rechtsunterworfene) befolgt? Werden die Rechtsvorschriften auch von den Staatsorganen rechtlich durchgesetzt? Besondere Bedeutung kommt Fragen der Effektivität im »Völkerrecht zu. *SL*

EG (ÖR)
»Europäische Gemeinschaft oder »Vertrag zur Gründung der Europäischen Gemeinschaft (meistens wird dieser jedoch mit »EGV abgekürzt) *JLR*

EG-Richtlinie (ÖR)
EG-RL sind an die Mitgliedstaaten adressiert, die den Inhalt von EG-RL in nationales Recht umsetzen müssen. Die Umsetzung muss durch die jeweils nach Art 10 ff B-VG zuständige Gebietskörperschaft vorgenommen werden. Die umsetzenden Gesetze sind durch die nationalen Behörden wie rein innerstaatlich determinierte Gesetze zu vollziehen. Wird eine EG-RL nicht, nicht fristgerecht oder nicht korrekt umgesetzt, kann der verantwortliche Mitgliedstaat wegen Vertragsverletzung vor dem EuGH belangt werden und die EG-RL uU unmittelbar anwendbar werden. *JLR*

EG-RL (ÖR)
»EG-Richtlinie *JLR*

EG-Verordnung (ÖR)
EG-Verordnungen gelten unmittelbar in den Mitgliedstaaten der EG, dh sie müssen nicht in nationales Recht umgesetzt (= übernommen) werden. Falls nationale Regelungen im betreffenden Bereich bestehen, werden sie von einer EG-VO verdrängt. Die Behörden der Mitgliedstaaten müssen EG-VO genauso wie nationales Recht vollziehen (mitgliedstaatliche Vollziehung). *JLR*

EG-VO (ÖR)
»EG-Verordnung *JLR*

EGKS (ÖR)
»Europäische Gemeinschaft für Kohle und Stahl *JLR*

EGV (ÖR)
Vertrag zur Gründung der Europäischen Gemeinschaft *JLR*

Ehe (PR)
Gemäß der Legaldefinition in § 44 ABGB versteht man unter Ehe eine „rechtlich anerkannte Lebensgemeinschaft zweier Personen verschiedenen Geschlechts mit dem Zweck, Kinder zu zeugen, sie zu erziehen und einander Beistand zu leisten". Da § 90 ABGB die Pflicht, Kinder zu zeugen, nicht mehr anführt, wird davon ausgegangen, dass auch die Vereinbarung von Kinderlosigkeit zulässig ist; auch kinderlose Ehen sind vollgültig. Die Ehe wird durch Vertrag begründet. Eine gültige Ehe existiert nur, wenn bei »Ehe-

schließung die staatlichen Regelungen eingehalten wurden: »Obligatorische Zivilehe, »Eherecht. *VTH*

Ehebruch (PR)
Gemäß § 90 (1) ABGB sind die Ehepartner einander zur Treue verpflichtet. Verletzung der geschlechtlichen Treue (Ehebruch) stellt eine »schwere Eheverfehlung dar und berechtigt unter den Voraussetzungen des § 49 EheG zur »Scheidung aus Verschulden. *VTH*

Ehebruch (PR)
Die Verletzung der ehelichen Treuepflicht durch Vollzug des Geschlechtsverkehrs mit einer Person, die nicht der Ehegatte ist. Der Ehebruch ist ein Scheidungsgrund. Personen, die des Ehebruchs gerichtlich geständig oder überführt sind, sind im Verhältnis zueinander relativ erbunfähig (siehe »Erbunfähigkeit, relative). *MH/AG*

Ehefähigkeit (PR)
setzt Ehegeschäftsfähigkeit und Ehemündigkeit voraus (§§ 1 ff EheG). Die Ehegeschäftsfähigkeit folgt den allgemeinen Regeln über die »Handlungsfähigkeit und ist somit mit Volljährigkeit gegeben. Wer gänzlich geschäftsunfähig ist, kann keine »Ehe schließen. Beschränkt Geschäftsfähige bedürfen der Einwilligung des gesetzlichen Vertreters (»Gesetzlicher Vertreter) und des Erziehungsberechtigten sowie der Ehemündigkeit. Die Ehemündigkeit wird prinzipiell mit dem vollendeten 18. Lebensjahr erreicht, kann aber auf Antrag der minderjährigen Person durch das Gericht erklärt werden, sofern diese das 16. Lebenjahr vollendet hat, sie für die Ehe reif erscheint und der künftige Ehepartner volljährig ist. » *VTH*

Ehegemeinschaft (PR)
Siehe »Umfassende Lebensgemeinschaft. *VTH*

Ehegeschäftsfähigkeit (PR)
Siehe »Ehefähigkeit. *VTH*

Ehegüterrecht (PR)
Jene gesetzlichen Normen, welche die vermögensrechtlichen Beziehungen zwischen den Ehepartnern regeln, dh wem das in die Ehe eingebrachte bzw während der Ehe erworbene Vermögen gehört. Das Gesetz (§§ 1233, 1237 ABGB) sieht Gütertrennung vor (gesetzlicher Güterstand): Jeder Ehepartner behält Eigentum an dem Vermögen, das er in die Ehe eingebracht hat, und erwirbt Alleineigentum an dem, was er bei aufrechter Ehe dazu erwirbt. Der gesetzliche Güterstand ist dispositiver Natur; die Ehepartner können durch den Abschluss eines Ehepaktes (»Ehepakt) abweichende Regelungen (»Gütergemeinschaft) treffen. Nach Auflösung der Ehe kann es freilich zu einer von den Eigentumsverhältnissen unabhängigen Aufteilung des Vermögens kommen. »Eheliches Gebrauchsvermögen, »Eheliche Ersparnisse *VTH*

Eheliche Ersparnisse (PR)
sind gem § 81 (3) EheG „Wertanlagen, gleich welcher Art, die die Ehegatten während aufrechter ehelicher Lebensgemeinschaft angesammelt haben und die ihrer Art nach üblicherweise für eine Verwertung bestimmt sind". Sie unterliegen bei »Auflösung der Ehe der Aufteilung. Zu den Werten, die von der Aufteilung ausgenommen sind (zB Unternehmen), siehe § 82 EheG. »Eheliches Gebrauchsvermögen, »Ehegüterrecht *VTH*

Eheliches Gebrauchsvermögen (PR)
sind gem § 81 (2) EheG „die beweglichen oder unbeweglichen körperlichen Sachen, die während aufrechter Ehe ehelicher Lebensgemeinschaft dem Gebrauch beider Ehegatten gedient haben; hierzu gehören auch der Hausrat und die Ehewohnung". Sie unterliegen bei »Auflösung der Ehe der Aufteilung. Zu den Werten, die von der Aufteilung ausgenommen sind, siehe § 82 EheG. »Eheliche Ersparnisse, »Ehegüterrecht *VTH*

Eheliches Kind (PR)
Ein »Kind ist ehelich, wenn es entweder während der Ehe der »Mutter mit seinem »Vater geboren wird oder wenn es innerhalb von 300 Tagen nach dem Tod des Ehemanns der Mutter geboren wird (§ 138c Abs 1 ABGB). Anderes gilt aber, wenn die Ehe durch »Scheidung, Aufhebung oder Nichtigerklärung (»Aufhebung der Ehe, »Nichtigerklärung der Ehe) aufgelöst wird – hier wird angenommen, dass das nach Auflösung der Ehe geborene Kind nicht vom früheren Ehemann der Mutter abstammt. Doch selbst dann, wenn ein Kind nach Ablauf von 300 Tagen nach Scheidung, Aufhebung oder Nichtigerklärung der Ehe geboren wird, gilt es als ehelich, wenn der frühere Ehemann der Mutter die Vaterschaft anerkennt oder durch das Gericht als Vater festgestellt wird (§ 138d Abs 1 ABGB). Mit der Geburt des ehelichen Kindes entsteht zwischen dem Kind und seinen Eltern das »Kindschaftsverhältnis. *SR*

Ehelichkeit (PR)
Siehe »Eheliches Kind. *VTH*

Ehelichkeitsbestreitung (PR)
ist die Feststellung der Nichtabstammung vom Ehemann

der »Mutter (§§ 156 ff ABGB). Sowohl das »Kind als auch der Ehemann der Mutter können bei Gericht die Feststellung der Nichtabstammung vom Ehemann der Mutter beantragen, wenn das Kind während der Ehe der Mutter oder vor Ablauf von 300 Tagen nach dem Tod des Ehemanns geboren wurde. Ein Antrag auf Feststellung, dass das Kind nicht vom Ehemann der Mutter abstammt, kann binnen einer »Frist von zwei Jahren ab Kenntnis der hiefür sprechenden Umstände gestellt werden (§ 158 ABGB). *SR*

Ehelichkeitsbestreitungsrecht Ⓟ
Recht, die Feststellung der Nichtabstammung einer Kindes vom Ehemann der »Mutter zu beantragen (§§ 156 ff ABGB). Dieses Antragsrecht kommt sowohl dem Kind als auch dem Ehemann der Mutter zu. Siehe »Ehelichkeitsbestreitung. *SR*

Ehemündigkeit Ⓟ
Siehe »Ehefähigkeit. *VTH*

Ehename Ⓟ
Die zukünftigen Ehepartner können entweder den Familiennamen des Mannes oder den der Frau in öffentlicher oder öffentlich beglaubigter Urkunde als gemeinsamen Namen bestimmen. Wenn es an der Wahl eines gemeinsamen Namens mangelt, erhält die Frau grundsätzlich den Namen des Ehemannes, außer sie erklärt anlässlich der Eheschließung, ihren bisherigen Namen fortzuführen. Derjenige Partner, der den Namen des anderen zu führen hat, kann erklären, seinen bisherigen Namen dem gemeinsamen Familiennamen durch Setzung eines Bindestriches voran- oder nachzustellen (Doppelname). Führen die Ehepartner keinen gemeinsamen Familiennamen bzw einen Doppelnamen, erhalten Kinder denjenigen Namen, welchen die Eltern spätestens im Zeitpunkt der Eheschließung festlegen, wobei nur der Name eines Elternteils (kein Doppelname) gewählt werden darf. Mangels Einigung erhält das Kind den Namen des Vaters. *VTH*

Ehepakt Ⓟ
wird von den Ehepartnern abgeschlossen, wenn sie ihre Vermögensverhältnisse in Abweichung vom gesetzlichen Zustand der »Gütertrennung – primär durch Vereinbarung einer »Gütergemeinschaft – regeln wollen. Um Gläubigerbenachteiligungen vorzubeugen, bedarf der Ehepakt eines Notariatsaktes. *VTH*

Eherecht Ⓟ
sind all jene Vorschriften, die den Abschluss »Eheschließung, die »Auflösung der Ehe und den Inhalt der Ehe bzw die rechtlichen Beziehungen der Ehepartner zueinander regeln (siehe va EheG; §§ 44–100 und 1217–1266 ABGB; im Personenstandsgesetz finden sich weiters Normen über Personenstandsurkunden und Aufgaben der Personenstandsbehörden auf dem Gebiet des Eherechts). »Familienrecht. *VTH*

Eheschließung Ⓟ
ist ein öffentlicher Formalakt und erfolgt dadurch, dass „die Verlobten vor dem Standesbeamten persönlich und bei gleichzeitiger Anwesenheit erklären, die Ehe miteinander eingehen zu wollen" (§ 17 (1) EheG). Die Mitwirkung des Standesbeamten (»Standesbeamter) ist zwingende Formvorschrift und soll durch dessen Belehrung auch dem Schutz vor Übereilung dienen. Durch die mit dem Abschluss der Ehe verbundene Statusänderung der Ehepartner entstehen absolute Wirkungen; eine entsprechende Publizität ist daher erforderlich. Die Nichteinhaltung der Formvorschrift des § 17 EheG führt zur Ehenichtigkeit. »Ehefähigkeit, »Eheverbote *VTH*

Eheverbote Ⓟ
sind Umstände, bei deren Vorliegen der Standesbeamte nicht trauen darf. Man unterscheidet gravierende (Eheverbote ieS) und schlichte Eheverbote. Gravierende Eheverbote (»Blutsverwandtschaft, »Doppelehe, »Adoption bis zur Beseitigung des Adoptionsverhältnisses) führen zur Ehenichtigkeit (§§21 ff EheG). Nichtigkeit bedeutet hier nicht absolute Ungültigkeit, sondern Vernichtbarkeit durch ein rechtskräftiges richterliches Urteil (§§ 27 f EheG). Schlichte Eheverbote (mangelnde Ehemündigkeit, mangelnde Zustimmung des Erziehungsberechtigten) sind ebenfalls vom Standesbeamten wahrzunehmen, berühren aber nicht die Gültigkeit der Ehe. Zur Vernichtbarkeit der Ehe iS der §§ 27 f EheG führen weiters die Ehenichtigkeitsgründe der § 21 (Mangel der Form »Eheschließung), § 22 (Mangel der Geschäfts- oder Urteilsfähigkeit), § 23 EheG (Namensehe und Staatsangehörigkeitsehe). Eine Heilung der Nichtigkeitsgründe ist, abgesehen von Blutsverwandtschaft und Doppelehe, möglich. *VTH*

Ehrenbeleidigung Ⓟ
Angriff auf die Würde einer Person. Bsp: Beschimpfungen, Verspottung, sonstige Werturteile, die nach einem objektiven Maßstab als Beleidigung empfunden werden. Angemessene Kritik ist jedoch zulässig. Die Ehre zählt zu den absolut geschützten Persönlichkeitsrechten (»Persönlichkeitsrecht). Ihre Verletzung führt

zur Schadenersatzpflicht nach den Grundsätzen der »Verschuldenshaftung. *AW*

Eigenberechtigt (PR)
nennt man eine Person, die »volljährig ist. *BB*

Eigener Wirkungsbereich (ÖR)
Der eigene Wirkungsbereich umfasst jene Aufgaben, die von Organen der Selbstverwaltung frei von Weisungen staatlicher Organe besorgt werden dürfen. Hinsichtlich der Gemeinde spricht man auch von „kommunaler Autonomie“ (»Kommunale Autonomie). Demgegenüber besteht im übertragenen Wirkungsbereich (»Übertragener Wirkungsbereich) eine Bindung an solche Weisungen. *GM*

Eigenhändiges Testament (PR)
Testamentsform (vgl »Testamentsformen), bei der der Text eigenhändig, dh handschriftlich (nicht etwa mittels Computer oder Schreibmaschine) verfasst und am Ende des Textes eigenhändig unterschrieben ist. Das Erfordernis der Handschriftlichkeit soll die Feststellung der Identität des Verfassers vereinfachen. Im Gegensatz zum fremdhändigen Testament sind hier keine Zeugen erforderlich. Siehe »Fremdhändiges Testament. *MH/AG*

Eigenmächtige Heilbehandlung RPH
ist in Österreich ein Straftatbestand (§ 110 StGB) und besagt, dass, wer einen anderen (selbst nach den Regeln der ärztlichen Kunst) ohne dessen Einwilligung behandelt, zu bestrafen ist. Solcherart ist strafgesetzlich das Prinzip der Patientenautonomie als rechtliches Schutzgut anerkannt. Problematische Begriffe sind dabei va "Einwilligung" und "Behandlung". Hier kommt es zu zahlreichen Abgrenzungsproblemen in Judikatur und Wissenschaft. *CMS*

Eigentümer (PR)
Derjenige, welchem »Eigentum als subjektives Recht zukommt. *DH*

Eigentümerpartnerschaft (PR)
Rechtsgemeinschaft zweier natürlicher Personen, die gemeinsam Wohnungseigentümer eines Wohnungseigentumsobjekts sind. Der mit einem Wohnungseigentum verbundene Mindestanteil darf auch einer Eigentümerpartnerschaft gehören. *DH*

Eigentum (PR)
(Grds) unbeschränkte Befugnis, über eine Sache rechtlich wie tatsächlich zu verfügen und jeden anderen davon auszuschließen. Das Eigentum ist das umfassendste aller dinglichen Rechte (Vollrecht). *DH*

Eigentumsbeschränkung (PR)
Das Eigentumsrecht gewährt keine unbeschränkte Rechtsmacht. Einschränkungen bestehen gegenüber Dritten sowie aufgrund öffentlich-rechtlicher Anordnung. Gegenüber Dritten bestehen beispielsweise »Nachbarrechte; öffentlichrechtliche Einschränkungen sind zB Bauordnungen, Vorschriften des Umweltschutzes etc. *DH*

Eigentumserwerb (PR)
Rechtsgültiger Eigentumserwerb ist vom Vorliegen zweier Vorraussetzungen abhängig: einem gültigen »Titel und einer geeigneten Erwerbsart (»Modus). Man unterscheidet derivativen (»Derivativer Eigentumserwerb) und originären Eigentumserwerb (»originärer Eigentumserwerb). *DH*

Eigentumsübertragung (PR)
Beim derivativen Eigentumserwerb (»Derivativer Eigentumserwerb) wird das »Eigentum vom Vormann auf den Erwerber übertragen. Bei beweglichen Sachen (»Bewegliche Sache) findet diese Übertragung durch Übergabe statt. Die Übergabe erfolgt entweder körperlich "von Hand zu Hand" (»Körperliche Übergabe) oder durch Zeichen (»Übergabe durch Zeichen) oder durch Erklärung (»Übergabe durch Erklärung). Bei unbeweglichen Sachen erfolgt die Übertragung durch Eintragung ins »Grundbuch. *DH*

Eigentumserwerb vom Nichtberechtigten (PR)
Ein Veräußerer, der nicht Eigentümer und auch nicht sachenrechtlich zur Übertragung des Eigentums befugt ist, kann grds auch kein Eigentum rechtswirksam übertragen. Von diesem Grundsatz bestehten Ausnahmen: An beweglichen Sachen kann bei Vorliegen der Vorraussetzungen des § 367 (»Gutgläubiger Eigentumserwerb), an unbeweglichen Sachen durch »Ersitzung Eigentum vom Nichtberechtigten erworben werden. Weitere Ausnahmen sind der Erwerb vom Scheinerben und der Erwerb durch Vermengung. *DH*

Eigentumsfähige Sachen (PR)
Sachen, die Gegenstand von Sachenrechten (»Sachenrecht) sein können. Da körperliche Beherrschbarkeit vorausgesetzt wird, sind die Regeln des Sachenrechts grds nur auf körperliche Sachen (»Körperliche Sache) anwendbar. Eigentum hat man daher auch nicht am ganzen Vermögen, insbesondere Forderungen und Immaterialgüterrechte sind nicht eigentumsfähig. *DH*

Eigentumsfeststellungsklage (PR)
Auf die Feststellung des Eigentums im Streitfall gerichtete Klage. *DH*

Eigentumsfreiheit (PR)
Das (auch verfassungsrechtlich) verankerte Prinzip der Unverletzlichkeit des Eigentums. Einschränkungen ergeben sich aus dem Privatrecht und dem Öffentlichen Recht (»Eigentumsbeschränkung). *DH*

Eigentumsfreiheitsklage (PR)
(actio negatoria) Klage des besitzenden Eigentümers gegen die Störung eines Dritten. *DH*

Eigentumsgarantie (ÖR)
ist ein »Grundrecht, das sowohl im Art 5 »StGG als auch im Art 1 1. »ZPEMRK verankert ist. Es schützt das »Eigentum gegen Enteignungen und sonstigen Eigentumsbeschränkungen (diese sind nur unter besonderen Voraussetzungen zulässig). Der Eigentumsbegriff im verfassungsrechtlichen Sinn wird dabei sehr weit gefasst: Darunter versteht man alle vermögenswerten Privatrechte (also zB auch Mietverträge). *TC*

Eigentumsklage (PR)
(rei vindicatio) Klage des nicht besitzenden Eigentümers gegen den Inhaber auf Herausgabe der Sache. Der Eigentümer dringt mit seiner Klage nicht durch, wenn der Beklagte ihm gegenüber ein Recht zur Innehabung hat. So kann zB der Vermieter die Bestandsache während der Dauer des Mietverhältnisses nicht vom Mieter herausverlangen. *DH*

Eigentumsrecht (PR)
Siehe »Eigentum. *DH*

Eigentumsschutz (PR)
Das Eigentumsrecht ist als dingliches Recht gegenüber jedermann geschützt. Folgende Rechtsschutzinstrumentarien dienen dem Schutz des Eigentums: »Eigentumsklage (rei vindicatio), »Eigentumsfreiheitsklage (actio negatoria), »Eigentumsfeststellungsklage, »Widerspruchsklage, »Aussonderungsklage, Löschungsklage, »Klage aus dem rechtlich vermuteten Eigentum (actio publiciana). *DH*

Eigentumsvorbehalt (PR)
Der Verkäufer behält sich das Eigentum an der verkauften Sache bis zur Bezahlung des Kaufpreises vor, dh er bleibt trotz Übergabe der Sache ihr Eigentümer. Ein Eigentumsvorbehalt kommt grds durch Vereinbarung zwischen Käufer und Verkäufer zustande. *DH*

Einantwortung (PR)
Gerichtsbeschluss, mit dem das »Verlassenschaftsverfahren beendet und dem Erben nach abgegebener bedingter oder unbedingter »Erbantrittserklärung das Eigentum am »Nachlass übertragen wird. Vor Einantwortung bildet der Nachlass die »ruhende Verlassenschaft. *MH/AG*

Einfache Gesetze (ÖR)
Gesetze, die mit den Quoren "normaler" Bundes- oder Landesgesetze beschlossen werden (formaler Blickwinkel). Es handelt sich also um Gesetze im formellen Sinn, nicht aber um Verfassungsrecht im formellen Sinn. *CMP*

Einfache Schriftform (PR)
Siehe »Schriftform. *BB*

Einfaches Verfassungsgesetz (ÖR)
Siehe »Teiländerndes Verfassungsgesetz. *CMP*

Eingetragene Erwerbsgesellschaften (PR)
Umfasst Offene Erwerbsgesellschaften (OEG) und Kommanditerwerbsgesellschaften (KEG). Mit dem Inkrafttreten des UGB (siehe »Unternehmensgesetzbuch) am 1. 1. 2007 und dem Außerkrafttreten des Erwerbsgesellschaftengesetzes (EGG) am 31. 12. 2006 wurden alle eingetragenen Erwerbsgesellschaften (OEG und KEG) in Offene Gesellschaften (OG, siehe »Offene Gesellschaft) und Kommanditgesellschaften (KG, siehe »Kommanditgesellschaft) umgewandelt. *MH/AG*

Eingriff in Grundprinzipien (ÖR)
Eingegriffen wird in ein Grundprinzip, wenn sein Inhalt berührt bzw modifiziert wird. Damit ist jedoch nicht gesagt, ob der Eingriff so intensiv ist, dass das Grundprinzip auch verletzt wird. *CMP*

Eingriffshaftung (PR)
Haftung wegen rechtmäßiger Inanspruchnahme fremden Gutes. Dh der Eingriff ist erlaubt, für die verursachten Schäden ist dennoch zu haften. Rechtswidrigkeit und Verschulden sind keine Voraussetzungen. Bsp: nachbarrechtlicher Ausgleichsanspruch wegen »Immissionen durch behördlich genehmigte Anlagen. *AW*

Einheitsstaat (ÖR)
Nur dem Verband kommen alle Staatsaufgaben (»Staatsaufgabe) zu. Allfällige territoriale Gliederungen stellen nur Verwaltungssprengel mit abgeleiteten Rechtssetzungsbefugnissen dar (vgl Raschauer, Öffentliches Recht 2007/08, 26). Vgl dazu »Bundesstaat und »Staatenbund. *JF*

Einkammernsystem (ÖR)
Anders als im Bereich der Bundesgesetzgebung gibt es im Bereich der Landesgesetzgebung mit dem Landtag nur eine gesetzgebende Kammer. Dies bezeichnet man als „Einkammernsystem“. Als Ersatz für das Fehlen einer zweiten – Bundesinteressen vertretenden – Kammer im Landesgesetzgebungsverfahren kann das Einspruchsrecht der Bundesregierung (allerdings eines Ver-

waltungsorgans!) gegen Gesetzesbeschlüsse des Landtag angesehen werden. Unterscheide dazu Zweikammernsystem. *GM*

Einrede (PR)
ist ein vom Schuldner gegen den erhobenen Anspruch geltend gemachtes Leistungsverweigerungsrecht, entweder ein vorübergehendes (wie zB wenn »Leistung Zug um Zug vereinbart wurde, der andere aber selbst noch nicht zur Leistung bereit ist) oder ein endgültiges (wie zB »Verjährung). *BB*

Einschränkende Auslegung (PR)
(restriktive Auslegung) liegt vor, wenn sich die Bedeutung eines Wortes dem Begriffskern annähert, weil sich durch Anwendung der Interpretationsmethoden ergibt, dass ein Ausdruck, zB aus rechtlichen Gründen, vom allgemeinen Sprachgebrauch abweichend enger zu verstehen ist. *AP/EK*

Einschränkende Interpretation (PR)
Siehe »Einschränkende Auslegung. *AP/EK*

Einseitig unternehmensbezogenes Geschäft (PR)
»Rechtsgeschäft, das nur für einen der beiden Vertragspartner zum Betrieb seines Unternehmens gehört. Siehe »Unternehmensbezogenes Geschäft. *MH/AG*

Einseitig verbindliche Rechtsakte (ÖR)
Siehe »Heteronomie; »Heteronom verbindliche Rechtsakte. *CMP*

Einseitig verpflichtendes Rechtsgeschäft (PR)
Liegt vor, wenn nur ein Partner eines zweiseitigen Rechtsgeschäftes (»Zweiseitiges Rechtsgeschäft, »Vertrag) zu einer Leistung/zu einem Verhalten verpflichtet ist. Die Schenkung ist beispielsweise ein »zweiseitiges Rechtsgeschäft, jedoch nur einseitig verpflichtend, weil nur der Schenker etwas leistet. *SR*

Einseitig zwingende Normen (PR)
Siehe »Relativ zwingendes Recht. *AP/EK*

Einseitige völkerrechtliche Erklärung (ÖR)
Eine einseitige völkerrechtliche Erklärung wird von einem »Völkerrechtssubjekt gesetzt und zielt meist darauf ab, völkerrechtliche Rechte und Pflichten zu begründen, zu ändern oder zu beenden (völkerrechtliches einseitiges Rechtsgeschäft), zB die Anerkennung eines neugegründeten Staates. Einseitige völkerrechtliche Erklärungen sind zB diplomatische Noten, Verbalnoten und Memoranden. *JLR*

Einseitiges Rechtsgeschäft (PR)
kommt durch die »Willenserklärung einer Partei zustande. Beispiele für einseitige Rechtsgeschäfte sind etwa die Auslobung und letztwillige Verfügungen. *SR*

Einseitiges Scheidungsrecht (PR)
Gegensatz zur einvernehmlichen Scheidung (»einvernehmliche Scheidung); geregelt in den §§ 49 ff EheG. Es besteht entweder aufgrund von Verschulden oder aus "anderen Gründen" und ist durch Klage im Rechtsweg durchzusetzen. Das Scheidungsurteil ist ein Rechtsgestaltungsurteil. »Scheidung, »schwere Eheverfehlung, »Zerrüttung der Ehe *VTH*

Einspruch (PR)
Siehe »Mahnverfahren. *PS*

Eintrittsrecht (PR)
Im Erbrecht: Siehe »Repräsentationsrecht. *MH/AG*

Einverleibung (PR)
(Auch: Intabulation) Eintragung im »Grundbuch. Dient dem unbedingten Rechtserwerb oder Rechtsverlust. Sie ist bei Liegenschaften der für den Rechtserwerb erforderliche »Modus. Beachte: Bei beweglichen Sachen (siehe »Bewegliche Sache) wäre dies idR die »körperliche Übergabe.

Beispiel: Verkauft Steffi dem Lenzi ein Grundstück, erwirbt Lenzi erst durch die Einverleibung (Modus) das Eigentum daran. *MH/AG*

Einvernehmliche Beendigung (PR)
Beendigung eines Dauerschuldverhältnisses (siehe »Dauerschuldverhältnis) durch Willensübereinkunft der Vertragsparteien. *MH/AG*

Einvernehmliche Scheidung (PR)
ist gem § 55a EheG möglich, sofern unheilbare Zerrüttung (»Zerrüttung der Ehe) vorliegt, die Lebensgemeinschaft seit mindestens einem halben Jahr aufgehoben ist und Einvernehmen über die Scheidung sowie über sämtliche vermögensrechtliche, unterhaltsrechtliche und obsorgerechtliche Folgen besteht. Die Scheidung erfolgt durch Gerichtsbeschluss im außerstreitigen Verfahren. *VTH*

Einzelanalogie (ÖR)
Siehe »Gesetzesanalogie *GH*

Einzelrechtsnachfolge (PR)
Die Nachfolge in einzelne Rechte und Pflichten durch Übertragung mittels »Titel und »Modus. Unterscheide davon: »Gesamtrechtsnachfolge. Im Erbrecht führt zB das »Vermächtnis zu einem Rechtserwerb im Wege der Einzelrechtsnachfolge. *MH/AG*

Einzelrechtsnachfolger (PR)
Derjenige, der im Wege der »Einzelrechtsnachfolge Rechte oder Pflichten erwirbt. Unterscheide davon: »Gesamtrechtsnachfolger. Im Erbrecht

ist zB der »Vermächtnisnehmer Einzelrechtsnachfolger. *MH/AG*

Einzelrichter ÖR
Siehe »Richter/in. *CMP*

Eisenbahn- und Kraftfahrzeughaftpflichtgesetz PR
(EKHG) Eisenbahn- und Kraftfahrzeughaftpflichtgesetz aus 1959 – Bundesgesetz über die Haftung für den Ersatz von Schäden aus Unfällen beim Betrieb von Eisenbahnen und beim Betrieb von Kraftfahrzeugen. Die Haftung nach dem EKHG setzt kein Verschulden voraus (»Gefährdungshaftung). *AW*

EKHG PR
»Eisenbahn- und Kraftfahrzeughaftpflichtgesetz *AW*

Elemente der direkten Demokratie ÖR
sind in Österreich »Volksbegehren, »Volksabstimmung und »Volksbefragung. Unterstützen bzw ergänzen das repräsentative demokratische System, ohne dabei den Charakter der mittelbaren Demokratie zu verletzen. Dh die Gesetzgebung durch das Parlament bleibt unberührt. Sie kann aber mit diesen Elemente der direkten Demokratie durch das Volk beeinflusst werden. *JF*

Embryonale Stammzellen (ES) RPH
sind – pluripotente – Stammzellen, die aus Embryonen gewonnen werden (die Embryonen werden bei dieser "Gewinnung" vernichtet). Diese "verbrauchende" Methode der Gewinnung von Stammzellen ist ethisch ebenso umstritten wie die "verbrauchende" Forschung an Embryonen. Mag der Zweck (substantielle Fortschritte medizinischer Forschung) an sich ja sehr erwünscht sein, so ist doch die Frage, welchen ethischen Status die dabei "verbrauchten" Embryonen aufweisen ("Heiligt der Zweck wirklich die Mittel?") *CMS*

Empfangsbedürftig(keit) PR
Siehe »Empfangsbedürftige Willenserklärung. *MH/AG*

Empfangsbedürftige Willenserklärung PR
»Willenserklärung, die dem Erklärungsempfänger (dem Anerklärten) zugehen muss, damit sie rechtliche Wirkungen entfalten kann (zB Kündigung, Rücktritts- oder Widerrufserklärungen). Eine Willenserklärung ist zugegangen, wenn sie in die Sphäre des Erklärungsempfängers gelangt ist und dieser faktisch die Möglichkeit hat, sich Kenntnis von ihr zu verschaffen. Ob er dies tatsächlich tut, ist nicht relevant. Entscheidend für den »Zugang ist jedenfalls die Möglichkeit der Kenntnisnahme. *SR*

Empirismus RPH
ist eine philosophische Richtung, derzufolge Erkenntnis letztlich nur aufgrund von sinnlicher Erfahrung (basierend auf Anschauung in Raum und Zeit) möglich und wissenschaftlich relevant ist. Sofern Kenntnisse nicht einer quantitativen Messbarkeit (= Konsequenz der Formen der Anschauung, nämlich Raum und Zeit) zugänglich sind, ist ihre Realität, ihre Relevanz, ihre Wissenschaftlichkeit in Frage gestellt. Wie soll man daher "Recht", "Moral" oder "Gerechtigkeit" empirisch exakt erkennen können? *CMS*

Emptio spei PR
Siehe »Hoffnungskauf. *MH/AG*

EMRK ÖR
»Europäische Menschenrechtskonvention *JLR*

Endgültige Nichterfüllung PR
Siehe »Nachträgliche Unmöglichkeit der Leistung. *AP/EK*

Endverbraucher PR
ist jener Vertragspartner, der am Ende einer Absatzkette steht und selbst nicht Unternehmer ist. Sofern ein Unternehmer einem Endverbraucher Gewähr geleistet hat, kann er von seinem Vormann, wenn auch dieser Unternehmer ist, selbst dann seinen »Gewährleistungsanspruch geltend machen, wenn die »Gewährleistungsfrist des § 933 ABGB abgelaufen ist. *AP/EK*

Enteignung PR
Form der öffentlich-rechtlichen Beschränkung des Eigentumsrechts. Unter Vorliegen bestimmter Voraussetzungen darf dem Eigentümer sein Eigentum im öffentlichen Interesse gegen Entschädigung entzogen werden. *DH*

Enterbungsgründe PR
Gesetzliche Tatbestände, wodurch ein Anspruch auf einen »Pflichtteil durch eine »letztwillige Verfügung beseitigt werden kann. Ein »Pflichtteilsberechtigter kann va enterbt werden, wenn er

- den »Erblasser im Notstand hilflos gelassen hat,
- wegen einer mit »Vorsatz begangenen strafbaren Handlung zu einer lebenslangen oder zwanzigjährigen »Freiheitsstrafe verurteilt worden ist oder
- eine gegen die öffentliche Sittlichkeit anstößige Lebensart beharrlich führt. *MH/AG*

Entfremdung RPH
ist ein Begriff, der auf ROUSSEAU zurückgeht, aber va bei HEGEL und MARX zentral wurde. Es geht darum, darzustellen, dass der Mensch in der gegenwärtigen Gesellschaft nicht mehr seiner wahren Natur gemäß leben kann, sondern durch die sozialen Umstände in gewisser Weise "deformiert" wird. Ein aufge-

klärt-humanistischer Ansatz hat daher diese Entfremdung von den wahrhaft menschlichen Lebensumständen zu überwinden und damit "politisch" wieder ein menschenwürdiges Leben für alle zu ermöglichen. *CMS*

Entgangener Gewinn (PR)
Vermögensschaden, der in der Verhinderung einer Vermögensvermehrung liegt. Dem Geschädigten entgeht eine zukünftige Erwerbschance. Der Ersatz ist vom Verschuldensausmaß abhängig. Im bürgerlichen Recht werden bei grober Fahrlässigkeit und Vorsatz positiver Schaden und entgangener Gewinn (auch: volle Genugtuung, Interesse) ersetzt. Die Rechtsprechung weitet den positiven Schaden tendenziell aus, weshalb die Unterscheidung an Bedeutung verliert. Im beiderseitig unternehmensbezogenen Geschäft (»Beiderseitig unternehmensbezogenes Geschäft) wird stets das gesamte Interesse ersetzt. *AW*

Entgeltfremdes Rechtsgeschäft (PR)
Ist weder entgeltlich noch unentgeltlich; zB Ehepakt, Bürgschaft, Gesellschaftsverträge. Das entgeltfremde Rechtsgeschäft ist im Gesetz nicht ausdrücklich geregelt; es sind darauf weder die Bestimmungen über die entgeltlichen noch über die unentgeltlichen Rechtsgeschäfte uneingeschränkt anwendbar. *SR*

Entgeltliches Rechtsgeschäft (PR)
Bei einem entgeltlichen Rechtsgeschäft wird eine Leistung durch die Leistung der anderen Partei „vergolten" (§ 917 ABGB); Leistung und Gegenleistung stehen in einem Austauschverhältnis; zB Kauf: Ware gegen Geld. Zweiseitig verpflichtende (gegenseitige) Rechtsgeschäfte (»Zweiseitig verpflichtendes Rechtsgeschäft, »Gegenseitiges Rechtsgeschäft) sind alle zugleich entgeltlich; umgekehrt ist aber nicht jeder entgeltliche Vertrag zugleich auch gegenseitig/zweiseitig verpflichtend. *SR*

Entlassung (PR)
ist die vorzeitige Auflösung eines Arbeitsverhältnisses ohne Einhaltung einer Kündigungsfrist und bedarf des Vorliegens eines wichtigen Grundes (§ 1162 ABGB), wie zB schwere, schuldhafte Verletzung der Dienstpflichten oder Arbeitsunfähigkeit. Das unbegründete oder schuldhafte Herbeiführen eines Entlassungsgrundes kann darüber hinaus schadenersatzpflichtig machen. *AP/EK*

Entleiher (PR)
Jener Vertragspartner des Leihvertrages (siehe »Leihvertrag), welchem die »Sache vom »Leihgeber zum Gebrauch überlassen wird. *MH/AG*

Entschädigung (ÖR)
ist eine Abgeltung oder Abfindungssumme, die jemand aufgrund eines Schadens, der ihm entstanden ist, erhält. Im öffentlichen Recht ist darunter insbesondere die Wiedergutmachung bei staatlichen Eingriffen zB im Zuge einer Enteignung zu verstehen. *JF*

Entscheidungen (EG-Recht) (ÖR)
Als Teil des Sekundärrechts (»Sekundärrecht) von der Europäischen Gemeinschaft geschaffene Rechtsakte, die Einzelfälle regeln. Unterscheide dazu »Verordnung (EG-Recht), »Richtlinie. *JF*

Entscheidungsformen (ÖR)
In einem formellen Sinn betrachtet, meint man damit jene Arten von Entscheidungen, die in Verfahren getroffen werden (Urteile, Bescheide, Beschlüsse, Erkenntnisse etc). *CMP*

Entschlagung einer Erbschaft (PR)
Siehe »Ausschlagung einer Erbschaft. *MH/AG*

Entstehungsquelle (PR)
Quelle, die Recht schafft; Rechtserzeugungsakt, der entweder von der staatlichen Autorität selbst gesetzt wird (zB »Gesetz, »Verordnung, »Staatsvertrag, »Urteil, »Bescheid) oder von der Rechtsordnung anerkannt ist (zB »Rechtsgeschäft, »Satzung, »Normenvertrag). *MH/AG*

Entwurf Horten (PR)
Der »Codex Theresianus wurde unter Leitung des Juristen Johann Bernhard Horten überarbeitet und der personenrechtliche Teil schließlich als Josephinisches Gesetzbuch 1786 kundgemacht. *AW*

Entwurf Martini (PR)
Unter Leopold II erarbeitete die Hofkommission in Gesetzessachen, geleitet von Karl Anton Martini, einen neuen Entwurf für die Kodifikation des Privatrechts, der 1797 in Westgalizien, später in Ostgalizien und der Bukowina eingeführt wurde. Diese Kodifikation wird auch »Westgalizisches Gesetzbuch genannt. *AW*

EP (ÖR)
»Europäisches Parlament *JLR*

Erbantrittserklärung (PR)
Die dem Verlassenschaftsgericht abgegebene Erklärung des berufenen Erben, die »Erbschaft anzunehmen. Es liegt am Erben, ob er die Erbschaft annehmen will oder nicht. Die Erbantrittserklärung kann bedingt oder unbedingt sein, oder die Erbschaft kann überhaupt ausgeschlagen werden. Siehe »Erbantrittserklärung, bedingte, »Erbantrittserklärung, unbedingte, »Ausschlagung einer Erbschaft. *MH/AG*

Erbantrittserklärung, bedingte ℗
»Erbantrittserklärung, die zu einer bloß beschränkten Haftung des Erben für Nachlassschulden und nur bis zum Wert der Nachlassaktiven führt. Bei einer bedingten Erbantrittserklärung ist ein »Inventar zu errichten. *MH/AG*

Erbantrittserklärung, unbedingte ℗
»Erbantrittserklärung, bei der der »Erbe die »Haftung für alle Nachlassschulden übernimmt. *MH/AG*

Erbe ℗
(1) Der Erbe: Wer in den Nachlass des Erblassers (siehe »Erblasser) als »Gesamtrechtsnachfolger eintritt.
(2) Das Erbe: »Nachlass *MH/AG*

Erbfähigkeit ℗
(Unterform der allgemeinen »Rechtsfähigkeit) Die Fähigkeit, aufgrund eines erbrechtlichen Titels Rechte und Pflichten zu erwerben. Als Voraussetzung für jeden erbrechtlichen Erwerb muss sie im Zeitpunkt des Erbanfalls vorhanden sein. Grundsätzlich ist jede natürliche oder »juristische Person erbfähig. Zu den Ausnahmen siehe »Erbunfähigkeit, absolute, »Erbunfähigkeit, relative. *MH/AG*

Erbgang ℗
Die den »Nachlass betreffenden Abläufe vom Erbanfall (idR Tod des Erblassers) bis zum Erwerb durch den Erben (»Einantwortung). *MH/AG*

Erblasser ℗
Der Verstorbene, der den »Nachlass hinterlässt. *MH/AG*

Erbrecht im objektiven Sinn ℗
Alle Normen (siehe »Rechtsnorm), die das rechtliche Schicksal des Nachlasses (siehe »Nachlass) regeln. *MH/AG*

Erbrecht im subjektiven Sinn ℗
Das ausschließliche Recht, einen »Nachlass ganz oder zu einem nach Quoten bestimmten Teil in den »Besitz übertragen zu erhalten. Es ist ein »absolutes Recht, weil es gegen jeden durchgesetzt werden kann. Es entsteht mit dem Tod des Erblassers und ist als solches veräußerlich und auch vererblich.

Beachte: Das Vermögen geht erst am Ende des Verlassenschaftsverfahren mit der »Einantwortung über! *MH/AG*

Erbrechtsgrenze ℗
Nach der gesetzlichen Erbfolge (siehe »Gesetzliche Erbfolge) erben bestimmte Angehörige nach dem »Parentelensystem (siehe auch »Parentel), aber nicht weit entfernte Verwandte. Die Grenze, wem noch ein gesetzliches Erbrecht zukommt, verläuft in der 4. Parentel, wo nur noch die Urgroßeltern des Erblassers erben, nicht aber ihre Nachkommen. *MH/AG*

Erbschaft ℗
Der »Nachlass aus dem Blickwinkel des Erben. Der »Erblasser hinterlässt den Nachlass, der »Erbe erwirbt die Erbschaft. *MH/AG*

Erbschaftserwerb ℗
Durch den Erbschaftserwerb tritt der »Erbe in die Rechte und Pflichten des Erblassers im Umfang seines Erbteils ein. Der »Erbschaftserwerb erfolgt mit der »Einantwortung am Ende des Verlassenschaftsverfahrens (siehe »Verlassenschaftsverfahren) und nicht schon im Zeitpunkt des Todes des Erblassers. *MH/AG*

Erbschaftskauf ℗
»Vertrag, bei dem der Verkäufer zwischen Erbanfall (dh bei Entstehen des subjektiven Erbrechts; idR mit dem Tod des Erblassers) und »Einantwortung sein Erbrecht als solches gegen Entgelt veräußert. Der Erbschaftskauf unterliegt der Formplicht eines Notariatsakts (siehe »Notariatsakt). *MH/AG*

Erbunfähigkeit, absolute ℗
Absolute Erbunfähigkeit bedeutet, von niemandem erben zu können. Der einzige Fall betrifft Ausländer aus einem Staat, der Österreichern kein Erbrecht einräumt. *MH/AG*

Erbunfähigkeit, relative ℗
Relative Erbunfähigkeit bedeutet, von bestimmten Personen nicht erben zu können. Relativ erbunfähig ist insbesondere, wer erbunwürdig ist (siehe »Erbunwürdigkeit). Relativ erbunfähig sind auch Personen, die des Ehebruchs (siehe »Ehebruch) oder der »Blutschande geständig oder gerichtlich überwiesen sind im Verhältnis zueinander – diese sind aber nur von der Zuwendung durch »letztwillige Verfügung ausgeschlossen, nicht auch von der gesetzlichen Erbfolge (siehe »gesetzliche Erbfolge) und dem »Pflichtteilsrecht. *MH/AG*

Erbunwürdigkeit ℗
Relative Erbunfähigkeit (siehe »Erbunfähigkeit, relative) aufgrund bestimmter persönlicher Verfehlungen. Erbunwürdig ist zB, wer gegen den »Erblasser eine gerichtlich strafbare Handlung, die nur vorsätzlich begangen werden kann und mit mehr als einjähriger »Freiheitsstrafe bedroht ist, begangen oder den Erblasser zur Erklärung des letzten Willens gezwungen hat. Die Erbunwürdigkeit umfasst auch das »Pflichtteilsrecht oder ein »Vermächtnis. *MH/AG*

Erbvertrag ℗
»Zweiseitiges Rechtsgeschäft zwischen dem »Erblasser und dem Erben (siehe »Erbe), durch den sie sich gegenseitig oder nur einer den anderen als

Erben einsetzen. Erbverträge können nur zwischen Ehegatten in Notariatsaktsform (siehe »Notariatsakt) und über bis zu drei Viertel des Nachlasses gültig abgeschlossen werden. Dritte dürfen nicht als Erben eingesetzt werden. Wie jeder Vertrag ist der Erbvertrag nicht einseitig widerrufbar. *MH/AG*

Erbverzicht (PR)
„Jener zwischen einem potentiell Berechtigten und dem Erblasser geschlossene Vertrag, in dem der potentiell Berechtigte dem Erblasser gegenüber auf ein künftiges Erbrecht verzichtet.“ Der Vertrag beseitigt den Berufungsgrund (»Testament, »Erbvertrag oder »gesetzliche Erbfolge) und bedarf eines Notariatsaktes (siehe »Notariatsakt) oder eines gerichtlichen Protokolls. *MH/AG*

Erfüllung (PR)
Die vereinbarungsgemäße Erbringung der geschuldeten »Leistung. *MH/AG*

Erfüllungsanspruch (PR)
Der Anspruch auf Erfüllung eines vertraglichen Schuldverhältnisses entsteht nach gültigem Zustandekommen eines Vertrages. Das Recht der Leistungsstörungen (»Leistungsstörung) ist darum bemüht, die gegenseitigen vertraglichen Ansprüche in Fällen von Nichterfüllung oder »Schlechterfüllung zu regeln. *AP/EK*

Erfüllungsgehilfe (PR)
Das ABGB sieht auch eine Haftung für fremdes Verschulden vor. Erfüllungsgehilfe ist derjenige, den der Geschäftsherr zur Erfüllung seiner Schuldverhältnisse einsetzt. Für sein Verschulden haftet der Geschäftsherr wie für sein eigenes. Die Haftung besteht nur für Schäden, die im Rahmen der Erfüllung des Schuldverhältnisses verursacht wurden. Diese strenge Haftung ist gerechtfertigt, weil der Geschäftsherr durch den Einsatz von Erfüllungsgehilfen in weiterem Umfang geschäftlich tätig sein kann. Er soll auch das damit verbundene Risiko tragen. »Gehilfenhaftung, »Besorgungsgehilfe *AW*

Erfüllungsinteresse (PR)
Bei Unmöglichkeit (»Nachträgliche Unmöglichkeit der Leistung) hat der Schuldner dem Gläubiger das Erfüllungsinteresse (positives Vertragsinteresse) zu ersetzen. Der Schuldner hat den Gläubiger so zu stellen, als wäre der Vertrag ordnungsgemäß erfüllt worden. Der Gläubiger kann dabei zwischen »Austauschanspruch und »Differenzanspruch wählen. Ein allenfalls »entgangener Gewinn ist nur bei grobem Verschulden zu ersetzen (Ausnahme: § 349 UGB, Verletzung der vertraglichen Pflichten zwischen Unternehmern). *AP/EK*

Erfüllungsort (PR)
(Auch: Leistungsort) Ort, an dem die Leistung bei »Fälligkeit zu erbringen ist. Der Erfüllungsort richtet sich grundsätzlich nach der Vereinbarung der Parteien oder der Natur und dem Zweck des Geschäfts. *MH/AG*

Erheblicher Irrtum (PR)
ist ein »Irrtum, der einen Vertragsabschluss beeinflusst hat: Er ist entweder ein »wesentlicher Irrtum, nämlich wenn ohne ihn der Irrende den Vertrag überhaupt nicht geschlossen hätte, oder ein »unwesentlicher Irrtum, wenn sich die Vertragspartner ohne ihn auch geeinigt hätten, den Vertrag aber anders geschlossen hätten. Hätte der Irrende bei Kenntnis der wahren Umstände den Vertrag trotzdem genauso geschlossen wie bei Irrtum, so ist der Irrtum unerheblich. *BB*

Erkenntnis (ÖR)
In einem allgemeinen Sinn das Ergebnis des Prozesses des Verstehens bzw Erkennens; als juristischer Terminus technicus: Entscheidungen der Gerichtshöfe des öffentlichen Rechts. *CMP*

Erkenntnisgegenstand (ÖR)
Jede Wissenschaft muss einen Erkenntnisgegenstand festlegen. Dieser Vorgang ist keine wissenschaftliche, objektive Leistung, sondern mit Wertungen bzw Zweckmäßigkeitsüberlegungen verbunden. Man sagt daher auch, die Wahl des Erkenntnisgegenstands könne nicht wahr oder falsch, sondern bloß mehr oder weniger zweckmäßig sein. Erkenntnisgegenstand der Rechtswissenschaft ist das positive Recht. Hinweis: Es wäre natürlich auch möglich, als Erkenntnisgegenstand das Naturrecht zu wählen, wie dies die Rechtsphilosophie vielfach vorschlägt. Aus der Sicht des Rechtspositivismus ist eine solche Gegenstandswahl unzweckmäßig – va wegen der Unschärfe naturrechtlicher Werte (siehe »Wertabsolutismus). *CMP*

Erkenntnisquelle (PR)
Quelle, durch die man den Inhalt des Rechts erfährt. Man unterscheidet verbindliche Erkenntnisquellen (zB »Bundesgesetzblatt, »Landesgesetzblatt, »Amtsblatt der Europäischen Union, schriftliche Ausfertigung einer richterlichen Entscheidung, Vertragsurkunde) und unverbindliche Erkenntnisquellen (zB »Lehrbuch, »Kommentar, »Aufsatz, »Gutachten) *MH/AG*

Erkenntnisverfahren (PR)
Verfahren zur Klärung der Frage, ob der Kläger einen privatrechtlichen Anspruch ge-

gen den Beklagten hat (auch Zivilprozess und zivilgerichtliches Verfahren genannt). *PS*

Erklärung ohne Erklärungsbewusstsein ⓅⓇ
Liegt vor, wenn jemand unbewusst eine Erklärung abgibt. Wer eine Erklärung ohne Erklärungsbewusstsein abgibt, ist daran gebunden, wenn er den Erklärungstatbestand adäquat verursacht oder fahrlässig gehandelt hat (zB irrtümliches Unterschreiben einer Bestellung im Glauben, es handle sich um eine Grußkarte). Die Gültigkeit einer Erklärung ohne Erklärungsbewusstsein hängt mit der »Vertrauenstheorie zusammen. *SR*

Erklärungsfahrlässigkeit ⓅⓇ
Siehe »Erklärung ohne Erklärungsbewusstsein. *SR*

Erklärungsirrtum ⓅⓇ
liegt vor, wenn der Erklärende irrtümlich etwas anderes erklärt, als er zu erklären meint, zB er verschreibt oder verspricht sich, sein »Bote übermittelt aus Versehen etwas Falsches, oder er ist sich gar nicht bewusst, eine Erklärung abzugeben (»Erklärung ohne Erklärungsbewusstsein). Die Erklärung gilt zunächst so, wie sie der Empfänger verstehen durfte (»objektiver Erklärungswert), kann aber unter bestimmten Voraussetzungen vom Irrenden beseitigt werden (»Irrtumsanfechtung). Siehe auch »Geschäftsirrtum. *BB*

Erklärungstheorie ⓅⓇ
Im Zusammenhang mit dem Verständnis von Willenserklärungen (»Willenserklärung) soll es nach der Erklärungstheorie ausschließlich darauf ankommen, wie der Erklärungsempfänger die Äußerung des Erklärenden verstanden hat. Würde die Erklärungstheorie gelten, würden jedoch die Interessen des Erklärenden vernachlässigt werden. Um den Interessen von beiden Seiten gerecht werden zu können, zieht man daher die »Vertrauenstheorie heran: Der Erklärungsempfänger darf auf die Erklärung vertrauen, wenn er sie so verstanden hat, wie ein redlicher, verständiger und sorgfältiger Erklärungsempfänger sie verstehen durfte (»objektiver Erklärungswert). *SR*

Erklärungswert ⓅⓇ
bezeichnet den Inhalt einer Erklärung, wie er sich in der Außenwelt manifestiert. Man spricht auch vom objektiven Erklärungswert, den der Erklärende unter Umständen gegen sich gelten lassen muss; siehe »Vertrauenstheorie. *CMP*

Erlassen ÖⓇ
bedeutet die Setzung eines gültigen Rechtsaktes durch entsprechende staatliche Wilensbildung mit darauffolgender Kundmachung. Von der Erlassung spricht man sowohl im Zusammenhang mit generellen (Verfassung, Gesetz, Verordnung) wie individuellen Rechtsakten (Bescheid, Urteil). In einem allgemeineren Sinn kann "Erlassen" auch das Nachlassen oder Tilgen einer Strafe bedeuten. *CMP*

Erlaubte Gesellschaft ⓅⓇ
ist die Bezeichnung des »ABGB für jede (nicht gesetzwidrige) »Personenvereinigung. Laut § 26 ABGB kommt einer solchen „idR" Rechtsfähigkeit zu; welche Gesellschaft im Einzelnen »juristische Person ist und welche nicht, wird im ABGB jedoch nicht geregelt. *BB*

Erlaubtheit des Vertragsinhaltes ⓅⓇ
ist eine der »Wirksamkeitsvoraussetzungen des Vertragsschlusses, sie fehlt bei Gesetz- oder »Sittenwidrigkeit des Vertrags. Nicht jeder Gesetzesverstoß führt allerdings zur »Nichtigkeit, die Rechtsfolgen der Gesetzwidrigkeit des Vertrags hängen vom Schutzzweck der übertretenen Norm ab: Betrifft die Norm nur die äußeren Umstände des Vertragsschlusses, lässt eine Übertretung die »Gültigkeit des Vertrags idR unberührt; bezweckt die Norm den Schutz eines Vertragspartners, so hat dieser ein »Gestaltungsrecht, die Übertretung geltend zu machen (»relative Nichtigkeit); ist der Vertrag an sich inhaltlich unerwünscht, ist »absolute Nichtigkeit die Folge (zB Waffenschmuggel). *BB*

Erläuternde Bemerkungen ÖⓇ
= Erläuterungen. Abgekürzt mit EB, Erl oder Erläut. Sind Erklärungen des Organs, das einen Gesetzesentwurf oder Abänderungen dazu konzipiert hat. Diese Erklärungen enthalten va Hinweise zur Auslegung oder praktischen Anwendung der jeweiligen Bestimmungen und sind für die »historische Interpretation von Bedeutung. Erläuternde Bemerkungen finden sich etwa in der »RV oder im »AB. *CMP*

Erläuterungen ÖⓇ
Siehe »Erläuternde Bemerkungen . *CMP*

Ermächtigen ⓅⓇ
Handlung, wodurch eine Person (= »Ermächtigender) eine andere (= »Ermächtigter) dazu berechtigt, für sie zu handeln. Siehe »Ermächtigung *SR*

Ermächtigende Norm ÖⓇ
»Delegationsnorm *JLR*

Ermächtigender ⓅⓇ
Jene Person, die eine andere dazu ermächtigt, für sie zu handeln. Siehe »Ermächtigung *SR*

Ermächtigter ⓅⓇ
Jene Person, die von einer anderen Person (= »Ermächtigender) dazu berechtigt wird,

für sie Handlungen vorzunehmen. Siehe »Ermächtigung. *SR*

Ermächtigung ÖR
Von einer Ermächtigung wird gesprochen, wenn Rechtsvorschriften (»Delegationsnorm) Staatsorgane zur Erlassung von weiteren Rechtsvorschriften ermächtigen. Durch eine Ermächtigung entsteht ein »Delegationszusammenhang zwischen Rechtsvorschriften; es können Normen höherer und niederer Stufe (»Norm höherer Stufe; »Norm niederer Stufe) unterschieden werden. *JLR*

Ermächtigung PR
»Einseitiges Rechtsgeschäft, das den Ermächtigten (»Ermächtigter) zum Handeln für den Ermächtigenden (»Ermächtigender) berechtigt. Beachte: Im Gegensatz zum »Auftrag ist der Ermächtigte nicht verpflichtet, für den Ermächtigenden tätig zu werden. Die Ermächtigung bedarf daher auch keiner »Annahmeerklärung durch den Ermächtigten. Wie der Auftrag wirkt die Ermächtigung inter partes, also zwischen dem Ermächtigenden und dem Ermächtigten (= Innenverhältnis) und nicht gegenüber Dritten. *SR*

Ermächtigungsnormen ÖR
statten bestimmte Personen (Staatsorgane im funktionellen oder organisatorischen Sinn) mit der Befugnis aus, Rechtsakte zu setzen bzw Rechtsvorschriften zu erlassen. Achtung: keine "Normen", sondern nur "Vorschriften" im theoretischen Sinn. *CMP*

Ermächtigungszusammenhang ÖR
Siehe »Delegationszusammenhang. *JLR*

Ermessen ÖR
Eine Entscheidung ist ins Ermessen des zuständigen Organs gestellt, wenn sich das "Ob" und/oder das "Wie" dieser Entscheidung innerhalb eines von der zugrunde liegenden Rechtsvorschrift vorgegebenen Entscheidungsrahmens bewegt. Bsp: »Kann-Bestimmungen: "Die Baubewilligung kann erteilt werden, wenn..." Beachte: Das Ermessen ist gem Art 130 Abs2 B-VG stets "im Sinn des Gesetzes" zu üben. Der Sinn des Gesetzes, welcher im konkreten Fall als Orientierungshilfe dient, ist durch teleologische Interpretation zu ermitteln (Raschauer). *CMP*

Ermessensübung ÖR
Siehe »Ermessen. *CMP*

Ermittlungsverfahren ÖR
ist ein Teil des Verwaltungsverfahrens; dient der Feststellung des entscheidungserheblichen Sachverhalts. Ziel ist die Erforschung der materiellen Wahrheit durch die »Beweisaufnahme. Der durch das Ermittlungsverfahren ermittelte Sachverhalt ist Grundlage für den zu erlassenden »Bescheid. Grundsätze: »Offizialmaxime, »freie Beweiswürdigung, Unbeschränktheit der Beweismittel, »Parteiengehör. *JF*

Ersatzerbe PR
Jene Person, die »Erbe sein soll, wenn der Ersteingesetzte die »Erbschaft nicht erlangt. Siehe »Ersatzerbschaft.

Beispiel: "Karl-Heinz soll mein Erbe sein. Kann Karl-Heinz die Erbschaft nicht bekommen, soll Fiona meine Erbin sein." Fiona ist hier Ersatzerbin.

Unterscheide davon: »Nacherbe. *MH/AG*

Ersatzerbschaft PR
(Auch: Gemeine Substitution, Vulgarsubstitution) Regelt, wer »Erbe sein soll, wenn der Ersteingesetzte die »Erbschaft nicht erlangen kann (weil er zB vorverstorben oder erbunwürdig ist, siehe »Erbunwürdigkeit) oder nicht annehmen will (weil er die Erbschaft ausschlägt, siehe »Ausschlagung einer Erbschaft).

Beispiel: "Karl-Heinz soll mein Erbe sein. Kann Karl-Heinz die Erbschaft nicht bekommen, soll Fiona meine Erbin sein."

Unterscheide davon die »Nacherbschaft. *MH/AG*

Ersatzfreiheitsstrafen ÖR
Begriff aus dem Verwaltungsstrafrecht. Strafen, die als Ersatz für Geldstrafen verhängt werden. Kann oder will der Bestrafte die Geldstrafe nicht bezahlen, ist die Ersatzfreiheitsstrafe anzutreten. *CMP*

Ersatzvermächtnisnehmer PR
Derjenige, der »Vermächtnisnehmer sein soll, wenn der in der letztwilligen Verfügung zuerst bedachte Vermächtnisnehmer das »Vermächtnis nicht erlangt (vgl auch »Ersatzerbschaft, »Ersatzerbe). Beispiel: „Alfred soll mein Auto bekommen. Kann es Alfred nicht bekommen (zB weil er bereits verstorben ist), so soll es Wilhelm bekommen." Wilhelm ist hier Ersatzvermächtnisnehmer. *MH/AG*

Ersatzvornahme ÖR
ist ein »Vollstreckungsmittel. Dient im Rahmen des Verwaltungsvollstreckungsverfahrens der zwangsweisen Durchsetzung von Bescheiden (»Bescheid), nämlich der Erzwingung vertretbarer Leistungen. Das sind Aufwendungen, die auch von einem Dritten erzielt werden können. Zusätzlich muss eine vorherige Androhung erfolgen und eine Leistungsfrist gesetzt werden. zB Abriss eines Schwarzbaus; vgl dazu »Pfändung, »Zwangsstrafe. *JF*

Erschöpfung des Instanzenzugs ÖR
Keine Beschreitung des Instanzenzuges bedeutet die Anrufung der Gerichtshöfe des öffentlichen Rechts (»VwGH, »VfGH), die erst nach Erlangung eines letztinstanzlichen Bescheids (»Bescheid) (= Erschöpfung des Instanzenzugs) zulässig ist. *JF*

Ersetzungsbefugnis PR
(Auch: facultas alternativa, Alternativermächtigung) Der Schuldner ist zu einer bestimmten Leistung verpflichtet, aber befugt, diese durch eine andere zu ersetzen. Hat der Gläubiger eine Ersetzungsbefugnis, so kann er vom Schuldner eine andere als die geschuldete Leistung verlangen. Wird die geschuldete »Leistung zufällig unmöglich, wird der Schuldner von seiner Leistungspflicht frei (unterscheide davon: »Wahlschuld). *MH/AG*

Ersitzung PR
Bedeutet Rechtserwerb durch qualifizierten Besitz (»Qualifizierter Besitz) während einer gesetzlich bestimmten Zeit. Der bisher nicht Berechtigte erwirbt ein Recht (zB Eigentum), wenn er es in der Meinung, er sei der Berechtigte, eine vom Gesetz bestimmte Zeit hindurch ausübt. *SR*

Erste Säule ÖR
Die Erste Säule der EU (»Drei-Säulen-Modell) umfasst die zwei supranationalen Organisationen (»Supranationale Organisation) »EG und »EAG (sie sind in zwei getrennten Verträgen, dem »EGV und dem »EAGV, geregelt). *JLR*

Erwerb durch Vermengung PR
Art des gutgläubigen Eigentumserwerbs. Die Gattungssachen mehrerer Eigentümer werden ununterscheidbar vermengt, worauf der nunmehrige Besitzer der Sache Eigentümer wird. Die Voraussetzungen des § 367 spielen keine Rolle. *DH*

Erwerbsfreiheit ÖR
Die Freiheit, einem Erwerb nachzugehen, ist im Art 6 »StGG verankert. Es handelt sich hierbei um ein »Bürgerrecht. Kurz gefasst kann man festhalten, dass gesetzliche Beschränkungen der Freiheit, einem Erwerb nachzugehen, nur dann zulässig sind, wenn sie dem öffentlichen Interesse dienen und nicht unverhältnismäßig sind. *TC*

Erzeugungsnorm ÖR
Darunter versteht man eine Rechtsnorm, die Menschen ermächtigt, durch eigene Willensakte wiederum Rechtsnormen zu erlassen. Synonym: Erzeugungsregel. Hinweis: Man sagt daher, das Recht regelt seine eigene Erzeugung (Mayer). Die Erzeugungsregel bestimmt die Form einer Norm. Man spricht daher auch von der formellen Struktur einer Rechtsordnung. *CMP*

EstG ÖR
Einkommensteuergesetz. *SL*

Ethik RPH
ist die Lehre vom guten bzw richtigen Handeln. Sie wird im Rahmen der sog "Praktischen Philosophie" behandelt und stellt seit der Antike eine Hauptdisziplin der Philosophie dar. Man unterscheidet Individualethik (die [Tugend-]Lehre vom individuell-richtigen bzw guten Handeln) und Sozialethik (die Lehre vom gesellschaftlich-richtigen bzw guten Handeln). Philosophische Probleme von Recht und Gerechtigkeit stehen daher in Verbindung mit der Sozialethik. *CMS*

Ethik ÖR
Siehe »Ethik (RPH). Die Ethik ist aus rechtspositivistischer Sicht im Bereich der Moral/Sitte angesiedelt und daher nicht Gegenstand der Rechtwissenschaft. *CMP*

EU ÖR
»Europäische Union *JLR*

EU-Grundrechtecharta ÖR
Die Charta der Grundrechte der Europäischen Union enthält einen Katalog von Grundrechten und -sätzen, der bereits 2000 in Nizza proklamiert wurde, allerdings keine Rechtsverbindlichkeit hatte. 2007 wurde die EU-Grundrechtecharta in Lissabon nochmals proklamiert, sie soll durch die neue Fassung des »EUV den Status von »Primärrecht und somit Rechtsverbindlichkeit erlangen. Momentan normiert Art 6 Abs 2 EGV die Achtung der Grundrechte, wie sie in der »EMRK, den gemeinsamen Verfassungsüberlieferungen der Mitgliedstaaten und in den allgemeinen Grundsätzen des Gemeinschaftsrechts enthalten sind. *JLR*

EuG ÖR
»Europäisches Gericht erster Instanz *JLR*

Eugenische Maßnahmen RPH
könnten im Zusammenhang der Humangenetik indirekt dadurch getroffen werden, dass man pränatale Diagnostik und va Präimplantationsdiagnostik nicht zu iwS "therapeutischen" Maßnahmen nutzt, sondern – mehr oder weniger direkt – "eugenische" Maßnahmen setzt: Darunter versteht man manipulative genetische Maßnahmen, die nur einer (ästhetischen oder funktionalen) "Optimierung" der jeweiligen genetischen Ausstattung des Lebens dienen, nicht mehr seiner Rettung oder Heilung von schwerer Krankheit. *CMS*

EuGH ÖR
»Europäischer Gerichtshof *JLR*

EURATOM ÖR
»Europäische Atomgemeinschaft *JLR*

Euro-Zone ÖR
Die Euro-Zone umfasst jene 15 Mitgliedstaaten, die den Euro als Währung eingeführt haben (nicht zu verwechseln mit der »Europäische Wirtschafts- und Währungsunion, der alle Mitgliedstaaten der EU angehören). *JLR*

Europäische Atomgemeinschaft ÖR
Die EAG (auch »EURATOM genannt) wurde 1957 von den Mitgliedstaaten der »EGKS (Deutschland, Frankreich, Italien, Belgien, Luxemburg und den Niederlanden) gleichzeitig mit der »EWG gegründet. Ziel der EAG ist es – neben Fragen der Koordination und Sicherheit –, durch Nukleartechnik den Lebensstandard in ihren Mitgliedstaaten zu heben und durch Vergemeinschaftung zur Friedenssicherung beizutragen. *JLR*

Europäische Gemeinschaft ÖR
Die »EWG wurde mit der Gründung der »EU 1993 aufgrund ihres im Laufe der Zeit erweiterten Aufgabenbereiches in EG umbenannt. *JLR*

Europäische Gemeinschaft für Kohle und Stahl ÖR
Die EGKS (auch Montanunion genannt) wurde 1951 gegründet, um kriegsnotwendige industrielle Schlüsselbranchen unter die gemeinsame Kontrolle einer – von den Mitgliedstaaten (Gründungsmitglieder: Deutschland, Frankreich, Italien, Belgien, Luxemburg und den Niederlanden) unabhängigen – supranationalen Organisation zu stellen. Der Vertrag über die EGKS lief 2002 aus und wurde nicht verlängert. *JLR*

Europäische Gemeinschaften ÖR
Die Europäischen Gemeinschaften bestehen aus der »EG (bis 1993 »EWR), der »EAG und (bis 2002) der »EGKS, sie bilden die »Erste Säule und sind supranationale Organisationen (»Supranationale Organisation). *JLR*

Europäische Kommission ÖR
Die Europäische Kommission ist ein supranationales Kollegialorgan der Europäischen Gemeinschaften (Art 211 ff EGV) und hat folgende Aufgaben zu erfüllen: laufende Geschäftsführung, insb die Vorbereitung von Ratsbeschlüssen, Erlassung von Durchführungsregelungen, die Beobachtung der Einhaltung des Gemeinschaftsrechts durch die Mitgliedstaaten und die Entscheidung in Einzelfällen (zB Kartellrecht, »Beihilfenrecht). Die Kommission setzt sich aus je einem/r Kommisar/in pro Mitgliedstaat zusammen (insg 27), die unabhängig von ihren Mitgliedstaaten und nur dem Wohl der Gemeinschaft verpflichtet sind. Die Kommission entscheidet mit einfacher Mehrheit, sie ist der "Motor der Gemeinschaften" und die "Hüterin der Verträge" und besitzt das Initiativmonopol für Rechtsvorschriften. *JLR*

Europäische Menschenrechtskonvention ÖR
Die EMRK ist ein multilateraler völkerrechtlicher Vertrag, der einen Katalog von Grund- und Menschenrechten enthält. Sie wurde vom Europarat erstellt und in Österreich im Verfassungsrang beschlossen. Die in ihr enthaltenen Rechte sind daher verfassungsgesetzlich gewährleistete Rechte. *JLR*

Europäische Union ÖR
Die EU wurde durch den »EUV gegründet, ist als politische Union und Staatenverbund konzipiert und fungiert als Dachorganisation der drei Säulen der Europäischen Gemeinschaften (»Europäische Gemeinschaften), der »GASP und der »PJZS (siehe »Drei-Säulen-Modell). "EU" ist eine zusammenfassende Bezeichnung, die vor allem in völkerrechtlichen Beziehungen gebräuchlich ist. Beachte, dass supranationale Rechtsakte stets Rechtsakte einer Organisation der Ersten Säule (»Erste Säule) und nicht der EU sind. *JLR*

Europäische Wirtschafts- und Währungsunion ÖR
Die Europäische Wirtschafts- und Währungsunion soll zur wirksamen Integration der Volkswirtschaften aller EU-Mitgliedstaaten dienen (nicht zu verwechseln mit der »Euro-Zone, die nur 15 Mitgliedstaaten umfasst). *JLR*

Europäische Wirtschaftsgemeinschaft ÖR
Die EWG wurde 1957 von den Mitgliedstaaten der »EGKS (Deutschland, Frankreich, Italien, Belgien, Luxemburg und den Niederlanden) gleichzeitig mit der »EAG gegründet. Ziel der EWG war die Schaffung des "Gemeinsamen Marktes" (»Gemeinsamer Markt), dh die Abschaffung der Zölle und Handelsbeschränkungen zwischen den Mitgliedstaaten, die Einführung eines gemeinsamen Außenzolls und die Beseitigung der Hindernisse für den freien Waren-, Personen-, Dienstleistungs- und Kapitalverkehr. *JLR*

Europäischer Gerichtshof ÖR
Der EuGH entscheidet über Rechtsstreitigkeiten in Fragen des Gemeinschaftsrechts, insb

ist er für Klagen der Kommission gegen Mitgliedstaaten wegen Vertragsverletzung, für Klagen der Mitgliedstaaten auf Nichtigerklärung von Gemeinschaftsakten und »Vorabentscheidungsverfahren zuständig (Art 220 ff EGV). Er hat seinen Sitz in Luxemburg und setzt sich aus 27 RichterInnen, die von den Regierungen der Mitgliedstaaten im gegenseitigen Einvernehmen auf sechs Jahre ernannt werden, zusammen. *JLR*

Europäischer Rat ÖR
Der Europäische Rat ist das oberste Gremium der europäischen politischen Zusammenarbeit (Art 4 EUV). Er besteht aus den Staats- und Regierungschefs/innen der EU-Mitgliedstaaten und tritt mindestens zweimal im Jahr zusammen. Den Vorsitz übernimmt jedes halbe Jahr ein anderer Mitgliedstaat (Ratspräsidentschaft). Rechtlich gesehen ist der Europäische Rat kein Organ der EG, sondern eine intergouvernementale Institution. *JLR*

Europäischer Wirtschaftsraum ÖR
Durch das EWR-Abkommen sind Island, Liechtenstein und Norwegen (dh die Mitgliedstaaten der Europäischen Freihandelsassoziation EFTA mit Ausnahme der Schweiz) an den Binnenmarkt der EU angebunden. Der EWR ist eine sehr weit integrierte Freihandelszone, jedoch keine Zollunion. *JLR*

Europäisches Gemeinschaftsrecht ÖR
Siehe »Gemeinschaftsrecht. *JLR*

Europäisches Gericht erster Instanz ÖR
Das EuG entscheidet über Rechtsstreitigkeiten in Fragen des Gemeinschaftsrechts, insb ist es für Klagen von Privatpersonen auf Nichtigerklärung von Gemeinschaftsakten zuständig (Art 220 ff EGV). Es hat seinen Sitz in Luxemburg und setzt sich aus 27 RichterInnen, die von den Regierungen der Mitgliedstaaten im gegenseitigen Einvernehmen auf sechs Jahre ernannt werden, zusammen. *JLR*

Europäisches Parlament ÖR
Das EP ist kein Parlament im nationalstaatlichen Sinn, da es keine eigenständige Gesetzgebungskompetenz hat, sondern im Wesentlichen auf Stellungnahmerechte, zT auf Zustimmungskompetenzen im Beschlussverfahren des Rates und auf bestimmte Kontrollrechte (va gegenüber der Kommission [»Europäische Kommission]) beschränkt. Die 785 Abgeordneten des EP werden direkt von den UnionsbürgerInnen in den Mitgliedstaaten gewählt. Sein Sitz ist in Straßburg, seine Ausschüsse tagen in Brüssel. *JLR*

Europäisches Vertragsstatutübereinkommen PR
(EVÜ) Übereinkommen über das auf vertragliche Schuldverhältnisse anzuwendende Recht. Multilateraler Staatsvertrag zwischen den Mitgliedstaaten der EU. Auch »Römer Übereinkommen genannt. Eine der wesentlichen Rechtsquellen des Internationalen Privatrechts (»Internationales Privatrecht). *AW*

Europarat ÖR
Der Europarat ist eine eigenständige »internationale Organisation, in deren Rahmen die »EMRK erstellt wurde. Er darf nicht mit der »EU bzw dem »Rat der Europäischen Union oder dem Europäischen Rat (»Europäischer Rat) verwechselt werden. *JLR*

Europarecht im engeren Sinn ÖR
Europarecht im engeren Sinn ist die Rechtsordnung der EU und der in ihr vereinten supranationalen Organisationen (»supranationale Organisation) (»EG, »EGKS, »EAG) = »Gemeinschaftsrecht. *JLR*

Europarecht im weiteren Sinn ÖR
Europarecht im weiteren Sinn umfasst neben dem »Europarecht im engeren Sinn auch völkerrechtliche Rechtsquellen (»Rechtsquelle) von für Europa bedeutsamen internationalen Organisationen (»Internationale Organisation) wie dem »Europarat, der »OECD und der »OSZE. *JLR*

Europol ÖR
Europol (das Europäische Polizeiamt) ist eine gemeinsame Einrichtung aller Mitgliedstaaten und dient der koordinierten Bekämpfung und Aufklärung von Verbrechen im Rahmen der Dritten Säule (»Dritte Säule). *JLR*

Euthanasie RPH
Immer auf Verlangen des Betroffenen! Passive Euthanasie: Man unterlässt weitere medizinische Behandlungen, was zu einem früheren Tod des Patienten führt (in Ö nicht verboten). Aktive indirekte Euthanasie: Man setzt intentional zum Zweck der Schmerzlinderung sehr starke Mittel ein, die aber zur Lebensverkürzung (Nebenwirkung) führen können, was in Kauf genommen wird (in Ö nicht verboten). Aktive direkte Euthanasie: Man tötet den Patienten unmittelbar und direkt (in Ö verboten; § 77 StGB)! *CMS*

EUV ÖR
»Vertrag über die Europäische Union = Vertrag von Maastricht *JLR*

EVÜ (PR)
»Europäisches Vertragsstatutübereinkommen *AW*

EWG (ÖR)
»Europäische Wirtschaftsgemeinschaft *JLR*

EWR (ÖR)
»Europäischer Wirtschaftsraum *JLR*

Ex nunc (PR)
(wörtlich: "von jetzt an") bedeutet (im Gegensatz zu ex tunc: "von damals an"), dass die Folgen eines Ereignisses nur für die Zukunft eintreten. Zum Beispiel wird ein Vertrag durch eine »Kündigung nur ex nunc beendet, dh die Pflichten aus dem Vertrag erlöschen nur für die Zukunft; für die Zeit vor der Kündigung erbrachte Leistungen müssen also nicht rückabgewickelt (zurückgestellt) werden. Vgl auch »Ex tunc. *BB*

Ex tunc (PR)
(wörtlich: „von damals an“) bedeutet (im Gegensatz zu »ex nunc), dass die Wirkungen eines Ereignisses rückwirkend eintreten. Die erfolgreiche »Anfechtung eines Vertrages wirkt idR ex tunc: Damit ist gemeint, dass die Beseitigung des Vertrags auf seinen Abschlusszeitpunkt zurück wirkt, als wäre der Vertrag nie geschlossen worden. Aufgrund des Vertrags vorgenommene Übereignungen sind somit unwirksam, da ihnen nachträglich die Causa entzogen wurde (vgl »kausales Verfügungsgeschäft). Ein Verkäufer kann nach Anfechtung zB die übergebene Sache mit der »Eigentumsklage (wahlweise neben »Leistungskondiktion) zurückfordern, da er nie Eigentum verlor (sachenrechtliche Ex-tunc-Wirkung). Der »Rücktritt vom Vertrag hat dagegen bloß schuldrechtliche Ex-tunc-Wirkung: Die Verpflichtungen aus dem Vertrag erlöschen für die Vergangenheit, schon erbrachte Leistungen sind daher zurückzustellen (Leistungskondiktion), die »Gültigkeit des Vertrags ist jedoch nicht beeinträchtigt, sodass Übereignungen wirksam sind. *BB*

Exekution (PR)
(auch Zwangsvollstreckung genannt) Einsatz staatlicher Zwangsgewalt zur Befriedigung vollstreckbarer Ansprüche des Gläubigers. Die Exekution erfolgt im Rahmen eines gerichtlichen Verfahrens (Exekutionsverfahren). *PS*

Exekutionsordnung (PR)
In der Exekutionsordnung wird das »Exekutionsverfahren geregelt. *PS*

Exekutionstitel (PR)
Eine »Exekution setzt unter anderem das Vorliegen eines Exekutionstitels voraus. Exekutionstitel ist beispielsweise ein rechtskräftiges Urteil. *PS*

Exekutionsverfahren (PR)
Siehe »Exekution. *PS*

Exekutive (ÖR)
ausführende Gewalt; die gesamte – der gesetzgebenden Körperschaft verantwortliche – staatliche Verwaltung, die zur Vollziehung der Gesetze berufen ist. Vgl dazu »Gewaltenteilung. Beachte: Wird auch als Bezeichnung für "Polizei" gebraucht. *JF*

Existenzminimum (PR)
Teil des Arbeitseinkommens, auf den im Rahmen der »Exekution nicht gegriffen werden kann. *PS*

Exszindierungsklage (PR)
Die Exszindierungsklage kann von einem Dritten erhoben werden, wenn in eine Sache »Exekution geführt wird, die sich beim Schuldner befindet, aber dem Dritten gehört. *PS*

Extensive Auslegung (PR)
Siehe »Ausdehnende Auslegung. *AP/EK*

Extensive Interpretation (PR)
Siehe »Ausdehnende Auslegung. *AP/EK*

Factoringgeschäft (PR)
Factoring = zu deutsch: Forderungszession. Beim Factoring tritt ein Unternehmen bestimmte Forderungen an einen Betrieb ab (meist an ein Bankinstitut), der damit beauftragt wird, diese Forderungen gegen ein zu vereinbarendes Entgelt einzutreiben. Meist zahlt das Factoring-Unternehmen dem abtretenden Unternehmen gleich den sog Forderungskaufpreis (= Wert der Forderung abzüglich der Eintreibungsgebühr). *CMP*

Facultas alternativa (PR)
Siehe »Ersetzungsbefugnis. *MH/AG*

Fahrlässigkeit (PR)
»Verschuldensgrad, der in leichte und grobe Fahrlässigkeit unterteilt wird. Fahrlässig handelt, wer die gehörige Sorgfalt außer Acht lässt. Grob fahrlässig ist ein dermaßen sorgloses Verhalten, das von einem ordentlichen Menschen niemals zu erwarten wäre. Leichte Fahrlässigkeit liegt bei einem Sorgfaltsverstoß vor, der auch einem ordentlichen Menschen gelegentlich unterläuft. »Vorsatz *AW*

Fahrnispfändung (PR)
Siehe »Faustpfand. *DH*

Faktisch Absurdes (PR)
Siehe »Anfängliche Unmöglichkeit der Leistung. *BB*

Faktische Amtshandlung (ÖR)
Auch »Akt unmittelbarer verwaltungsbehördlicher Befehls- und Zwangsgewalt. Ist ein individuell-konkreter Akt eines Verwaltungsorgans, der ohne besondere Verfahrensförmlichkeiten (dh ohne Erlassung eines Bescheids) ergeht. Dem Rechtsunterworfenen werden Anordnungen erteilt (zB:

Wegweisen von Demonstranten, Anhalten eines Kfz-Lenkers) bzw diesem gegenüber Zwang ausgeübt (zB: Festnahme, Abschleppen eines Kfz). Er darf nur gesetzt werden, wenn es im Gesetz ausdrücklich vorgesehen ist. Es besteht die Möglichkeit der Maßnahmenbeschwerde an den zuständigen »UVS. *JF*

Fällig ⓅⓇ
Siehe »Fälligkeit. *MH/AG*

Fälligkeit ⓅⓇ
(Auch: Leistungszeit, Fälligkeitszeitpunkt): Zeitpunkt, in dem die Leistung erbracht werden muss. Leistet der Schuldner trotz Fälligkeit nicht, gerät er in »Schuldnerverzug. Nimmt der Gläubiger die fällige Leistung nicht an, gerät er in Annahmeverzug (auch: »Gläubigerverzug). Die Fälligkeit richtet sich grundsätzlich nach der Vereinbarung der Parteien, ansonsten nach besonderen gesetzlichen Bestimmungen oder der Natur und dem Zweck des Geschäfts. *MH/AG*

Fälligkeitszeitpunkt ⓅⓇ
Siehe »Fälligkeit. *MH/AG*

Falsa demonstratio non nocet ⓅⓇ
(wörtlich: Falschbezeichnung schadet nicht) bedeutet, dass bei übereinstimmendem Willen der Parteien eine irrtümlich oder bewusst (vgl das »Scheingeschäft!) gewählte Fehlbezeichnung unbeachtlich ist. Ein vom Willen des Erklärenden abweichender »objektiver Erklärungswert kann überhaupt nur Bedeutung erlangen, wenn jemand (Erklärungsempfänger) darauf vertraut (siehe »Vertrauenstheorie). Wissen dagegen beide, was tatsächlich gemeint ist, so gilt natürlich der Parteiwille. *BB*

Falsifizierbarkeit ÖR
bezeichnet den Umstand, dass die Unrichtigkeit einer wissenschaftlichen Aussage nachgewiesen werden kann. Solange ihre Unrichtigkeit jedoch nicht tatsächlich nachgewiesen wurde, gilt sie als richtig (»Popper). *CMP*

Falsus procurator ⓅⓇ
Siehe »Scheinvertreter. *SR*

Familienerbfolge ⓅⓇ
Prinzip der gesetzlichen Erbfolge (siehe »Gesetzliche Erbfolge), nach welchem der »Nachlass Verwandten und dem Ehegatten des Erblassers zufallen soll. Der historische Gesetzgeber verfolgte mit dem Prinzip der Familienerfolge den Zweck, dass der Nachlass jenen Personen zufallen sollte, die der Erblasser vermutlich in einer letztwilligen Verfügung bedacht hätte. Die Familienerbfolge ist eines der zwei Grundprinzipien des Erbrechts (siehe auch »Testierfreiheit). *MH/AG*

Familienrecht ⓅⓇ
umfasst jene Normen, welche die durch »Ehe und »Verwandtschaft begründeten Rechtsbeziehungen regeln: Verlöbnis- und Eherecht, »Kindschaftsrecht (Verhältnis zwischen Eltern und Kindern sowie die künstliche Begründung eines solchen durch »Adoption), Vormundschafts- und »Sachwalterrecht. Primäre Rechtsquellen familienrechtlicher Vorschriften sind das ABGB und das EheG. Das österreichische Familienrecht erfuhr in den letzten Jahrzehnten grundlegende Reformen, um das Familienmodell des ABGB den geänderten wirtschaftlichen und sozialen Verhältnissen anzupassen (Betonung der Partnerschaft und Gleichberechtigung zwischen Ehegatten, Gleichstellung ehelicher und unehelicher Kinder, etc; vgl dazu etwa das Namensrechts-Änderungsgesetz 1995, das Bundesgesetz zum Schutz vor Gewalt in der Familie 1996, das Eherechts-Änderungsgesetz 1999, das Kindschaftsrechts-Änderungsgesetz 2001 sowie das Familien- und Erbrechts-Änderungsgesetz 2004.) *VTH*

Familienrechtsreform ⓅⓇ
Siehe »Familienrecht. *VTH*

Faustpfand ⓅⓇ
Pfandrecht an beweglichen Sachen (»Bewegliche Sache). *DH*

Faustpfandprinzip ⓅⓇ
Um ein Pfandrecht an einer beweglichen Sache zu begründen, muss eine Übergabe der Pfandsache an den Pfandgläubiger erfolgen. Gemäß dem Publizitätsprinzip des Pfandrechtes muss es Dritten nämlich erkennbar sein, dass ein Pfandrecht an der Sache besteht. Dies hat zum Nachteil, dass die verpfändete Sache dem Schuldner nicht zur Verwendung steht. Umgangen werden kann dieser Nachteil im Wege eines Eigentumsvorbehaltes (»Eigentumsvorbehalt). Bei einer »Sicherungsübereignung hingegen wird das Faustpfandprinzip analog angewendet. *DH*

Fehlerfolgen ÖR
Begriff aus der Lehre von der absoluten Nichtigkeit; siehe »Absolute Nichtigkeit. Passieren bei der Erzeugung einer Norm Fehler, so hat dies gewisse Folgen. Diese Fehlerfolgen werden vom sog »Fehlerkalkül festgelegt. Existiert kein Fehlerkalkül, ist die Norm absolut nichtig. *CMP*

Fehlerhafter Staatsakt ÖR
Ein Begriff, der meist im Zusammenhang mit der Lehre von der absoluten Nichtgkeit (»Absolute Nichtigkeit) und vom »Fehlerkalkül Verwendung findet. Bei einem nach-

gewiesenermaßen fehlerhaften Staatsakt stellt sich in der Regel die Frage seiner Gültigkeit. Besteht ein Fehlerkalkül und ist der unterlaufene Fehler auch von diesem Fehlerkalkül erfasst, dann ist der Akt gültig; besteht kein Fehlerkalkül bzw ist der unterlaufene Fehler vom Fehlerkalkül nicht erfasst, so ist der Akt absolut nichtig. *CMP*

Fehlerkalkül ÖR
Regelungen, aus welchen hervorgeht, dass ein bestimmter Rechtsakt auch dann gilt (rechtskräftig wird), wenn er gewisse Fehler aufweist. Das Fehlerkalkül legt also die sog Fehlerfolgen fest. Meistens handelt es sich um Bestimmungen, die die Erhebung eines Rechtsmittels gegen den betreffenden Akt ermöglichen. Wird kein Rechtsmittel erhoben, die Frist versäumt oder über das Rechtsmittel abschlägig entschieden, erwächst der Akt in Rechtskraft, auch wenn er fehlerhaft ist. Beachte: Fehler, die außerhalb des Fehlerkalküls liegen, können trotz Bestehen des Fehlerkalküls zur absoluten Nichtigkeit des betroffenen Aktes führen. Siehe auch: »Absolute Nichtigkeit. *CMP*

Feststellungsbescheid ÖR
Entscheidung der Behörde über das Bestehen oder Nichtbestehen eines Rechts oder Rechtsverhältnisses. Dient der Absprache über strittige Rechtsverhältnisse. Feststellungsbescheide sind nicht vollstreckbar. Vgl dazu »Bescheid, »Feststellungsurteil. Unterscheide »Leistungsbescheid, »Rechtsgestaltungsbescheid. *JF*

Feststellungsurteil ÖR
Entscheidung über Bestehen oder Nichtbestehen eines Rechts oder Rechtsverhältnisses in Form eines Urteils (»Urteil). Vgl dazu »Feststellungsbescheid, »Rechtsgestaltungsurteil. *JF*

Fideikommissarische Substitution PR
Siehe »Nacherbschaft. *MH/AG*

Finanzämter ÖR
sind neben den Zollämtern die Behörden erster Instanz im »Abgabenverfahren. *JF*

Finanzierungsleasingvertrag PR
»Leasingvertrag, bei dem dem Leasinggeber wirtschaftlich die Funktion eines Kreditgebers zukommt, da das Wirtschaftsgut dauerhaft beim Leasingnehmer verbleiben soll. Beim Finanzierungsleasingvertrag überwiegen die Elemente des Kaufs und nicht jene der Miete. *MH/AG*

Finanzrecht ÖR
Rechtsbereich, der sich ua mit der Verpflichtung der Rechtsunterworfenen zur Leistung von Steuern und Abgaben auseinandersetzt. Im Dunstkreis des Finanzrechts liegt auch das Bankrecht. Vgl auch »Steuerrecht. *CMP*

Finderlohn PR
Ein auf »Geld lautender gesetzlicher oder vertraglicher »Anspruch des Finders. Der gesetzliche Finderlohn beträgt grundsätzlich bei verlorenen Sachen 10 % und bei vergessenen Sachen 5 % des gemeinen Wertes (siehe »Gemeiner Wert) der gefundenen Sache. Vertraglich kann natürlich auch ein höherer Betrag vereinbart sein. Siehe auch »Fund, »Auslobung. *MH/AG*

Firma PR
ist der in das Firmenbuch eingetragene Name eines Unternehmers, unter dem dieser seine Geschäfte betreibt und die Unterschrift abgibt. *AW*

Firmenbuch PR
Öffentliches Verzeichnis, in das bestimmte Informationen über Einzelunternehmer und Gesellschaften eingetragen werden. *PS*

Fiskalgeltung der Grundrechte ÖR
Darunter versteht man die Bindung des Staates an die Grundrechte, wenn er in privatrechtlicher Form handelt. Private Personen sind ja grundsätzlich nicht an die Grundrechte gebunden (»Drittwirkung der Grundrechte). Der österreichische Staat hingegen ist an die Grundrechte gebunden, auch wenn er in privatrechtsförmiger Weise handelt. Lehre und Rsp anerkennen eine Fiskalgeltung der Grundrechte. *TC*

Flächenwidmungsplan ÖR
»Verordnung einer »Gemeinde, die die Nutzung des Bodens regelt. Das Gemeindegebiet wird dabei in verschiedene Kategorien (zB Bauland, Grünland, Industrie) eingeteilt. Eine widmungswidrige Nutzung ist nicht möglich. Trotzdem wird aber zB zur Errichtung eines Gebäudes im Bauland eine eigene Baubewilligung benötigt. Vgl »Raumordnung. *SL*

Flüchtling ÖR
ist ein Drittstaatsangehöriger, dem die Flüchtlingseigenschaft iSd Genfer Flüchtlingskonvention zuerkannt wurde. Menschen, die in ihrer Heimat aus politischen, rassischen oder religiösen Gründen verfolgt werden. Sie können in Österreich als Flüchtlinge behördlich anerkannt werden. Der Flüchtling ist eine besondere Kategorie des "Fremden" (»Fremde/r). *JF*

Fonds ÖR
Öffentliche Fonds werden aufgrund eines Hoheitsaktes errichtet. Sie sind zur juristischen Person des öffentlichen Rechts (»Juristische Person des öffentlichen Rechts) erhobene Vermögensmassen (zB

Forschungsförderungsfonds), die einem bestimmten Zweck gewidmet sind. Das Fondsvermögen ist im Vergleich zu Stiftungsvermögen nur zeitlich begrenzt gewidmet. Unterscheide dazu Fonds privatrechtlicher Natur. Vgl dazu »Stiftung, »Körperschaft des öffentlichen Rechts, »Anstalt. *JF*

Fonds (PR)
ist ein durch Anordnung des Gründers nicht auf Dauer gewidmetes Vermögen mit »Rechtssubjektivität, das der Erfüllung der vom Gründer festgelegten Zwecke dient. Er ist eine »juristische Person. Im Gegensatz zur »Stiftung werden nicht nur die Erträgnisse des Vermögens, sondern auch die Substanz (das Vermögen selbst) für den Fondszweck verwendet. *BB*

Forderung (PR)
Der dem »Gläubiger gegen den »Schuldner aufgrund eines Schuldverhältnisses (siehe »Schuldverhältnis) zustehende »Anspruch auf »Leistung. Die Leistung kann in einem Tun oder Unterlassen bestehen. *MH/AG*

Forderungsrecht (PR)
Siehe »Anspruch. *AW*

Formal-organisatorischer Privatrechtsbegriff (PR)
Eine Rechtsmaterie ist dem Privatrecht zuzuordnen, wenn für ihre Durchsetzung Gerichte zuständig sind (unterscheide: »Materieller Privatrechtsbegriff). *PS*

Formale Beweisvorschriften (PR)
Siehe »Grundsatz der freien Beweiswürdigung. *PS*

Formblattklage (PR)
Siehe »ADV-Mahnverfahren. *PS*

Formelle Derogation (ÖR)
»Derogation, bei der eine später erlassene »Rechtsvorschrift eine früher erlassene ausdrücklich aufhebt. Sie kommt in einem »Gesetz etwa mit den folgenden Wendungen zum Ausdruck: "§ 3 tritt mit 31. 12. 2008 außer Kraft." oder "Die »Verordnung XY vom 7. 7. 1977 wird hiermit aufgehoben." *SL*

Formelle Rechtsstaatlichkeit (ÖR)
Wesentliches Element der formellen Rechtsstaatlichkeit in Österreich ist der Grundsatz, dass die gesamte Verwaltung nur aufgrund der Gesetze ausgeübt werden darf (Art 18 B-VG) und dass die Staatstätigkeit nur aufgrund der Verfassung erfolgen darf. Auch die Rechtsschutzmöglichkeiten des Einzelnen gegen staatliches Handeln sind wesentliche Merkmale der formellen Rechtsstaatlichkeit. Die formelle Rechtsstaatlichkeit stellt auf eine durch Kontrollmechanismen gesicherte Rechtsordnung ab, ohne dabei nach Inhalt oder ideellen Werten zu fragen. *TC*

Formelle Struktur (ÖR)
einer Rechtsordnung; siehe »Erzeugungsnorm. *CMP*

Formelles Recht (PR)
regelt das Verfahren zur Rechtsdurchsetzung vor den staatlichen Behörden. Zu ihm zählen insb das »Zivilprozessrecht, das Strafprozessrecht, das »Verwaltungsverfahrensrecht sowie das »Außerstreitverfahren und das Zwangsvollstreckungsrecht. Bei formellem Recht handelt es sich stets um »Öffentliches Recht. Neben dem Verfahrensrecht im engeren Sinn umfasst es auch das Organisationsrecht der Behörden. Gleichbedeutend im Öffentlichen Recht. *AP/EK*

Formelles Recht (ÖR)
Siehe »Formelles Recht ((PR)). *CMP*

Formgebunden(heit) (PR)
Grundsätzlich besteht im Privatrecht wegen der »Privatautonomie Formfreiheit: Ohne Norm keine Form! (§ 883 ABGB). Ausnahmsweise sind Rechtsgeschäfte aber formgebunden, dh, dass die Gültigkeit von der Einhaltung einer bestimmten Form abhängig ist. Die Formvorschrift kann unterschiedlichen Zielen dienen, zB dem Schutz der Beweissicherung, dem Übereilungsschutz oder der Publizität.

Beispiele: »Testamentsformen, Schriftlichkeit der Bürgschaftserklärung bei der »Bürgschaft, »Notariatsakt bei Schenkung ohne Übergabe. *MH/AG*

Formvorschrift (PR)
(für die Abgabe einer Willenserklärung) ist eine Norm, die die Wirksamkeit einer rechtsgeschäftlichen Erklärung von der Einhaltung einer bestimmten Form (meistens der »Schriftform) abhängig macht. Wird ein Rechtsgeschäft unter Missachtung einer gesetzlichen Formvorschrift formfrei abgeschlossen, ist es nicht absolut »nichtig, sondern begründet eine »Naturalobligation. Wird von den Parteien eine zuvor vereinbarte Form missachtet, ist das folgenlos: Es gilt die formfreie Vereinbarung, da sie der Formvereinbarung derogiert. *BB*

Forschungslogik (ÖR)
bezeichnet nach Popper die Bemühung, allgemeine Regeln für eine Wissenschaft festzulegen. Für den Bereich der Rechtwissenschaft übernimmt diese Aufgabe die »Rechtstheorie. *CMP*

Frachtvertrag (PR)
Ein dem »Werkvertrag nahestehender Vertrag, bei dem der eine Vertragspartner (Frachtführer) die Beförderung von

Gütern für den anderen (Absender) übernimmt. Auf den Frachtvertrag sind die Regeln des UGB (siehe »Unternehmensgesetzbuch) anzuwenden. Unterscheide davon: »Speditionsvertrag. *MH/AG*

Fragerecht ÖR
Das Fragerecht ist ein Kontrollmittel, welches den Mitgliedern des Parlaments zur Verfügung steht, um die Geschäftsführung der Bundesregierung und somit die Verwaltung zu kontrollieren. *TC*

Franchisevertrag PR
»Dauerschuldverhältnis, durch das der Franchisegeber dem Franchisenehmer gegen Entgelt das Recht einräumt, als eigener Unternehmer bestimmte Waren oder Dienstleistungen unter Verwendung von Name, Marke, Ausstattung etc sowie des Know-hows des Franchisegebers zu vertreiben, wobei er das von diesem entwickelte Organisations- und Werbesystem zu beachten hat.

Beispiele: Frisörsalonkette, Kaffeehauskette, Fastfood-Kette. *MH/AG*

Frei gestalteter Vertrag PR
Vertrag, der keinem »Vertragstypus entspricht. Die Möglichkeit zur freien Gestaltung der Verträge ergibt sich aus dem Grundsatz der »Privatautonomie. Man unterscheidet gemischte und atypische Verträge. Siehe »Gemischter Vertrag, »Atypischer Vertrag. *MH/AG*

Freiberuflich ÖR
Man spricht etwa von "freiberuflichen Tätigkeiten"; siehe »Freier Beruf. *CMP*

Freie Beweiswürdigung ÖR
ist ein Grundsatz im Rahmen des Verwaltungsverfahrens (»Verwaltungsverfahrensrecht), nach dem die Behörde aufgrund freier Überzeugung zu entscheiden hat und sie nicht an Beweisregeln gebunden ist. Die Behörde beurteilt nach dem Wahrheitsgehalt, der Plausibilität und Überzeugungskraft der einzelnen »Beweismittel, dh alle Beweismittel sind objektiv gleichwertig. *JF*

Freie Körperschaftsbildung PR
Siehe »System freier Bildung von juristischen Personen. *BB*

Freier Beruf ÖR
Freie Berufe sind bestimmte berufliche Sparten, deren Ausübung regelmäßig mit Selbständigkeit verbunden ist und eine fundierte – gesetzlich geregelte – Ausbildung erfordert. Beispiele: Rechtsanwalt, Steuerberater, Wirtschaftstreuhänder, Notar, Arzt. *CMP*

Freier Dienstnehmer PR
Jener Vertragspartner des freien Dienstvertrages, der sich zu einer Tätigkeit für den anderen Partner – allerdings nicht in persönlicher Abhängigkeit – verpflichtet. Eine Untergruppe der freien Dienstnehmer sind die arbeitnehmerähnlichen Personen. Siehe auch »Freier Dienstvertrag, »Arbeitnehmerähnliche Person. *MH/AG*

Freier Dienstvertrag PR
»Dienstleistungsvertrag, bei dem sich ein Vertragspartner (»freier Dienstnehmer) zu einer Tätigkeit für den anderen verpflichtet. Im Unterschied zum »Arbeitsvertragerfolgt die Tätigkeit nicht in persönlicher Abhängigkeit (siehe »Persönliche Abhängigkeit). Der freie Dienstvertrag ist ein »Dauerschuldverhältnis, der freie Dienstnehmer schuldet keinen bestimmten Erfolg, sondern ein Bemühen bei der Verrichtung der Tätigkeit. Unterscheide davon: »Werkvertrag. Siehe auch »Arbeitnehmerähnliche Person. *MH/AG*

Freies Ermessen ÖR
»Ermessen, dessen Ausübung an keine ausdrücklichen Kriterien geknüpft ist. Die Ermessensausübung darf freilich nicht unsachlich, willkürlich oder unverhältnismäßig sein. *CMP*

Freies Mandat ÖR
Die gewählten Abgeordneten entscheiden demnach nach bestem Wissen und Gewissen, was im Interesse des Staates gelegen ist, und sind nicht an die Aufträge der Wähler oder anderer Personen/Organe gebunden. Der/die Abgeordnete kann auch nicht gezwungen werden, parteilinienkonform zu handeln (Verfassungswidrigkeit des Klubzwangs). Unterscheide »Gebundenes Mandat. *JF*

Freies Wahlrecht ÖR
Grundsatz im »Wahlrecht, nach dem der Staat prinzipiell weder die Wahlwerbung eines Wahlwerbers einschränken noch das Wahlverhalten der Wähler irgendwie beeinträchtigen darf. *SL*

Freiheit RPH
kann von reiner äußerlicher, schrankenloser Willkür (HOBBES) bis hin zur autonomen Selbstbestimmung im Lichte des kategorischen Imperativ (KANT) reichen. Faktum ist, dass die Freiheit den Kern der Würde des Menschen ausmacht – und damit das zentrale Schutzgut der Menschenrechte ist. Die Freiheit – verstanden als Vernunftbegriff – kann (!) dabei nicht schrankenlos gedacht werden, sondern sie hat immer schon ihre gleichsam dialektische Grenze in der gleichen Freiheit der anderen Menschen. *CMS*

Freiheit der Meinungsäußerung ÖR
Grundrecht auf freie Rede und Verbreitung einer Meinung

(Art 10 EMRK sowie Art 13 StGG). *JF*

Freiheitsberaubung (PR)
Eingriff in die persönliche Freiheit. Die persönliche Freiheit zählt zu den absolut geschützten Persönlichkeitsrechten (»Persönlichkeitsrecht). Ihre Verletzung führt zur Schadenersatzpflicht nach den Grundsätzen der »Verschuldenshaftung. *AW*

Freiheitsstrafe (PR)
Strafe, die von einem ordentlichen Gericht oder einer Verwaltungsbehörde verhängt wird und die im Entzug der persönlichen Freiheit durch Anhaltung in einer staatlichen Einrichtung besteht. *MH/AG*

Freiwillige Gerichtsbarkeit (PR)
Siehe »Außerstreitverfahren. *PS*

Freiwilliges Vaterschaftsanerkenntis (PR)
Siehe »Vaterschaftsanerkenntnis. *SR*

Fremde/r (ÖR)
ist ein Mensche, der nicht die österreichische Staatsbürgerschaft besitzt. Fremde, die Staatsangehörige eines Mitgliedstaats des »EWR sind, werden als EWR-Bürger bezeichnet. Fremde, die Angehörige anderer EU-Mitgliedstaaten sind, nennt man Unionsbürger (»Unionsbürger/in). Fremde, die nicht EWR-Bürger oder Unionsbürger sind, werden als Drittstaatenangehörige bezeichnet. Unterscheide »Staatenlose/r, »Flüchtling und andere Fremde; vgl dazu »Staatsbürger/in. *JF*

Fremdhändiges Testament (PR)
Testamentsform, bei der der Text in der Handschrift eines Dritten oder in maschineller Schrift verfasst und vom »Testator eigenhändig unterschrieben ist. Für die Gültigkeit des fremdhändigen Testaments sind zusätzlich die Unterschriften von drei Zeugen erforderlich, wobei der Testator vor mindestens zwei von ihnen bekräftigen muss, dass es sich bei dem bezeugten Schriftstück um seinen letzten Willen handelt. Testamentszeuge kann sein, wer »volljährig ist und nicht selbst durch das Testament begünstigt wird. Vgl auch »Testamentsformen. *MH/AG*

Fremdwährungsschuld (PR)
»Geldschuld, die in fremder Währung ausgedrückt ist. Ist eine Geldschuld in Österreich zu bezahlen, kann die Zahlung auch in Euro erfolgen (»Ersetzungsbefugnis), wenn nichts Gegenteiliges vereinbart wurde. *MH/AG*

Friedensgebot, völkerrechtliches (ÖR)
Das Friedensgebot entspricht dem Verbot der Gewaltanwendung und -androhung in internationalen Beziehungen (Gewaltverbot). Das Friedensgebot ist eine Grundregel der zwischenstaatlichen Beziehungen und ua in der Satzung der Vereinten Nationen statuiert: Internationale Gewaltanwendung ist nur zur Selbstverteidigung eines Staates oder als zulässige, vom »Sicherheitsrat beschlossene Sanktion erlaubt. *JLR*

Frist (PR)
Rechtlich erheblicher Zeitraum. Beispiel: Die Frist für die kurze Verjährung beträgt drei Jahre. *SR*

Fruchterwerb (PR)
Fall des originären Eigentumserwerbes. Früchte stehen grds im Eigentum des Eigentümers der Muttersache. *DH*

Fruchtgenuss (PR)
Personalservitut (»Personalservituten). Gewährt das Recht, eine fremde Sache unter Schonung ihrer Substanz unbeschränkt zu nutzen. (Der Fruchtnießer darf daher einen Wald nutzen, indem er Bäume schlägert, er darf ihn aber nicht "kahlschlägern".) Der »Fruchtnießer hat das Recht auf vollen Ertrag. *DH*

Fruchtgenussrecht (PR)
Siehe »Fruchtgenuss. *DH*

Fruchtnießer (PR)
Derjenige, dem der »Fruchtgenuss an einer Sache zusteht. *DH*

Füllen von Gesetzeslücken (PR)
Siehe »Lückenfüllung. *AP/EK*

Fürsorgepflicht (PR)
»Nebenpflicht des Arbeitgebers (siehe »Arbeitgeber) aus dem »Arbeitsvertrag, die den Schutz insbesondere des Lebens, der Gesundheit und des Eigentums des Arbeitnehmers (siehe »Arbeitnehmer) zum Inhalt hat. *MH/AG*

Fund (PR)
Art des originären Eigentumserwerbes (»Originärer Eigentumserwerb). Jemand nimmt eine verlorene oder vergessene Sache an sich und erwirbt nach den Regeln des § 395 Eigentum an dieser (nach Ablauf eines Jahres an der sich in der Gewahrsahme des Finders befindlichen Sache bzw mit der Ausfolgung der bei der zuständigen Fundbehörde abgegebenen Sache an den Finder). *DH*

G (ÖR)
»Gesetz *CMP*

Garagierungsvertrag (PR)
»Atypischer Vertrag über das Abstellen oder Einstellen eines Fahrzeugs. *MH/AG*

Garantievertrag (PR)
»Sicherungsvertrag, bei dem sich jemand verpflichtet, für einen noch ungewissen Erfolg einer Leistung oder einen entstandenen »Schaden einzustehen. Wird die Leistung eines Dritten garantiert, ähnelt der Garantievertrag dem »Bürg-

schaftsvertrag, ist im Unterschied zu diesem jedoch nicht akzessorisch (siehe »Akzessorietät). In diesem Fall werden bestimmte Vorschriften über die Bürgschaft analog angewandt (zB Schriftlichkeit der Garantieerklärung). *MH/AG*

GASP ÖR
»Gemeinsame Außen- und Sicherheitspolitik *JLR*

Gattungsschuld PR
(Auch Genusschuld) »Schuld (Inhalt: eine Gattungssache), die nach generalisierenden Merkmalen umschrieben ist, zB irgendein Gemälde, ein Stier, ein Flachbildfernseher. Unterscheide davon die »Stückschuld sowie das Begriffspaar »vertretbare Sache – »unvertretbare Sache. *MH/AG*

GblÖ ÖR
»Gesetzblatt für das Land Österreich. *SL*

Gebarung ÖR
Auch Finanzgebarung; bezeichnet die Haushaltsführung bzw den Haushaltsplan eines Staates. Die Prüfung obliegt dem »Rechnungshof. *JF*

Gebietskörperschaft ÖR
Bund, Länder, Gemeinden. Ist eine »juristische Person des öffentlichen Rechts und bedarf daher zur Besorgung ihrer Aufgaben verschiedener Institutionen bzw Organe. Die Mitgliedschaft zu dieser Körperschaft entsteht kraft Wohnsitz in einem Gebiet. Unterscheide »Personalkörperschaft. *JF*

Gebietskonflikt ÖR
Siehe »Grenzkonflikt. *JF*

Gebot ÖR
Ein bestimmtes Verhalten ist zu setzen. *CMP*

Gebotsteil ÖR
Der Gebotsteil für sich ist eine Rechtsvorschrift und ordnet ein bestimmtes Verhalten an (Mayer). Unterscheide von »Sanktionsteil, »Zwangsnormen (Mayer), »Sekundärnormen (Raschauer). *JF*

Gebrauchsüberlassungsvertrag PR
»Vertrag, durch den für eine bestimmte Zeit der Gebrauch einer Sache eingeräumt wird, ohne eine endgültige Übertragung der Sachen ins »Eigentum eines anderen zu bezwecken. Gebrauchsüberlassungsverträge sind zB der »Mietvertrag, der »Pachtvertrag und der »Leihvertrag. *MH/AG*

Gebrauchsrecht PR
Personalservitut. Dingliches Nutzungsrecht zur Befriedigung der eigenen Bedürfnisse des Berechtigten (zB Recht auf Benützung der Wohnung zum eigenen Gebrauch). Pieler, Privatrecht (2007/2008), 85. *DH*

Gebräuche PR
Siehe »Verkehrssitte (allgemeine). *MH/AG*

Gebundenes Mandat ÖR
auch imperatives Mandat; im Gegensatz zum freien Mandat (»Freies Mandat) sind die Delegierten beim gebundenen Mandat an die Aufträge der Wähler gebunden. Es ist ein Instrument des Rätesystems. Gilt nicht in Österreich. *JF*

Gefahrenverschollenheit PR
Siehe »Verschollenheit. *BB*

Gefahrtragung PR
Bei der Gefahrtragung geht es darum, welche Vertragspartei den wirtschaftlichen Nachteil einer zufälligen Verschlechterung oder eines zufälligen Untergangs der geschuldeten Sache trifft, der nach Abschluss des Vertrages, aber vor Erfüllung eintritt. Man unterscheidet dabei »Leistungsgefahr und »Preisgefahr. *MH/AG*

Gefahrtragungsregeln PR
Siehe »Gefahrtragung, »Leistungsgefahr, »Preisgefahr. Vgl auch »Sphärentheorie. *MH/AG*

Gefährdungshaftung PR
Der Schädiger haftet in Fällen der Gefährdungshaftung, obwohl er den Schaden nicht schuldhaft und rechtswidrig verursacht hat (vgl demgegenüber die »Verschuldenshaftung). Gerechtfertigt wird dies mit der Gefährlichkeit der an sich erlaubten Tätigkeit. Wer den Vorteil aus einer Tätigkeit zieht, soll auch den daraus resultierenden Nachteil tragen. Typisches Beispiel ist die Haftung des Halters eines Kraftfahrzeuges nach dem »Eisenbahn- und Kraftfahrzeughaftpflichtgesetz. *AW*

Gefälligkeitszusage PR
Unverbindliche Äußerung; ihr fehlt ein »Geltungswille (auch »Rechtsfolgenwille, »Bindungswille, »Geschäftswille). Siehe dazu auch »Gentlemen's Agreement. *SR*

Gegenleistungsgefahr PR
Siehe »Preisgefahr. *AP/EK*

Gegenseitiges Rechtsgeschäft PR
Siehe »Zweiseitig verpflichtendes Rechtsgeschäft. *SR*

Gegründete Furcht PR
Siehe »Drohung. *BB*

Geheimer Vorbehalt PR
Siehe »Mentalreservation. *SR*

Geheimes Wahlrecht ÖR
Grundsatz im »Wahlrecht, nach dem niemand erkennen darf, für wen ein Wähler seine Stimme abgegeben hat. Der Staat muss daher Maßnahmen treffen, durch die das Stimmverhalten eines Bürgers weder der Wahlkommission noch der Öffentlichkeit bekannt werden kann. Sie werden etwa durch das Aufstellen einer Wahlzelle und einer Wahlurne oder das Zur-Verfügung-Stellen undurchsichtiger Wahlkuverts verwirklicht. *SL*

Gehilfenhaftung PR
Haftung des Geschäftsherrn für das Verschulden seines Ge-

hilfen (»Erfüllungsgehilfe, »Besorgungsgehilfe). Ob der Schädiger Erfüllungs- oder Besorgungsgehilfe ist, hängt vom Verhältnis zwischen Geschädigtem und Geschäftsherrn ab. Besteht zwischen den beiden ein Schuldverhältnis und erfolgt die Schädigung bei der Erfüllung des Schuldverhältnisses, haftet der Geschäftsherr nach der strengeren Haftung für Erfüllungsgehilfen. Gegenüber Dritten greift die Haftung für Besorgungsgehilfen. Eine etwaige deliktische Haftung des Gehilfen wird dadurch nicht ausgeschlossen. Im Innenverhältnis bestehen Rückgriffsansprüche. *AW*

Geistiges Eigentum (PR)
Bezeichnet das Eigentum an nicht körperlichen, also immateriellen Gütern. Geistige Güter sind beispielsweise Erfindungen, eine Marke, das Design eines Produktes, literarische oder künstlerische Werke. Geistige Güter sind wichtige Wirtschaftsgüter, die durch die Regelungen des Immaterialgüterrechts (»Immaterialgüterrecht) geschützt werden. *AW*

Geld (PR)
Das vom Staat anerkannte Zahlungsmittel, das als solches angenommen werden muss. Siehe auch »Geldschuld. *MH/AG*

Geldschuld (PR)
Schuld, die in »Geld zu erfüllen ist. Die Höhe der Schuld richtet sich grundsätzlich nach dem »Nennwert des Geldes, die »Kaufkraft spielt keine Rolle (sogenannte »Nominalschuld). *MH/AG*

Geldstrafe (ÖR)
wird aufgrund einer gerichtlichen oder verwaltungsbehördlichen Entscheidung verhängt. Die Höhe der Geldstrafe richtet sich nach den Strafbestimmungen in den anzuwendenden Gesetzen. Im Fall der Uneinbringlichkeit der Geldstrafe ist in der Regel eine Ersatzfreiheitsstrafe festzusetzen. Vgl dazu »Freiheitsstrafe. *JF*

Geltung (ÖR)
Existenz einer »Norm. Eine »Rechtsvorschrift tritt in Geltung, sobald das für ihr Zustandekommen vorgesehene Verfahren abgeschlossen ist. Sie ist dann Bestandteil der österreichischen »Rechtsordnung. Ein »Bundesgesetz "gilt" daher, sobald es im »BGBl kundgemacht wurde. Seine Geltung endet meist mit der »Kundmachung seiner Aufhebung, die ebenfalls im BGBl erfolgen muss. Vgl »Verbindlichkeit. Davon zu unterscheiden ist die »Wirksamkeit einer Norm. Die Frage, wie man die Geltung von Normen moralisch rechtfertigen kann, beschäftigt die Rechtsphilosophie. *SL*

Geltung (RPH)
bedeutet, dass eine Rechtsvorschrift "normativ existiert", dh sie ist Teil der geltenden Rechtsordnung und hat Anspruch auf Gehorsam. Wenn eine Norm "gilt", so ist sie relevant, verbindlich und daher zu befolgen. Die Frage lautet nun: Welche sind die zeitlichen, räumlichen, personellen und sachlichen Grenzen der Geltung von Rechtsnormen (die rechtsdogmatische Fragen); sowie die philosophische Grundfrage: Wie rechtfertigt, wie begründet man überhaupt "Geltung", also "Verbindlichkeit"? *CMS*

Geltungsbegründung des Normativen (ÖR)
Dieser Begriff setzt an einer der Grundintentionen der Reinen Rechtslehre (siehe »Reine Rechtslehre) an. Es handelt sich um die Erklärung der Existenz normativer Kategorien. Die Reine Rechtslehre bedient sich hier der Erkenntnis bzw Theorie, dass sich ein Sollen (also eine Norm) nur aus einem anderen Sollen (also aus einer anderen Norm) ableiten lässt. Diese Theorie führt letzlich zur Annahme einer »Grundnorm, um die Geltung der höchsten positiven Norm, der Verfassung, zu begründen. *CMP*

Geltungsbereich (ÖR)
Der Bereich, in dem eine »Rechtsvorschrift in »Geltung steht. Folgende vier Geltungsbereiche werden gewöhnlich unterschieden: 1. »Persönlicher Geltungsbereich, 2. »Örtlicher Geltungsbereich, 3. »Sachlicher Geltungsbereich und 4. »Zeitlicher Geltungsbereich. *SL*

Geltungskontrolle (PR)
In § 864a ABGB geregelt. Ist durchzuführen, um Klauseln, die ein Vertragsteil verwendet hat, aufzudecken, wenn sie für den anderen Teil nachteilig sind und dieser mit ihnen nach den Umständen, vor allem nach dem Erscheinungsbild der Urkunde, nicht zu rechnen brauchte und der Unternehmer auch nicht besonders auf die Bestimmung hingewiesen hat. Sinn der Geltungskontrolle ist es, „überraschende“ Klauseln zu verhindern. Derartige Vertragsbestimmugen werden nicht Vertragsinhalt. *SR*

Geltungswille (PR)
Siehe »Rechtsfolgenwille. SR

Gemäßigte Rechtsfolgentheorie (PR)
Eine Voraussetzung für das Zustandekommen eines Rechtsgeschäfts (»Rechtsgeschäft) ist, dass die Parteien den Willen haben, rechtliche Wirkungen auszulösen (Geltungs-, Bindungs- oder »Rechtsfolgenwille). Man kann von den Vertragsparteien (oft Laien) nicht erwarten, dass sie sich jeder einzelnen

Rechtsfolge, die durch das Rechtsgeschäft ausgelöst wird, bewusst sind (»strenge Rechtsfolgentheorie). Vielmehr reicht es aus, zu wissen, dass die Rechtswirkungen, die sie dadurch hervorrufen, im Streitfall mittels behördlichen Zwangs (zB gerichtliche Durchsetzung eines Anspruchs) durchgesetzt werden können. *SR*

Gemeinde ÖR
Die Gemeinde stellt die einzige Form territorialer Selbstverwaltung in Österreich dar. Gleichzeitig bildet die Gemeinde einen Verwaltungssprengel auf unterster (kommunaler) Ebene. *GM*

Gemeindeamt ÖR
Siehe »Dienststelle. *JF*

Gemeinderat ÖR
Der Gemeinderat ist eines der verfassungsrechtlich vorgesehenen Organe der Gemeinde. Es kann als „kollegiales Beratungs- und Beschlussorgan" charakterisiert werden. Der Gemeinderat wird von den Gemeindebürgern gewählt. *GM*

Gemeindevorstand ÖR
Der Gemeindevorstand ist Organ der Gemeinde. Er ist vom »Gemeinderat zu wählen und kann als „vorbereitendes »Kollegialorgan" charakterisiert werden. *GM*

Gemeine Substitution PR
Siehe »Ersatzerbschaft. *MH/AG*

Gemeiner Wert PR
ist der Verkehrswert einer Sache, dh der dafür gewöhnlich zu zahlende Beschaffungspreis. Der gemeine Wert ist maßgeblich für die Berechnung von Ansprüchen zB im »Schadenersatzrecht, »Bereicherungsrecht. *BB*

Gemeinsame Außen- und Sicherheitspolitik ÖR
Die GASP legt durch einstimmig zu fassende Beschlüsse die gemeinsamen außen- und sicherheitspolitischen Strategien, Aktionen und Standpunkte der Mitgliedstaaten fest. Sie ist als »Zweite Säule der »EU in den Art 11 ff EUV geregelt und hat keinen supranationalen Charakter. In Art 17 Abs 1 EUV ist die künftige schrittweise Festlegung einer gemeinsamen Verteidigungspolitik verankert (bedeutsam für die österr Neutralitätsdiskussion). *JLR*

Gemeinsamer Markt ÖR
Im Gemeinsamen Markt sollen alle EU-Mitgliedstaaten nicht nur eine Zollunion, sondern auch zu den im »Primärrecht festgelegten Konditionen einen einheitlichen volkswirtschaftlichen Markt bilden. Strittig ist, ob und wie »Binnenmarkt zum Begriff "Gemeinsamer Markt" abzugrenzen ist. Gute Argumente sprechen dafür, den Binnenmarkt als besonders verdichteten (dh in hohem Maße integrierten) Teilbereich des Gemeinsamen Marktes zu sehen. *JLR*

Gemeinschaft RPH
bedeutet, dass Menschen in mehr als nur "loser" Verbindung zusammenleben. TÖNNIES hat die Unterscheidung von "Gemeinschaft" und "Gesellschaft" eingeführt, um auf die Defizite bloß atomistischer "Gesellschaftlichkeit" hinzuweisen, die im Sinne HEGELs nur eine Kooperation im Zeichen der maximalen wechselseitigen Befriedigung individueller Bedürfnisse ist. Gemeinschaft im Sinne des ARISTOTELES ist dagegen wahre "Republik", für HEGEL weist sie "sittliche Substanz" auf, ist also "sozialer Staat". *CMS*

Gemeinschaftsrecht ÖR
Unter Gemeinschaftsrecht wird das Recht der EU und der Europäischen Gemeinschaften verstanden (= »Europarecht im engeren Sinn). Es setzt sich aus dem »Primärrecht der Verträge und dem – vom Primärrecht abgeleiteten – »Sekundärrecht, das die Organe der Gemeinschaften erlassen, zusammen. *JLR*

Gemeinschaftsrechtskonform ÖR
Gemeinschaftsrechtskonformität bedeutet Übereinstimmung mit den bzw Beachtung der Regelungen des Gemeinschaftsrechts (»Gemeinschaftsrecht). *JLR*

Gemeinschaftsrechtskonforme Auslegung PR
zählt zur systematischen Auslegung (»Systematische Auslegung). Dem Prinzip folgend, dass Rechtsnormen im Lichte höherrangigen Rechts auszulegen sind, ist österreichisches Recht so zu verstehen, dass es nicht dem ihm übergeordneten Gemeinschaftsrecht widerspricht. Die österreichischen Gesetze müssen aber nicht nur den europäischen Verordnungen entsprechen, sondern auch richtlinienkonform sein. *AP/EK*

Gemeinschaftsrechtskonforme Interpretation PR
Siehe »Gemeinschaftsrechtskonforme Auslegung. *AP/EK*

Gemeinschaftsrechtswidrig ÖR
Gemeinschaftsrechtswidrigkeit bedeutet fehlende Übereinstimmung mit den bzw Missachtung der Regelungen des Gemeinschaftsrechts (»Gemeinschaftsrecht). *JLR*

Gemeinschuldner PR
Schuldner, über dessen Vermögen ein »Konkursverfahren eröffnet wurde. *PS*

Gemischter Vertrag PR
»Vertrag, der sich aus verschiedenen gesetzlich geregelten Vertragstypen (siehe »Vertragstypus) zusammensetzt, zB »Leasingvertrag: Kauf und Miete. *MH/AG*

Gendarmerie ÖR
war ein bewaffneter, uniformierter Wachkörper zur Aufrechterhaltung der öffentlichen Ruhe, Ordnung und Sicherheit. Sie wurde am 1. Juli 2005 mit dem Bundessicherheitswachekorps und dem Kriminalbeamtenkorps zum Wachkörper "Bundespolizei" (»Polizei) vereinigt. *JF*

Generaldirektion ÖR
Die Generaldirektionen bilden den administrativen Hilfsapparat der Europäischen Kommission, sie sind nach Fachbereichen gegliedert und den KomissarInnen zugeordnet. *JLR*

Generalklausel ÖR
Auffangbestimmung, die alles nicht ausdrücklich Aufgeführte umfasst. Ein Beispiel für eine Generalklausel stellt Art 15 B-VG dar, nach dem alle Angelegenheiten, die nicht ausdrücklich in »Gesetzgebung oder »Vollziehung dem »Bund übertragen sind, in den selbständigen »Wirkungsbereich der Länder fallen. *SL*

Generalklausel PR
»Tatbestandsmerkmal, das bewusst allgemein gefasst ist, um die vielfältigen Lebenssituationen erfassen zu können (zB »gute Sitten, „wichtiger Grund"). Der Inhalt einer Generalklausel ist durch »Auslegung zu ermitteln. *MH/AG*

Generalprokuratur ÖR
Diese ist unmittelbar dem/der Bundesminister/in für Justiz unterstellt, hat jedoch keine Weisungsbefugnisse gegenüber den »Staatsanwaltschaften und »Oberstaatsanwaltschaften. Sie ist eine monokratisch organisierte Behörde, die dem Obersten Gerichtshof (Oberster Gerichtshof) beigeordnet ist. *JF*

Generelle Norm ÖR
Norm, die für die Allgemeinheit gilt (genereller Adressatenkreis) und auf eine unbestimmte Anzahl potentieller zukünftiger Sachverhalte anzuwenden ist. Man spricht daher auch von "generell-abstrakten" Normen. Gegenbegriff: »Individuelle Norm. *CMP*

Generelle Regelung ÖR
Siehe »Generelle Norm. *CMP*

Generelle Transformation ÖR
auch Adoption; hier bedarf es zur Verbindlichkeit keiner eigenen Umsetzung der völkerrechtlichen Verpflichtung ins nationale Recht. Unterscheide »spezielle Transformation. *JF*

Generelle Wirkung PR
Ein »Urteil wirkt generell, wenn es über den zwischen den Parteien zu entscheidenden Einzelfall hinaus für die Allgemeinheit oder einen gattungsmäßig beschriebenen Adressatenkreis wirkt. Anders als im »Case-law-System kommt Urteilen im österreichischen Recht keine generelle Wirkung zu. Vgl aber »Gerichtsgebrauch. *MH/AG*

Genereller Akt ÖR
Siehe »generelle Norm. *CMP*

Genfer Flüchtlingskonvention ÖR
Wurde 1951 von der UNO Generalversammlung unterzeichnet und ist in Österreich seit 1955 in Kraft. Die Konvention ist die rechtliche Grundlage für die Anerkennung verfolgter Menschen als Flüchtlinge. Verankert das Verbot, einen Flüchtling in ein Land zurückzuweisen, auszuweisen oder abzuschieben, in dem er befürchten muss, verfolgt zu werden ("Non-Refoulement"-Prinzip oder "Refoulementverbot"). *JF*

GenG PR
»Genossenschaftsgesetz *MH/AG*

Genossenschaft PR
Vereinigung von nicht geschlossener Mitgliederzahl, die im Wesentlichen der Förderung des Erwerbes oder der Wirtschaft ihrer Mitglieder dient.
Beispiele: Kredit-, Einkauf-, Verkaufs-, Konsum-, Verwertungs-, Nutzungs-, Bau-, Wohnungs- und Siedlungsgenossenschaften. *MH/AG*

Genossenschaftsgesetz PR
(GenG) »Bundesgesetz, in dem das Recht der Genossenschaften (siehe »Genossenschaft), insbesondere der Genossenschaftsorganisation, geregelt ist. *MH/AG*

Gentlemen's Agreement PR
Unverbindliche Äußerung. Ihr fehlt ein »Geltungswille (auch »Bindungswille, »Geschäftswille oder »Rechtsfolgenwille). Ein Gentlemen's Agreement wird dann getroffen, wenn die Vereinbarung nicht den Bestimmungen der Rechtsordnung unterworfen werden soll. Dabei verlassen sich die Parteien lediglich auf das Wort des Partners und auf dessen Anständigkeit. *SR*

Genus non perit PR
Lat „die Gattung geht nicht unter". Geht eine geschuldete Gattungssache (siehe »Gattungsschuld) vor der Übergabe zufällig unter, so trägt der Schuldner die »Leistungsgefahr und muss somit eine andere Sache aus der Gattung leisten. *MH/AG*

Genusschuld PR
Siehe »Gattungsschuld. *MH/AG*

Geradezu Unmögliches PR
Siehe »Anfängliche Unmöglichkeit der Leistung. *BB*

Gerechtigkeit RPH
ist der Kernbegriff der Rechtsphilosophie. Letztlich kann man nur gerechte Normen wirklich als "Recht" ansehen. Seit PLATONs Politeia ist die

Gerechtigkeit im Mittelpunkt der europäischen Staatsphilosophie. KELSEN dagegen meint, dass wissenschaftlich gesehen alles Inhalt eines Gesetzes sein könne, ohne jeglichen Bezug zur Gerechtigkeit. Das wirft die Frage nach dem Unterschied von "Recht" und "Gesetz" auf. Man unterscheidet Verteilungsgerechtigkeit, Tauschgerechtigkeit, Verfahrensgerechtigkeit. *CMS*

Gericht (PR)
Rechtsprechungsorgan. Siehe »Ordentliches Gericht, »Gerichtshöfe öffentlichen Rechts, »Schiedsgericht. *MH/AG*

Gerichtlich beschlossene Geschäftsunfähigkeit (PR)
Siehe »Sachwalter. *SR*

Gerichtliche Hinterlegung (PR)
Ist der »Schuldner an der Erbringung seiner »Leistung aus von ihm nicht zu vertretenden wichtigen Gründen (zB »Gläubiger unbekannt, abwesend, in Annahmeverzug) verhindert, kann er bei »Fälligkeit die geschuldete Sache bei Gericht oder einem gerichtlich bestellten Verwahrer hinterlegen und sich dadurch von seiner »Schuld befreien. *MH/AG*

Gerichtliche Pfändung (PR)
Begründung eines Pfandsrechts im »Exekutionsverfahren. Die gerichtliche Pfändung beweglicher Vermögensgegenstände des Schuldners erfolgt durch Eintragung im Pfändungsprotokoll. *PS*

Gerichtliche Schriftform (PR)
Siehe »Schriftform. *BB*

Gerichtliche Vaterschaftsfeststellung (PR)
Wird auf Antrag des Kindes oder des Mannes eingeleitet und erfolgt durch Beschluss. Als »Vater ist vom »Gericht dann derjenige festzustellen, von dem das »Kind abstammt (§ 163 ABGB). *SR*

Gerichtliche Versteigerung (PR)
Versteigerung durch das Gericht. Im »Exekutionsverfahren werden gerichtlich gepfändete Vermögensgegenstände des Schuldners durch das Gericht versteigert. *PS*

Gerichtlicher Todeserklärungsbeschluss (PR)
Siehe »Todeserklärung. *BB*

Gerichtsbarkeit (ÖR)
Die Gerichtsbarkeit wird grundsätzlich von den ordentlichen Gerichten (»Ordentliches Gericht) in Zivil- und Strafsachen ausgeübt. Dabei wenden die unabhängigen Richter/innen (»Richter/in) (Organe der Gerichtsbarkeit) die Gesetze auf den Einzelfall an. Die Gerichte sind in Österreich Bundesorgane. Beachte: Gerichte sind als Träger von Hoheitsgewalt als Behörden (»Behörde) anzusehen. *TC*

Gerichtsferien (PR)
Siehe »Verhandlungsfreie Zeit. *PS*

Gerichtsgebrauch (PR)
(Auch: ständige Rechtsprechung) Gleiche Entscheidungen eines Gerichts (siehe »Gericht) in vergleichbaren Fällen. Der Gerichtsgebrauch ist praktisch sehr bedeutsam, da man oft davon ausgehen kann, dass ein Gericht ähnliche Fälle gleich entscheiden wird. Anders als im »Case-Law-System kommt Urteilen im österreichischen Recht aber keine »generelle Wirkung zu. *MH/AG*

Gerichtshof erster Instanz (PR)
Landesgerichte werden als Gerichtshöfe erster Instanz bezeichnet, weil sie neben den Bezirksgerichten in erster Instanz zuständig sind. *PS*

Gerichtshöfe öffentlichen Rechts (ÖR)
Der »Verfassungsgerichtshof (VfGH) und der »Verwaltungsgerichtshof (VwGH) werden zusammen als die Gerichtshöfe des öffentlichen Rechts bezeichnet. *JF*

Gerichtsstandsvereinbarung (PR)
Vereinbarung der Streitparteien über die Zuständigkeit eines Gerichts. *PS*

Gerichtsvollzieher (PR)
(auch Vollstreckungsbeamter genannt) Gerichtsbediensteter, der im »Exekutionsverfahren einschreitet. *PS*

Geringfügiger Mangel (PR)
(unwesentlicher Mangel) stellt zwar eine unerwünschte Abweichung der Schuldnerleistung von der vertraglichen Vereinbarung dar, hindert aber nicht den verkehrsüblichen oder vereinbarten Gebrauch der übergebenen Sache. Bei Vorliegen eines geringfügigen Mangels ist dem Übernehmer »Wandlung des Vertrages verwehrt. *AP/EK*

Gesamtanalogie (PR)
»Rechtsanalogie *AP/EK*

Gesamtänderndes Verfassungsgesetz (ÖR)
Siehe »Gesamtänderung der Bundesverfassung. *CMP*

Gesamtänderung der Bundesverfassung (ÖR)
Man spricht von einer Gesamtänderung der Bundesverfassung, wenn ein Grundprinzip (zB das bundesstaatliche Prinzip) der Bundesverfassung entscheidend verändert oder ganz abgeschafft wird. Will man ein gesamtänderndes Verfassungsgesetz erlassen, kommt die erschwerte Erzeugungsregel der Verfassung zum Tragen. Eine Gesamtänderung der Bundesverfassung bedarf gemäß Art 44 (3) B-VG zwingend einer »Volksabstimmung. In der Geschichte der Zweiten Republik gab es nur eine obligatorische Volksabstimmung, nämlich über den Beitrittsvertrag zur EU. *TC*

Gesamthandeigentum (PR)
Mehrere Personen haben gemeinsam ungeteiltes »Eigentum an einer »Sache und können darüber nur gemeinsam verfügen. Im Gegensatz zum »Miteigentum haben die Berechtigten keine ideellen Quoten, über die sie frei verfügen können. Diese Form des Eigentums kennt das österreichische Recht grds nicht. Vgl damit »Gesamthandgesellschaften. *DH*

Gesamthandgesellschaften (PR)
Die eingetragenen Personengesellschaften OG, KG und EWIV werden als Gesamthandgesellschaften bezeichnet. Allerdings sind bloß deren Gesellschaftsanteile nach dem Gesamthandprinzip gestaltet, während das Gesellschaftsvermögen nicht im Gesamthandeigentum der Gesellschafter steht, sondern im Alleineigentum der Gesellschaft. Pieler, Privatrecht (2007/2008) 80. *DH*

Gesamthandschuldverhältnis (PR)
»Schuldverhältnis mit Schuldnermehrheit (Gesamthandschuld) oder Gläubigermehrheit (Gesamthandgläubigerschaft):

- Gesamthandschuld: Alle Schuldner können nur gemeinsam ihre »Leistung erbringen – etwa, weil diese nicht teilbar ist.

- Gesamthandgläubigerschaft: Der Schuldner muss an alle Gläubiger gemeinsam leisten – etwa an die Gesellschafter einer »Gesellschaft bürgerlichen Rechts (weil keine juristische Person!).

Unterscheide davon das »Gesamtschuldverhältnis. *MH/AG*

Gesamtrechtsnachfolge (PR)
Bedeutet im Erbrecht, dass alle Rechte und Pflichten, die vom »Nachlass erfasst sind, oder ein quotenmäßig bestimmter Teil davon, »uno actu durch die »Einantwortung auf den Erben übergehen. Unterscheide davon die »Einzelrechtsnachfolge. Die Gesamtrechtsnachfolge gibt es aber nicht nur im Erbrecht, sie ist vor allem bei der Veräußerung von Unternehmen von großer Bedeutung. *MH/AG*

Gesamtrechtsnachfolger (PR)
Derjenige, der im Wege der »Gesamtrechtsnachfolge in die Rechte und Pflichten des Rechtsvorgängers eintritt. Der »Erbe ist zB Gesamtrechtsnachfolger. *MH/AG*

Gesamtsache (PR)
Inbegriff von mehreren besonderen Sachen, die als eine Sache angesehen und mit einem gemeinschaftlichen Namen bezeichnet werden. Aufgrund des Grundsatzes der »Spezialität können »dingliche Rechte aber nur an einzelnen Sachen begründet werden. Sollen dingliche Rechte an einer Gesamtsache begründet werden, so vereinfacht eine »Übergabe durch Zeichen die Übertragung. *DH*

Gesamtschuldverhältnis (PR)
»Schuldverhältnis, bei dem mehrere Personen zur Erbringung einer unteilbaren Leistung verpflichtet sind. Das Gesamtschuldverhältnis kann auch entstehen, wenn es gesetzlich oder trotz Teilbarkeit der Leistung vertraglich vorgesehen ist.
- Gesamtschuld (Solidarschuld): Jeder Einzelne schuldet das Ganze.
- Gesamtgläubigerschaft (Solidargläubigerschaft): Jeder Einzelne kann das Ganze fordern, die »Leistung an einen der Gläubiger befreit den Schuldner von seiner Verpflichtung allen Gläubigern gegenüber. Unterscheide davon: »Gesamthandschuldverhältnis. *MH/AG*

Gesatztes Recht (PR)
Geschriebenes Recht. Das gesatzte Recht ist ein Teil des positiven Rechts; zum positiven Recht gehört auch das »Gewohnheitsrecht. Vgl »positives Recht, das auch gesetztes Recht genannt wird. *MH/AG*

Gesatztes Recht (ÖR)
Niedergeschriebenes, kundgemachtes (»Kundmachung) Recht; die meisten modernen, entwickelten Rechtsordnungen sind nicht nur gesetzt (»positives Recht), sondern auch gesatzt. »Gewohnheitsrecht hingegen ist nur gesetzt, aber nicht gesatzt. *CMP*

GesbR (PR)
»Gesellschaft bürgerlichen Rechts *MH/AG*

Geschäftsfähigkeit (PR)
ist die Fähigkeit, sich durch eigenes »rechtsgeschäftliches Handeln zu berechtigen oder zu verpflichten. Sie ist beim geistig Gesunden nach Altersstufen typisiert, dh ihr Umfang ist altersabhängig. Personen unter sieben Jahren und solche, die den Gebrauch der Vernunft (dauernd oder momentan) nicht haben, sind vollkommen »geschäftsunfähig. Personen ab sieben Jahren vor Erreichen der Volljährigkeit (mit achtzehn) und solche, denen ein Sachwalter bestellt wurde, sind »beschränkt geschäftsfähig (mit gewissen Erweiterungen der Geschäftsfähigkeit ab vierzehn, siehe »Mündiger Minderjähriger). *BB*

Geschäftsführer (PR)
1. »Geschäftsführung ohne Auftrag: derjenige, der die Geschäfte eines anderen besorgt.

2. Gesellschaftsrecht: Dem Geschäftsführer obliegt die

Besorgung der laufenden Geschäftstätigkeit einer Gesellschaft. Diese umfasst alle Maßnahmen organisatorischer, kaufmännischer und personeller Art (Krejci, Gesellschaftsrecht I (2005) 137). *AW*

Geschäftsführung ohne Auftrag PR
(GoA) Eigenmächtige (dh ohne gesetzliche oder vertragliche Befugnis) Besorgung der Angelegenheiten eines anderen. Der Geschäftsführer handelt, um die Interessen des anderen zu wahren (»Animus rem alteri gerendi), und nicht im eigenen Interesse. Er setzt eine rechtliche (zB Zahlung einer Schuld) oder tatsächliche Handlung (zB Schnee räumen). Man unterscheidet notwendige, nützliche und unerlaubte GoA, wovon Ersatzanspruch oder Ersatzpflicht des Geschäftsführers abhängt. Die GoA zählt zu den gesetzlichen Schuldverhältnissen. *AW*

Geschäftsherrntheorie PR
Besagt, dass der »Bote den vom Geschäftsherrn selbst gebildeten Willen dem Dritten nur übermittelt und daher nicht berechtigt ist, einen eigenen Willen zu bilden (beachte den Unterschied zum »Stellvertreter). Er ist somit der „verlängerte Arm" des Geschäftsherrn. Im Gegensatz dazu besagt die »Repräsentationstheorie, dass der Stellvertreter die Interessen des Vertretenen nach seinen eigenen Vorstellungen wahrnimmt und daher eigenständige Willenserklärungen (»Willenserklärung) abgibt. *SR*

Geschäftsinhalt PR
Siehe »Geschäftsirrtum. *BB*

Geschäftsirrtum PR
(im weiteren Sinn) ist jeder »Erklärungsirrtum und jeder Geschäftsirrtum im engeren Sinn. Er betrifft immer den Inhalt des Geschäfts, im Gegensatz zum »Motivirrtum. Ein Geschäftsirrtum ieS ist entweder der Irrtum über die Natur des Geschäfts (zB Kauf oder Miete?), Geschäftsgegenstand (zB neue oder gebrauchte, funktionsfähige oder fehlerhafte Ware?) oder eine für das Geschäft erhebliche Eigenschaft bzw die Identität des Vertragspartners (konzessionierter Betrieb oder „Pfuscher"?). *BB*

Geschäftsordnung ÖR
ist eine Summe von Regelungen, die das Verhalten und die Verfahrensweisen eines bestimmten Gremiums regelt. Bsp: Geschäftsordnung des Nationalrats. *JF*

Geschäftsunfähig PR
ist eine Person, die keine (nicht einmal beschränkte) »Geschäftsfähigkeit hat. Vollkommen geschäftsunfähig sind Personen unter sieben Jahren und Personen, die den Gebrauch der Vernunft nicht haben (zB Geisteskranke, Volltrunkene). Rechtsgeschäfte Geschäftsunfähiger, die 1. eine geringfügige Angelegenheit des täglichen Lebens betreffen und 2. altersüblich für den Geschäftsunfähigen sind, werden jedoch durch Erfüllung der den Geschäftsunfähigen treffenden Pflichten rückwirkend wirksam. *BB*

Geschäftswille PR
Siehe »Rechtsfolgenwille. *SR*

Geschlechtsgemeinschaft PR
Siehe »Umfassende Lebensgemeinschaft. *VTH*

Geschuldete Leistung PR
ist das Verhalten (Tun oder Unterlassen), zu dem ein Schuldner verpflichtet ist und zu dem er vom Gläubiger idR (Ausnahme: »Naturalobligation) mit Klage verhalten werden kann. Ein der Leistungspflicht entsprechendes Handeln bringt diese zum Erlöschen (»Erfüllung). *BB*

Geschworene ÖR
Auch LaienrichterInnen; entscheiden über die Schuld des Angeklagten bei mit schweren Strafen bedrohten Verbrechen (10 bis 20 Jahre und lebenslange Freiheitsstrafe) sowie bei politischen Verbrechen. *JF*

Gesellschaft PR
ist eine »Personenvereinigung, die sich durch ein Rechtsgeschäft (»Gesellschaftsvertrag) zusammengeschlossen hat, um ein gemeinsames Ziel mit gemeinsamen Mitteln in organisiertem Zusammenwirken zu erreichen. Man unterscheidet va »Personengesellschaft und »Kapitalgesellschaft. *BB*

Gesellschaft RPH
bedeutet, dass Menschen nur in "loser" Verbindung zusammenleben. TÖNNIES hat die Unterscheidung von "Gemeinschaft" und "Gesellschaft" eingeführt, um auf die Defizite bloß atomistischer "Gesellschaftlichkeit" hinzuweisen, die im Sinne HEGELs nur eine Kooperation im Zeichen der maximalen wechselseitigen Befriedigung individueller Bedürfnisse ist. Gemeinschaft im Sinne des ARISTOTELES ist dagegen wahre "Republik", für HEGEL weist sie "sittliche Substanz" auf, ist also "sozialer Staat". *CMS*

Gesellschaft bürgerlichen Rechts PR
(GesbR) »Personengesellschaft, bei der zwei oder mehrere Personen vereinbaren, entweder nur ihre Mühe (zB Arbeitskraft) oder auch ihre Sachen zum gemeinschaftlichen Nutzen zu vereinigen.

Beachte: Die GesbR ist keine »juristische Person! *MH/AG*

Gesellschaft mit beschränkter Haftung (PR)
(GmbH) »Kapitalgesellschaft mit eigener Rechtspersönlichkeit (dh »juristische Person), deren Gesellschafter mit Einlagen auf das in Geschäftsanteile zerlegte Stammkapital beteiligt sind, ohne persönlich für die Verbindlichkeiten der »Gesellschaft zu haften. In der Praxis ist die GmbH die bedeutendste Gesellschaftsform. *MH/AG*

Gesellschaft nach bürgerlichem Recht (PR)
Siehe »Gesellschaft bürgerlichen Rechts. *MH/AG*

Gesellschafter (PR)
nennt man die Personen, die sich durch ein Rechtsgeschäft – den »Gesellschaftsvertrag – ursprünglich zur »Gesellschaft zusammengeschlossen haben oder später diesem Vertrag beigetreten sind. *BB*

Gesellschaftsrecht (PR)
Summe jener Rechtsnormen, die das Außen- und Innenverhältnis von Gesellschaften (»Personengesellschaft und »Kapitalgesellschaft) zum Inhalt haben. Das Gesellschaftsrecht ist jener Bereich des Unternehmensrechts, der sich mit der Organisation von Gesellschaften beschäftigt. Dazu zählen beispielsweise Aktiengesetz, GmbH-Gesetz, UGB. *AW*

Gesellschaftsvertrag (PR)
»Vertrag, durch den sich zwei oder mehrere Personen zu einer Rechtsgemeinschaft zusammenschließen, um einen gemeinsamen Zweck mit gemeinsamen Mitteln und durch organisiertes Zusammenwirken zu erreichen. Vgl »Satzung. *MH/AG*

Gesellschaftsvertrag RPH
ist ein Zentralbegriff der Naturrechtstradition und schließt an die Naturzustandskonzeption an: Die dort ans Licht gebrachten Defizite des atomistisch-vereinzelten Natur-Menschen sind nun unter diesen durch vertragliche Vereinbarung zu überwinden, womit durch das Instrument des Gesellschaftsvertrags unter Achtung der allgemeinen (formalen) Rechtsgleichheit eine staatliche Ordnung begründet wird und der Mensch damit den Naturzustand verlässt, um im Staat seine Defizite zu überwinden. *CMS*

Gesetz (ÖR)
Allgemein verbindliche Rechtsnormen; von dem dazu ermächtigten Organ in einem förmlichen Verfahren unter Setzung von Willensakten erlassen; unterscheide: Gesetz im materiellen Sinn, Gesetz im formellen Sinn. Es gibt Verfassungsgesetze und einfache Gesetze (formelle Sicht). Die Gesamtheit der Gesetze eines Rechtskreises (zB Österreich) wird mit dem Begriff „Recht" umschrieben. Aus rechtspositivistischer Sicht hat Recht (siehe auch »Rechtsbegriff) nichts mit dem moralischen bzw naturrechtlichen Begriff der „Gerechtigkeit" zu tun; anders die Position der Philosophie. *CMP*

Gesetz RPH
ist vom "Recht" zu unterscheiden: Während "Gesetz" im Wesentlichen gleichsam empirisch nur jene Normen bezeichnet, die vom Gesetzgeber (= Organ) in einem bestimmten Verfahren so erlassen wurden, dass damit der Verfassung nicht widersprochen wird, tritt das "Recht" mit dem darüber hinausgehenden Anspruch der "Gerechtigkeit" auf – es kann daher nicht alles Inhalt von RECHT, aber sehr wohl alles Inhalt von GESETZEN sein, wie die Geschichte tragisch lehrt; vgl RADBRUCHs "Rechtsidee". *CMS*

Gesetz im formellen Sinn (ÖR)
Hier liegt das Augenmerk auf der Rechtsform – es handelt sich um Regelungen, die in Form eines einfachen Gesetzes mit den entsprechenden Konsens- und Präsenzquoren beschlossen werden; vgl auch »Gesetz im materiellen Sinn. *CMP*

Gesetz im materiellen Sinn (ÖR)
Damit werden schlicht generelle Regelungen bezeichnet. Es gibt auch Gesetze im materiellen Sinn, die nicht Gesetze im formellen Sinn sind: Damit meint man Verhaltensanordnungen, die nicht als formelles Gesetz, sondern aufgrund einer eigenen gesetzlichen Ermächtigung im Verordnungsrang beschlossen werden. Als Ermächtigung kommen hier Art 18 B-VG »Durchführungsverordnung oder spezielle gesetzliche Ermächtigungen in Betracht. *CMP*

Gesetzblatt für das Land Österreich (ÖR)
Kundmachungsmedium, das in der Zeit des Nationalsozialismus nach dem Anschluss Österreichs an das Deutsche Reich ab 1938 bis 1940 eingesetzt wurde. *CMP*

Gesetzesanalogie (ÖR)
Bei der Gesetzesanalogie wird eine konkret geregelte Rechtsfolge für einen bestimmten Fall auf einen ähnlich gelagerten, jedoch nicht geregelten Sachverhalt angewendet. Diese Methode wird auch Einzelanalogie genannt. *GH*

Gesetzesanalogie (PR)
(Rechtssatzanalogie) hilft bei der Füllung von Gesetzeslücken und erfolgt durch Erstreckung der Rechtsfolge eines einzelnen Tatbestandes auf einen nicht geregelten Sachverhalt. So wird beispielsweise das in § 862a ABGB normierte Wirksamwerden von Annah-

meerklärungen durch Zugang auf Willenserklärungen allgemein analog angewendet. Vgl im Unterschied dazu die »Rechtsanalogie. *AP/EK*

Gesetzesanfechtung ÖR
Antrag an den »VfGH, ein »Gesetz auf seine Übereinstimmung mit der »Verfassung hin zu überprüfen und es bei einem Verstoß dagegen aufzuheben. Angefochten werden können sowohl ein »Bundesgesetz und ein »Landesgesetz als auch ein einfaches Gesetz (»Einfache Gesetze) und ein »Verfassungsgesetz. Prüfungsmaßstab sind bei Letzteren die Grundprinzipien der Bundesverfassung (»Grundprinzip der Bundesverfassung). Vgl auch »Gesetzesprüfungsverfahren. *SL*

Gesetzesantrag ÖR
Auch Gesetzesinitiative; leitet das Gesetzgebungsverfahren ein. Man unterscheidet vier Möglichkeiten, einen Antrag auf Erlassung eines Bundesgesetzes einzubringen: die Einleitung auf Antrag der Bundesregierung (»Regierungsvorlage), der Mitglieder des Nationalrats (»Initiativantrag), des Bundesrats oder mittels »Volksbegehren. *JF*

Gesetzesauslegung PR
(doktrinelle Interpretation; §§ 6, 7 ABGB) dient dem richtigen Verständnis und der Klarstellung des Sinnes einer gesetzlichen Regelung. Folgende »Auslegungsmethoden stehen im Bereich des Privatrechts zur Auslegung von Gesetzen zur Verfügung: »Wortauslegung, »systematische Auslegung, »historische Auslegung und »teleologische Auslegung. *AP/EK*

Gesetzesherrschaft ÖR
Ausdruck im Zusammenhang mit dem rechtsstaatlichen Prinzip (»Rechtsstaatliches Prinzip), welcher die strikte Gesetzesgebundenheit der Vollziehung bezeichnet. Diese Gebundenheit ist von großer Bedeutung, da sie die Vorhersehbarkeit staatlichen Handelns gewährleistet. Im Rahmen der »Demokratie auch eine Bezeichnung für die Herrschaft des Volkswillens, der in den Gesetzen zum Ausdruck kommt. *JF*

Gesetzesinitative ÖR
Siehe »Gesetzesantrag. *JF*

Gesetzeslücke PR
liegt vor, wenn das positive Recht eine »planwidrige Unvollständigkeitaufweist. Die Grundlage dafür, ob dies der Fall ist, stellt die gesamte geltende Rechtsordnung dar. Fehlt also für den konkret zu beurteilenden Sachverhalt eine gesetzliche Regelung, für den ein gesetzlicher Tatbestand geschaffen worden wäre, hätte der Gesetzgeber den nicht geregelten Fall bedacht, so handelt es sich um eine Lücke im Gesetz, die mittels »Lückenfüllung zu schließen ist. *AP/EK*

Gesetzesmaterialien ÖR
Dokumente, welche dazu beitragen, den Willen des Gesetzgebers (dh die Ziele, welche der Gesetzgeber mit dem von ihm erlassenen Gesetz verfolgt) zu ermitteln bzw zu erschließen. Vgl näher »Stenographische Protokolle des Nationalrats. *CMP*

Gesetzesnovelle PR
Siehe »Novelle. *AW*

Gesetzesprüfungsverfahren ÖR
umfasst die Prüfung von Bundes- oder Landesgesetzen (»Bundesgesetz, »Landesgesetz) auf ihre Verfassungsmäßigkeit bei sonstiger Aufhebung. Das Verfahren wird im Rahmen einer Bescheidbeschwerde von Amts wegen (»Amtswegig), durch einen sog Prüfungsbeschluss des VfGH eingeleitet oder durch Individualantrag einer Person, die behauptet, unmittelbar durch ein Gesetz in ihren Rechten verletzt zu sein. Die Aufhebung eines Gesetzes ist grds unverzüglich kundzumachen. Der VfGH hat allerdings auch die Möglichkeit, eine sog Reparaturfrist festzulegen. Nach ähnlichen Grundsätzen können auch (nationale) Verordnungen auf ihre Gesetzmäßigkeit überprüft werden. *JF*

Gesetzesrecht PR
Recht, das auf Gesetzen beruht. Im Gegensatz dazu steht das »Richterrecht (siehe »Case-Law-System). *MH/AG*

Gesetzesrecht RPH
ist im Unterschied zum Gewohnheitsrecht zu sehen. Während das "träge" Gewohnheitsrecht im Mittelalter bei dessen geringer staatlicher Regulierungsdichte und relativ statischer Gesellschaft ausreichend war, ist das Gesetzesrecht ein typisches Phänomen der Neuzeit. Souveränitätsdenken, sozioökonomischer und technologischer Wandel sowie neue rechtsstaatliche Erfordernisse haben Schritt für Schritt dafür gesorgt, dass das statische Gewohnheitsrecht durch das dynamische Gesetzesrecht ersetzt wurde. *CMS*

Gesetzesstaat ÖR
bedeutet, dass die Verwaltung nur aufgrund der Gesetze ausgeübt werden darf (Art 18 B-VG). *TC*

Gesetzesvorbehalt ÖR
Teil einer grundrechtlichen Bestimmung, der Ausnahmen und Einschränkungen eines Grundrechts (»Grundrecht) in einem bestimmten Umfang durch den einfachen Gesetzgeber zulässt. Ohne einen entsprechenden Gesetzesvorbehalt wäre es dem »Staat etwa nicht möglich, Steuern auch

zwangsweise einzuheben, da dadurch die »Eigentumsgarantie verletzt werden würde. *SL*

Gesetzgeber (PR)
Wer (gemäß der »Verfassung) das Recht setzt. Siehe »Gesetzgebung, »Gesetzgebungsorgan. *MH/AG*

Gesetzgebung (ÖR)
Mit „Gesetzgebung" wird üblicherweise die Erlassung genereller Rechtsnormen durch demokratisch gewählte Gesetzgebungsorgane (Parlamente), dh in Österreich durch den NR (unter Mitwirkung des BR) auf Bundesebene und durch die LT auf Landesebene, verstanden. In einem weiteren – inhaltlich verstandenen – Sinn kann auch die Präzisierung von Gesetzen durch Verordnungen von Verwaltungsbehörden als „Gesetzgebung" bezeichnet werden (man spricht von „Gesetzen im bloß materiellen Sinn"). *GM*

Gesetzgebungsantrag (ÖR)
Mit diesem Begriff wird jener Rechtsakt bezeichnet, durch den ein Gesetzgebungsverfahren eingeleitet wird. Auf Bundesebene unterscheidet man drei Formen von Gesetzgebungsanträgen:

•) Anträge von Abgeordneten des NR;

•) Anträge der Bundesregierung (Regierungsvorlagen): Diese sind in der Praxis am bedeutendsten;

•) Volksbegehren.Ob der NR bzw der LT einen Gesetzgebungsantrag beschließt oder nicht, hängt vom politischen Willen seiner Mitglieder ab. *GM*

Gesetzgebungslehre (ÖR)
Siehe auch »Legistik. Diese – wenig entwickelte – Disziplin legt Regeln für die strukturierte, sinnvolle und verständliche Formulierung von Regelungen fest. Vgl etwa die legistischen Richtlinien des Bundes. *CMP*

Gesetzgebungsorgan (ÖR)
Auch »Legislative; in Österreich: »Nationalrat, »Bundesrat, Landtage (»Landtag); vgl dazu »Judikative, »Exekutive. *JF*

Gesetzgebungsperiode (ÖR)
ist die Tätigkeitsperiode einer Gesetzgebungskörperschaft; auf Bundesebene beträgt die Gesetzgebungsperiode des Nationalrates fünf Jahre. *TC*

Gesetzliche Erbfolge (PR)
Gesetzliche Regelung, die bestimmt, wer Erbe sein soll, und dann zum Tragen kommt, wenn der »Erblasser über den »Nachlass nicht letztwillig verfügt hat. Die Regeln über die gesetzliche Erbfolge sind somit »dispositives Recht. Die gesetzliche Erbfolge verwirklicht das Prinzip der »Familienerbfolge. Siehe auch »Parentelensystem. *MH/AG*

Gesetzliche Interessenvertretung (ÖR)
Institutionen, die durch Gesetz eingerichtet sind und die Interessen der von ihnen vertretenen Berufsgruppen fördern und kollektiv wahrnehmen sollen (zB Wirtschaftskammer Österreich – WKO, Kammer für Arbeiter und Angestellte – AK). Es handelt sich dabei idR um juristische Personen des öffentlichen Rechts, die auch als Selbstverwaltungskörper anzusehen sind. *CMP*

Gesetzliche Stellvertretung (PR)
Liegt vor, wenn die »Vertretungsmacht direkt auf dem Gesetz oder auf einem richterlichen Beschluss beruht. Beispiel: Eltern sind kraft Gesetzes »gesetzlicher Vertreter ihrer minderjährigen Kinder; der »Sachwalter wird kraft richterlichen Bestellungsbeschlusses zum gesetzlichen Vertreter einer geistig behinderten oder psychisch kranken Person. *SR*

Gesetzliche Verhaltensanordnung (PR)
Gesetzliche Gebote und Verbote, die ein bestimmtes Verhalten anordnen oder verbieten. »Schutzgesetz *AW*

Gesetzliche Vermutung (PR)
Für jene Mängel, die bei Übergabe der Sache vorhanden sind, hat der Übergeber Gewähr zu leisten. Das Vorliegen der Mangelhaftigkeit des übergebenen Gegenstandes wird, sofern der Mangel innerhalb von sechs Monaten nach Übergabe zutage tritt, bis zum Beweis des Gegenteils gesetzlich vermutet. Die Vermutung ist bei Unvereinbarkeit mit der Art der Sache oder des Mangels ausgeschlossen. *AP/EK*

Gesetzlicher Erbteil (PR)
Jener Teil des Nachlasses (siehe »Nachlass), den ein »Erbe aufgrund der gesetzlichen Erbfolge erhält. Siehe »gesetzliche Erbfolge. *MH/AG*

Gesetzlicher Güterstand (PR)
Siehe »Ehegüterrecht. *VTH*

Gesetzlicher Unterhalt (PR)
Siehe »Unterhalt. *SR*

Gesetzlicher Vertreter (PR)
Jene Person, deren »Vertretungsmacht direkt auf dem Gesetz oder auf einem richterlichen »Beschluss beruht. Gesetzliche Vertreter sind etwa die Eltern oder ein »Sachwalter (siehe auch »Gesetzliche Stellvertretung). *SR*

Gesetzliches Schuldverhältnis (PR)
wird durch Erfüllung eines gesetzlichen Tatbestandes und nicht durch ein Rechtsgeschäft begründet. Einzelne Tatbestände finden sich im »Schadenersatzrecht, »Bereicherungsrecht, bei der »Geschäftsführung ohne Auftrag und der »Gläubigeranfechtung. *AW*

Gesetzliches Vorausvermächtnis (PR)
Gesetzlicher Anspruch des Ehegatten des Erblassers, der die zum ehelichen Haushalt gehörenden beweglichen Sachen (siehe »bewegliche Sache) und das Recht, in der Ehewohnung weiter zu wohnen, umfasst. Es ist in den gesetzlichen Erbteil nicht einzurechnen. Unterscheide davon das gesetzliche Erbrecht des Ehepartners (siehe »gesetzlicher Erbteil; »gesetzliche Erbfolge)! *MH/AG*

Gesetztes Recht (ÖR)
Siehe »Positives Recht und »Normensysteme. *SL*

Gesetzwidrigkeit (ÖR)
Widerspruch eines Aktes (»Verordnung, »Bescheid, »Urteil) zu einem Gesetz bzw zur Rechtsordnung. Vgl dazu »Gesetzesprüfungsverfahren. *JF*

Gesicherte Forderung (PR)
Forderung, bei der der Gläubiger die Wahrscheinlichkeit, dass sie einbringlich gemacht werden kann, durch Bestellung von Sicherheiten erhöht. Diese Sicherheiten können persönlicher (»persönliche Sicherung) und dinglicher (»dingliche Besicherung) Natur sein. Er reduziert damit das Risiko, das sich durch eine Zahlungsunfähigkeit des Schuldners ergibt. *DH*

Gespaltenes Schuldverhältnis (PR)
Schuldverhältnis, bei dem einem Vertragspartner (mindestens) zwei gegenüberstehen, wobei einer dieser beiden aus dem Vertrag berechtigt, der andere verpflichtet ist.

Beispiel: Matthias vermietet sein Haus an Bettina und deren Tochter Elisabeth, wobei Elisabeth das Wohnrecht am Haus zukommt, aber Bettina zur Zahlung des Mietzinses verpflichtet ist. *MH/AG*

Gestaltungsrecht (PR)
ist ein »subjektives Recht, das es dem Berechtigten ermöglicht, durch einseitige Erklärung eine Änderung der Rechtslage herbeizuführen. Vom »Anspruch unterscheidet es sich dadurch, dass es nicht auf ein bestimmtes Verhalten (»Handeln) eines Verpflichteten gerichtet ist, sondern bereits durch seine Ausübung Rechtsfolgen auslöst, zB einen Anspruch zum Entstehen oder Erlöschen bringt. Beispiele: Rechte auf »Rücktritt, »Anfechtung, »Wandlung; ihre Geltendmachung führt per se zur Vertragsaufhebung bzw zu Kondiktionsansprüchen. *BB*

Geteiltes Schuldverhältnis (PR)
(auch: Teilschuldverhältnis) »Schuldverhältnis über eine teilbare Sache mit mehreren Schuldnern oder Gläubigern: Jeder Schuldner muss nur seinen Anteil leisten bzw jeder Gläubiger kann nur seinen Anteil fordern. Es entsteht dann, wenn kein »Gesamtschuldverhältnis oder »Gesamthandschuldverhältnis vereinbart wurde.

Beispiel: Lukas und Nina verpflichten sich, Klara € 100,- zu leisten. Ist nichts anderes vereinbart, kann Klara jeweils € 50,- von den beiden verlangen. *MH/AG*

Gewahrsame (PR)
Siehe »Innehabung. *DH*

Gewaltenteilung (ÖR)
ist die Aufteilung der Staatsfunktionen auf unterschiedliche Staatsorgane. Dient zur Vermeidung von Machtmissbrauch. Vgl dazu »Legislative, »Judikative, »Exekutive, »Checks and balances. *JF*

Gewaltenteilung im materiellen Sinn (ÖR)
bedeutet „eine prinzipielle Zuordnung bestimmter Staatsaufgaben (»Staatsaufgabe) zu bestimmten Arten von Staatsorganen“. *TC*

Gewaltenteilung im organisatorischen Sinn (ÖR)
bedeutet, dass die gesetzgebenden Organe, die Verwaltungsorgane und die Organe der Rechtsprechung voneinander getrennt sind. Die verfassungsrechtliche Grundlage der organisatorischen Trennung von Verwaltung und Justiz wird in Art 94 B-VG statuiert. *TC*

Gewaltentheorie (PR)
Siehe »Subjektionstheorie. *PS*

Gewaltentrennendes Prinzip (ÖR)
Siehe »Gewaltenteilung. *JF*

Gewaltentrennungslehre (ÖR)
Siehe »Gewaltenteilung. *JF*

Gewaltmonopol (PR)
Der Staat allein übt organisierte Gewalt aus, um Recht durchzusetzen. Es besteht kein Faustrecht des Einzelnen. Beachte aber zB die Ausnahme der Selbsthilfe (§ 344 ABGB), wenn behördliche Hilfe zu spät käme. Vgl »staatliche Zwangsgewalt. *MH/AG*

Gewährleistung (PR)
ist das verschuldensunabhängige Einstehenmüssen für solche Sach- (»Sachmangel) und Rechtsmängel (»Rechtsmangel), welche die Sache im Zeitpunkt ihrer Erbringung aufweist. Die Gewährleistung ist vor allem bei entgeltlichen Verträgen von Bedeutung. Siehe auch die für bestimmte Vertragstypen geltenden besonderen Regeln, wie bspw für den »Bestandvertrag, die »Zession und den »Handelskauf. Vgl weiters die Möglichkeit, bei verschuldeten Mängeln Schadenersatz statt Gewährleistung zu verlangen. *AP/EK*

Gewährleistungsanspruch (PR)
Diesen kann der Gläubiger geltend machen, wenn die vom Schuldner angebotene Leistung im Zeitpunkt ihrer Erbringung einen »Rechtsmangel oder einen »Sachmangel aufweist. Der Anspruch kann in einer »Verbesserung (»Nachbesserung oder einem Nachtrag des Fehlenden), im »Austausch der Sache, in »Preisminderung oder »Wandlung bestehen und ist nur innerhalb gewisser Gewährleistungsfristen (»Gewährleistungsfrist) geltend zu machen. *AP/EK*

Gewährleistungsfrist (PR)
beläuft sich bei beweglichen Sachen auf zwei, bei unbeweglichen auf drei Jahre und bei Viehmängeln (»Viehmangel) auf sechs Wochen. Bei einem »Rechtsmangel beginnt die Gewährleistungsfrist ab Erkennbarkeit des Mangels zu laufen, bei einem »Sachmangel in der Regel ab Übergabe. Ist die Gewährleistungsfrist abgelaufen, so ist das Gewährleistungsrecht erloschen. *AP/EK*

Gewährleistungspflicht (PR)
Siehe »Gewährleistung. *AP/EK*

Gewerbe (ÖR)
Eine den Rechtsvorschriften (»Rechtsvorschrift) des Gewerberechts (»Gewerberecht) unterliegende Tätigkeit. Ein Gewerbe darf daher grundsätzlich nur mit einer »Gewerbeberechtigung ausgeübt werden. *SL*

Gewerbeberechtigung (ÖR)
Berechtigung, durch die ein »Gewerbe ausgeübt werden darf. *SL*

Gewerbeordnung (ÖR)
»Bundesgesetz, das den Antritt und die Ausübung vieler selbständiger Tätigkeiten (»selbständige Tätigkeit) sowie das Recht zur Errichtung und zum Betrieb einer »Anlage (Betriebsanlangenrecht) regelt. *SL*

Gewerberecht (ÖR)
Summe jener Rechtsvorschriften (»Rechtsvorschrift), die den Antritt und die Ausübung vieler selbständiger Tätigkeiten (»selbständige Tätigkeit) sowie das dazugehörige Recht der Anlagen (»Anlage) regeln. *SL*

Gewerblich (ÖR)
Im Rahmen des Gewerberechts (»Gewerberecht). *SL*

Gewillkürte Erbfolge (PR)
Die vom »Erblasser mittels »Testament oder »Erbvertrag vorgesehene Erbfolge. Sie geht der gesetzlichen Erbfolge vor. Unterscheide davon die »gesetzliche Erbfolge. *MH/AG*

GewO (ÖR)
»Gewerbeordnung. *SL*

Gewohnheitsrecht (PR)
Objektives, nicht geschriebenes Recht. Gewohnheitsrecht entsteht durch lang andauernde, allgemeine und gleichmäßige Übung, wobei die Anwender davon überzeugt sein müssen, dass sie Recht (und nicht etwa bloße »Sitte) ausüben (»opinio iuris). Die Anerkennung von Gewohnheitsrecht im österreichischen Recht ist umstritten. Jedenfalls ist seine Bedeutung relativ gering, da »gesatztes Recht dem Gewohnheitsrecht vorgeht. *MH/AG*

Gewohnheitsrecht (RPH)
ist im Unterschied zum Gesetzesrecht zu sehen. Während das "träge" Gewohnheitsrecht im Mittelalter bei dessen geringer staatlicher Regulierungsdichte und relativ statischer Gesellschaft ausreichend war, ist das Gesetzesrecht ein typisches Phänomen der Neuzeit. Souveränitätsdenken, sozio-ökonomischer und technologischer Wandel sowie neue rechtsstaatliche Erfordernisse haben Schritt für Schritt dafür gesorgt, dass das statische Gewohnheitsrecht durch das dynamische Gesetzesrecht ersetzt wurde. *CMS*

Giroüberweisungsvereinbarung (PR)
Vereinbarung zwischen kontoführender Bank und Kunden, einem Dritten einen bestimmten Betrag zu überweisen. *MH/AG*

Glaubens- und Gewissensfreiheit (ÖR)
Die Glaubens- und Gewissensfreiheit ist ein in Art 14 »StGG und Art 9 »EMRK verankertes »liberales Grundrecht. *TC*

Gläubiger (PR)
»Berechtigter aus einem »Schuldverhältnis, der ein »Forderungsrecht gegen den »Schuldner hat. *MH/AG*

Gläubigeranfechtung (PR)
Bietet dem Gläubiger Schutz vor nachteiligen Rechtshandlungen seines Schuldners, die seinen Haftungsfonds verringern. Das Gesetz kennt einzelne Tatbestände, die unter bestimmten Voraussetzungen die Anfechtung solcher Rechtsgeschäfte zulassen, sofern das Schuldnervermögen nicht zur Befriedigung des Gläubigers ausreicht. Die erfolgreich angefochtene Rechtshandlung entfaltet keine Rechtswirkung gegenüber dem Gläubiger (relative Unwirksamkeit), er kann sich aus dem Vermögenswert befriedigen. *AW*

Gläubigerausschuss (PR)
Der Gläubigerausschuss wird vom Konkursgericht zur Überwachung und Unterstützung des Masseverwalters (»Masseverwalter) bestellt. *PS*

Gläubigerbeirat (PR)
Der Gläubigerbeirat wird vom Ausgleichsgericht zur Beratung, Unterstützung und Überwachung des Ausgleichsver-

walters (»Ausgleichsverwalter) bestellt. *PS*

Gläubigermehrheit (PR)
»Schuldverhältnis, an dem mehrere »Gläubiger beteiligt sind. Die Ausgestaltung ist unterschiedlich (siehe: »Gesamtschuldverhältnis, »Gesamthandschuldverhältnis, »Geteiltes Schuldverhältnis, »Gespaltenes Schuldverhältnis). *MH/AG*

Gläubigerverzug (PR)
(Annahmeverzug) liegt vor, wenn der Gläubiger die vom Schuldner gehörig angebotene Leistung nicht annimmt. Dieser ist zwar nicht zur Annahme verpflichtet, gerät aber in Verzug, wenn er dies nicht tut. Der Gläubigerverzug stellt insofern eine Obliegenheitsverletzung dar, als es zu einem Übergang der »Preisgefahr auf den Gläubiger kommt und die Haftung des Schuldners auf »grobe Fahrlässigkeit beschränkt wird. Überdies kann der Schuldner seine Leistung bei Gericht schuldbefreiend hinterlegen. Trifft den Gläubiger ausnahmsweise eine vertraglich vereinbarte Abnahmepflicht, wird er insofern als Schuldner behandelt (vgl die Regelungen zum »Schuldnerverzug). *AP/EK*

Gleichbehandlungsgebot (ÖR)
wird aus dem »Gleichheitssatz abgeleitet, der größte praktische Bedeutung besitzt. Siehe dazu insbesondere »Sachlich gerechtfertigte Differenzierung. *CMP*

Gleichbehandlungsprinzip (PR)
nennt man jenen Grundsatz, der für gleiche Interessenlagen und Lebenssachverhalte gleiche Rechtsfolgen vorsieht, sofern kein sachlich gerechtfertigter Differenzierungsgrund besteht. Dieses Prinzip wird auch herangezogen, um die Regelungsgrundsätze der Rechtsordnung herauszuarbeiten und um zu ermitteln, ob eine planwidrige Unvollständigkeit des positiven Rechts vorliegt. *AP/EK*

Gleiches Wahlrecht (ÖR)
Grundsatz im »Wahlrecht, nach dem jeder bei einer Wahl abgegebenen Stimme der gleiche Einfluss auf das Wahlergebnis zukommt. *SL*

Gleichheit (RPH)
ist der Kernbegriff der "Gerechtigkeit", bei der es letztlich darum geht, Gleiches gleich und Ungleiches ungleich zu behandeln. Das Problem ist aber, worin Gleichheit und Ungleichheit bestehen. Gleichheit ist ein relationaler Begriff, es geht immer um Gleichheit bzw Ungleichheit in einer bestimmten Hinsicht. Sind alle Menschen in jeder Hinsicht "gleich"? Genetisch? Physiognomisch? Soziokulturell? Jedenfalls ethisch insofern, als allen Menschen ausnahmslos a priori = unbedingt Würde zukommt. *CMS*

Gleichheitssatz (ÖR)
»Grundrecht, nach dem der »Staat sowohl im Rahmen der »Gesetzgebung als auch der »Vollziehung Gleiches gleich und Ungleiches ungleich behandeln muss. Der Staat darf davon nur abweichen, wenn es sachlich gerechtfertigt ist. Beachte: »Sachlichkeitsgebot und »Willkür. Siehe »Gleichbehandlungsgebot; Siehe »Sachlich gerechtfertigte Differenzierung. *CMP*

Gliedstaatsvertrag (ÖR)
»Vertrag zwischen (1) dem »Bund und einem oder mehreren Ländern (»Länder) bzw zwischen (2) zwei oder mehreren Ländern über Angelegenheiten ihres jeweiligen Kompetenzbereichs (vgl »Kompetenzverteilung). Gliedstaatsverträge werden somit in Bereichen geschlossen, in denen die Zuständigkeit zur »Gesetzgebung oder »Vollziehung (1) beim Bund und den Ländern oder (2) bei den Ländern liegt und ein gemeinsames Vorgehen als nötig erachtet wird. *SL*

Glücksvertrag (PR)
»Vertrag, der die Hoffnung eines noch ungewissen Vorteils zum Inhalt hat. Notwendiges Tatbestandsmerkmal ist somit ein »aleatorisches Moment.

Beispiele: »Wette, »Spiel, »Hoffnungskauf, aber auch der »Versicherungsvertrag (str). *MH/AG*

GmbH (PR)
»Gesellschaft mit beschränkter Haftung *MH/AG*

GP (ÖR)
Siehe »Gesetzgebungsperiode. *CMP*

Grammatikalische Auslegung (PR)
Siehe »Wortauslegung. *AP/EK*

Grammatikalische Interpretation (PR)
Siehe »Wortauslegung. *AP/EK*

Gravierende Eheverbote (PR)
Siehe »Eheverbote. *VTH*

Grenzkonflikt (ÖR)
Streitpunkt bzw konflikthafte Situation, die entsteht, wenn ein »Staat ein größeres Territorium beansprucht, als ihm sein Nachbarstaat zugesteht. Vgl dazu »Staatsgebiet, »Gebietskonflikt. *JF*

Grobe Fahrlässigkeit (PR)
Siehe »Fahrlässigkeit. *AW*

Grobes Verschulden (PR)
Der »Verschuldensgrad ab grober Fahrlässigkeit, demnach grobe Fahrlässigkeit und Vorsatz. *AW*

Größenschluss (PR)
Dient der Lückenfüllung und stellt einen Unterfall der Gesetzesanalogie dar. Man unterscheidet das »argumentum a maiori ad minus und das »argumentum a minori ad maius. *AP/EK*

Grundbuch (PR)
Ein von den ordentlichen Gerichten (siehe »ordentliches Gericht) geführtes öffentliches Register, in das Grundstücke und die an ihnen bestehenden dinglichen Rechte (siehe »Dingliche Rechte) eingetragen werden. Siehe »Einverleibung, »Löschungsklage. *MH/AG*

Grundbuchskörper (PR)
Das »Grundbuch besteht aus dem Hauptbuch und der Urkundensammlung. Für jede flächenmäßige Einheit besteht im Hauptbuch Grundbuchseinlage, die mit einer eigenen Einlagezahl (EZ) versehen ist. Gegenstand der Grundbuchseinlage ist der Grundbuchskörper, der aus einer oder mehreren Liegenschaften bestehen kann. *MH/AG*

Grundbuchsrecht (PR)
Die Summe aller Normen (siehe »Rechtsnorm), welche die Organisation des Grundbuchs, Eintragungen ins »Grundbuch und deren Rechtsfolgen sowie das dazugehörige Verfahren regeln. *MH/AG*

Grunddienstbarkeiten (PR)
»Dienstbarkeiten, die der besseren Nutzung eines Grundstücks (des sog herrschenden Grundstücks) dienen. Das zu diesen Zwecken benutzte Grundstück heißt dienendes Grundstück. *DH*

Grundfolgentheorie (PR)
Soll eine Willenserklärung rechtliche Wirkungen entfalten, so genügt es nicht, dass die Parteien mit ihrer Erklärung bloß eine wirtschaftliche oder soziale Wirkung anstreben (Grundfolgentheorie). Andernfalls wäre nämlich keine Abgrenzung von den unverbindlichen Vorgängen des täglichen Lebens möglich. Vielmehr gilt für das Vorliegen eines Geltungswillens (»Geltungswille) von Willenserklärungen die »gemäßigte Rechtsfolgentheorie. *AP/EK*

Grundfreiheiten (ÖR)
Im »EGV sind die fünf Grundfreiheiten – als wichtigste Regelungen des Binnenmarktes (»Binnenmarkt) – verankert: »Warenverkehrsfreiheit (Art 23 ff EGV), »Arbeitnehmerfreizügigkeit (Art 39 ff EGV), »Niederlassungsfreiheit (Art 43 ff EGV), (aktive und passive) »Dienstleistungsfreiheit (Art 49 ff EGV) und »Kapitalverkehrsfreiheit (Art 56 ff EGV). Beachte, dass Grundfreiheiten nicht mit Grundrechten (»Grundrecht) verwechselt werden dürfen. *JLR*

Grundnorm (RPH)
ist ein Zentralbegriff der Reinen Rechtslehre von KELSEN. Im Rahmen des Stufenbaus der Rechtsordnung tritt die Frage auf, wie man die Geltung der Verfassung (= höchste "gesetzte" Norm) erklärt. Dadurch, dass man die Grundnorm "voraussetzt": ‚Verhalte Dich so, wie die Verfassung es vorschreibt, eine Verfassung, auf der eine Rechtsordnung beruht, die im Großen und Ganzen wirksam ist.' Zentrales Problem: der mittelbare Bezug der Sollensbegründung auf das Sein durch das Kriterium der Wirksamkeit! *CMS*

Grundnorm (ÖR)
Die Grundnorm ist nichts anderes als eine rechtstheoretische Annahme; sie wurde von Kelsen geprägt, um eine Geltung der höchsten positiven Norm – der Verfassung – gedanklich durch die Fiktion einer weiteren Sollenskategorie zu begründen. Die Grundnorm hat – nach positivistischem Denken – folgende Kennzeichen: 1. Sie ist eine reine Annahme, rechtstheoretischer Natur und daher nicht Bestandteil der positiven Rechtsordnung; 2. sie hat ausschließlich geltungsbegründende Funktion; sie rechtfertigt daher aus moralischer Sicht die Verfassung nicht. MaW: Sie postuliert keinen „Rechtsbefolgungsanspruch"; sie hat keinen Inhalt (da sie ja ausschließlich geltungsbegründende Funktion besitzt und nur rechtstheoretische Bedeutung hat). Achtung: Im Gegensatz zum Rechtspositivismus nimmt die Philosophie einen Inhalt der Grundnorm (im Sinne eines Verhaltenspostulats, die Verfassung zu befolgen) an. Siehe »Grundnorm (RPH). *CMP*

Grundprinzip der Bundesverfassung (ÖR)
Die Grundprinzipien der Bundesverfassung können auch als Baugesetze bezeichnet werden. Das demokratische Prinzip, das republikanische und das bundesstaatliche Prinzip werden im B-VG ausdrücklich genannt. Aber auch das rechtsstaatliche Prinzip ist aufgrund seines Gewichtes in der Verfassung als eigenes Prinzip anerkannt. Daneben kann man auch das gewaltenteilende und liberale Prinzip als eigenständige Grundprinzipien ansehen, wobei manche Rechtsmeinungen davon ausgehen, dass diese beiden Prinzipien bereits im rechtsstaatlichen Prinzip enthalten sind. Soll eines dieser Grundprinzipien gänzlich abgeschafft oder entscheidend verändert werden, spricht man von einer »Gesamtänderung der Bundesverfassung und es ist eine obligatorische Volksabstimmung abzuhalten. Die Grundprinzipien werden also durch die erschwerte Abänderbarkeit besonders geschützt. *TC*

Grundprinzipien ÖR
Siehe »Grundprinzip der Bundesverfassung. *JF*

Grundreallast PR
Reallast (»Reallasten), bei der die Berechtigung mit dem Eigentum an einem Grundstück verknüpft ist. *DH*

Grundrecht ÖR
Der gemeinhin gebrauchte Begriff für ein »subjektives Recht, das in einer »Rechtsvorschrift im »Verfassungsrecht im formellen Sinn verankert ist. Das »B-VG verwendet dafür den Begriff »verfassungsgesetzlich gewährleistetes Recht. Grundrechte lassen sich einerseits in Bürgerrechte (»Bürgerrecht) und Menschenrechte (»Menschenrecht) und andererseits in Liberale (»liberales Grundrecht), politische (»Politisches Grundrecht) und soziale Grundrechte (»Soziales Grundrecht) untergliedern. *SL*

Grundrecht RPH
ist in Abgrenzung zum Menschenrecht zu sehen: Grundrechte normieren menschenrechtliche Ansprüche, aber gelten meist durch verfassungsrechtliche Normierung nur für die Staatsbürger (Bürgerrechte) oder – weiter gefasst – für die Bewohner eines Staates. Menschenrechten dagegen kommt als unbedingten Rechtsansprüchen jedes Menschen als Mensch (als Folge seiner apriorischen Würde) universelle Geltung und damit Verbindlichkeit zu! Sie bedürfen nicht der staatlichen Normierung für ihre Begründung! *CMS*

Grundsatz der freien Beweiswürdigung PR
Grundsatz, wonach der Richter bei der Beurteilung des Wahrheitsgehalts einer Tatsachenbehauptung anhand der aufgenommenen Beweise frei ist. Er ist daher an keine formalen Beweisvorschriften gebunden. *PS*

Grundsatz der materiellen Publizität PR
(Vertrauensgrundsatz) Grundsatz des Grundbuchsrechtes. Der Gutgläubige erwirbt vom im »Grundbuch Eingetragenen auch dann Eigentum an der Liegenschaft, wenn der Eingetragene sein Eigentum inzwischen verloren hat. *DH*

Grundsatz der subjektiven Äquivalenz PR
Siehe »Subjektive Äquivalenz. *AP/EK*

Grundsatz des beiderseitigen Gehörs PR
Grundsatz, wonach beiden Streitparteien Gelegenheit zur Äußerung gegeben werden muss, bevor eine gerichtliche Entscheidung getroffen wird. Dieser Grundsatz stammt aus dem römischen Recht (audiatur et altera pars). *PS*

Gründungsverträge ÖR
siehe »Vertrag zur Gründung der Europäischen Gemeinschaft. *CMP*

Grundverkehrsrecht ÖR
geregelt in Landesgesetzen; enthält Bestimmungen über die Zulässigkeit des Erwerbs von Grund und Boden durch Fremde in den österreichischen Bundesländern. Man spricht in diesem Zusammenhang von "Ausländergrundverkehr". Achtung: Unionsbürger genießen aufgrund des europarechtlichen Diskriminierungsverbots hier Privilegien. Hinweis: Erfasst und eingeschränkt wird überdies der Erwerb von landwirtschaftlichen Grundstücken, hier auch durch Österreicher und Unionsbürger. *CMP*

Gültigkeit des Vertrags PR
ist streng genommen nur dann gegeben, wenn der Vertrag fehlerfrei (ohne »Wurzelmangel) zustande gekommen ist. Ist zu prüfen, ob ein Vertrag gültig (gültig zustande gekommen) ist, muss daher das Vorliegen aller »Wirksamkeitsvoraussetzungen des Vertragsschlusses geprüft werden; fehlt nur eine davon, ist der Vertrag ungültig (nichtig). Die »Nichtigkeit kann je nach Ungültigkeitsgrund »absolute Nichtigkeit, »relative Nichtigkeit, Anfechtbarkeit (»Anfechtung), schwebende Unwirksamkeit (»negotium claudicans) sein. *BB*

Gummiparagraph ÖR
Laienhafter Ausdruck für unklar formulierte Rechtsvorschriften. *CMP*

Gutachten PR
In Zusammenhang mit Werken der »Rechtswissenschaft versteht man darunter (zumeist in Auftrag gegebene) Arbeiten, die sich mit bestimmten Rechtsproblemen vertieft auseinandersetzen und in der Regel nicht publiziert werden.

Beispiel: Ein Unternehmen tritt an einen Professor für Zivilrecht heran, welcher über ein rechtliches Problem ein Gutachten verfassen soll, um das Prozessrisiko besser abschätzen zu können. *MH/AG*

Gute Sitten ÖR
Gebote des guten Benehmens in der menschlichen Gemeinschaft (generelle Komponente); allgemein anerkannte Regeln des Umgangs miteinander, die aber nicht Bestandteil des positiven Rechts (»positives Recht) sind; Beispiel: Bei guter Bedienung gibt man im Restaurant Trinkgeld. Zu unterscheiden von der »Moral (individuelle Komponente) und vom positiven Recht. Hinweis: Das positive Recht KANN, MUSS aber nicht mit den guten Sitten übereinstimmen, was bei Diskrepanzen Ursache von Gewissenskonflikten sein kann. *CMP*

Gütergemeinschaft (PR)
Die Ehepartner können durch Ehepakt vom gesetzlichen Güterstand (»Gesetzlicher Güterstand) der »Gütertrennung abweichen und allgemeine (umfasst das gesamte gegenwärtige und zukünftige Vermögen) oder beschränkte Gütergemeinschaft (nur das gegenwärtige oder nur künftig erworbenes oder nur künftig erworbenes und ererbtes Vermögen oder Fahrnis und Errungenschaft) vereinbaren. Das einbezogene Vermögen wird »Miteigentum der Ehepartner (im Zweifel zu gleichen Quoten); im Falle einer Gütergemeinschaft auf den Todesfall entsteht dieses erst im Zeitpunkt des Todes eines der Ehepartner. Eine Übertragung der Miteigentumsanteile an Dritte ist wirksam und hat lediglich schuldrechtliche Wirkung im Innenverhältnis zur Folge. *VTH*

Gütertrennung (PR)
Siehe »Ehegüterrecht. *VTH*

Gutglaubensschutz (PR)
Siehe »Gutgläubiger Erwerb vom Nichtberechtigten. *DH*

Gutgläubiger Eigentumserwerb (PR)
Grds kann niemand von einem Nichtberechtigten Eigentum erwerben. Eine Ausnahme zu diesem Grundsatz stellt der gutgläubige Eigentumserwerb dar. An beweglichen Sachen kann gem § 367 ABGB Eigentum erworben werden: Ist der Erwerber aufgrund eines entgeltlichen Rechtsgeschäfts rechtmäßiger und redlicher (= gutgläubiger) Besitzer einer ihm vom Nichteigentümer übergebenen beweglichen Sache geworden, dann erwirbt er Eigentum, wenn er beweist, dass er die Sache in einer »öffentlichen Versteigerung oder von einem Unternehmer im gewöhnlichen Betrieb seines Unternehmens oder von jemandem erworben hat, dem die Sache vom Eigentümer anvertraut wurde (»Vertrauensmann).An unbeweglichen Sachen kann der gutgläubige Erwerber vom Nichtberechtigten durch »Ersitzung sowie aufgrund des Grundsatzes der materiellen Publizität (»Grundsatz der materiellen Publizität) Eigentum erwerben.Weitere Fälle des Erwerbs vom Nichtberechtigten sind der Erwerb des Scheinerben und der »Erwerb durch Vermengung. *DH*

Gutgläubiger Erwerb vom Nichtberechtigten (PR)
Niemand kann ein dingliches Recht, das ihm nicht zusteht bzw über das er nicht verfügen kann, einem anderen übertragen. Das Sachenrecht kennt aber Ausnahmen, in denen es – unter der Voraussetzung des guten Glaubens des Erwerbers – zu einem Erwerb dinglicher Rechte vom Nichtberechtigen kommen kann. *DH*

Gutgläubiger Liegenschaftserwerb (PR)
An unbeweglichen Sachen kann der Gutgläubige Eigentum durch »Ersitzung erwerben. Außerdem kann der Gutgläubige von einem im »Grundbuch Eingetragenen auch dann Eigentum an der Liegenschaft erwerben, wenn der Eingetragene sein Eigentum bereits verloren hat (»Grundsatz der materiellen Publizität). Der Gutgläubige ist nämlich in seinem Vertrauen auf die Richtigkeit der Eintragungen im Grundbuch geschützt. *DH*

Gutgläubiger Pfandrechtserwerb (PR)
Jemand, dem eine Sache von einer Person verpfändet wird, die nicht deren Eigentümer ist, kann ein Pfandrecht an ihr nur unter den Voraussetzungen des gutgläubigen Eigentumserwerbs (»gutgläubiger Eigentumserwerb) erwerben. Von den drei Fällen des § 367 kommt aber nur der Erwerb des Vertrauensmannes (»Vertrauensmann) in Frage. Der Eigentümer der Sache hat in so einem Fall die Wahl: Er kann den redlichen Pfandrechtserwerber auszahlen oder das Pfand aufgeben. Gegen den Verpfänder stehen dem Eigentümer dann Schadenersatzansprüche zu. *DH*

Gutgläubigkeit (PR)
Wer annehmen darf, dass eine Sache sein Eigentum ist bzw er ein Recht ausüben darf, ist gutgläubig (und hat daher redlichen Besitz). Voraussetzung für den gutgläubigen Eigentumserwerb (»gutgläubiger Eigentumserwerb) an Sachen. *DH*

hA (ÖR)
herrschende Ansicht *CMP*

Haften (PR)
Siehe »Haftung. *AW*

Haftpflichtrecht (PR)
Siehe »Schadenersatzrecht. *MH/AG*

Haftung (PR)
(1) Das Einstehenmüssen des Schuldners (siehe »Schuldner) für die Erfüllung seiner »Schuld. Wer die geschuldete Leistung nicht erbringt, hat dafür mit seinem gesamten Vermögen einzustehen (»Persönliche Haftung). Beachte aber allfällige Haftungsbeschränkungen (siehe »Haftungsbeschränkung). (2) Im »Schadenersatzrecht wird der Begriff gleichbedeutend mit »Schadenersatzpflicht gebraucht. *MH/AG*

Haftung cum viribus (PR)
(Auch: sachlich beschränkte Haftung) »Haftung nur mit bestimmten Sachen.

Beispiel: Ein Minderjähriger, der »beschränkt geschäftsfähig ist, haftet nur mit jenen Vermögensstücken, die ihm zur freien Verfügung überlassen sind. Unterscheide davon: »Haftung pro viribus. Siehe auch: »Haftungsbeschränkung. *MH/AG*

Haftung nach Köpfen (PR)
Der »Rückgriffsanspruch jenes Solidarschuldners (»solidarisch), der dem Gläubiger geleistet hat, gegenüber seinen Mitschuldnern besteht im Umfang des jeweils verursachten Anteils am Schaden. Im Zweifel wird die Schuld zu gleichen Teilen (Haftung nach Köpfen) aufgeteilt. *AW*

Haftung pro viribus (PR)
(Auch: umfänglich beschränkte Haftung) »Haftung mit seinem gesamten Vermögen bis zu einem bestimmten Betrag, der dem Wert übernommener Sachen entspricht.

Beispiel: Der »Erbe, der eine bedingte »Erbantrittserklärung abgibt, haftet für Nachlassschulden nur bis zum Wert des übernommenen Anteils des Nachlasses (siehe »Nachlass). Unterscheide davon: »Haftung cum viribus. Siehe auch: »Haftungsbeschränkung. *MH/AG*

Haftungsbeschränkung (PR)
Grundsätzlich haftet der »Schuldner für seine »Schuld mit seinem gesamten Vermögen (siehe »Persönliche Haftung, »Exekution). Ausnahmen von diesem Grundsatz nennt man Haftungsbeschränkungen. Siehe dazu insbesondere »Haftung cum viribus und »Haftung pro viribus. *MH/AG*

Haftungsfonds (PR)
Jenes Vermögen des Schuldners, auf das dessen Gläubiger zur Befriedigung ihrer Forderungen greifen können. *AW*

Handeln (PR)
heißt nach außen tretendes, vom Willen beherrschbares Verhalten. Unwillkürliche Bewegungen, wie zum Beispiel im Schlaf oder echte Reflexe, fallen nicht darunter. Der Begriff Handlung umfasst sowohl ein Tun wie auch ein Unterlassen. Rechtlich bedeutsam ist insb deliktisches und »rechtsgeschäftliches Handeln. *BB*

Handelsbrauch (PR)
Siehe »Unternehmensbrauch. *MH/AG*

Handelsgericht (PR)
Die Handelsgerichte sind für die »Handelsgerichtsbarkeit zuständig. In Wien gibt es ein eigenes Handelsgericht. In anderen Sprengeln entscheiden die sonstigen ordentlichen Gerichte. *PS*

Handelsgerichtsbarkeit (PR)
Gerichtsbarkeit in Handelssachen. Dazu zählen bestimmte in der JN aufgezählte unternehmensrelevante Streitigkeiten. *PS*

Handelsgeschäft (PR)
Mit Inkrafttreten der »Handelsrechtsreform wurde der Begriff „Handelsgeschäft" durch »unternehmensbezogenes Geschäft abgelöst. *MH/AG*

Handelsgesetzbuch (PR)
(HGB) Enthielt die Vorschriften des Handelsrechts. Das HGB wurde mit Inkrafttreten des Handelsrechtsänderungsgesetzes am 1. 1. 2007 in »Unternehmensgesetzbuch umbenannt. Siehe auch »Handelsrecht, »Handelsrechtsreform. *MH/AG*

Handelskauf (PR)
Davon spricht man, wenn mindestens ein Vertragspartner Unternehmer ist und der Kaufgegenstand aus Waren oder Wertpapieren besteht. Beachte in diesem Zusammenhang auch die besonderen Bestimmungen im Gewährleistungsrecht. *AP/EK*

Handelsmaklervertrag (PR)
»Vertrag, bei dem eine Partei (Handelsmakler) Geschäfte über Gegenstände des Handelsverkehrs für die andere Partei vermittelt, ohne ständig damit betraut zu sein (unterscheide davon: »Handelsvertretervertrag). Handelsmakler ist nur, wer diese Vermittlung gewerbsmäßig ausübt (unterscheide davon: »Zivilmaklervertrag). Auf den Handelsmaklervertrag sind die Regelungen des Maklergesetzes (siehe »Maklergesetz) anzuwenden. *MH/AG*

Handelsrecht (PR)
Siehe »Unternehmensrecht. *AW*

Handelsrechtliche Personengesellschaft (PR)
Früher: zB »Offene Handelsgesellschaft (OHG), »Kommanditgesellschaft (KG), »Stille Gesellschaft. Mit Inkrafttreten des UGB (siehe »Unternehmensgesetzbuch) am 1. 1. 2007 wurde der Begriff handelsrechtliche Gesellschaft oder Handelsgesellschaft obsolet. Siehe »Handelsrechtsreform. *MH/AG*

Handelsrechtsreform (PR)
Mit der Handelsrechtsreform 2005 wurde das Gebiet des Handelsrechts in „Unternehmensrecht" und somit auch das »Handelsgesetzbuch (HGB) in »Unternehmensgesetzbuch (UGB) umbenannt und grundlegend reformiert. Das UGB trat am 1. 1. 2007 in Kraft. Mit der Handelsrechtsreform wurde unter anderem der Grundtatbestand (siehe »Kaufmann, »Unternehmer, »Unternehmen, »Unternehmensbezogenes Geschäft) neu gefasst und das Recht der Personengesellschaften (siehe »Personengesellschaft) reformiert. *MH/AG*

Handelsvertretergesetz (PR)
(HVertrG) »Bundesgesetz über die Rechtsverhältnisse der selbständigen Handelsvertreter (siehe »Handelsvertretervertrag). *MH/AG*

Handelsvertretervertrag (PR)
Ein dem freien Dienstvertrag (siehe »Freier Dienstvertrag) und dem »Auftrag verwandter Vertrag, bei dem die eine Partei (Handelsvertreter) ständig damit betraut ist, auf Rechnung und im Namen der anderen Partei Geschäfte – ausgenommen über unbewegliche Sachen – abzuschließen oder zu vermitteln. Unterscheide davon den »Handelsmaklervertrag. Der Handelsvertretervertrag ist im »Handelsvertretergesetz geregelt. *MH/AG*

Händlerregress (PR)
(Rückgriff in der Vertragskette; § 933b ABGB) Wenn ein Unternehmer einem Endverbraucher Gewähr geleistet hat, kann er von seinem (unternehmerischen) Vormann auch nach Ablauf der »Gewährleistungsfrist seinen »Gewährleistungsanspruch geltend machen. Gleiches gilt bei früheren Veräußerern im Verhältnis zu ihren Vormännern, wenn sie selbst ihrem Nachmann Gewähr geleistet haben. Der Anspruch muss innerhalb von zwei Monaten ab Erfüllung der eigenen Gewährleistungspflicht gerichtlich geltend gemacht werden und ist mit der Höhe des eigenen Aufwandes begrenzt. Die Verjährungfrist der Haftung eines Rückgriffspflichtigen beträgt fünf Jahre ab Erbringung der eigenen Leistung. *AP/EK*

Handlung (PR)
Siehe »Handeln. *BB*

Handlungsfähigkeit (PR)
ist die Fähigkeit, durch eigenes Verhalten Rechte und Pflichten zu begründen. Sie umfasst »Geschäftsfähigkeit und »Deliktsfähigkeit. (Bei Letzterer geht es freilich nur um die Begründung von Pflichten, nämlich zur Leistung von Schadenersatz). *BB*

HArbG (PR)
»Heimarbeitsgesetz 1960 *MH/AG*

Harmonisierung (ÖR)
Begriff aus der europarechtlichen Terminologie; bezieht sich auf die Angleichung der Rechtsordnungen der EG-Mitgliedstaaten durch vereinheitlichende Rechtsakte auf europarechtlicher Ebene. Meistens wird in diesem Zusammenhang die »Richtlinie eingesetzt, die von den Mitgliedstaaten in ihre nationalen Rechtsordnungen umzusetzen ist. *CMP*

Hauptleistungspflicht (PR)
(Auch: Hauptpflicht) Vertragliche Pflicht, die den Zweck des Vertrages bildet und dessen Typus (siehe »Vertragstypus) bestimmt. ZB Leistung des Kaufgegenstandes gegen Zahlung des Kaufpreises beim Kaufvertrag. *MH/AG*

Hauptpflicht (PR)
Siehe »Hauptleistungspflicht. *MH/AG*

Hauptschuld (PR)
Siehe »Hauptleistungspflicht. *MH/AG*

Haushaltsgemeinschaft (PR)
Siehe »Umfassende Lebensgemeinschaft. *VTH*

Häusliche Gemeinschaft (PR)
Siehe »Scheidung. *VTH*

Heiliger Stuhl (ÖR)
Dieser besitzt eine sogenannte souveräne, nicht staatliche Völkerrechtssubjektivität (»Völkerrechtssubjekt). Siehe auch »Malteser Ritter Orden, »Internationales Komitee vom Roten Kreuz. *JF*

Heimarbeitsgesetz 1960 (PR)
(HArbG) Enthält Schutzbestimmungen für Personen, die als Nicht-Gewerbetreibende in ihrer eigenen Wohnung oder einer selbst gewählten Arbeitsstätte im Auftrag und für Rechnung einer anderen Person mit der Herstellung, Bearbeitung, Verarbeitung oder Verpackung von Waren beschäftigt sind. *MH/AG*

Heimfallsrecht (PR)
(Auch: Kaduzität) Recht, das den »Nachlass dem »Staat (»Bund) anheimfallen lässt, wenn weder durch »letztwillige Verfügung noch aufgrund der gesetzlichen Erbfolge (siehe »gesetzliche Erbfolge) ein »Erbe zur Verfügung steht. *MH/AG*

Hemmung (PR)
Die Hemmung der »Verjährung bedeutet, dass der Beginn oder der Fortlauf der begonnenen Verjährung hinausgeschoben wird. *SR*

Hemmung von Fristen (PR)
Stillstehen des Laufs einer Frist während eines bestimmten Zeitraumes (zB »verhandlungsfreie Zeit). Die restliche Frist läuft anschließend weiter. *PS*

Hereditas iacens (PR)
Siehe »Ruhende Verlassenschaft. *MH/AG*

Herren über die Verträge (ÖR)
Diese Wendung drückt aus, dass jeder Mitgliedstaat – obwohl die EU supranationale Elemente enthält – dennoch bei jeder Vertragsänderung oder -neufassung zustimmen muss, dh ein Vetorecht gegen Veränderungen hat. *JLR*

Herrenlose Sache (PR)
Sache, die in niemandes Eigentum steht. Entweder eine Sache, die noch nie in jemandes Eigentum gestanden hat, oder eine Sache, die ihr bisheriger Eigentümer aufgegeben hat. *DH*

Herrschaftsrecht (PR)
Ein Herrschaftsrecht räumt dem Berechtigten die Befugnis ein, über eine Sache nach seinem Belieben zu verfahren und Dritte davon auszuschließen. Dazu zählen alle dingli-

chen Rechte und die Immaterialgüterrechte (»Immaterialgüterrecht). *AW*

Heteronom verbindliche Rechtsakte ÖR
Einseitig verbindliche Rechtsakte; siehe »Heteronomie. *CMP*

Heteronomie RPH
ist der Gegenbegriff zur "Autonomie". Für KANT bedeutet "Heteronomie" Fremdbestimmung, dh man bestimmt die Grenzen des eigenen Handelns nicht selbst, sondern als Reaktion auf externe Impulse: Wer nur den sinnlichen Trieben folgt, wer nur den gesellschaftlichen Moden folgt, wer nur den ökonomischen Interessen folgt – handelt nach KANT fremdbestimmt! Doch die "Autonomie" ist a priori, also unbedingt, was bedeutet, dass man sich frei (!) dazu entscheidet, sich fremd = extern bestimmen zu lassen! *CMS*

HGB PR
»Handelsgesetzbuch *MH/AG*

Hinreichende Bestimmtheit eines Gesetzes ÖR
Eine aus dem rechtsstaatlichen Prinzip (»Rechtsstaatliches Prinzip) erfließende Verpflichtung des Gesetzgebers (»Gesetzgeber), das Handeln der »Verwaltungsorgane klar zu determinieren. Danach ist eine »Rechtsvorschrift, die der »Verwaltung einen zu großen Spielraum lässt, verfassungswidrig. Das Handeln der Verwaltung soll nämlich für die Bürger vorhersehbar und berechenbar werden. *SL*

Hinterlassenschaft PR
Siehe »Nachlass. *MH/AG*

Hirntod RPH
bedeutet, dass man – im Lichte der transplantationsmedizinischen Erfordernisse an Organzustände – den Tod des Menschen nunmehr nicht (wie traditionell üblich) mit dem irreversiblen Herz- und Atemstillstand festlegt, sondern (schon früher) mit dem irreversiblen Ausfall der Hirnfunktionen in ihrer Gesamtheit. Solcherart kann man "nach dem Tod" das Herz-Kreislauf-System noch apparativ aufrechterhalten, um solcherart die für die zu explantierenden Organe notwendige Durchblutung zu gewährleisten. *CMS*

Historische Auslegung PR
(subjektive Auslegung) Hierbei wird auf den Willen des historischen Gesetzgebers (»Historischer Gesetzgeber) abgestellt, sofern dieser dem Gesetzeswortlaut nicht eindeutig widerspricht. Der Wille des geschichtlichen Gesetzgebers kommt in den Gesetzesmaterialien zum Ausdruck, wozu die stenographischen Protokolle des Nationalrats, die Regierungsvorlagen und deren Erläuterungen sowie Ausschuss- und Kommissionsberichte zählen. *AP/EK*

Historische Interpretation ÖR
Dabei ist zu beurteilen, was der Gesetzgeber zum Zeitpunkt der Erlassung (»historischer Gesetzgeber) einer Norm damit regeln wollte bzw was er unter einem Begriff verstanden hat. Dabei werden Gesetzesmaterialien, wie zB Regierungsvorlagen (RV) und Ausschussberichte (AB), herangezogen. ZB in einer Regierungsvorlage enthaltene erläuternde Bemerkungen geben Auskünfte über die Hintergründe der Normen. *GH*

Historischer Gesetzgeber ÖR
Bei der historischen Interpretation (»Historische Interpretation) steht der Wille des „historischen Gesetzgebers“ im Vordergrund. Es ist zu beurteilen, was der Gesetzgeber zum Zeitpunkt der Erlassung einer Norm damit regeln wollte bzw was er (bei Kompetenzregelungen) unter einem Begriff verstanden hat. *GH*

Höchstgerichte ÖR
sind in Österreich der Oberste Gerichtshof (Oberster Gerichtshof) (OGH), »Verfassungsgerichtshof (VfGH) und der »Verwaltungsgerichtshof (VwGH). *JF*

Höchstpersönliches Recht PR
Recht, das an eine bestimmte Person „gebunden“ ist. Es ist unveräußerlich, unübertragbar, unvererblich und unpfändbar. Vgl »Persönlichkeitsrecht. *AW*

Hoffnungskauf PR
(Auch: emptio spei) »Glücksvertrag, bei dem die künftigen Nutzungen einer »Sache in Pausch und Bogen gegen Entgelt übernommen werden. Dem Käufer gebühren alle ordentlich erzielten Nutzungen, er trägt aber auch die Gefahr eines teilweise oder gänzlich vereitelten Eintritts der Erwartung.

Beispiel: Kauf einer künftigen Ernte. Fällt sie schlecht aus oder wird gänzlich vernichtet, ist dennoch der vereinbarte Kaufpreis zu leisten. *MH/AG*

Hoheitsverwaltung ÖR
In diesem Bereich der Verwaltung treten die Organe im Gegensatz zur »Privatwirtschaftsverwaltung mit »Imperium auf. Die Verwaltungsorgane sind aufgrund gesetzlicher Ermächtigungen berechtigt, einseitige Anordnungen und Entscheidungen zB in der Form von Bescheiden und Verordnungen zu treffen. Schäden, die im Zuge hoheitlicher Verwaltungstätigkeit zugefügt werden, sind nach den Bestimmungen des Amtshaftungsgesetzes (»Amtshaftungsgesetz)

zu beurteilen. Vgl dazu »Verordnung, »Weisung, »Maßnahme, »Bescheid. *JF*

Homme sauvage RPH
soll den Menschen im – nach ROUSSEAU – wahren Naturzustand bezeichnen. Im Gegensatz zu HOBBES und LOCKE, die beide mehr oder weniger von Konfliktszenarien im Naturzustand ausgehen, ist für ROUSSEAU der Mensch in Wahrheit ein friedliebendes und kooperatives (soziales) Lebewesen, das nur durch externe Naturkatastrophen aus dieser Idylle herausgerissen = seiner wahren Natur entfremdet wird. Erst jetzt verliert er amour de soi und pitié und wird zum egoistischen Konfliktwesen (amour propre). *CMS*

HVertrG PR
»Handelsvertretergesetz *MH/AG*

Hypothek PR
»Pfandrecht an unbeweglichen Sachen. *DH*

Hypothekargläubiger PR
Derjenige, dessen Forderung durch ein »Pfandrecht an einer Liegenschaft des Schuldners oder eines Dritten (der sie zu diesem Zweck zur Verfügung gestellt hat) besichert ist. *DH*

Hypothekarschuldner PR
Derjenige, welcher dem Gläubiger ein »Pfandrecht an seiner Liegenschaft einräumt. *DH*

Hypothekenbankgeschäft PR
Hypothekenbanken vergeben Kredite an Kreditnehmer, deren Grundstücke mit Hypotheken belastet werden. Die Finanzierung der Kredite wiederum erfolgt durch die Ausgabe von Schuldverschreibungen, zu deren Deckung die Hypotheken bestimmt sind. *DH*

Hypothetischer Parteiwille PR
Wird herangezogen, wenn aus einem »Vertrag eine bestimmte Streitfrage nicht eindeutig zu beantworten ist. Dabei wird der Vertrag so ergänzt und erklärt, „wie ihn redliche und vernünftige Parteien angesichts der gegebenen Umstände geschlossen hätten". *SR*

Hypothetisches Erfüllungsinteresse PR
Übersteigt das »Vertrauensinteresse jenen Betrag, der zu leisten wäre, wenn der Vertrag gültig zustande gekommen wäre, ist insb bei Verschulden des »falsus procurator das »Vertrauensinteresse nur bis zur Höhe des Erfüllungsinteresses (»Erfüllungsinteresse) zu ersetzen. Die übersteigenden Nachteile hätte der Dritte in jedem Fall tragen müssen. *AP/EK*

Idealismus RPH
ist die philosophische Denktradition, die PLATON folgend die Idee, das sinnstiftende Prinzip, das dem Denken sich erschließende Wesentliche der Dinge in den Mittelpunkt der Reflexion stellt. Dem Idealismus (FICHTE, SCHELLING, HEGEL) geht es stets darum, das allen Erscheinungen (Phänomenen) zugrunde liegende Wesen (Noumenon) zu erfassen durch deduktives Denken. Idealismus vermag durch seinen dialektischen Ansatz auch Vernunftbegriffe (wie Freiheit, Recht und Gerechtigkeit) zu reflektieren. *CMS*

Ideelle Quote PR
Siehe »Ideeller Anteil. *DH*

Ideeller Anteil PR
Beim »Miteigentum: Eine Sache gehört mehreren Personen. Jeder ist an der Sache mit einem Bruchteil (eine Quote) berechtigt, aber nicht an einem bestimmten körperlichen Teil. *DH*

Ideeller Schaden PR
Schaden, der nicht in einer Vermögensminderung (»Vermögensschaden) liegt und daher nicht in Geld messbar ist. Solche Gefühlsschäden sind etwa Schmerzen, Kränkungen usw. Der Ersatz gebührt jedenfalls in den gesetzlich geregelten Ausnahmefällen, wie etwa »Schmerzengeld, »Affektionsinteresse, entgangene Urlaubsfreude, gravierende Eingriffe in die Privatsphäre. Eine weitere Ersatzfähigkeit ist umstritten, die Rechtsprechung neigt zu einer Ausweitung der Haftung für ideelle Schäden. *AW*

Ideeller Verein PR
Ein freiwilliger, auf Dauer angelegter, aufgrund von Statuten (siehe »Satzung) organisierter Zusammenschluss mindestens zweier Personen zur Verfolgung eines bestimmten, gemeinsamen, ideellen Zwecks. Das Vereinsvermögen darf nur im Sinne des Vereinszwecks verwendet werden. Der Verein darf daher nicht auf Gewinn gerichtet sein, zB ein Sport- oder Strickverein. *MH/AG*

idR ÖR
in der Regel *CMP*

IGH ÖR
Siehe »Internationaler Gerichtshof. *CMP*

Immaterialgüterrecht PR
»Absolutes Recht, das jemandem an seinen geistigen Gütern (»Geistiges Eigentum) zusteht. Zu den Immaterialgüterrechten zählen »Markenrecht, »Musterrecht, »Patentrecht und »Urheberrecht. Als Recht im objektiven Sinn bezeichnet das Immaterialgüterrecht die Summe jener Normen, die den Schutz von immateriellen Gütern zum Gegenstand haben. *AW*

Immaterieller Schaden PR
Siehe »Ideeller Schaden. *AW*

Immissionen (PR)
Von außen auf eine Liegenschaft einwirkende dauernde Störungen wie Rauch, Gase, Geräusche, Erschütterungen etc. Der Eigentümer der Liegenschaft muss diese so weit dulden, als sie das ortsübliche Ausmaß nicht überschreiten und die ortsübliche Nutzung des Grundstücks nicht wesentlich beeinträchtigen. Immissionen einer behördlich genehmigten Anlage müssen auch geduldet werden, wenn sie das ortsübliche Ausmaß übersteigen, doch steht ein verschuldensunabhängiger Ausgleichsanspruch zu. *DH*

Imperium (ÖR)
bedeutet im Rechtssinn, mit der Kompetenz zur heteronomen Normerzeugung ausgestattet zu sein. Vgl dazu »Verwaltungsakt und »Hoheitsverwaltung. *JF*

Impugnationsklage (PR)
Mit der Impugnationsklage (Vollstreckungsbekämpfungsklage) macht der Verpflichtete geltend, dass die »Exekution unzulässig ist, weil der Vollstreckbarkeit des Anspruchs bestimmte Hindernisse (zB mangelnde Fälligkeit, Exekutionsverzicht des Gläubigers) entgegenstehen. *PS*

Individuelle Norm (ÖR)
Norm, die für den jeweiligen Einzelfall Bedeutung hat und in Bezug auf diesen ganz bestimmten Einzelfall Recht spricht. Sie wird daher auch als "individuell-konkrete" Norm bezeichnet. Bsp: Urteile, Bescheide, Erkenntnisse. Gegenbegriff: »Generelle Norm. *CMP*

Informierter Konsens (RPH)
ist im Rahmen der Konzeption der Patientenautonomie zu sehen, wonach Arzt und Patient gemeinsam (im Konsens) die möglichen Therapiemaßnahmen festlegen. Das setzt aber aufgrund des fachlichen Informationsvorsprungs des Arztes eine ausreichende Aufklärung des Patienten über Diagnose und Therapiemöglichkeiten voraus, um solcherart dann einen "informierten" Konsens über die weiteren Schritte zu erzielen. Beachtlich ist aber auch der Informationsfluss vom Patienten zum Arzt im Rahmen der Anamnese. *CMS*

Inhaber (PR)
Wer eine Sache tatsächlich in seiner Macht und Gewahrsame hat. Unterschieden werden der unmittelbare und der mittelbare Inhaber. Der unmittelbare Inhaber hält eine Sache selbst im eigenen Machtbereich (so zB der Mieter), dem mittelbaren Inhaber wird die Innehabung einer Sache bloß durch einen anderen vermittelt (so zB dem Vermieter). *DH*

Inhaltskontrolle (PR)
Wenn eine Vertragsklausel die »Geltungskontrolle besteht, wird sie auf ihren Inhalt geprüft. Dies bedeutet, dass die Bestimmungen in den AGB (»Allgemeine Geschäftsbedingungen) oder Vertragsformblättern (»Vertragsformblatt) auf ihre Gesetzeskonformität und die Einhaltung der guten Sitten geprüft werden. Benachteiligt eine in AGB oder Vertragsformblättern enthaltene Vertragsbestimmung einen Vertragsteil gröblich, so ist diese Bestimmung gemäß § 879 Abs 3 ABGB nichtig. Das »Konsumentenschutzgesetz (»KSchG) enthält für Verbrauchergeschäfte speziell verbotene Vertragsklauseln (etwa § 6 Abs 1 und Abs 2 KSchG). *SR*

Inhaltsverbot (PR)
Führt zur »Nichtigkeit des Vertrages (»Vertrag). Darunter fallen etwa jene Vereinbarungen, die das Strafrecht verbietet (zB Kaufvertrag über ein Gramm Heroin). *SR*

Inhaltswille (PR)
Eine »Willenserklärung muss einen bestimmten Inhalt haben; sie muss inhaltlich bestimmt sein (»Rechtsgeschäftliche Willenserklärung). *SR*

Initiativantrag (ÖR)
Antrag von Abgeordneten des Nationalrats oder von Abgeordneten eines Landtags auf Beschluss oder Abänderung eines Gesetzes. *CMP*

Inkompatibilitätsbestimmung (ÖR)
Auch Unvereinbarkeitsbestimmung. Bezeichnet das Verbot der gleichzeitigen Ausübung mehrerer öffentlicher Ämter, insbesondere wenn es dabei zu Überschneidungen zwischen Exekutive und Legislative kommt. Bsp: Der Bundespräsident darf nicht zugleich Abgeordneter des Nationalrats sein; vgl dazu »Gewaltenteilung. *JF*

Inländergleichbehandlung (ÖR)
Verwirklicht das Diskriminierungsverbot. Bedeutet, dass im Sinne des EG-Vertrags den Mitgliedstaaten jede Diskriminierung von Unionsbürgern (»Unionsbürger/in) aufgrund der Staatsangehörigkeit verboten ist (Art 12 »EGV). Unionsbürger sind also im Prinzip innerhalb der EU wie Inländer zu behandeln. *JF*

Innehabung (PR)
Gewahrsame an einer Sache. Abgestellt wird bloß darauf, ob sich eine Sache im Machtbereich einer Person befindet. *DH*

Innenverhältnis (PR)
Insbesondere im Rahmen der rechtsgeschäftlich eingeräumten Vertretungsbefugnis (»Vollmacht) wird zwischen einem Außen- und einem Innenverhältnis unterschieden. Während das Außenverhältnis zwischen Stellvertreter und Drittem besteht, handelt es sich beim Verhältnis zwischen

Stellvertreter und Vertretenem um das Innenverhältnis, dem ein Auftrag, eine Ermächtigung oder eine sonstige rechtliche Beziehung, wie etwa ein Dienstvertrag, zugrunde liegen kann. *AP/EK*

Innere Organisation ÖR
Interne Gliederung von Behörden; bei Gerichten: »Einzelrichter und Senate (»Senat) sowie die in der »Justizverwaltung tätigen Organe.Bei Verwaltungsbehörden: meist Referate, Abteilungen und – in den Bundesministerien – auch Gruppen und Sektionen. *CMP*

Insolvent PR
Ein Schuldner, der überschuldet oder zahlungsunfähig ist, ist insolvent. *PS*

Insolvenz PR
Siehe »Insolvenzverfahren. *PS*

Insolvenzrecht PR
Rechtsnormen, die das »Insolvenzverfahren regeln. *PS*

Insolvenzverfahren PR
Gerichtliches Verfahren zur Verteilung des Vermögens eines Schuldners. Man unterscheidet das »Ausgleichsverfahren und das »Konkursverfahren. *PS*

Instanz PR
Als Instanz bezeichnet man das Verfahren vor einem bestimmten Gericht. Gegen Entscheidungen der Bezirksgerichte können in zweiter Instanz die Landesgerichte angerufen werden. Hat in erster Instanz ein Landesgericht entschieden, geht der Rechtszug in zweiter Instanz an die Oberlandesgerichte. Höchstgericht in Zivilsachen ist der Oberste Gerichtshof. *PS*

Instanzenzug ÖR
Es gibt administrative und gerichtliche Instanzenzüge. Ein Instanzenzug ist der gesetzlich vorgesehene Rechtsgang von einer Behörde (Gericht oder Verwaltungsbehörde) unterer Ordnung an die zuständige Behörde oberer Ordnung, welche die Entscheidung überprüft. Siehe auch »Erschöpfung des Instanzenzugs. *TC*

Instanzgericht PR
Als Instanzgerichte bezeichnet man die Gerichte zweiter und dritter Instanz. *PS*

Institut PR
Siehe »Rechtsinstitut. *PS*

Institutionensystem PR
geht zurück auf den römischen Juristen Gaius. Sein Schullehrwerk des Privatrechts (später institutiones genannt) sah eine Dreigliederung des Rechtsstoffes vor: personae, res und actiones. Das ABGB folgt der Einteilung in personae und res und behandelt im ersten Teil das Personenrecht (Bestimmungen des Allgemeinen Teils und das Familienrecht iSd Pandektensystems), im zweiten Teil das Sachenrecht, das unterteilt wird in dingliche Rechte (Sachenrecht und Erbrecht) und persönliche Sachenrechte (Schuldrecht), und im dritten Teil die gemeinschaftlichen Bestimmungen der Personen- und Sachenrechte. *AW*

Institutiones PR
Plural von lat institutio – Unterweisung, Unterricht. »Institutionensystem. *AW*

Intabulation PR
Siehe »Einverleibung, »Intabulationsprinzip. *MH/AG*

Intabulationsprinzip PR
Bei der Verpfändung von Liegenschaften ist die »Hypothek ins »Grundbuch einzutragen. Dadurch wird die Publizität des Pfandrechts bei unbeweglichen Sachen gewährleistet. *DH*

Integrationsfester Kern ÖR
bezeichnet die Grundprinzipen der Verfassung im Rahmen des Stufenbaus der Rechtsordnung. Er bildet eine Schranke für die Vorrangwirkung des Gemeinschaftsrechts. Das bedeutet, dass die Grundprinzipien als integrationsfester Verfassungskern auch von unmittelbar anwendbarem Gemeinschaftsrecht nicht verdrängt werden können. *JF*

Inter partes PR
(wörtlich: zwischen den Parteien) bezeichnet jene Rechtswirkungen, die nur zwischen den Vertragsparteien eintreten. Gemeint ist damit insb im Schuldrecht das Verhältnis zwischen Gläubiger und Schuldner. *AP/EK*

Interessenswahrungspflicht PR
Vertragliche »Nebenpflicht, gewissen Interessen des Vertragspartners nicht zuwiderzuhandeln. Insbesondere trifft den »Auftragnehmer eine Interessenswahrungspflicht gegenüber dem »Auftraggeber. *MH/AG*

Interessentheorie PR
Theorie, die die Abgrenzung zwischen öffentlichem Recht und Privatrecht danach vornimmt, ob eine Rechtsnorm den Interessen der Allgemeinheit (öffentliches Recht) oder den Interessen des Einzelnen (Privatrecht) dient. Beachte: gleiche Definition im öffentlichen Recht. *PS*

Interessentheorie ÖR
Siehe Interessentheorie im Privatrecht – gleiche Definition. *CMP*

Interessenvertretung, gesetzliche ÖR
Siehe »Gesetzliche Interessenvertretung. *CMP*

Intergouvernemental ÖR
Unter "intergouvernemental" wird die Regierungszusammenarbeit von Mitgliedstaaten im Rahmen einer internationalen Organisation (»Internationale Organisation) verstanden. Im Rahmen der EU ist die in-

tergouvernementale Zusammenarbeit der Mitgliedstaaten in der Zweiten und Dritten Säule (»Drei-Säulen-Modell) von der supranationalen Struktur der »Ersten Säule (»Erste Säule) zu unterscheiden. *JLR*

Internationale Organisation ÖR
Eine internationale Organisation ist ein Zusammenschluss von Staaten oder anderen Völkerrechtssubjekten (»Völkerrechtssubjekt) durch völkerrechtlichen Vertrag (»Völkerrechtlicher Vertrag). Internationale Organisationen (zB »UNO, »OECD, »OSZE) können durch ihre Beschlüsse im Allgemeinen nur Völkerrechtssubjekte verpflichten (im Unterschied zu supranationalen Organisationen [»Supranationale Organisation]). *JLR*

Internationaler Gerichtshof ÖR
Gelegen in Den Haag, Völkerrechtsgerichtshof, Hauptorgan der Rechtsprechung der Vereinten Nationen. Er hat zwei zentrale Funktionen: Entscheidung in Rechtsstreitigkeiten zwischen Staaten und Einschreiten als Gutachter in bestimmten internationalen Rechtsfragen. Nur durch Staaten anrufbar. *CMP*

Internationales Komitee vom Roten Kreuz ÖR
Besitzt eine sogenannte souveräne nicht staatliche Völkerrechtssubjektivität (»Völkerrechtssubjekt). Siehe auch »Heiliger Stuhl, »Malteser Ritter Orden) *JF*

Internationales Privatrecht ÖR
Das Internationale Privatrecht besteht aus Kollisionsnormen (»Kollisionsnorm), ist Teil des Internationalen Rechts (»Internationales Recht) und regelt die Zuständigkeiten für internationale, privatrechtliche Sachverhalte. *JLR*

Internationales Privatrecht PR
„Summe jener Rechtsnormen eines Staates, die bestimmen, welche Rechtsordnung von den Gerichten dieses Staates in Privatrechtsfällen mit Auslandsberührung anzuwenden ist." Es trifft keine inhaltlichen Regelungen, sondern verweist lediglich auf das relevante materielle Recht, nach dem die Rechtssache zu beurteilen ist. Es ist somit »nationales Verweisungsrecht und enthält »Kollisionsnormen. »Internationales Privatrechts-Gesetz, »Europäisches Vertragsstatutübereinkommen. *AW*

Internationales Privatrechts-Gesetz PR
(IPRG) Gesetz aus 1978 – Bundesgesetz über das internationale Privatrecht. Es regelt einen wesentlichen Teil des österreichischen Internationalen Privatrechts. »Internationales Privatrecht. *AW*

Internationales Recht PR
(Völkerrecht) Summe jener Normen, die das Verhalten von Völkerrechtssubjekten (Staaten, internationale Organisationen, zT Einzelmenschen,...) und deren Beziehungen zueinander regeln. Kennzeichnend ist das Fehlen eines zentralen Gesetzgebungsorgans. Rechtsquellen des internationalen Rechts sind insbesondere völkerrechtliche Verträge, Völkergewohnheitsrecht, Beschlüsse internationaler Organisationen und die allgemeinen Rechtsgrundsätze. *AW*

Internationales Recht ÖR
Im gewöhnlichen juristischen Sprachgebrauch unüblicher Ausdruck, am ehesten gleichbedeutend mit »Völkerrecht (bei wörtlicher Übersetzung etwa aus dem Englischen: International Law oder dem Französischen: Droit International; beachte jedoch die spezifische Bedeutung im Zusammenhang mit Kollisionsnormen (»Kollisionsnorm, »Internationales Privatrecht, »Internationales Strafrecht). *CMP*

Internationales Strafrecht ÖR
Das Internationale Strafrecht besteht aus Kollisionsnormen (»Kollisionsnorm) und ist Teil des Internationalen Rechts (»Internationales Recht). Es regelt die Zuständigkeiten für internationale, strafrechtlich zu beurteilende Sachverhalte. *JLR*

Internationales Zivilprozessrecht PR
Summe jener Rechtsnormen eines Staates, die bestimmen, ob in einem Privatrechtsfall mit »Auslandsberührung die österreichischen Gerichte zuständig sind. Die Frage der Zuständigkeit ist jener nach dem anwendbaren materiellen Recht vorgelagert. »Internationales Privatrecht. *AW*

Internationalität der Menschenrechte RPH
bedeutet im Bereich der Menschenrechte deren weltweite – strukturierte bzw organisierte – Durchsetzung. Es geht im Bereich der Internationalität nicht um die Frage der normativen Geltung (OB), sondern der faktischen Wirksamkeit der Menschenrechte (WIE). In diesem Bereich werden Fragen thematisiert wie die Durchsetzungskapazität der UNO, die Möglichkeiten des ICC (International Criminial Court) oder auch "Humanitäre Interventionen". *CMS*

Interpretation ÖR
Rechtliche Bestimmungen sind meistens allgemein formuliert. Um diese auf konkrete Fälle anzuwenden, ist es erforderlich, die Bestimmung aus-

zulegen, zu interpretieren. Das Ziel der Interpretation ist dabei, den Bedeutungsgehalt der Bestimmung bzw den Willen des rechtsetzenden Organs zu ermitteln. Dafür stehen verschiedenen Interpretationsmethoden (»Interpretationsmethode) zur Auswahl. *GH*

Interpretationsergebnis ÖR
Damit ist nichts anderes als das Resultat eines Interpretationsprozesses gemeint. Jede systematische Bemühung, den Inhalt einer Rechtsvorschrift zu erfassen, stellt »Interpretation dar, gleichgültig ob ein Rechtswissenschaftler oder Praktiker (Vollzugsorgan oder Rechtsanwalt) tätig wird. Zu betonen ist, dass aus rechtspositivistischer Sicht ein objektives »Interpretationsergebnis nur dann gewährleistet ist, wenn der Interpret seine subjektiven Wertungen aus dem Interpretationsvorgang ausschließt. Siehe auch »doktrinielle Interpretation. *CMP*

Interpretationsmethode ÖR
Als Interpretationsmethoden stehen die »Wortinterpretation, die »logisch-grammatikalische Interpretation), die (logisch-)»systematische Interpretation, die »historische Interpretation und die »teleologische Interpretation zur Verfügung. Bei der Auslegung eines einfachen Gesetzes ist überdies das Gebot der verfassungskonformen Interpretation (»verfassungskonforme Interpretation) zu beachten. Demnach ist bei mehreren möglichen Bedeutungen jene auszuwählen, wonach die auszulegende Norm nicht der Verfassung widerspricht. *GH*

Interpretationsmethoden PR
Siehe »Auslegungsmethoden. *AP/EK*

Interpretieren PR
Siehe »Auslegung. *AP/EK*

Intersubjektiv ÖR
bezeichnet den Umstand, dass sich eine Aussage auch anderen Subjekten (= Menschen) erschließt, dh für sie verstehbar ist. Man spricht daher davon, dass eine wissenschaftliche Aussage „intersubjektiv nachprüfbar" sein muss. Das ist der Fall, wenn sie objektiv begründet ist und nicht bloß auf subjektiven Wertungen beruht. *CMP*

Inventar PR
Im Erbrecht: Verzeichnis aller Gegenstände, Rechte und Pflichten, die im »Nachlass enthalten sind. Die Errichtung eines Inventars führt immer zu einer bloß beschränkten Haftung des Erben für Nachlassschulden bis zum Wert der »Nachlassaktiven (siehe »Haftung pro viribus). In bestimmten Fällen ist ein Inventar von Amts wegen zu errichten (zB bei bedingter Erbantrittserklärung), in anderen Fällen kann es ein Beteiligter (zB Pflichtteilsberechtigter) verlangen. *MH/AG*

IPR PR
»Internationales Privatrecht *AW*

IPRG PR
»Internationales Privatrechts-Gesetz *AW*

Irrtum PR
ist eine falsche Vorstellung von der Wirklichkeit. Er kann auch in der Unkenntnis eines Umstandes bestehen. Unterliegt jemand bei Abgabe einer »Willenserklärung einem Irrtum, so kann er bei Vorliegen bestimmter Voraussetzungen seine Erklärung (bzw den geschlossenen Vertrag) anfechten. Vgl »Irrtumsanfechtung, »Anfechtung, »Willensmangel. *BB*

Irrtumsanfechtung PR
ist die Beseitigung eines Vertrags durch klagsweise Geltendmachung des Irrtums durch den Irrenden, mit der Folge, dass der Vertrag »ex tunc wegfällt. Voraussetzungen für eine erfolgreiche Irrtumsanfechtung (bei einem entgeltlichen Geschäft) sind: 1. ein »Geschäftsirrtum (im weiteren Sinn), 2. ein »wesentlicher Irrtum, 3. eine der drei Varianten des § 871 ABGB (denen gemeinsam ist, dass der Erklärungsempfänger keinen »Vertrauensschutz verdient): entweder dass der Vertragspartner des Irrenden den Irrtum veranlasste oder ihm der Irrtum offenbar auffallen musste oder der Irrtum rechtzeitig (»re integra) aufgeklärt wurde. *BB*

Ist-Bestimmungen ÖR
Vorschriften, die den Adressaten (meist ein Staatsorgan) zum Handeln (dh zum Treffen einer bestimmten Entscheidung bei Vorliegen gewisser Voraussetzungen) verpflichten. Bsp: "Die Baubewilligung ist zu erteilen, wenn ...". Gegenteil: »Kann-Bestimmungen. *CMP*

Iura novit curia PR
Verfahrensrechtlicher Grundsatz, wonach das Gericht das Recht kennt. Die Parteien müssen nur die anspruchsbegründenden Tatsachen vorbringen. *PS*

Ius civile PR
»Allgemeines Privatrecht *AW*

Ius facit inter partes ÖR
bezeichnet den Umstand, dass sich ein individueller Akt nur auf den jeweiligen Einzelfall, dh auf ganz bestimmte Normadressaten (Verfahrensparteien) bezieht. *CMP*

Ius sanguinis ÖR
Abstammungsprinzip, wonach in Österreich die Staatsbürgerschaft durch Abstammung von österreichischen Staatsbürgern und nicht durch die Geburt in

Österreich verliehen wird. Dh mindestens ein Elternteil muss österreichische/r »Staatsbürger/in sein. Unterscheide dazu »Ius soli. *JF*

Ius soli ÖR
Prinzip zum Erwerb der Staatsbürgerschaft, wonach ein Staat seine Staatsbürgerschaft an alle Kinder verleiht, die auf seinem »Staatsgebiet geboren werden bzw sich uU dort länger aufhalten. Unterscheide dazu »Ius sanguinis. *JF*

iVm ÖR
In Verbindung mit. Bringt zum Ausdruck, dass in einem bestimmten Fall mehrere Rechtsnormen gemeinsam anzuwenden sind. ZB § 1 Abs 3 iVm § 73 AWG. *CMP*

IZPR PR
»Internationales Zivilprozessrecht *AW*

JN PR
»Jurisdiktionsnorm *PS*

Josephinisches Gesetzbuch PR
Siehe »Entwurf Horten. *AW*

Judikative ÖR
Einsetzung unabhängiger Gerichte (»Gericht) zur Entscheidung über Rechtsstreitigkeiten. Vgl dazu »Gewaltenteilung und »Checks and balances. *JF*

Jugendwohlfahrt PR
Siehe »Jugendwohlfahrtsträger. *SR*

Jugendwohlfahrtsträger PR
Wird kraft Gesetzes mit der »Obsorge über ein minderjähriges »Kind betraut, das im Inland gefunden wird und dessen Eltern unbekannt sind (§ 211 ABGB). Für den Bereich der Vermögensverwaltung und der Vertretung gilt dies auch dann, wenn das Kind im Inland geboren wird und in diesem Bereich kein Elternteil mit der Obsorge betraut ist. *SR*

Jurisdiktionsnorm PR
Die Jurisdiktionsnorm (JN) enthält Regeln für das zivilgerichtliche Verfahren. Sie beschäftigt sich mit der Zuständigkeit der Gerichte. *PS*

Jurisprudenz PR
Siehe »Rechtswissenschaft. *MH/AG*

Juristensprache ÖR
Siehe »Rechtssprache. *CMP*

Juristische Person ÖR
Jeder von der natürlichen Person verschiedene Träger von Rechten und Pflichten. Die juristische Person ist rechtsfähig, benötigt zum Tätigwerden aber Organe, deren Handeln ihr zugerechnet wird. Vgl dazu »Juristische Person des öffentlichen Rechts und juristische Person des Privatrechts. *JF*

Juristische Person PR
ist ein vom Menschen verschiedenes Gebilde, dem die Rechtsordnung (wie dem Menschen) Rechtspersönlichkeit zuerkennt, mit anderen Worten, das sie als »Rechtssubjekt anerkennt. Juristische Personen besitzen daher »Rechtsfähigkeit. Die meisten juristischen Personen sind entweder Körperschaften (»Körperschaft des privaten Rechts) oder »Vermögensgesamtheiten (»Stiftungen, »Anstalten, »Fonds). Charakteristika jeder juristischen Person (des Privatrechts): ein gemeinsames Interesse, Organ zur internen Willensbildung, Geschäftsführungs- bzw Vertretungsorgan (Ostheims Theorie der organisierten Interesseneinheit). *BB*

Juristische Person des öffentlichen Rechts ÖR
Durch Gesetz oder durch einen staatlichen Hoheitsakt errichtet, dient sie grundsätzlich der Erfüllung öffentlicher Aufgaben. Weiteres Charakteristikum ist die Pflichtmitgliedschaft. Zur Entscheidung über Streitigkeiten im Verbandsverhältnis sind subsidiär die Verwaltungsbehörden berufen. Das öffentliche Recht unterscheidet vier Haupttypen: »Körperschaft des öffentlichen Rechts, »Anstalt, »Fonds und »Stiftung. Vgl dazu »Juristische Person. *JF*

Justiz ÖR
bezeichnet nichts anderes als die ordentliche »Gerichtsbarkeit. *CMP*

Justizrecht ÖR
Damit bezeichnet man in der Regel die Gesamtheit des von den ordentlichen Gerichten zu vollziehenden Rechts. Im Wesentlichen sind das Strafrecht und Privatrecht sowie die dazugehörigen Verfahrensordnungen. *CMP*

Justizstrafrecht ÖR
geregelt im StGB; jener Teil des Strafrechts, den der Gesetzgeber zur Vollziehung der ordentlichen Gerichtsbarkeit (Strafgerichte) überantwortet. Unterscheide »Verwaltungsstrafrecht. *JF*

Justizverwaltung ÖR
ermöglicht den Betrieb der ordentlichen Gerichtsbarkeit; schafft die Voraussetzungen für die Ausübung der richterlichen Gewalt, zählt aber selbst nicht zur Gerichtsbarkeit. ZB Kanzleitätigkeit, Schreibarbeiten, Leitungstätigkeiten, die nicht in die Rechtsprechung selbst eingreifen. Beachte: Justizverwaltungsorgane sind – im Gegensatz zu richterlichen Organen – idR weisungsgebunden. Beispiel für ein Justizverwaltungorgan: Präsident eines Gerichts, soweit er nicht an der richterlichen Entscheidungsfindung mitwirkt, sondern reine Leitungstätigkeiten im Rahmen der Justizverwaltung ausübt. *CMP*

Kammern ÖR
sind Körperschaften öffentlichen Rechts. Sie schreiten als

Interessenvertretungen von bestimmten Berufsgruppen ein. Bsp: Rechtsanwaltskammer. *JF*

Kann-Bestimmungen ÖR
Siehe »Ermessen. *CMP*

Kanon der zulässigen Interpretationsmethoden ÖR
Siehe »Interpretationsmethode. *GH*

Kapitalgesellschaft PR
Gesellschaft mit eigener Rechtspersönlichkeit (»Juristische Person), bei der für die Mitgliedschaft die Kapitalbeteiligung der »Gesellschafter im Vordergrund steht Die einzelnen Gesellschafter haften für Verbindlichkeiten der Gesellschaft nicht persönlich mit ihrem Vermögen, sondern beschränkt mit ihren Anteil am Grund- oder Stammkapital. Beispiele: »Aktiengesellschaft, »Gesellschaft mit beschränkter Haftung. Unterscheide: »Personengesellschaft, bei der die persönliche Mitwirkung in Vordergrung steht. *MH/AG*

Kapitalmarktrecht PR
Summe jener Rechtsnormen, welche die rechtliche Organisation und die Funktionsfähigkeit des Kapitalmarktes, die Aufsicht über den Kapitalmarkt und die rechtlichen Beziehungen zwischen den Marktteilnehmern regeln. Es umfasst eine Vielzahl von Gesetzen, wie etwa Börsegesetz, Kapitalmarktgesetz, Wertpapieraufsichtsgesetz, Finanzmarktaufsichtsgesetz. *AW*

Kapitalverkehrsfreiheit ÖR
Die Kapitalverkehrsfreiheit ermöglicht die freie Bewegung und Veranlagung von Vermögen in der EU. Manchmal wird auch der Begriff "Kapital- und Zahlungsverkehrsfreiheit" verwendet. *JLR*

Kassationsprinzip ÖR
Darunter versteht man den Grundsatz, dass die Gerichtshöfe des öffentlichen Rechts (VfGH, VwGH) nicht in der Sache entscheiden dürfen. Ihre Kompetenz ist auf die Kassation (lateinisches Wort für Aufhebung) rechtswidriger Bescheide beschränkt. Deshalb hat die zuständige Verwaltungsbehörde nach einem aufhebenden Erkenntnis erforderlichenfalls unter Bindung an die Rechtsansicht des Gerichtshofes einen neuen Bescheid zu erlassen. Eine Ausnahme vom Kassationsprinzip stellt die »Säumnisbeschwerde dar. *GM*

Kasuistisch ÖR
Fallbezogen. *CMP*

Kauf einer Erbschaft PR
Siehe »Erbschaftskauf. *MH/AG*

Kauf in Pausch und Bogen PR
ist der Kauf einer Sachgesamtheit bzw einer Vielzahl von Sachen (zB eines Warenlagers), wobei nicht näher auf deren Eigenschaften eingegangen wird. Die Waren werden gekauft, "wie sie liegen und stehen". Die Gewährleistungsansprüche (»Gewährleistungsanspruch) sind gemäß § 930 ABGB stark beschnitten. Der Verkäufer hat nur bei Zusicherung bestimmter Eigenschaften (»Dicta et promissa) oder bei Arglist für Mängel einzustehen. *AP/EK*

Kaufkraft PR
Der tatsächliche Wert des Geldes. Die Kaufkraft gibt die Menge der Güter an, die zu einem bestimmten Betrag erworben werden können. Unterscheide davon: »Nennwert. *MH/AG*

Kaufmann PR
Bis zur »Handelsrechtsreform galt das »Handelsgesetzbuch (HGB, nunmehr: UGB, siehe »Unternehmensgesetzbuch) für Kaufleute. Der Begriff des Kaufmanns wurde mit dem UGB durch den zeitgemäßeren Begriff des Unternehmers (siehe »Unternehmer) ersetzt. *MH/AG*

Kaufpreis PR
Geldbetrag, der als Gegenleistung für die Verschaffung des Eigentums an einer Sache aus dem Titel des Kaufvertrages gegeben wird. Die Zahlung des Kaufpreises ist die »Hauptleistungspflicht des Käufers aus dem »Kaufvertrag. Der Kaufpreis muss »bestimmt oder »bestimmbar sein. *MH/AG*

Kaufvertrag PR
»Veräußerungsvertrag, bei dem der Verkäufer das »Eigentum an einer Sache an den Käufer gegen Leistung eines Geldbetrages (»Kaufpreis) überträgt („Ware gegen Geld"). *MH/AG*

Kausales Verfügungsgeschäft PR
Geschäft, das nur dann wirksam ist, wenn dafür ein Rechtstitel (Rechtsgrund) besteht, der es rechtfertigt. Es gilt in Österreich das Prinzip der kausalen Tradition: Demnach sind Verfügungsgeschäfte (»Verfügungsgeschäft) nur dann gültig, wenn sie kausal sind. Beispielsweise kann Eigentum nur dann gültig übertragen werden, wenn für die Eigentumsübertragung ein gültiger Titel (zB Kaufvertrag) vorhanden ist. *SR*

Kausales Verpflichtungsgeschäft PR
Geschäft, aus dem ein Zweck (Rechtsgrund) hervorgeht, der es wirtschaftlich rechtfertigt. Dies ist etwa dann der Fall, wenn deutlich zu erkennen ist, dass eine bestimmte Summe als Kaufpreis, Werklohn, Mietzins etc geschuldet wird. *SR*

Kausalität (PR)
(Verursachung) Die Schadenersatzpflicht des Schädigers setzt voraus, dass dieser oder eine ihm zurechenbare Person (siehe »Gehilfenhaftung) oder Sache (bspw »Produkthaftung) den Schaden verursacht hat. Die Kausalität wird mittels »Äquivalenztheorie festgestellt (»Conditio sine qua non). Mit der »Adäquanztheorie erfolgt eine Einschränkung der Haftung, indem sie die Zurechnung von vollkommen unvorhersehbaren, atypischen Schäden ausschließt. *AW*

KEG (PR)
»Kommanditerwerbsgesellschaft *MH/AG*

Kelsen (ÖR)
Hans (1881–1973); Mitbegründer der Wiener Rechtstheoretischen Schule (»Wiener Rechtstheoretische Schule) und damit der Reinen Rechtslehre (»Reine Rechtslehre). Insoweit Weggefährte von Adolf Julius »Merkl. *CMP*

KFG (ÖR)
»Kraftfahrgesetz *CMP*

KG (PR)
»Kommanditgesellschaft *MH/AG*

Kind (PR)
(1) Als Altersstufe: Person unter 7 Jahren. Siehe auch »Geschäftsfähigkeit.
(2) Als Nachfahren: Im ABGB wird der Begriff der „Kinder" nicht einheitlich verwendet. Laut § 42 umfasst der Begriff alle Verwandten in absteigender Linie, also auch Enkel und Urenkel etc. In einigen Fällen folgt das ABGB aber dem normalen Sprachgebrauch und meint nur die Söhne und Töchter. *MH/AG*

Kindschaftsrecht (PR)
Bestimmungen, welche die Rechte und Pflichten zwischen Eltern und Kindern bzw zwischen »Adoptiveltern und Adoptivkindern (»Adoptivkind) sowie zwischen »Pflegeeltern und Pflegekindern und die »Obsorge über Kinder durch andere Personen regeln (§§ 137–267 ABGB). Weiters sind für das Kindschaftsrecht die Bestimmungen des Unterhaltsvorschußgesetzes, des Unterhaltsschutzgesetzes und des Jugendwohlfahrtsgesetzes relevant. *SR*

Kindschaftsverhältnis (PR)
Bezeichnet das Verhältnis zwischen Eltern und Kindern. Dieses ist einerseits durch die Pflicht der Eltern zur »Obsorge und andererseits durch den Unterhaltsanspruch des Kindes gegen die Eltern gekennzeichnet. *SR*

Kirchenrecht (ÖR)
Auf der einen Seite: staatliche Rechtsvorschriften (Staatskirchenrecht), welche die Rechtsstellung der Kirchen- und Religionsgesellschaften sowie die Freiheit der Religionsausübung regeln. Andererseits: autonomes Verbandsrecht der konkreten Kirchen und Religionsgesellschaften, das keine staatlichen Rechtsvorschriften enthält (zB Codex Iuris Canonici der röm.-kath. Kirche). *CMP*

Klage (PR)
Mit einer Klage beginnt der Kläger den Zivilprozess. *PS*

Klage aus dem rechtlich vermuteten Eigentum (PR)
(actio publiciana) Klage, die sich auf Herausgabe einer Sache richtet (wie die »Eigentumsklage) oder auf die Abwehr von Störungen (wie die »Eigentumsfreiheitsklage). Sie steht demjenigen zu, der ein Recht am Besitz hat, also dem, der rechtmäßigen, redlichen und echten Besitz hat oder ihn verloren hat. Ein derart qualifizierter Besitzer (»qualifizierter Besitz) ist nämlich meist »Eigentümer. *DH*

Klagebeantwortung (PR)
Mit der Klagebeantwortung äußert sich der Beklagte zur »Klage. *PS*

Klagebegehren (PR)
Der in der Klage enthaltene Antrag des Klägers, das Gericht möge ein bestimmtes Urteil fällen. *PS*

Kläger (PR)
Partei des Zivilprozesses, die eine »Klage bei Gericht einbringt. *PS*

Kodex (ÖR)
Gesetzesausgaben des Orac-Verlages zu verschiedenen Rechtsgebieten werden als Kodices bezeichnet (lat; Einzahl: Kodex). Es handelt sich nach Raschauer um inoffizielle Rechtserkenntnisquellen. *CMP*

Kodifikation (PR)
Systematische Zusammenfassung eines Rechtsgebietes in einem Gesetzeswerk. *AW*

Kollegialorgan (ÖR)
Gremium; besteht aus mehreren Mitgliedern, die gemeinsam die dem Kollegialorgan zugeordneten Aufgaben und Zuständigkeiten wahrnehmen. Die Willensbildung erfolgt in der Regel durch Abstimmung der Mitglieder. Bsp: Bundesregierung, Landesregierung, Fakultätskonferenz, 3-Richter-Senat eines Landesgerichts. Unterscheide dazu »Monokratisches Organ. *JF*

Kollektivautonomie (PR)
(Begriff aus dem Arbeitsrecht) Die Befugnis eines Kollektivs, Normenverträge (siehe »Normenvertrag) abzuschließen. In erster Linie wird damit die Kollektivvertragsfähigkeit der Interessensvertretungen der »Arbeitgeber und »Arbeitnehmer angesprochen. Siehe auch »Kollektivvertrag. *MH/AG*

Kollektivvertrag (PR)
Zwischen Interessenvertretern der »Arbeitgeber und »Arbeitnehmer im Rahmen der »Kollektivautonomie abgeschlossener »Normenvertrag, der Inhalte für Arbeitsverträge (siehe »Arbeitsvertrag) festlegt, von denen nur zugunsten des Arbeitnehmers abgewichen werden kann. *MH/AG*

Kollektivvertraglich (PR)
Durch »Kollektivvertrag geregelt. *MH/AG*

Kollisionskurator (PR)
Ist zu bestellen, wenn entweder ein Geschäft mit dem gesetzlichen Vertreter (»gesetzlicher Vertreter) und dem von ihm Vertretenen zustande kommen soll („Selbstkontrahieren") oder derselbe gesetzliche Vertreter ein Geschäft zwischen mehreren von ihm vertretenen Personen schließen soll (»Doppelvertretung). Dadurch können die Interessen des/der Vertretenen gefährdet werden, sodass das Gericht einen Kollisionskurator zu bestellen hat. *SR*

Kollisionsnorm (ÖR)
Kollisionsnormen regeln die Zuständigkeit von Staaten für internationale, dh staatenübergreifende Sachverhalte; sie verweisen auf das Recht des zuständigen Staates. Kollisionsnormen werden auch als »Internationales Recht (zB »Internationales Privatrecht, »Internationales Strafrecht) bezeichnet; sie sind kein Völkerrecht. *JLR*

Kollisionsnormen (PR)
Die einzelnen Rechtsnormen des Internationalen Privatrechts (»Internationales Privatrecht) werden als Kollisions- oder Verweisungsnormen bezeichnet. Sie bestimmen, welche Rechtsordnung in einem Privatrechtsfall mit »Auslandsberührung anzuwenden ist. *AW*

Komitologie-Verfahren (ÖR)
Im Komitologieverfahren treffen das »EP und der »Rat nur über die grundsätzlichen Bestimmungen der Rechtsakte eine Entscheidung und übertragen einem Fachausschuss (Komitee) die Regelung der technischen Durchführung. Diese Fachausschüsse existieren in allen Politkbereichen und sind mit VertreterInnen der Mitgliedstaaten unter Leitung der Kommission besetzt. Ziel des Komitologie-Verfahrens ist eine schnellere Gesetzgebung; Entscheidungen, die auf diesem Weg getroffen werden, sind für die Kommission verbindlich. *JLR*

Kommanditerwerbsgesellschaft (PR)
(KEG) Mit dem Inkrafttreten des UGB am 1. 1. 2007 wurde die KEG von der »Kommanditgesellschaft (KG) abgelöst und alle schon bestehenden KEG in KG umgewandelt. *MH/AG*

Kommanditgesellschaft (PR)
(KG) Eine unter eigener Firma geführte »Personengesellschaft mit Rechtspersönlichkeit (»Juristische Person), bei der mindestens ein »Gesellschafter persönlich mit seinem ganzen Vermögen haftet (Komplementär), der andere Teil nur mit einer bestimmten, aus dem Firmenbuch ersichtlichen Vermögenseinlage (»Kommanditist). *MH/AG*

Kommanditist (PR)
ist der (auf einen bestimmten Betrag) beschränkt haftende »Gesellschafter einer »Kommanditgesellschaft. *BB*

Kommentar (PR)
Wissenschaftliche Erläuterungen zu einem Gesetz, die dessen Aufbau folgen. Der Kommentar ist eine unverbindliche Rechtserkenntnisquelle (siehe »Erkenntnisquelle). Beispiel: *Rummel*, Kommentar zum ABGB3 (2002). *MH/AG*

Kommissionär (PR)
Siehe »Kommissionsgeschäft. *BB*

Kommissionsgeschäft (PR)
Ein dem »Auftrag verwandter Vertrag, bei dem der sogenannte Kommissionär Sachen für einen anderen auf dessen Rechnung (siehe »Auf fremde Rechnung), aber im eigenen Namen kauft oder verkauft. Auf das Kommissionsgeschäft sind die Regeln des UGB (siehe »Unternehmensgesetzbuch) anzuwenden, subsidiär diejenigen über den »Auftrag. *MH/AG*

Kommunale Autonomie (ÖR)
„Kommunale Autonomie" bezeichnet den eigenen Wirkungsbereich der Gemeinde. Das sind jene Aufgaben, die die Gemeindeorgane frei von Weisungen staatlicher Organe besorgen dürfen. Sie sind bloß der staatlichen Aufsicht unterworfen. Der Gemeinde kommt ein Recht auf Selbstverwaltung zu. Als Beispiele werden im Skriptum „die örtliche »Raumordnung (insb Flächenwidmung), die örtliche Baupolizei (zB Baubewilligungen) und die Führung kommunaler Unternehmungen" genannt. *GM*

Kommunitarismus (RPH)
ist eine aktuelle Richtung in der politischen Philosophie der USA (M. WALZER, M. SANDEL, Ch. TAYLOR, A. ETZIONI). Der Kommunitarismus versteht sich als Kritik am akademisch vorherrschenden US-Liberalismus und steht seinerseits in der Tradition von ARISTOTELES, THOMAS von AQUIN, HEGEL und der Politischen Romantik. Sein Hauptanliegen ist es, die Gemeinschaftsdimension (wie-

der) in den akademischen Diskurs einzubringen und das individualistisch-abstrakte Menschenbild des Liberalismus zu überwinden. *CMS*

Kompensation PR
Siehe »Aufrechnung. *MH/AG*

Kompetenzverteilung ÖR
Verteilung der Zuständigkeiten zur »Gesetzgebung und »Vollziehung zwischen dem »Bund und den Ländern (»Länder). Die Kompetenzen werden in Österreich grundsätzlich in den Art 10 bis 15 »B-VG festgelegt. Danach ist der Bund für alle ihm dort zugewiesenen Materien zuständig. Alle anderen (auch die nicht ausdrücklich angeführten) Bereiche fallen in den Zuständigkeitsbereich der Länder. Vgl »Taxative Enumeration mit Generalklausel in Art 15 B-VG. *SL*

Kondiktionsanspruch PR
Siehe »Leistungskondiktion. *AW*

Konfusion PR
Siehe »Vereinigung. *MH/AG*

Konkludente Willenserklärung PR
(auch schlüssige, stillschweigende »Willenserklärung genannt) ist „durch solche Handlungen gekennzeichnet, welche mit Überlegung aller Umstände keinen vernünftigen Grund, daran zu zweifeln, übrig lassen" (§ 863 ABGB), dass damit ein rechtsgeschäftlicher Wille ausgedrückt werden soll. Bei konkludenten Willenserklärungen ist wichtig, dass ohne Zweifel auch aus den übrigen Umständen auf nichts anderes geschlossen werden kann als auf das Vorliegen einer rechtsgeschäftlichen Willenserklärung (»Rechtsgeschäftliche Willenserklärung). *SR*

Konkurrierende Zuständigkeiten ÖR
Eine konkurrierende Zuständigkeit liegt dann vor, wenn mehrere Behörden gleichzeitig zur Entscheidung in derselben Sache zuständig sind. Verfassungsrechtlich ist dies in der Regel unzulässig, da dadurch das Recht auf den gesetzlichen Richter verletzt wird. Zur Lösung strittiger Zuständigkeitsfragen besteht ein Kompetenzfeststellungsverfahren vor dem VfGH. *GM*

Konkurs PR
Siehe »Konkursverfahren. *PS*

Konkursantrag PR
Antrag auf Eröffnung eines Konkursverfahrens (»Konkursverfahren). *PS*

Konkursforderung PR
Forderung, die einem Gläubiger zum Zeitpunkt der Konkurseröffnung gegen den Gemeinschuldner zusteht. *PS*

Konkursgericht PR
Gericht, das für das »Konkursverfahren zuständig ist. *PS*

Konkursmasse PR
Vermögen des Gemeinschuldners (»Gemeinschuldner). *PS*

Konkursordnung PR
In der Konkursordnung wird das »Konkursverfahren geregelt. *PS*

Konkursquote PR
Anteil der im Rahmen eines Konkursverfahrens (Konkursverfahren) befriedigten Gläubigerforderungen. *PS*

Konkursverfahren PR
Gerichtliches Verfahren, das der Verwertung und Verteilung der »Konkursmasse dient. *PS*

Konsens PR
Liegt vor, wenn die »Annahme dem »Anbot (»Angebot, »Offerte) entspricht; es besteht eine Willensübereinstimmung der Parteien. *SR*

Konsensquorum ÖR
Regelt das notwendige Ausmaß der Zustimmung der anwesenden Abgeordneten im Rahmen des Gesetzgebungsverfahrens; mehr als die Hälfte bei einfachen Bundesgesetzen, mehr als die Hälfte beim »Beharrungsbeschluss, zumindest 2/3 bei Verfassungsgesetzen; vgl dazu »Präsenzquorum. *JF*

Konsensualvertrag PR
»Vertrag, der durch bloße Willensübereinstimmung (»Konsens) zustande kommt. Die überwiegende Mehrzahl der Verträge sind Konsensualverträge (zB »Kaufvertrag, »Tauschvertrag, »Bestandvertrag, »Dienstleistungsvertrag) Unterscheide davon: »Realvertrag. *MH/AG*

Konstituierung ÖR
Man spricht von der Konstituierung eines Organs (zB Parlament) und meint damit, dass es – rechtlich wirksam – gebildet bzw eingerichtet wurde. *CMP*

Konstitutionelle Monarchie ÖR
»Regierungsform, wonach die Rechtsetzungsbefugnis zwischen Monarch und Parlament geteilt ist (zB in Österreich 1867-1918). Vgl dazu »Monarchie. *JF*

Konstitutiv ÖR
Man spricht von einem konstitutiven (Rechts-)Akt und meint damit einen Akt, welcher die Rechtslage unmittelbar verändert bzw gestaltet. Bsp: Rechtsgestaltungsbescheid. Gegenteil: »Deklarativ *CMP*

Konsument PR
(Auch »Verbraucher genannt) Person, die nicht »Unternehmer ist bzw für die das betreffende Geschäft nicht zum Betrieb ihres Unternehmens zählt. Steht unter dem Schutz des Konsumentenschutzrechts (»Konsumentenschutzrecht): ZB sind gewisse Klauseln in

einem »Vertrag (etwa gänzlicher Ausschluss der Gewährleistungsrechte) nicht oder nur unter bestimmten Voraussetzungen gültig. *SR*

Konsumentenschutzgesetz (PR)
(KSchG) Regelt in erster Linie Rechtsbeziehungen zwischen »Verbraucher und »Unternehmer. Es soll dem Verbraucher einen besonderen Schutz vor dem überlegenen Unternehmer bieten und somit das Ungleichgewicht ausgleichen, welches aufgrund mangelnder Rechtskenntnisse, wirtschaftlicher Unterlegenheit und psychologischer Hindernisse aufseiten des Verbrauchers entsteht. *MH/AG*

Konsumentenschutzrecht (PR)
Darunter versteht man jene Bestimmungen, die den »Verbraucher vor der wirtschaftlichen Übermacht eines Unternehmers schützen sollen. »Rechtsquelle für das Konsumentenschutzrecht ist das »Konsumentenschutzgesetz (»KSchG) *SR*

Kontovertrag (PR)
Vereinbarung zwischen Bank und Kunden über die Abrechnung von Forderungen und Leistungen in einer einheitlichen Buchhaltung und über deren weitere Behandlung, insbesondere Verzinsung, Fälligkeit, Kündigungsrecht. Je nach Parteienvereinbarung kann das Konto verschiedenen Zwecken dienen, so gibt es zB ein Girokonto, ein Treuhandkonto, Spareinlagen (siehe »Spareinlagengeschäft). *MH/AG*

Kontrahierungszwang (ÖR)
bezeichnet die rechtlich verankerte Pflicht eines Privatrechtssubjekts, einen bestimmten Vertrag abzuschließen. *CMP*

Konvent (ÖR)
Mit dem Begriff "Konvent" werden häufig Gremien bezeichnet, welche eine bestehende Verfassung reformieren oder eine neue ausarbeiten sollen. Vgl etwa den EU-Konvent und den österreichischen Verfassungskonvent. Nebenbei sei hinzugefügt, dass derartige Gremien oft schon die Aura des Scheiterns in sich tragen; bis zum Erscheinen dieses Wörterbuchs wurde weder die EU-Verfassung beschlossen noch die vom Österreich-Konvent vorgeschlagene reformierte österreichische Verfassung angenommen. *CMP*

Konventionalstrafe (PR)
(Auch: Vertragsstrafe) Pauschalierter »Schadenersatz. Erfüllt eine Partei nicht oder schlecht, kann die andere Partei ohne Nachweis eines konkreten Schadens die vereinbarte Konventionalstrafe fordern. Diese hilft vor allem dort, wo der Nachweis eines Schadens sehr aufwendig wäre, zB im Baugewerbe. Unterscheide davon: »Angeld, »Reugeld. *MH/AG*

Konzessionssystem (PR)
ist eines der drei Gründungssysteme bei der Bildung juristischer Personen. Die »juristische Person entsteht auf Basis des privatrechtlichen Gründungsakts konstitutiv erst durch einen staatlichen Gründungsakt, auf dessen Vornahme jedoch kein Rechtsanspruch (»Subjektives Recht, öffentlich-rechtliches) besteht; die Verleihung der Rechtspersönlichkeit liegt also im (gebundenen) »Ermessen der Behörde. Wurde in Österreich weitgehend durch das »Normativsystem verdrängt. *BB*

Körperliche Übergabe (PR)
Primäre Form der Übertragung durch »Übergabe bei beweglichen Sachen. Eine Sache wird so übergeben, dass ein Naheverhältnis zum Erwerber entsteht. Für andere Verkehrsteilnehmer ist nunmehr erkennbar, dass die Sache in der »Gewahrsame des Erwerbers ist (zB: Abladen von Strohballen auf dem Parkplatz des Bauernhauses). *DH*

Körperliche Sache (PR)
Sache, die wahrnehmbar ist (Buch, Tisch). Nach hA gehört auch Energie (Gas, Elektrizität) zu den körperlichen Sachen. *DH*

Körperschaft des öffentlichen Rechts (ÖR)
ist eine zur juristischen Person erhobene Personenmehrheit. Nach dem Charakteristikum der Mitgliedschaft ist zwischen »Gebietskörperschaft und »Personalkörperschaft zu unterscheiden. Vgl dazu »Anstalt, »Stiftung, »Fonds. *JF*

Körperschaft des privaten Rechts (PR)
ist eine auf Dauer angelegte »Personenvereinigung, nach deren Organisation 1. nicht alle Mitglieder gemeinsam handeln, sondern nach der »Satzung bestellte Organe die Verwaltung führen, 2. das Mehrheitsprinzip bei der internen Willensbildung gilt und 3. der Bestand der Gesellschaft vom Wechsel der Mitglieder unabhängig ist. Eine »Personenvereinigung mit körperschaftlicher Organisation hat Rechtssubjektivität, dh sie ist eine »juristische Person. Beispiele: »Kapitalgesellschaften, »Verein. *BB*

Körperschaft, gesetzgebend (ÖR)
Zur Erlassung von Gesetzen (»Gesetz) berufene Stellen (»Nationalrat, »Landtag) *CMP*

Körperverletzung (PR)
Das ABGB regelt den Umfang des Schadenersatzanspruches des durch eine Körperverletzung Geschädigten. Wer einen

anderen am Körper verletzt, hat die konkreten Heilungskosten, den (gegenwärtigen und zukünftigen) Verdienstentgang und ein angemessenes »Schmerzengeld zu ersetzen. *AW*

Kraftfahrgesetz ÖR
Beschäftigt sich im Wesentlichen mit der technischen Gestaltung und Ausrüstung von Kraftfahrzeugen; »KFG. *CMP*

Kredit PR
Siehe »Krediteröffnungsvertrag. Unter Kredit wird aber auch der Kreditrahmen des Krediteröffnungsvertrages verstanden. *MH/AG*

Krediteröffnungsvertrag PR
(Auch: Kreditvertrag) (Konsensual-)»Vertrag, bei dem sich die Bank als Kreditgeber dem Kreditnehmer gegenüber verpflichtet, eine bestimmte Zeit Kredit in bestimmter Höhe – sog Kreditrahmen – gegen Entgelt zur Verfügung zu halten. Der Kreditnehmer hat das »Gestaltungsrecht, den Kreditbetrag abzurufen. *MH/AG*

Kreditkauf PR
(Auch: Kauf auf Borg) »Kaufvertrag, bei dem vereinbart ist, dass der Käufer den Kaufpreis nicht Zug um Zug (siehe »Leistung Zug um Zug), sondern erst zu einem späteren Zeitpunkt leisten muss. *MH/AG*

Kreditvertrag PR
Siehe »Krediteröffnungsvertrag. *MH/AG*

Krieg aller gegen alle RPH
ist ein Begriff von HOBBES. Damit möchte er den für den Naturzustand charakteristischen latenten Kriegszustand, den allgemeinen Bedrohungszustand beschreiben, der durch seine strukturelle Allgegenwart die radikale Gleichheit aller Bürger bewirkt: Niemand kann sich dieser Bedrohungssituation, diesem "Krieg" auf Dauer und mit Sicherheit entziehen! Dieses Szenario ist der Ausgangspunkt für HOBBES' Theorie vom "Starken Staat", dessen Hauptaufgabe daher die Gewährleistung von Sicherheit darstellt. *CMS*

KSchG PR
»Konsumentenschutzgesetz *MH/AG*

Kulpakompensation PR
nennt man den völligen Ausschluss der schadenersatzrechtlichen »Haftung des Schädigers bei »Mitverschulden des Geschädigten. In der Regel kommt bei Mitverschulden des Geschädigten im Schadenersatzrecht Schadensteilung zur Anwendung. Nur ausnahmsweise ordnet das Gesetz die Lösung der Kulpakompensation an, wie zB für den Ersatz des »Vertrauensschadens bei Nichtigkeit des Vertrags durch »anfängliche Unmöglichkeit der Leistung. *BB*

Kumulativ ÖR
Zusammen, gemeinsam. Meist spricht man davon, dass gewisse Voraussetzungen kumulativ vorliegen müssen, und meint damit, dass alle genannten Voraussetzungen (und nicht nur einzelne oder eine davon) erfüllt sein müssen. Gegenteil: »Alternativ. Gleichbedeutend im Privatrecht. *CMP*

Kumulative Kausalität PR
Ausnahme von der »Conditio sine qua non. Mehrere Schädiger setzen eine Handlung, die jede für sich den Schadenseintritt bewirkt hätte. Jeder könnte sich auf den jeweils anderen ausreden: Denkt man sich die Handlung des A weg, wäre der Schaden durch die Handlung des B eingetreten, und umgekehrt. Nach der »Äquivalenztheorie müsste die Verursachung verneint werden. Dies wäre eine unbillige Schlechterstellung jenes Geschädigten, dem mehrere Schädiger gegenüberstehen. Nach hA haften alle Schädiger »solidarisch. *AW*

Kündigen PR
Das Gestaltungsrecht der »Kündigung ausüben. *MH/AG*

Kündigung PR
Beendigung eines Dauerschuldverhältnisses (siehe »Dauerschuldverhältnis) durch einseitige Erklärung (»Gestaltungsrecht) einer Vertragspartei, die in der Regel an Fristen und Termine gebunden ist. Im »Mietrecht und im »Arbeitsrecht ist die Möglichkeit der Kündigung in vielen Fällen gesetzlich eingeschränkt (siehe »Kündigungsschutz). Siehe auch »außerordentliche Kündigung. *MH/AG*

Kündigungsschutz PR
Die »Kündigung stellt bei Dauerschuldverhältnissen eine der Beendigungsmöglichkeiten dar. Bei bestimmten Arten von Verträgen (zB »Arbeitsvertrag, »Mietvertrag) ist das Kündigungsrecht gesetzlich erschwert. Beispiele: Kündigungs- und Entlassungsschutz im »Arbeitsrecht, Mieterschutz nach dem »Mietrechtsgesetz, beschränkte Kündigungsrechte auch in Alten-, Behinderten- und Pflegeheimen. *MH/AG*

Kundmachung ÖR
Veröffentlichung, Publikation eines Rechtsaktes, zB eines Bundesgesetzes (»Bundesgesetz) im »BGBl. *SL*

Kuratel PR
Siehe »Kurator. *SR*

Kurator PR
Person, die vom »Gericht bestellt wird, um die Interessen von schutzbedürftigen Personen wahrzunehmen. Der Kurator ist dabei weder Elternteil noch eine sonst mit der Obsorge betraute Person. Eine Not-

wendigkeit, einen Kurator zu bestellen, liegt etwa dann vor, wenn zwischen dem gesetzlichen Vertreter (»gesetzlicher Vertreter) selbst (zB Vater) und jener Person, die er vertritt (minderjähriges Kind), ein Geschäft abgeschlossen werden soll. Problematisch ist nämlich in solchen Fällen, dass ein und dieselbe Person die Interessen von zwei einander gegenüberstehenden Seiten wahrnehmen soll. Um eine Interessenskollision in solchen Fällen zu vermeiden, wird ein »Kollisionskurator bestellt (§ 271 ABGB). Des Weiteren kann für Abwesende oder für unbekannte Teilnehmer an einem Geschäft ein »Abwesenheitskurator bestellt werden, der ihre Interessen wahrnimmt (§ 270 ABGB). *SR*

Laesio enormis (PR)
Siehe »Verkürzung über die Hälfte. *BB*

Lagergeschäft (PR)
Ein dem »Verwahrungsvertrag verwandtes »unternehmensbezogenes Geschäft, bei dem Waren eingelagert und aufbewahrt werden. *MH/AG*

Laienrichter (PR)
Richter, die in keinem ständigen Dienstverhältnis zum Staat stehen. Laienrichter gibt es insbesondere bei der Handelsgerichtsbarkeit und der Arbeits- und Sozialgerichtsbarkeit. *PS*

Länder (ÖR)
Bundesländer. *SL*

Länderkammer (ÖR)
Auch »Bundesrat. *JF*

Landesbürger/in (ÖR)
»Staatsbürger/in, die in einem Bundesland ihren Hauptwohnsitz hat (Art 6 Abs 2 B-VG). Die Landesbürgerschaft erfasst jene Personen, die berechtigt sind, an der politischen Willensbildung im Land mitzuwirken. So werden die Landtage (»Landtag) von den LandesbürgerInnen gewählt. *JF*

Landesgericht (PR)
Gerichtshof, der in Zivilrechtssachen in erster Instanz und in zweiter Instanz als Rechtsmittelgericht gegen Entscheidungen von Bezirksgerichten zuständig ist. *PS*

Landesgesetz (ÖR)
Ein von einem »Landtag beschlossenes »Gesetz. Landesgesetze können nur in den Zuständigkeitsbereichen beschlossen werden, in denen die Kompetenz zur »Gesetzgebung nach der »Kompetenzverteilung bei den Ländern (»Länder) liegt. Sie werden im »LGBl kundgemacht. Die Beurkundung und Gegenzeichnung erfolgt nach den Bestimmungen der jeweiligen »Landesverfassung. Schließlich wird das Landesgesetz durch den »Landeshauptmann im »Landesgesetzblatt kundgemacht. *SL*

Landesgesetzblatt (ÖR)
»Offizielle Rechtserkenntnisquelle, in der jedes »Landesgesetz und jede »Verordnung, die vom »Landeshauptmann oder von der »Landesregierung erlassen wurde, kundgemacht wird. Sie treten grundsätzlich mit Ablauf des Tages ihrer »Kundmachung in Kraft und gelten für das gesamte Landesgebiet. *SL*

Landesgesetzgebung (ÖR)
»Gesetzgebung auf Landesebene. Landesgesetze (»Landesgesetz) werden vom »Landtag beschlossen und können nur in den Bereichen ergehen, in denen die »Länder nach der »Kompetenzverteilung zur Gesetzgebung zuständig sind. *SL*

Landeshauptmann (ÖR)
Der Landeshauptmann ist der Vorsitzende der für jedes Bundesland vom jeweiligen Landtag zu wählenden »Landesregierung. Seine bedeutendsten Kompetenzen bestehen in der mittelbaren »Bundesverwaltung, wo er in der Regel zweite Instanz im administrativen Instanzenzug (»Administrativer Instanzenzug) ist. *GM*

Landesorgane (ÖR)
Organe, die in einem dienstrechtlichen Verhältnis zum Land stehen (Landesorgane im organisatorischen Sinn) oder deren Handeln dem Land zuzurechnen ist (Landesorgane im funktionellen Sinn). Oberste Landesorgane sind die »Landesregierung bzw der »Landeshauptmann. Sie sind in der »Landesverwaltung Landesorgane im organisatorischen und funktionellen Sinn. Zu beachten ist, dass der Landeshauptmann in Angelegenheiten der mittelbaren Bundesverwaltung (»Mittelbare Bundesverwaltung) zwar Landesorgan im organisatorischen Sinn, jedoch Bundesorgan im funktionellen Sinn ist. *JF*

Landesrat/rätin (ÖR)
„Landesrat" ist eine andere Bezeichnung für Mitglieder der »Landesregierung mit Ausnahme des Landeshauptmanns. *GM*

Landesrecht (ÖR)
Von den zuständigen Organen (»Organ) der Länder erlassene Rechtsnormen, also Verfassungsgesetze (»Verfassungsgesetz), »einfache Gesetze und Verordnungen (»Verordnung). Begrenzt ua durch die »Kompetenzverteilung. *CMP*

Landesregierung (ÖR)
Die Landesregierung ist das oberste Organ der Landesverwaltung eines jeden Bundeslandes. Sie ist vom »Landtag zu wählen und besteht aus dem »Landeshauptmann und weiteren Mitgliedern (Landesräten, »Landesrat/rätin). Im Bereich

der »Landesverwaltung ist sie oberste Instanz im administrativen Instanzenzug. *GM*

Landessache ÖR
bezeichnet die Zuständigkeit des Länder nach Kompetenzverteilung des B-VG. Unterscheide »Bundessache. *JF*

Landesverfassung ÖR
»Verfassung eines Landes (»Länder). Sie ist in einem Landesverfassungsgesetz geregelt, das vom jeweiligen »Landtag mit erhöhtem »Präsenzquorum und »Konsensquorum zu beschließen ist. *SL*

Landesverfassungsrecht ÖR
»Verfassungsrecht eines Landes (»Länder). Landesverfassungsrecht darf »Bundesverfassungsrecht nicht widersprechen. Es findet sich in einer eigenen, vom jeweiligen »Landtag zu beschließenden »Landesverfassung. *SL*

Landesvergabegesetz PR
»Landesgesetz, das die Vergabe öffentlicher Aufträge durch das Land regelt. Siehe »Öffentliche Ausschreibung. *MH/AG*

Landesverwaltung ÖR
Dabei handelt es sich um jene Bereiche der Verwaltung, die aufgrund der Kompetenzverteilung von Landesbehörden zu vollziehen sind. Oberste Instanz ist in diesen Angelegenheiten die Landesregierung. Da sowohl Bereiche aus der Gesetzgebungszuständigkeit des Bundes erfasst sind, werden durch die Landesverwaltung sowohl Bundesgesetze (zB StVO) als auch Landesgesetze (zB Bauordnungen, Naturschutzgesetze) vollzogen. *GM*

Landrecht PR
Das mittelalterliche Recht war zunächst durch das Personalitätsprinzip gekennzeichnet – jeder Stamm hatte sein eigenes Recht, jeder Reichsgenosse unterlag seinem Stammesrecht. Dies wurde durch das Aufkommen der Landesherrschaften und die damit einhergehende Territorialisierung abgelöst. Das in einem Gebiet geltende Recht (Landrecht) galt für jede darauf befindliche Person (Territorialitätsprinzip). *AW*

Landtag ÖR
Landtage sind Gesetzgebungskörperschaften der Länder (Art 95 B-VG). *TC*

Lastschriftenvereinbarung PR
Nebenvereinbarung zu einem »Vertrag, in der ein »Schuldner den »Gläubiger im Einzelfall schriftlich dazu ermächtigt, von seinem Konto einen bestimmten Betrag abbuchen zu lassen. *MH/AG*

Lauschangriff ÖR
Ist sowohl die optische wie auch akustische Überwachung unter Einsatz von technischen Hilfsmitteln. Er ist gesetzlich vorgesehen und umfasst die Überwachung privater Tätigkeiten zur Bekämpfung schwerer Straftaten. Vgl »Grundrecht, »Gesetzesvorbehalt. *JF*

Leasingvertrag PR
ist ein auf Überlassung des Gebrauchs und der Nutzung eines Konsum- oder Investitionsguts gegen Entgelt gerichteter Vertrag, mit dem Zweck, den mit einem Ankauf dieses Guts verbundenen Kapitalaufwand (zunächst) zu vermeiden. Es handelt sich um einen nicht im Gesetz geregelten, dem »Mietvertrag nahestehenden Vertrag, der häufig als »gemischter Vertrag mit Elementen aus dem »Kaufvertrag ausgestaltet ist (zB der »Finanzierungsleasingvertrag). *BB*

Legaldefinition ÖR
Wird ein Begriff im Gesetz selbst definiert, liegt eine Legaldefinition vor. ZB § 2 Abs 1 Z 14 AsylG: „Ein Asylwerber" ist „ein Fremder ab Einbringung eines Antrags auf internationalen Schutz bis zum rechtskräftigen Abschluss, zur Einstellung der Gegenstandslosigkeit des Verfahrens" oder § 2 Abs 4 Z 12 FPG: „Drittstaatsangehöriger" meint einen „Fremde[n], der nicht EWR-Bürger ist". *GH*

Legalinterpretation ÖR
Siehe »Authentische Interpretation. *JF*

Legalität RPH
ist ein Kernbegriff der KANTISCHEN Rechtsphilosophie. Legales Verhalten ist äußerlich rechtmäßiges, regelkonformes Verhalten, gleichgültig, aus welcher inneren Motivation heraus es konkret gesetzt wird. Die Frage der inneren Handlungsmotivation berührt den Bereich der Moralität und kann im liberalen Rechtsstaat kein Gegenstand staatlicher Normierung bzw. entsprechender Zwangsandrohung sein. Legalität hat Moralität im Sinne der Vermittlungsthese zu ermöglichen, aber nicht zu erzwingen (LUF). *CMS*

Legalitätsprinzip ÖR
Das Legalitätsprinzip ist in Art 18 B-VG verankert und besagt, dass die Verwaltung nur auf Grund der Gesetze ausgeübt werden darf. Jeder Akt einer »Behörde bedarf also stets einer Rechtsgrundlage. Das Legalitätsprinzip gilt nach heutiger Ansicht aus historischen Erwägungen auch für Gerichte. *TC*

Legat PR
Siehe »Vermächtnis. *MH/AG*

Legatar PR
Siehe »Vermächtnisnehmer. *MH/AG*

Leges Hierarchie RPH
ist ein Begriff der katholischen Naturrechtslehre (THOMAS von AQUIN): 3 Ebenen von Gesetzen sind demnach zu unterscheiden: lex aeterna (das ewige Gesetz der göttlichen Weltschöpfung), lex naturalis (die uns dank unserer Vernunft mögliche Einsicht in diese lex aeterna) und lex humana (das von Menschen für Menschen willkürlich gemachte Gesetz). Letztlich darf die lex humana der lex naturalis (wenn vernunftgemäß gewonnen) nicht widersprechen, da ihre ansonsten keine Geltung zukommen kann. *CMS*

Legis citatae = leg cit ÖR
Legis citatae, also "des zitierten Gesetzes". Beispiel: Man schreibt über die »GewO. Beim Zitieren von Paragraphen daraus kann man manchmal die GewO durch leg cit ersetzen (zB § 1 leg cit). Wird aber immer seltener verwendet. *CMP*

Législateur RPH
ist nach ROUSSEAU jener geradezu mystische Gesetzgeber, der unabhängig von egoistischen Interessen (sei es Geld, sei es Macht) auftritt, um es der durch Volonté-de-tous-Prinzipien nach wie vor entfremdeten Gesellschaft mithilfe eines einmaligen Akts der Verfassungssetzung zu ermöglichen, sich gemäß den Prinzipien der volonté générale zu ordnen und zu entwickeln. Beispiele: Moses, Solon, Drakon. Damit gesteht ROUSSEAU indirekt den utopischen Charakter seiner politischen Konzeption ein. *CMS*

Legislative ÖR
ist die gesetzgebende Gewalt (»Gesetzgebungsorgan). Die gesetzgebenden Körperschaften sind zur Erlassung von Gesetzen berufen. In Österreich sind dies der »Nationalrat und der »Bundesrat, auf Länderebene die Landtage (»Landtag). Vgl dazu »Gewaltenteilung und »Checks and balances. *JF*

Legistik ÖR
Disziplin, welche Regeln für eine gute Gesetzgebung (betreffend ua Rechtstechnik, Klarheit der Formulierung, Effizienz etc) festlegt, die beim Entwurf und der Erlassung von Rechtsvorschriften – im Interesse einer Qualitätssteigerung – tunlichst beachtet werden sollten. Bsp: Legistische Richtlinien des Bundes. Mit "Legisitik" werden in der Praxis auch jene Abteilungen in den Bundesministerien bezeichnet, welche mit der Ausarbeitung von Gesetzesentwürfen beschäftigt sind. *CMP*

Legisvakanz ÖR
Auseinanderfallen des Beginns der »Geltung und der »Verbindlichkeit einer »Norm. Sie tritt erst zu einem späteren Zeitpunkt in Kraft und ist erst ab diesem Zeitpunkt auf alle maßgeblichen Sachverhalte anwendbar. Zwischen Geltungs- und Verbindlichkeitsbeginn können sich weder »Rechtsunterworfene noch eine »Behörde oder ein »Gericht auf die Norm berufen. Vgl »Rückwirkung und »Rückwirkungsproblematik. *SL*

Legitimation PR
Die Legitimation eines unehelichen Kindes (»Uneheliches Kind) erfolgt entweder durch die nachträgliche Heirat der Kindeseltern oder durch Gnadenakt des Bundespräsidenten (§§ 161 ff ABGB). Es entsteht dadurch eine rechtliche Gleichstellung des unehelichen Kindes mit einem ehelichen Kind (»Eheliches Kind). *SR*

Legitimität RPH
ist ein Korrespondenzbegriff zur Legalität und stellt über diese hinaus auch die Frage nach einer über das Gesetz hinausgehenden Begründung eines Verhaltens im Bereich naturrechtlicher Prinzipien bzw der Gerechtigkeit. Es kann daher sogar vorkommen, dass ein Verhalten zwar legitim (rechtskonform), aber nicht legal (gesetzeskonform) ist – was idR auf ein Gerechtigkeitsdefizit der Rechtsordnung (besser: Gesetzesordnung) hinweist. Vgl den Fall, dass ein Verhalten legal, aber nicht legitim ist! *CMS*

Lehrbuch PR
Nach einem eigenständigen System aufgebaute Darstellung eines Rechtsgebietes. Das Lehrbuch ist eine unverbindliche Rechtserkenntnisquelle (siehe »Erkenntnisquelle).

Beispiel: *Koziol/Welser*, Bürgerliches Recht I13 (2006). *MH/AG*

Lehre PR
Erkenntnisse und Meinungen der »Rechtswissenschaft. *MH/AG*

Lehre vom Rechtswidrigkeitszusammenhang PR
»Lehre vom Schutzzweck der Norm *AW*

Lehre vom Schutzzweck der Norm PR
Der Verstoß gegen eine Norm (vor allem »Schutzgesetz, Vertragspflicht) ist rechtswidrig, hat jedoch nicht ausnahmslos eine Schadenersatzpflicht zur Folge. Es ist zu fragen, welche Schäden die Norm verhindern will. Eine Schadenersatzpflicht besteht nur für die vom Schutzzweck umfassten Schäden. Mit anderen Worten: Ein Rechtswidrigkeitszusammenhang zwischen Schaden und verletzter Norm ist erforderlich. *AW*

Lehre von den wohlerworbenen Rechten (PR)
versucht der »Rückwirkung von Gesetzen dort entgegenzutreten, wo Ansprüche und Anwartschaften bereits erworben wurden, nachträglich aber wieder beseitigt werden sollen. *AP/EK*

Leibrentenvertrag (PR)
»Glücksvertrag, in dem sich ein Teil zur Zahlung einer »Rente auf Lebensdauer des Vertragspartners oder eines Dritten dafür verpflichtet, dass er vom anderen Teil eine Gegenleistung (zumeist eine Liegenschaft, ein »Unternehmen oder ein Bauerngut) erhält. Das aleatorische Moment (siehe »Aleatorisches Moment) liegt darin, dass die Lebensdauer des Vertragpartners und damit die Dauer der Rentenzahlungen ungewiss ist. *MH/AG*

Leichte Fahrlässigkeit (PR)
Siehe »Fahrlässigkeit. *AW*

Leiheversprechen (PR)
Da der Leihvertrag ein »Realvertrag ist, dh erst mit Übergabe der »Sache zustande kommt, ist das bloße Leiheversprechen nur ein »Vorvertrag. *MH/AG*

Leihgeber (PR)
Jener Vertragspartner des Leihvertrages (siehe »Leihvertrag), der die Sache dem »Entleiher überlässt. *MH/AG*

Leihvertrag (PR)
(Auch: Leihe) »Gebrauchsüberlassungsvertrag, bei dem der eine Vertragspartner (»Leihgeber) dem anderen (»Entleiher) eine unverbrauchbare Sache auf Zeit unentgeltlich überlasst. Der Leihvertrag ist ein »Realvertrag.

Beispiel: Martin borgt Alex für eine bestimmte Zeit das Buch „Don Quijote".

Unterscheide davon: »Bittleihe, »Mietvertrag. *MH/AG*

Leistung (PR)
(1) Allgemeines Schuldrecht: Ein Tun oder Unterlassen gegenüber einer anderen Person. (2) »Bereicherungsrecht: Bewusste Zuwendung eines Vermögenswerts. Vgl auch »Leistungskondiktion. *MH/AG*

Leistung an Zahlungs Statt (PR)
(Auch: datio in solutum) Einvernehmliche »Leistung einer anderen »Sache als der vereinbarten, die den »Schuldner von seiner Leistungspflicht befreit. *MH/AG*

Leistung Zug um Zug (PR)
Ist im synallagmatischen Schuldverhältnis (siehe »Synallagmatischer Vertrag) nichts anderes vereinbart, hat der »Schuldner die Leistung nur Zug um Zug gegen Bewirkung der Gegenleistung zu erbringen.

Beispiel: Beim »Kaufvertrag wird der »Kaufpreis gegen die Leistung des Kaufgegenstandes Zug um Zug hingegeben. Solange der andere Teil nicht erfüllt, kann ihm der Schuldner die Zug-um-Zug-Einrede entgegenhalten, die eine gerichtliche Durchsetzbarkeit verhindert. *MH/AG*

Leistungsbescheid (ÖR)
begründet eine vollstreckbare Verpflichtung. Der Adressat wird unter Setzung einer Leistungsfrist zur Erbringung einer Leistung verpflichtet. Durchsetzung erfolgt im Exekutionsweg. Dient auch der Geltendmachung eines Zahlungsanspruchs. Vgl dazu »Bescheid, unterscheide »Rechtsgestaltungsbescheid, »Feststellungsbescheid, »Leistungsurteil. *JF*

Leistungsgefahr (PR)
Die Gefahr, die »Leistung neuerlich erbringen zu müssen. Trägt der Schuldner die Leistungsgefahr, so muss er (Ersatz) leisten, auch wenn die Sache zufällig untergeht. Trägt sie der Gläubiger, so kann er bei zufälligem Untergang der geschuldeten Sache vom Schuldner keine Leistung mehr verlangen. Unterscheide davon: »Preisgefahr; siehe auch »Gefahrtragung. *MH/AG*

Leistungsinäquivalenz (PR)
Siehe »Äquivalenzstörung. *BB*

Leistungskondiktion (PR)
Bereicherungsrechtlicher (»Bereicherungsrecht) Anspruch auf Rückforderung einer Leistung, die ohne Rechtsgrund erbracht wurde oder deren Rechtsgrund weggefallen ist. Voraussetzung ist das Vorliegen einer Leistung. Eine Leistung ist jede bewusste, auf einen bestimmten Zweck gerichtete Vermögenszuwendung. *AW*

Leistungsort (PR)
Siehe »Erfüllungsort. *MH/AG*

Leistungsstörung (PR)
Wenn nach Vertragsabschluss die geschuldete Leistung entweder überhaupt nicht (nachträgliche Nichterfüllung der Leistung) oder zumindest vorerst nicht (»Verzug) oder nicht in gehöriger Art und Weise (»Schlechterfüllung) erbracht wird, liegt eine Leistungsstörung vor. *AP/EK*

Leistungsurteil (ÖR)
In Form eines gerichtlichen Urteils (»Urteil) wird eine vollstreckbare Verpflichtung zur Setzung eines bestimmten Verhaltens begründet. Vgl dazu »Leistungsbescheid, »Rechtsgestaltungsurteil, »Feststellungsurteil. *JF*

Leistungsverzug (PR)
Siehe »Schuldnerverzug. *AP/EK*

Leistungszeit (PR)
Siehe »Fälligkeit. *MH/AG*

Letztinstanzlich (ÖR)
Ist eine Behörde oberste Instanz innerhalb des administrativen Instanzenzugs (»Admi-

nistrativer Instanzenzug) (zB die LReg in der Landesverwaltung, ein BM oder ein LH in der mittelbaren Bundesverwaltung), so entscheidet sie „letztinstanzlich“. Ihre Bescheide sind nur mehr mit dem außerordentlichen Rechtsmittel der Bescheidbeschwerde beim VwGH oder VfGH bekämpfbar. Das Vorliegen eines letztinstanzlichen Bescheides ist umgekehrt Voraussetzung für die Zuständigkeit von VwGH und VfGH. *GM*

Letztwillige Verfügung (PR)
»Einseitiges Rechtsgeschäft, in dem der »Erblasser seinen letzten Willen festhält und so über den »Nachlass verfügt. Eine letztwillige Verfügung ist nicht empfangsbedürftig und jederzeit widerruflich. Sie ist nur gültig, wenn eine der »Testamentsformen eingehalten wird. Enthält eine letztwillige Verfügung die Einsetzung eines Erben (siehe »Erbe), so nennt man sie »Testament. *MH/AG*

Lex generalis (ÖR)
Generelle »Norm. Norm, die einen größeren »Geltungsbereich aufweist als eine vergleichbare auf denselben »Sachverhalt anwendbare andere Norm. So ist eine »Bauordnung im Vergleich zu einem Aufzugsgesetz die generellere Norm, da sie zwar beide grundsätzlich auf denselben Sachverhalt (Errichtung von Teilen eines Gebäudes) anwendbar sein können, das Aufzugsgesetz aber nur hinsichtlich der Errichtung des Aufzugs zur Anwendung gelangt. Vgl »Lex specialis. *SL*

Lex imperfecta (ÖR)
ist eine »Rechtsvorschrift (hier wirklich auch im rechtstheoretischen Sinn), die ein bestimmtes Verhalten vorschreibt oder verbietet, mit deren Übertretung jedoch keine Sanktion verbunden ist (es fehlt der Sanktionsteil). Beispiele: Früher Rauchverbot in öffentlichen Gebäuden gem §13 Tabakgesetz (wurde – wie jeder gemerkt hat – inzwischen sanktioniert); Verpflichtung der Studierenden, "sich dem Studium ernsthaft zu widmen", §29 Abs2 UniStG (mittlerweile außer Kraft). *CMP*

Lex posterior derogat legi priori (PR)
wird bei der Beseitigung von scheinbaren Normwidersprüchen (»Scheinbarer Normenwiderspruch) herangezogen. Weisen die einander widersprechenden Rechtssätze zwar denselben persönlichen und sachlichen Geltungsbereich auf, ist eine Norm aber zeitlich jünger als die andere, so haben sie einen unterschiedlichen zeitlichen Geltungsbereich. Diesfalls hebt die später erlassene Norm die frühere auf (»Derogation). Vgl in diesem Zusammenhang den Unterschied zwischen materieller (»Materielle Derogation) und formeller Derogation (»Formelle Derogation). *AP/EK*

Lex specialis (ÖR)
Spezielle »Norm. Norm, die einen kleineren »Geltungsbereich aufweist als eine vergleichbare auf denselben »Sachverhalt anwendbare andere Norm. So ist ein Aufzugsgesetz im Vergleich zu einer »Bauordnung die speziellere Norm, da sie zwar beide grundsätzlich auf denselben Sachverhalt (Errichtung von Teilen eines Gebäudes) anwendbar sein können, das Aufzugsgesetz aber nur hinsichtlich der Errichtung des Aufzugs zur Anwendung gelangt. Vgl »Lex generalis. *SL*

Lex specialis derogat legi generali (PR)
hilft bei der Beseitigung von scheinbaren Normwidersprüchen (»Scheinbarer Normenwiderspruch). Sofern die einander widersprechenden Normen einen unterschiedlichen persönlichen oder sachlichen Geltungsbereich haben, geht die speziellere Regel der allgemeineren vor. Die speziellere Regel ist somit für ihren Geltungsbereich anwendbar, die allgemeine Regel gilt hingegen für all jene Sachverhalte, die nicht unter den Tatbestand der spezielleren Regel subsumierbar sind. *AP/EK*

LGBl (ÖR)
»Landesgesetzblatt. *SL*

Liberales Grundrecht (ÖR)
Liberale Grundrechte sind solche, die Freiheitsräume gegenüber staatlichen Eingriffen gewährleisten und somit primär Abwehrrechte gegen den Staat darstellen. *TC*

Liberales Prinzip (ÖR)
Kann als eines der Grundprinzipien der Bundesverfassung angesehen werden, ist jedoch sehr eng mit dem rechtsstaatlichen Prinzip (»Rechtsstaatliches Prinzip) verbunden. Dieses Prinzip gewährleistet staatsfreie Räume durch die Gewährung von Grundrechten und die Begrenzung von staatlichen Befugnissen. Eine erhebliche Einschränkung des Grundrechtsschutzes könnte einen Eingriff in das liberale Prinzip und damit eine volksabstimmungspflichtige Gesamtänderung der Bundesverfassung darstellen. *TC*

Liberales System (ÖR)
„

Staat und Gesellschaft sind in diesem Modell getrennt.“ Dem »Staat kommt nur eine beschränkte Befugnis zu, sog »limitierter Staatszweck. Große Teile des menschlichen Lebens unterliegen privatautonomen Entscheidungen und dienen nicht der Erfüllung eines

Staatszwecks. Verwirklicht wird dieses System vor allem durch die Grundrechte (»Grundrecht), welche gewisse Freiräume gegenüber dem Staat absichern. Vgl dazu »Altliberales Modell. Unterscheide dazu »Totalitäres System. *JF*

Liberalismus RPH
ist eine klassische Denkschule der Politischen Philosophie, die zurzeit in den USA auf den Universitäten weitgehend herrschend ist. Der Liberalismus hat eine lange Tradition, die bis zur griechischen Sophistik zurückreicht, wird aber va in der Neuzeit von LOCKE, BENTHAM, MILL vertreten. Der aktuelle US-liberale Ansatz ist untrennbar mit J. RAWLS verbunden. Der Liberalismus geht von formaler Gleichheit aller Menschen aus, betrachtet den Menschen idR als selbständig-vereinzeltes Individuum. *CMS*

Liegenschaftsrecht PR
Die Summe aller Normen (siehe »Rechtsnorm), die sich auf Liegenschaften (Immobilien) beziehen. *MH/AG*

Limitierter Staatszweck ÖR
Merkmal von liberalen Systemen (»Liberales System), nach dem die staatlichen Befugnisse begrenzt sind. Grenzen bilden hier vor allem die Grundrechte (»Grundrecht) und die staatlichen Kompetenzbestimmungen. *JF*

Liquidation PR
ist die Abwicklung einer aufgelösten »Gesellschaft, von der noch Gesellschaftsvermögen vorhanden ist: Die Liquidatoren beenden die laufenden Geschäfte der Gesellschaft, ziehen die Forderungen ein, setzen das übrige Vermögen in Geld um und befriedigen die Gesellschaftsgläubiger. Das dann verbleibende Gesellschaftsvermögen wird idR unter die »Gesellschafter verteilt. Mit Ende der Liquidation einer juristischen Person endet deren »Rechtssubjektivität. *BB*

List PR
(Arglist) ist bewusste Vorspiegelung falscher Tatsachen. Wurde der Erklärende vom Vertragspartner durch listige Irreführung zur Erklärung veranlasst, so hat er das Recht zur »Anfechtung des Vertrags, und zwar unabhängig davon, ob er durch die Täuschung einem »Geschäftsirrtum oder einem »Motivirrtum unterlag. Hat der Getäuschte einen Schaden erlitten, muss ihm der Schädiger das »Vertrauensinteresse ersetzen, dh ihn so stellen, wie er ohne listige Täuschung stünde. *BB*

Lit ÖR
Abkürzung für Literatur. *CMP*

Logisch-grammatikalische Interpretation ÖR
Bei dieser »Interpretationsmethode wird nicht ein Wort, sondern die Bedeutung einer Wortfolge an den Regeln der Grammatik gemessen. *GH*

Logisch-systematische Interpretation ÖR
Siehe »Systematische Interpretation. *JF*

Logos RPH
bezeichnet in der philosophischen Tradition die Vernunft, konkreter das Denken bzw noch konkreter das Wort. Es geht beim "Wort" dabei aber nicht um sprachliche Ausdrücke, sondern um Begrifflichkeit, Idee und Prinzip. Logos soll auch den Unterschied zum Mythos darstellen, welcher ohne kritische Reflexion Einsichten zu vermitteln vermag, die sich einer wissenschaftlichen Argumentation (= Logos) entziehen. Der Begriff Logik stammt von Logos ab, ebenso Dialektik – die vernünftige Zwiesprache. *CMS*

Löschungsklage PR
»Klage auf Löschung einer unrichtigen Eintragung im »Grundbuch. Klageberechtigt ist derjenige, der sich durch eine materiellrechtlich (siehe »materielles Recht) unrichtige Eintragung in seinem bücherlichen Recht verletzt erachtet. Beispiel: Stellt sich heraus, dass der Verkäufer einer Liegenschaft bei »Vertragsabschluss geschäftsunfähig war, kann er das aufgrund des nichtigen Vertrages eingetragene Eigentumsrecht des Käufers löschen lassen. *MH/AG*

Loseblattsammlung ÖR
= Loseblattausgabe; gibt es von Gesetzen oder auch von Kommentaren zu Gesetzen. Sinn: Novellierungen können einfach durch den Austausch einzelner Blätter eingearbeitet werden. Es ist daher nicht erforderlich, bei Rechtsänderungen das ganze Werk neu aufzulegen. Laufende Aktualisierungen sind leicht möglich. Die zunehmende Online-Verfügbarkeit von Normen drängt die Bedeutung von Loseblattausgaben zurück. *CMP*

LReg ÖR
»Landesregierung *JF*

Lucidum intervallum PR
Während eines lucidum intervallum (in einem lichten Moment) besitzt ein ansonsten Geisteskranker die gleichen Fähigkeiten wie ein Gesunder. Daher ist grundsätzlich seine »Handlungsfähigkeit in dieser Zeit gegeben: Aufgrund seiner »Deliktsfähigkeit muss er für sein in diesem Zeitraum gesetztes deliktisches »Handeln die Haftung übernehmen; wenn er keinen »Sachwalter hat, dann ist sein im lichten Zeitraum gesetztes »rechtsgeschäftliches Handeln voll gültig; wurde dagegen ein Sachwalter bestellt, so ist ein lucidum intervallum für die Wirk-

samkeit der vom Behinderten geschlossenen Rechtsgeschäfte völlig irrelevant: Die »Geschäftsfähigkeit bleibt dann trotz lichten Moments beschränkt. *BB*

Lücke ÖR
Eine »echte Lücke liegt dann vor, wenn eine Norm in eine gewisse Richtung nicht ausreichend präzisiert, eine Anwendung in diese Richtung jedoch vorgesehen ist. Dies ist nach *Walter/Mayer/Kucsko-Stadlmayer* bspw dann der Fall, wenn die Wahl eines Organs vorgeschrieben, der Wahlmodus und die Mehrheitserfordernisse jedoch nicht näher geregelt sind. Fehlt jedoch nur aus einer bestimmten subjektiven Sichtweise eine konkrete Regelung, liegt keine Lücke (die auch »unechte Lücke genannt wird) vor. Nach rechtspositivistischer Ansicht ist es essenziell, subjektive Wertungen aus dem Interpretationsvorgang zu eliminieren, um ein möglichst objektives Ergebnis zu erzielen. *GH*

Lückenfüllung PR
dient dazu, eine »planwidrige Unvollständigkeit des positiven Rechts durch Analogieschlüsse zu beseitigen. Hiezu werden die »Gesetzesanalogie, die »Rechtsanalogie sowie die natürlichen Rechtsgrundsätze (»natürliche Rechtsgrundsätze) herangezogen. *AP/EK*

Lückenschließung ÖR
Siehe »Analogie. *CMP*

Maßnahme ÖR
»Akt unmittelbarer verwaltungsbehördlicher Befehls- und Zwangsgewalt *JF*

Machthaber PR
iSd § 337 ABGB sind Personen, die in leitender Position im Rahmen der Organisation der juristischen Person mit einem größeren eigenständigen Verantwortungsbereich tätig sind (‚zweite Führungsebene' unter den statutarischen Organen). Eine »juristische Person ist nicht deliktsfähig wie ein Mensch (vgl »Deliktsfähigkeit), Machthaber begründen jedoch durch Begehung von Delikten bei Tätigkeit für die juristische Person deren Haftung (ebenso wie »statutarische Organe, »Erfüllungsgehilfe, »Besorgungsgehilfe). *BB*

Magistrat ÖR
Der Magistrat stellt neben der Bezirkshauptmannschaft einer der beiden Typen von Bezirksverwaltungsbehörden (»Bezirksverwaltungsbehörde) dar. Magistrate bestehen in den sogenannten Statutarstädten, das sind neben Wien beispielsweise die meisten Landeshauptstädte (ausgenommen Bregenz) sowie Waidhofen an der Ybbs und Krems. Magistrate sind gleichzeitig Landes- und Gemeindebehörden. Sie stehen unter der Leitung des Bürgermeisters und sind daher monokratisch organisiert. *GM*

Mahnverfahren PR
Abgekürztes Verfahren für Rechtsstreitigkeiten über Klagen, mit denen ausschließlich die Zahlung eines € 30.000 nicht übersteigenden Geldbetrags begehrt wird. In diesem Verfahren erlässt das Gericht ohne vorhergehende mündliche Verhandlung und ohne Vernehmung des Beklagten einen durch die Unterlassung eines Einspruchs bedingten Zahlungsbefehl. Der Beklagte kann binnen vier Wochen Einspruch gegen den Zahlungsbefehl erheben. Besondere Regeln gibt es für das »ADV-Mahnverfahren.ACHTUNG neue Rechtslage seit 1.7.2009: € 75.000 *PS*

Makler PR
Wer aufgrund des Maklervertrages für einen Auftraggeber Geschäfte mit einem Dritten vermittelt, ohne ständig damit betraut zu sein. Siehe auch »Handelsmaklervertrag, »Zivilmaklervertrag, »Maklergesetz. *MH/AG*

MaklerG PR
»Maklergesetz *MH/AG*

Maklergesetz PR
Bundesgesetz über die Rechtsverhältnisse der »Makler. Siehe auch »Handelsmaklervertrag, »Zivilmaklervertrag. *MH/AG*

Malteser Ritter Orden ÖR
besitzt eine sogenannte souveräne nicht staatliche Völkerrechtssubjektivität (»Völkerrechtssubjekt). Siehe auch »Heiliger Stuhl, »Internationales Komitee vom Roten Kreuz. *JF*

Mandatar/in ÖR
ist ein Mitglied eines Parlaments. *TC*

Mangel PR
kann in einer Abweichung von der vertraglich bedungenen Leistung resultieren. Im Bereich der »Gewährleistung unterscheidet man den »Rechtsmangel und den »Sachmangel. *AP/EK*

Mangelfolgeschaden PR
ist jener Schaden, der durch einen Mangel an der Leistung im sonstigen Vermögen des Übernehmers hervorgerufen wird. Für den Ersatz eines etwaigen Mangelfolgeschadens können jedoch nicht die Gewährleistungsbehelfe herangezogen werden; vielmehr müssen die Voraussetzungen für einen Schadenersatzanspruch erfüllt sein, insb muss Verschulden des Übergebers vorliegen. Vgl auch »Begleitschaden. *AP/EK*

Mangelschaden PR
ist jener Schaden, der durch den Mangel an der übergebenen Sache selbst entstanden ist und Gewährleistungsansprüche auslöst. Vgl auch die Möglichkeit bei Verschulden des

Übergebers, Schadenersatz anstatt Gewährleistung geltend machen zu können (§ 933a Abs 1 ABGB). *AP/EK*

Mängelrüge (PR)
Im Zivilrecht bedarf es keiner gesonderten Mängelrüge nach Entdeckung des Mangels. Anders ist dies jedoch beim beiderseitigen unternehmensbezogenen Geschäft (§ 377 UGB). Hier verliert der Übernehmer seinen Anspruch auf Gewährleistung, wenn er der Mängelrüge nicht binnen angemessener Frist nachkommt, wenngleich die »Gewährleistungsfrist als solche noch nicht abgelaufen ist. *AP/EK*

Markenrecht (PR)
Marken sind Zeichen, die sich graphisch darstellen lassen, wie etwa Wörter, Abbildungen, Buchstaben, Zahlen. Das Markenschutzgesetz gewährt dem Inhaber einer Marke unter bestimmten Voraussetzungen das absolute Recht, Dritten im geschäftlichen Verkehr die Benutzung eines mit der Marke gleichen Zeichens zu verbieten. »Immaterialgüterrecht *AW*

Marktpreis (PR)
ist jener Preis, der sich durch Angebot und Nachfrage auf dem jeweiligen Markt ergibt und sich daher nach objektiven Wertansätzen bestimmen lässt. *AP/EK*

Masseforderung (PR)
Im Gesetz aufgezählte im Interesse der Konkursgläubiger entstandene Forderungen gegen die Konkursmasse, die vor den Konkursforderungen (»Konkursforderung) befriedigt werden. Dazu zählen etwa die Kosten des Konkursverfahrens. *PS*

Masseverwalter (PR)
Vom Konkursgericht zur Durchführung des Konkurses (»Konkurs) bestellte Person. *PS*

Materielle Derogation (ÖR)
»Derogation, bei der eine »Rechtsvorschrift durch eine spätere aufgehoben wird, ohne dass die aufgehobene ausdrücklich bezeichnet wird. Der Rechtsanwender ist bei der materiellen Derogation daher mitunter zur »Interpretation ihres konkreten Inhalts berufen. Sie kommt etwa mit folgender Wendung zum Ausdruck: "Alle diesem Bundesgesetz widersprechenden Bestimmungen in anderen Bundesgesetzen treten mit In-Kraft-Treten dieses Bundesgesetzes außer Kraft." *SL*

Materielle Gewaltenteilung (ÖR)
Siehe »Gewaltenteilung im materiellen Sinn. *JF*

Materielle Rechtsstaatlichkeit (ÖR)
Der Begriff der materiellen Rechtsstaatlichkeit geht – im Gegensatz zum formellen Rechtsstaatsbegriff – von bestimmten Wertvorstellungen aus und ist beispielsweise durch den verfassungsrechtlichen Gleichheitssatz oder den Grundsatz der Verhältnismäßigkeit staatlicher Eingriffsakte erfüllt. *TC*

Materieller Privatrechtsbegriff (PR)
Ob eine Rechtsmaterie dem Privatrecht zuzuordnen ist, bestimmt sich nach ihrem Inhalt (unterscheide: »Formal-organisatorischer Privatrechtsbegriff) *PS*

Materielles Recht (PR)
Im Unterschied zum formellen Recht (»Formelles Recht) handelt es sich bei materiellen Rechtsnormen um Regeln, die das menschliche Zusammenleben inhaltlich ordnen sollen. Hiezu zählen bspw das »Zivilrecht, das »Arbeitsrecht, das »Strafrecht, das Besondere Verwaltungsrecht (zB: Wasserrecht, Straßenverkehrsrecht, Gewerberecht). Gleichbedeutend im Öffentlichen Recht. *AP/EK*

Materielles Recht (ÖR)
Siehe »Materielles Recht (PR). *CMP*

Materielles Verwaltungsrecht (ÖR)
Siehe »Besonderes Verwaltungsrecht. *JF*

Mediation (PR)
Eine auf Freiwilligkeit der Parteien beruhende Tätigkeit, bei der ein fachlich ausgebildeter, neutraler Vermittler (Mediator) mit anerkannten Methoden die Kommunikation zwischen den Parteien systematisch mit dem Ziel fördert, eine von den Parteien selbst verantwortete Lösung ihres Konfliktes zu ermöglichen (§ 1 Abs 1 ZivMediatG). Mediation in Zivilrechtssachen ist Mediation zur Lösung von Konflikten, für deren Entscheidung an sich die ordentlichen Zivilgerichte zuständig sind (§ 1 Abs 2 ZivMediatG). Das Zivilrechts-Mediations-Gesetz (ZivMediatG) enthält einschlägige Regelungen. *PS*

Mediation in Zivilrechtssachen (PR)
Siehe »Mediation. *PS*

Mediator (PR)
Siehe »Mediation. *PS*

Mehrheitswahl (ÖR)
Ein in Österreich nicht verwirklichter Grundsatz im »Wahlrecht, nach dem in einem »Wahlkreis der Wahlwerber in den parlamentarischen Vertretungskörper gewählt ist, der die (absolut oder relativ) meisten Stimmen auf sich vereinigen konnte. Das Mehrheitswahlrecht führt weitgehend zu einem aus bloß zwei Parteien bestehenden politischen System. Es begünstigt

große und benachteiligt kleine Parteien. *SL*

Mehrseitiges Rechtsgeschäft PR
Siehe »Zweiseitiges Rechtsgeschäft. *SR*

Mehrwertigkeitstheorie PR
Siehe »Subjektionstheorie. *PS*

Mehrwerttheorie ÖR
Synonym: Subjektionstheorie; Theorie, die zur Differenzierung von Öffentlichem Recht und Privatrecht herangezogen wird. Sie sieht die Diffenzierung insbesondere darin, dass es im Öffentlichen Recht juristische Herrschaftsverhältnisse (Über- und Unterordnung) gebe, im Privatrecht eine Gleichordnung. Problematisch ist jedoch, dass diese Theorie tatsächlich keine exakte Unterscheidung schafft. *JF*

Meinungsäußerungsfreiheit ÖR
Die Meinungs(äußerungs)freiheit ist ein »liberales Grundrecht, welches durch Art 10 »EMRK und Art 13 »StGG gewährleistet wird. Es ist ein zentrales Grundrecht eines jeden demokratischen Verfassungsstaates. *TC*

Meldegesetz ÖR
regelt die Bestimmungen im Zusammenhang mit dem Meldewesen in Österreich. Es gibt Auskunft über die Allgemeine Meldepflicht, dh die Pflicht, sich bei den Behörden zu melden, wenn man in Österreich Unterkunft nimmt oder diese aufgibt. *JF*

Menschenrecht ÖR
Menschenrechte werden den Bürgerrechten gegenübergestellt und bedeuten in diesem Zusammenhang, dass diese Grundrechte allen Menschen ("jedermann") und nicht bloß StaatsbürgerInnen gewährt werden. *TC*

Menschenrecht RPH
ist in Abgrenzung zum Grundrecht zu sehen: Grundrechte normieren menschenrechtliche Ansprüche, aber gelten meist durch verfassungsrechtliche Normierung nur für die Staatsbürger (Bürgerrechte) oder – weiter gefasst – für die Bewohner eines Staates. Menschenrechten dagegen kommt als unbedingten Rechtsansprüchen jedes Menschen als Mensch (als Folge seiner apriorischen Würde) universelle Geltung und damit Verbindlichkeit zu! Sie bedürfen nicht der staatlichen Normierung für ihre Begründung! *CMS*

Menschenrechtskonvention ÖR
Siehe »Europäische Menschenrechtskonvention. *JF*

Mentalreservation PR
(»Geheimer Vorbehalt) bedeutet, dass der Erklärende keinen Rechtsfolgenwillen (»Rechtsfolgenwille; auch »Geltungswille, »Geschäftswille oder »Bindungswille) hat, nach außen hin trotzdem einen solchen erklärt. Der Erklärende handelt dabei in Täuschungsabsicht. Die Erklärung ist aber gültig und der Erklärende rechtsgeschäftlich gebunden, wenn der Erklärungsempfänger berechtigt auf die ihm zugegangene Erklärung vertraut hat (»Vertrauenstheorie). *SR*

Merkl ÖR
Adolf Julius Merkl (1890–1970); Mitbegründer der Reinen Rechtslehre neben Kelsen (»Reine Rechtslehre), entwickelte ua den Gedanken vom „doppelten Rechtsanlitz“ (»Doppeltes Rechtsantlitz). *CMP*

Methodenlehre ÖR
Eigener Wissenschaftszweig, der Regeln für die Gewinnung objektiver wissenschaftlicher Erkenntnisse entwickelt. Die Suche nach wissenschaftlicher Erkenntnis muss einem Plan folgen, also methodisch sein – die Rede ist dann auch von "methodologischer Festsetzung" wissenschaftlicher Regeln. Popper spricht von der "Logik der Forschung". Die Methode der Rechtswissenschaft ist die »Interpretation. Die juristische Methodenlehre beschäftigt sich daher mit den Interpretationsmethoden. *CMP*

Methodologische Festsetzung ÖR
Damit meint man die Festlegung von Regeln für die Gewinnung wissenschaftlicher Erkenntnisse. Dadurch soll gewährleistet werden, dass die Suche nach wissenschaftlicher Erkenntnis einem nachvollziehbaren Plan folgt; dann sind die gewonnenen Erkenntnisse auch intersubjektiv nachprüfbar und insoweit objektiv. Popper spricht in diesem Zusammenhang von der "Logik der Forschung". *CMP*

Miete PR
Siehe »Mietvertrag. Umgangssprachlich auch für »Mietzins. *MH/AG*

Mietrecht PR
Summe jener Rechtsnormen, die alle mit Mietverträgen verbundenen Rechtsfragen zum Gegenstand haben. Zu nennen ist vor allem das »Mietrechtsgesetz (MRG), das hinsichtlich der Miete von Wohn- und Geschäftsräumen weitgehend zwingende Regelungen trifft. Diese gehen den dispositiven Bestimmungen des ABGB zu Bestandverträgen vor. *AW*

Mietrechtsgesetz PR
(MRG) »Bundesgesetz, das Mietverträge (siehe »Mietvertrag) über Wohnungen, Wohnungsteile und Geschäftsräume regelt und vor allem den Schutz des Mieters durch Regelungen über die Mietzinshöhe (siehe »Mietzinsobergrenze) und die Kündigung (siehe

»Kündigungsschutz) bezweckt. *MH/AG*

Mietvertrag PR
(Auch: Miete) »Bestandvertrag, der die entgeltliche Gebrauchsüberlassung an einer körperlichen beweglichen oder unbeweglichen »Sache auf Zeit zum Inhalt hat.

Beispiel: Überlassung eines Autos oder einer Wohnung.

Unterscheide davon: »Pachtvertrag, »Leihvertrag, »Verwahrungsvertrag. *MH/AG*

Mietzins PR
(Auch: Zins) ist das Entgelt für die Überlassung einer »Sache zum Gebrauch beim »Mietvertrag. Beim »Pachtvertrag heißt das Entgelt Pachtzins. *MH/AG*

Mietzinsobergrenze PR
Im »Mietrechtsgesetz (MRG) zugunsten des Mieters zwingend vorgesehene Obergrenze, die sich nach Lage, Größe, Ausstattung des Mietobjekts richtet (angemessener Hauptmietzins), über die hinaus kein höherer »Mietzins vom Mieter verlangt werden darf. *MH/AG*

Minderjährig PR
ist ein Mensch vor Erreichung der Volljährigkeit, also vor Vollendung des 18. Lebensjahres. *BB*

Ministeranklage ÖR
Mit der Ministeranklage wird die rechtliche Verantwortlichkeit eines Ministers oder einer Ministerin vor dem »VfGH geltend gemacht. *TC*

Ministerrat ÖR
Dabei handelt es sich um die in der Praxis und in den Medien übliche Bezeichnung für die Bundesregierung als Kollegialorgan. Der Begriff wird auch für Sitzungen der »Bundesregierung verwendet. *GM*

Ministerverantwortlichkeit ÖR
Die Ministerverantwortlichkeit ist ein wesentliches Merkmal des parlamentarischen Regierungssystems. Die Minister/innen sind dem Parlament für ihre Amtsführung sowohl politisch (»Misstrauensvotum) als auch rechtlich (»Ministeranklage) verantwortlich. *TC*

Misstrauensvotum ÖR
Das Misstrauensvotum ist ein politisches Mittel, um Regierungsmitglieder ihres Amtes zu entheben, die nicht mehr das Vertrauen (aus welchem Grund auch immer) des Parlaments besitzen. Dabei entzieht der Nationalrat der gesamten Bundesregierung oder einzelnen ihrer Mitglieder durch Mehrheitsbeschluss das Vertrauen. Nach erfolgtem Misstrauensvotum ist das Mitglied der BReg von der Bundespräsidentin oder dem Bundespräsidenten des Amtes zu entheben. *TC*

Miteigentum PR
Mehreren Personen gehört eine Sache gemeinsam. Jedem kommt dabei an der Sache ein »ideeller Anteil zu, über den er frei verfügen kann, während über die ganze Sache nur gemeinsam verfügt werden kann. Es gibt kein Miteigentum an bestimmten körperlichen Teilen der Sache.Pieler, Privatrecht (2007/2008) 80. *DH*

Miteigentum zu ideellen Anteilen PR
Siehe »Miteigentum, »Ideeller Anteil. *DH*

Mitgliedstaatliche Vollziehung ÖR
Ist eine rechtliche Materie durch eine EG-Richtlinie geregelt, muss sie in nationales Recht (Bundes- oder Landesgesetz) umgesetzt werden. Diese nationalen Regelungen werden von den nationalen Behörden vollzogen. *LB*

Mittelbare Bundesverwaltung ÖR
Die mittelbare Bundesverwaltung ist – neben der unmittelbaren Bundesverwaltung – eine der beiden verfassungsrechtlich vorgesehenen Formen der Bundesverwaltung. Ihr Wesen besteht darin, dass Aufgaben des Bundes (zB im Gewerberecht, Forstrecht, Wasserrecht, Schifffahrtsrecht und Fremdenrecht) durch den Landeshauptmann und die ihm unterstellten Landesbehörden (insb Bezirksverwaltungsbehörden, »Bezirksverwaltungsbehörde) zu besorgen sind. Der LH ist in diesem Bereich an Weisungen des zuständigen BM gebunden. Bei der mittelbaren Bundesverwaltung werden Landesorgane im organisatorischen Sinne als Bundesorgane im funktionellen Sinn tätig. Ihr Handeln wird rechtlich dem Bund zugeordnet. *GM*

Mittelbare Demokratie ÖR
Auch »repräsentative Demokratie. In diesem System legitimieren die Wahlberechtigten die Abgeordneten. Die Staatswillensbildung liegt in der Verantwortung der Repräsentanten als Volksvertretung. Unterstützt und ergänzt wird dieses System durch die »Elemente der direkten Demokratie. Unterscheide »unmittelbare Demokratie. *JF*

Mittelbarer Inhaber PR
Derjenige, der eine Sache nicht selbst in seinem Herrschaftsbereich hält, sondern dem die Innehabung an der Sache durch einen anderen vermittelt wird (zB Vermieter). *DH*

Mittelbarer Vollzug ÖR
Vollziehung, dh Anwendung von Normen durch Organe, die organisatorisch nicht der nach der Kompetenzverteilung zuständigen Gebietskörperschaft angehören. Dies ist insb bei der mittelbaren Bundesverwaltung (»Mittelbare Bundesverwaltung) der Fall, wo Landesorgane im organisatorischen

Sinn als Bundesorgane im funktionellen Sinn tätig werden. *GM*

Mitverschulden (PR)
Trifft auch den Geschädigten ein Verschulden an der Schädigung, steht ihm nur ein geminderter Schadenersatzanspruch gegen den Schädiger zu. Dieser richtet sich nach dem Verhältnis zwischen Verschulden des Geschädigten und jenem des Schädigers. Lässt sich das Verhältnis nicht bestimmen, haften beide zu gleichen Teilen. *AW*

Modus (PR)
Geeignete Erwerbsart. Willentliche Besitzübertragung, die notwendig ist, um dingliche Rechte zu erwerben (zB Übergabe bei beweglichen Sachen, Eintragung ins Grundbuch bei Erwerb von Liegenschaften). *DH*

Möglichkeit des Vertragsinhaltes (PR)
ist eine der »Wirksamkeitsvoraussetzungen des Vertragsschlusses; vgl »Anfängliche Unmöglichkeit der Leistung. *BB*

Monarchie (ÖR)
»Regierungsform, die sich an der durch die Verfassung festgelegten Stellung des Staatsoberhaupts orientiert. Monarchen werden üblicherweise nicht gewählt, sie sind nicht abrufbar, haben ihre Funktion grundsätzlich auf Lebenszeit inne und sind niemandem rechtlich verantwortlich. Unterscheide: »Absolute Monarchie, »Konstitutionelle Monarchie und »Parlamentarische Monarchie. *JF*

Monografie (PR)
Selbständige Publikation, die eine Auseinandersetzung mit bestimmten Rechtsproblemen zum Inhalt hat. Sie ist eine unverbindliche Rechtserkenntnisquelle (siehe »Erkenntnisquelle).

Beispiel: *Dehn*, Formnichtige Rechtsgeschäfte und ihre Erfüllung (1998). *MH/AG*

Monokratisches Organ (ÖR)
Eine Person ist allein zur Willensbildung berufen. Der »Organwalter nimmt alleine die Aufgaben und Zuständigkeiten des Organs wahr; zB Bundespräsident, Bundesminister, Dekan; unterscheide »Kollegialorgan. *JF*

Montanunion (ÖR)
»Europäische Gemeinschaft für Kohle und Stahl *JLR*

Montesquieu (ÖR)
Der Sager von Montesquieu, der Richter sei nur "la bouche de la loi", also "der Mund des Gesetzes", ist ebenso legendär wie unzutreffend. Zwar ist der Richter Vollzugsorgan; die Vorstellung, dass er nur die Worte des Gesetzes umsetze, geht jedoch an der Wahrheit vorbei. Der Richter hat die Aufgabe, unbestimmte Gesetzesbegriffe und Ermessensspielräume auszufüllen, und setzt damit Willensakte. Montesqieus Vorstellung, der Richter brauche nur mehr die Anordnungen des Gesetzes für den Einzelfall auszusprechen, ist daher in dieser Schärfe verfehlt. Hinweis: Diese Überlegungen gelten in gleicher Weise für Verwaltungsorgane. *CMP*

Moral (ÖR)
Einsicht in die ethische Verantwortung gegenüber dem Mitmenschen; individuelle Komponente; zu unterscheiden von den (guten) Sitten (generelle Komponente) und dem positiven Recht (»Positives Recht). *CMP*

Moral (PR)
Richtet sich an das eigene Gewissen und die innere Einstellung. Wie bei der »Sitte geht es dabei um die wertende Beurteilung eines Verhaltens. Wer sich unmoralisch verhält, muss sich vor sich selbst verantworten. Viele Rechtsregeln entsprechen aber auch moralischen Wertvorstellungen, wie zB die gesetzliche Regelung der »Sittenwidrigkeit gemäß § 879 ABGB Elemente der Moral enthält. *MH/AG*

Moral (RPH)
umfasst die Normen des guten bzw richtigen Handelns, ist also der Gegenstand der Ethik. Die Moral kann sich zum Recht (ebenfalls eine normative Verhaltensordnung) unterschiedlich verhalten: Es kann von einer völligen Einheit von Recht und Moral ausgegangen werden (THOMAS von AQUIN), es kann eine völlige Trennung von Recht und Moral angenommen werden (KELSEN), oder aber man kann erkennen, dass eigentlich nur ein vermittelnder Ansatz dem Verhältnis von Recht und Moral (KANT) angemessen ist (LUF). *CMS*

Moralität (RPH)
ist ein Kernbegriff der KANTISCHEN Rechtsphilosophie. Im Unterschied zu rein legalem Verhalten, das vom Staat durchzusetzen ist mit rechtsstaatlichem Zwang, betrifft die Moralität die innere Handlungsmotivation, die jeweils zum rechtmäßigen Verhalten führt. Es geht darum, ob man sich zu solchem Handeln autonom selbst bestimmt und damit die eigene Freiheit konkretisiert hat oder ob man sich – zB von der Furcht vor Strafe – fremdbestimmen lässt und damit nur auf externe Einflüsse reagiert (LUF). *CMS*

Moralordnung (PR)
Siehe »Moral. *MH/AG*

Motivirrtum (PR)
ist im Gegensatz zum »Geschäftsirrtum, der das Rechts-

geschäft inhaltlich betrifft, ein Irrtum betreffend die eigenen Beweggründe zum Abschluss des Geschäfts. Da er idR nur die Sphäre des Erklärenden betrifft, berechtigt er bei entgeltlichen Geschäften nicht zur »Irrtumsanfechtung, es sei denn, er wurde durch »List des anderen verursacht. Wurde das Motiv verbindlich in den Vertrag aufgenommen, ist er ohnehin Geschäftsirrtum. Beachtlich ist er außerdem bei unentgeltlichen Geschäften, letztwilligen Verfügungen und im Familienrecht. *BB*

MRK ÖR
»Menschenrechtskonvention; siehe »Europäische Menschenrechtskonvention. *JF*

Multilaterale völkerrechtliche Verträge ÖR
Verträge, die zwischen mehreren (mehr als zwei) Völkerrechtssubjekten (»Völkerrechtssubjekt) abgeschlossen werden. Unterscheide davon: »Bilaterale völkerrechtliche Verträge. *JLR*

Mündig PR
ist eine »natürliche Person ab Vollendung des vierzehnten Lebensjahres. Mit der Mündigkeit wird der Mensch in der Regel deliktsfähig (siehe »Deliktsfähigkeit) und erfährt einige Erweiterungen seiner beschränkten »Geschäftsfähigkeit. Vgl »Mündiger Minderjähriger. *BB*

Mündiger Minderjähriger PR
ist ein Mensch ab Vollendung des vierzehnten, aber vor Vollendung des achtzehnten Lebensjahrs. Er ist »beschränkt geschäftsfähig, seine Geschäftsfähigkeit ist jedoch gegenüber der »unmündiger Minderjähriger erweitert: Er kann selbständig Dienstverträge (ausgenommen solcher, die zugleich Ausbildungsverträge sind) schließen und über Sachen, die ihm zur freien Verfügung überlassen wurden, und über sein Einkommen aus eigenem Erwerb so weit verfügen, als er dadurch nicht die Befriedigung seiner Lebensbedürfnisse gefährdet. Siehe auch »Testierfähigkeit. Mündigkeit ist auch Voraussetzung der »Deliktsfähigkeit. *BB*

Mündliche Streitverhandlung PR
Teil des Verfahrens erster Instanz, der insbesondere auch die Beweisaufnahme beinhaltet. *PS*

Musterrecht PR
Muster ist die Erscheinungsform (das sind Merkmale wie Linien, Farben, Gestalt) eines industriellen oder handwerklichen Gegenstandes. Schutz kann nur einem Muster zukommen, das neu ist und sich durch seine Eigenart auszeichnet. Das Musterschutzgesetz gewährt dem Inhaber eines Musters das absolute Recht, das Muster zu benutzen und Dritten die Benutzung zu verbieten. »Immaterialgüterrecht *AW*

Mutter PR
Frau, die das Kind geboren hat (§ 137b ABGB). *SR*

Nachbarrechte PR
Einschränkungen des Eigentumsrechtes. Allgemeine Rücksichtnahmegebote im Verhältnis von Eigentümern benachbarter Liegenschaften. »Immissionen müssen in gewissem Ausmaß geduldet werden. »Negative Immissionen (Entzug von Licht und Luft) können untersagt werden, wenn sie ein bestimmtes Ausmaß erreichen. *DH*

Nachbesserung PR
ist eine Form der »Verbesserung, die im Rahmen der »Gewährleistung durch Beseitigung von einem »Qualitätsmangel zu einer solchen Änderung der erbrachten Leistung führt, dass sie dem entspricht, was ursprünglich geschuldet war. *AP/EK*

Nacherbe PR
Derjenige, der laut »Testament den »Nachlass nach dem ersteingesetzen Erben erhalten soll.

Beispiel: „Sandra soll meine Erbin sein, nach ihrem Tod soll mein Neffe Christoph mein Erbe sein." Christoph ist hier Nacherbe.

Siehe »Nacherbschaft. *MH/AG*

Nacherbschaft PR
(Auch: fideikomissarische Substitution) Die »Erbschaft nach dem Erben. Voraussetzung ist, dass der erste »Erbe die Erbschaft erlangt hat (sonst: »Ersatzerbschaft).
Beispiel: „Sandra soll meine Erbin sein, nach ihrem Tod soll mein Neffe Christoph mein Erbe sein." *MH/AG*

Nachfrist PR
Als Rechtsfolge des Schuldnerverzugs (»Schuldnerverzug) kann der Gläubiger unter Setzung einer angemessenen Nachfrist vom Vertrag zurücktreten. Die Nachfrist dient dazu, dem Schuldner noch eine Chance zu geben, die an sich noch mögliche Leistung nachzuholen. Der Vertrag wird aufgelöst, wenn der Schuldner seiner Leistungspflicht dennoch nicht nachkommt. *AP/EK*

Nachgeschaltete Kontrolle ÖR
bezeichnet die erst nach Abschluss des Verwaltungsverfahrens einsetzende nachprüfende Kontrolle durch die Gerichtshöfe des öffentlichen Rechts. *CMP*

Nachgiebiges Gesetzesrecht PR
Siehe »Dispositives Gesetzesrecht. *AP/EK*

Nachlass (PR)
Die Gesamtheit der vererblichen Rechte und Verbindlichkeiten (daher zB keine höchstpersönlichen Rechte, siehe »Höchstpersönliches Recht), die der »Erblasser hinterlässt. Aus dem Blickwinkel des Erben nennt man den Nachlass auch »Erbschaft: Der Erblasser hinterlässt den Nachlass, der »Erbe erwirbt die Erbschaft. *MH/AG*

Nachlassabhandlung (PR)
Siehe »Verlassenschaftsverfahren. *MH/AG*

Nachlassaktiven (PR)
Die positiven Vermögenswerte und Rechte, die im »Nachlass enthalten sind. Das Gegenstück dazu stellen die Nachlassschulden, also die im Nachlass enthaltenen Verbindlichkeiten, dar. *MH/AG*

Nachträgliche Unmöglichkeit der Leistung (PR)
(endgültige Nichterfüllung) Hier liegt im Gegensatz zur (»anfängliche Unmöglichkeit der Leistung) ein gültiger Vertrag vor. Sofern dem Schuldner die Unmöglichkeit (»Anfängliche Unmöglichkeit der Leistung) zuzurechnen ist, sei es, weil er ihre Erbringung schuldhaft vereitelt oder für die Leistungserbringung die Gefahr zu tragen hat, haftet er auf das »Erfüllungsinteresse. Diesfalls kann der Gläubiger zwischen »Austauschanspruch und »Differenzanspruch wählen. Hat hingegen der Gläubiger die Unmöglichkeit zu vertreten, so trägt er bei aufrechtem Vertrag die »Preisgefahr und kann schadenersatzpflichtig werden. Ist die Unmöglichkeit weder dem Schuldner noch dem Gläubiger zuzurechnen, so erlischt das Schuldverhältnis, und bereits Geleistetes kann zurückgefordert werden. *AP/EK*

Nachtwächterstaat (ÖR)
Dieser Ausdruck geht auf den deutschen Politiker Ferdinand Lasalle zurück. Ist ein Staat, der massiv in die Freiheiten der Bürger eingreift, aber im Verhältnis dazu keine oder nur sehr eingeschränkte Leistungen für die Menschen erbringt. Vgl dazu »Altliberales Modell. *JF*

Nachvermächtnisnehmer (PR)
Derjenige, der nach dem in der letztwilligen Verfügung zuerst bedachten »Vermächtnisnehmer Vermächtnisnehmer sein soll (vgl auch »Nacherbschaft, »Nacherbe).

Beispiel: „Gregor soll mein Auto bekommen, solange meine Nichte Sarah minderjährig ist. Ab ihrem 18. Geburtstag soll das Auto Sarah gehören.“ Sarah ist hier Nachvermächtnisnehmerin.

Unterscheide davon: »Ersatzvermächtnisnehmer. *MH/AG*

Namensrecht (PR)
Absolut geschütztes »Persönlichkeitsrecht. Vom Schutz umfasst sind insbesondere der Name natürlicher Personen, Künstlernamen, die Firma, Internet-Domains. Dem Namensträger stehen unter bestimmten Voraussetzungen Unterlassungs- und mitunter Schadenersatzansprüche gegen denjenigen zu, der unbefugt den Namen gebraucht oder das Recht des Namensträgers bestreitet. *AW*

Nasciturus (PR)
(Ungeborener) wird das gezeugte, aber noch nicht geborene Kind genannt. Es besitzt bereits eine bedingte und beschränkte »Rechtsfähigkeit: Soweit es um seine Rechte geht, wird es unter der Bedingung, dass es später lebend geboren wird, bereits als Person behandelt. *BB*

Natürliche Person (PR)
(physische Person) ist der Mensch. Die Rechtsordnung bezeichnet den Menschen als natürliche Person, da ihm sozusagen von Natur aus Rechtspersönlichkeit zukommt. Als »Person im Rechtssinn (»Rechtssubjekt) ist er rechtsfähig (»Rechtsfähigkeit). Unterscheide: »Juristische Person. *BB*

Natürliche Rechtsgrundsätze (PR)
(§ 7 ABGB) stellen die allgemeinsten Wertprinzipien der Rechtsordnung dar und werden herangezogen, wenn sich ein Fall weder unter Zuhilfenahme der »Interpretationsmethoden noch durch Anwendung von »Gesetzesanalogie oder »Rechtsanalogie entscheiden lässt. Weiters werden die natürlichen Rechtsgrundsätze von der Rechtsprechung zur Herausarbeitung der guten Sitten (»Gute Sitten) verwendet. *AP/EK*

Nation (ÖR)
primär ein politischer Kampfbegriff, der staatsbildend bzw staatsauflösend wirkt. Ist nicht mit dem Begriff »Staat gleichzusetzen und hilft auch nicht bei dessen Begriffsbestimmung. Bedeutet die Zugehörigkeit zu einer ethnischen Gemeinschaft. Merkmale sind insbesondere eine gemeinsame Sprache, Kultur und Religion (zB Kurden, Basken, Tschetschenen). *JF*

Nationales Recht (ÖR)
Begriff, der als Abgrenzung vom »Völkerrecht und vor allem Gemeinschaftsrecht (»Europarecht im engeren Sinn) die Rechtsordnungen (»Rechtsordnung) von Nationalstaaten (also in Hinblick auf das Gemeinschaftsrecht vor allem das objektive Recht [»objektives Recht] der Mitgliedstaaten der EU) umfasst. *SL*

Nationales Verweisungsrecht PR
Jenes Recht, das selbst keine inhaltlichen Regelungen trifft, sondern auf die anzuwendende Rechtsordnung verweist. »Internationales Privatrecht. *AW*

Nationalrat ÖR
Der Nationalrat ist das zentrale Organ des Parlaments mit 183 Abgeordneten, welche vom Bundesvolk für eine Dauer von fünf Jahren gewählt werden. Der Nationalrat übt gemeinsam mit dem »Bundesrat die Gesetzgebung aus (»Zweikammernsystem) und besitzt wichtige Kontrollfunktionen gegenüber der Verwaltung. *TC*

Natur des Menschen RPH
bezeichnet den (schon antiken) Versuch, in Überwindung des Mythos philosophische Aussagen über den Menschen zu treffen, die sich nicht transzendenten Einsichten (Mythos) verdanken, sondern der rationalen Reflexion über den Menschen selbst. Es wird daher versucht, das Wesen, den Charakter, die Natur des Menschen zu beleuchten und zu diskutieren. Beispiele dafür sind die Versuche von Kallikles ("Macht") und Antiphon ("Gleichheit"), grundlegende Aussagen über den Menschen "an sich" zu treffen. *CMS*

Naturalobligation PR
ist eine Verpflichtung, die vom Gläubiger nicht klagsweise durchgesetzt, vom Schuldner jedoch erfüllt werden kann. Hat der Schuldner erfüllt, kann er seine »Leistung nicht mit »Leistungskondiktion zurückfordern, da es sich bei Leistung auf eine Naturalobligation sehr wohl um eine »geschuldete Leistung handelt. Beispiele: unter Missachtung einer gesetzlichen »Formvorschrift begründete Schulden, Schulden nach »Verjährung. *BB*

Naturalrestitution PR
Im Schadenersatzrecht gilt der Vorrang der Naturalrestitution, soweit diese möglich und tunlich ist. Der Zustand vor der Schädigung soll möglichst wiederhergestellt werden. Dies entspricht der »Ausgleichsfunktion des Schadenersatzrechts. Anknüpfungspunkt für die Naturalrestitution ist der reale Schaden (»Realer Schaden). Ist die Naturalrestitution untunlich, steht dem Geschädigten Geldersatz zu. Anknüpfungspunkt ist hierbei der »Vermögensschaden. *AW*

Naturgesetz RPH
bezeichnet eigentlich die natürlichen Kräfte in der Natur, die sich den Methoden der modernen Naturwissenschaften (Physik, Astronomie etc) erschließen, wie etwa die Schwerkraft. In der Politischen Philosophie wird der Ausdruck allerdings auch gebraucht, um im Rahmen der Lehre vom Naturzustand auf staatsvorgängige Dimensionen der Rechtlichkeit (idR Menschenrechte) zu verweisen, Vernunftdimensionen, die sich dann als "aus dem Naturgesetze" bzw "dem natürlichen Gesetze" entstammend erweisen. *CMS*

Naturrecht ÖR
= Vernunftrecht. Bezeichnet Normensysteme außerhalb des positiven Rechts. Es regelt zwar menschliches Verhalten, ist aber nicht von Menschen gesetzt, sondern leitet sich – einfach gesagt – aus natürlichen Gegebenheiten ab. Problem: Diese Gegebenheiten müssen natürlich durch Menschen erkannt werden, sodass hier Einflussmöglichkeiten bei der Beschreibung des Naturrechts bestehen. Beachte: Naturrecht ist aus rechtspositivistischer Sicht nicht Gegenstand der Rechtswissenschaft (anders in der Philosophie). In einem juristischen Sinn verpflichtend (mit staatlichen Zwangsmitteln durchsetzbar) – und damit zum Gegenstand der Rechtswissenschaft – wird Naturrecht nur dann, wenn es zum Inhalt des – von der staatlichen Autorität ausgehenden – positiven Rechts gemacht wird. *CMP*

Naturrecht RPH
bezeichnet eine wirkungsmächtige Strömung in der Politischen Philosophie Europas, relevant seit der Antike und wirksam bis herauf in die Gegenwart des universellen Menschenrechtsdiskurses. Grundsätzlich geht es in allen Aspekten der vielfältigen 2000-jährigen Naturrechtstradition um eine strukturelle Kritik an rein positivistischen Konzepten von Rechtlichkeit. Es ist in diesem Sinne das positivierte Gesetz immer auch im Lichte vernünftiger Rechtsprinzipien geltungstheoretisch zu betrachten. *CMS*

Naturschutzgesetz ÖR
Landesgesetz, welches den Schutz der Natur, den Schutz und die Pflege der Landschaft sowie die Erhaltung und Gestaltung der Umwelt als Lebensgrundlage und Lebensraum für Menschen, Pflanzen und Tiere regelt. *JF*

Naturzustand RPH
ist das zentrale Gedankenexperiment der neuzeitlichen Naturrechtslehre (HOBBES, LOCKE, ROUSSEAU, zT RAWLS). Es geht darum, herauszufinden, welches Gesellschafts- bzw Staatsmodell der wahren Natur des Menschen am ehesten angemessen ist. Dazu blendet man methodisch alle Dimensionen der Staatlichkeit aus, um so den reinen, staatsfreien, ungeschminkten Menschen in seiner psycho-

physischen Vereinzelung zu erkennen. Im Naturzustand werden auch die Defizite des vereinzelten Menschen sichtbar. *CMS*

Ne bis in idem ÖR
lat; zu deutsch: "Nicht zweimal in derselben Sache". Ausfluss der »Rechtskraft. Es ist grds unzulässig, ein abgeschlossenes Verfahren in derselben Sache nochmals durchzuführen (Unabänderlichkeit, Unwiederholbarkeit und Unwiderruflichkeit). Man darf danach auch nicht zweimal für dieselbe Tat bestraft werden. Verwirklicht in Art 7 »EMRK (Verfassungsrang; Grundrecht). *JF*

Ne eat iudex ultra petita partium PR
Siehe »Parteienmaxime. *PS*

Nebenabrede PR
Vereinbarung in einem Vertrag, die nicht direkt eine »Hauptleistungspflicht betrifft.
Beispiele: »Angeld, »Reugeld, »Konventionalstrafe. *MH/AG*

Nebengesetz PR
Neben der Novellierung eines Gesetzes (»Novelle) kann die bestehende Rechtslage durch Nebengesetze verändert bzw an neuere Entwicklungen angepasst werden. Deren Regelungsinhalt steht mit dem Hauptgesetz im Zusammenhang, bedarf jedoch der Materie entsprechende Sonderbestimmungen (zB Mietrechtsgesetz). *AW*

Nebenpflicht PR
(1) Nebenleistungspflicht: Leistungspflicht aus einem »Vertrag, die nicht Hauptleistungspflicht ist.
(2) Schutzpflicht, Sorgfaltspflicht: Pflicht aus einem Vertrag, die keine bestimmte Leistung, sondern den Schutz der Rechtsgüter des Vertragspartners zum Inhalt hat. Sie kann sich aus der Vereinbarung, insbesondere aber auch aus der »Übung des redlichen Verkehrs ergeben. Siehe zB »Interessenswahrungspflicht, »Rücksichtspflicht, »Obsorgepflicht, »Fürsorgepflicht, »Treuepflicht. *MH/AG*

Negative Erbantrittserklärung PR
Siehe »Ausschlagung einer Erbschaft. *MH/AG*

Negative Immissionen PR
Entzug von Licht und Luft. Ein Eigentümer kann seinem Nachbarn die von dessen Bäumen oder anderen Pflanzen ausgehenden Einwirkungen durch den Entzug von Licht und Luft insoweit untersagen, als diese das ortsübliche Maß überschreiten und zu einer unzumutbaren Beeinträchtigung der Benutzung des Grundstücks führen. *DH*

Negotium claudicans PR
(wörtlich: hinkendes Rechtsgeschäft) bezeichnet im geltenden Zivilrecht ein schwebend unwirksames Geschäft: Schließt eine »beschränkt geschäftsfähige Person ein sie verpflichtendes Rechtsgeschäft allein ab, obwohl sie der Mitwirkung des gesetzlichen Vertreters/Sachwalters bedarf, oder schließt jemand im fremden Namen ohne »Vertretungsmacht ein Geschäft ab (»Scheinvertreter), so ist das Geschäft bis zu einer Äußerung (Genehmigung, Ablehnung) des gesetzlichen Vertreters/Sachwalters/Geschäftsherrn schwebend unwirksam. Der Geschäftspartner ist einstweilen (angemessene Frist) daran gebunden, muss aber noch nicht leisten. Vgl »Nichtigkeit. *BB*

Nennwert PR
(Auch: Nominalwert) Gesetzlich festgelegter Wert eines staatlich anerkannten Zahlungsmittels, der in der Regel auf dem Zahlungsmittel ersichtlich ist. Unterscheide davon: »Kaufkraft.
Beispiel: Auf einer Euro-Banknote ist ersichtlich, dass sie € 10 wert ist. Welche Menge an Gütern man dafür bekommt, ist eine Frage der Kaufkraft. *MH/AG*

Nicht empfangsbedürftig PR
Nicht empfangsbedürftige Willenserklärungen sind solche, die nur die Rechtssphäre des Erklärenden selbst betreffen (zB letztwillige Verfügungen, Auslobung) und nicht in den Rechtsbereich eines anderen eingreifen. *SR*

Nicht geringfügiger Mangel PR
ist ein Mangel, der den ordentlichen oder vereinbarten Gebrauch einer Sache verhindert oder der im Fehlen der ausdrücklich vereinbarten Eigenschaften einer Sache (»Dicta et promissa) besteht. Dieser Mangel ist so gravierend, dass die Aufhebung des Vertrages (»Wandlung) gerechtfertigt erscheint. *AP/EK*

Nicht verbriefte Forderung PR
Forderung, deren Geltendmachung nicht an den Besitz eines Papiers gebunden ist (siehe auch »Verbriefte Forderung, »Pfandsache). *DH*

Nicht-hoheitliche Verwaltung ÖR
Siehe »Privatwirtschaftsverwaltung. *JF*

Nicht-reproduktives Klonen RPH
– häufig irreführend auch "therapeutisches Klonen" genannt – dient einem therapeutischen Forschungsinteresse im Bereich der Stammzellenmedizin. Wie bei jedem Klonen geht es um die Herstellung einer genetisch identen Kopie von lebendigem Stoff bzw Lebewesen. Im Falle des nichtreproduktiven Klonens sind

der Gegenstand der Klonung sog "Embryonale Stammzellen" (ES-Zellen), bei denen das ethische Problem aber schon in deren "verbrauchender" Erstgewinnung aus Embryonen liegt. *CMS*

Nichtakt ÖR
Rechtlich nicht existenter Akt; siehe »Absolute Nichtigkeit. *CMP*

Nichtig ÖR
„Nichtig" sind fehlerhafte, dh rechtswidrige Rechtsakte. Man unterscheidet zwischen absolut nichtigen (»Absolute Nichtigkeit) Akten, die rechtlich nicht existent sind, und relativ nichtigen Akten, die von einer dazu rechtlich ermächtigten Instanz (zB Berufungsbehörde, VwGH, VfGH) aufgehoben oder abgeändert werden können. *GM*

Nichtig PR
(ungültig) ist ein Rechtsakt, bei dessen Zustandekommen ein Fehler unterlaufen ist. Ein Vertrag ist zB nichtig, wenn es an einer der »Wirksamkeitsvoraussetzungen des Vertragsschlusses fehlte (der Vertrag leidet an einem »Wurzelmangel). Nichtig kann je nach Zusammenhang bedeuten: absolut nichtig, relativ nichtig, anfechtbar, schwebend unwirksam (vgl »Nichtigkeit, »Absolute Nichtigkeit, »Relative Nichtigkeit, »Anfechtung, »Negotium claudicans). *BB*

Nichtigerklärung der Ehe PR
Siehe »Eheverbote. *VTH*

Nichtigkeit PR
(Ungültigkeit) eines Vertrags liegt vor, wenn dieser bereits zur Zeit seines Abschlusses an einem Fehler leidet (sog »Wurzelmangel), indem eine der »Wirksamkeitsvoraussetzungen des Vertragsschlusses fehlt. Je nach fehlender Wirksamkeitsvoraussetzung unterscheidet man »absolute Nichtigkeit, »relative Nichtigkeit, Anfechtbarkeit (siehe »Anfechtung), schwebende Unwirksamkeit (siehe »Negotium claudicans). Vgl auch »Gültigkeit des Vertrags; »Teilnichtigkeit. *BB*

Nichtoffizielle Rechtserkenntnisquelle ÖR
Nicht-amtlicher Behelf, der das Auffinden einer »Rechtsvorschrift erleichtern soll. Im Gegensatz zu einer offiziellen Rechtserkenntnisquelle (»Offizielle Rechtserkenntnisquelle) ist ihr Inhalt rechtlich nicht verbindlich, sodass bei einem Widerspruch der Inhalt der offiziellen Rechtserkenntnisquelle immer vorgeht. Zu den wichtigsten nichtoffiziellen Rechtserkenntnisquellen zählen die Gesetzesausgaben juristischer Fachverlage. Sie geben die in den offiziellen Rechtserkenntnisquellen kundgemachten Rechtsvorschriften leichter lesbar wieder. *SL*

Niederlassungsfreiheit ÖR
Die Niederlassungsfreiheit ist eine der europäischen »Grundfreiheiten und ist in den Art 43ff EG geregelt. Sie bezeichnet die Freiheit der Unionsbürger, in jedem Mitgliedstaat der EU eine Niederlassung zu errichten und einer selbständigen Erwerbstätigkeit nachzugehen. Diese Freiheit betrifft natürliche und juristische Personen. Ausnahmen – wie zB Bestimmungen zum Vorteil österreichischer Staatsbürger – müssen im Allgemeininteresse liegen und dürfen nicht unverhältnismäßig sein. *LB*

Nießbrauch PR
Siehe »Fruchtgenuss. *DH*

NN ÖR
lat: nomen nescio (Ich weiß den Namen nicht). Wird für Personen verwendet, die man namentlich (noch) nicht kennt, zB im Rahmen der Planung von Vortragsveranstaltungen. *CMP*

Nominalschuld PR
Die Bemessung der »Geldschuld nach dem »Nennwert, nicht nach der »Kaufkraft. Beispiel: Schuldet der Schuldner € 100, so muss er dem Gläubiger bei Fälligkeit € 100 leisten, auch wenn diese € 100 aufgrund der Inflation zwischenzeitig an innerem Wert (Kaufkraft) verloren haben.

Siehe auch »Wertsicherungsklausel. *MH/AG*

Nomos RPH
ist das Konzept der (vertraglichen) Rechtlichkeit, das den zentralen Begriff der antiken Aufklärung (Sophistik) darstellt. Während sich – unkritisch – aus dem vorrationalen Mythos traditionale Verpflichtungen ableiten lassen, soll das – kritische – Nomos-Konzept diese Vorherrschaft aufbrechen dadurch, dass alle Verbindlichkeiten sich allein aus Zustimmungsverhältnissen ergeben bzw zustimmungsfähig sein müssen. Diese Gedanken finden sich wieder im neuzeitlichen Gesellschaftsvertragskonzept. *CMS*

Norm ÖR
ist eine das menschliche Verhalten regelnde Anordnung. Es kann sich um eine positivrechtliche Anordnung oder um eine Anordnung der »Moral/»Sitte bzw des Naturrechts (»Naturrecht) handeln. Positivrechtliche Anordnungen werden als Rechtsnormen (»Rechtsnorm) bezeichnet. *CMP*

Norm PR
(1) Im Allgemeinen: Richtlinie, ob oder wie etwas geschehen soll.
(2) In der Rechtswissenschaft: siehe »Rechtsnorm. *MH/AG*

Norm höherer Stufe ÖR
Normen höherer Stufe sind Delegationsnormen (= ermächtigende Rechtsvorschriften), die Staatsorganen die Schaffung von Normen niederer Stufe (»Norm niederer Stufe = ermächtigte Rechtsvorschriften) ermöglichen. *JLR*

Norm niederer Stufe ÖR
Normen niederer Stufe (= ermächtigte Normen) können von Staatsorganen geschaffen werden, wenn entsprechende Normen höherer Stufe (»Delegationsnorm = ermächtigende Normen) dies ermöglichen. *JLR*

Norm, oberste ÖR
Die oberste positivrechtliche Norm ist die Verfassung. Darüber steht nur noch die »Grundnorm, eine rechtstheoretische Annahme, welche bloß geltungsbegründende Funktion hat und nicht dem positiven Recht angehört. *CMP*

Norm, positivrechtliche ÖR
Siehe »Positives Recht. *CMP*

Normadressat ÖR
Jede »natürliche Person und »juristische Person, die der persönliche Geltungsbereich (»Persönlicher Geltungsbereich) einer »Rechtsvorschrift umfasst. So sind etwa alle Personen im Straßenverkehr Normadressaten der »StVO. Anspruch der Rechtswissenschaft ist, dass sich die Normadressaten an die von ihr beschriebene Norm zu halten haben. *SL*

Normativ ÖR
Man spricht von der normativen Wirkung eines Aktes und meint damit, dass er verbindliche Kraft hat (ein Sollen formuliert bzw menschliches Verhalten regelt). In der Regel meint man damit positives Recht, es wäre jedoch auch denkbar, damit – außerhalb des positiven Rechts stehende – »Normensysteme des Naturrechts zu beschreiben. *CMP*

Normative Existenz ÖR
Synonym: Geltung. Normativ existent ist ein Akt dann, wenn er seine Geltung aus einer anderen Norm (»Erzeugungsnorm) ableiten kann. Ein Akt, der aus normativer Sicht nicht existent ist, kann sich auf keine Erzeugungsregel stützen (dh er passt in kein »Deutungsschema) und muss in der Regel als absolut nichtig (»Nichtakt) angesehen werden; jedenfalls gehört er der Welt des Faktischen an und entfaltet keine normativen Wirkungen. *CMP*

Normative Kraft des Faktischen ÖR
Stehsatz, der vom berühmten Staatsrechtler Georg Jellinek geprägt wurde und seither als geflügeltes Wort häufig verfehlt zitiert wird. Jellinek wollte damit Phänomene beschreiben, die einsetzen, wenn in der Praxis Geltung und Wirksamkeit auseinander fallen. ZB: Eine Rechtsnorm, die von niemandem befolgt wird, wird mit der Zeit nicht mehr vollzogen (totes Recht). Oder: Eine tatsächlich begangene Straftat verjährt mit der Zeit. *CMP*

Normative Wissenschaft ÖR
Dieser Ausdruck bezieht sich auf den Gegenstand der Rechtswissenschaft, das Sollen. Damit wird die – als Geisteswissenschaft zu qualifizierende – Rechtswissenschaft von den Naturwissenschaften abgegrenzt, die ja keine Normen, sondern – im weitesten Sinn – Fakten zum Gegenstand haben. Siehe auch »Erkenntnisgegenstand. *CMP*

Normativität ÖR
Mit diesem Begriff bezieht man sich meist auf schriftliche oder mündliche Äußerungen von Staatsorganen und meint damit, dass sie verbindliche Anordnungen enthalten. Von der Normativität solcher Äußerungen wird idR dann ausgegangen, wenn sie in subjektive Rechte (»Subjektives Recht) von Personen eingreifen. Beispiel: Ein bloßer Brief einer Behörde, der eine Sachlage schildert, weist keine Normativität auf. Anders dann, wenn der Brief an den Adressaten gerichtete Anordnungen aufweist; Normativität seines Inhalts liegt dann vor, es könnte sich um einen Bescheid handeln. Daneben spricht man auch von der Normativität faktischer Amtshandlungen (»Akt unmittelbarer verwaltungsbehördlicher Befehls- und Zwangsgewalt). Diese ist nicht nur bei Ausübung von Zwang oder Befehl anzunehmen, sondern zB auch dann, wenn Demonstranten durch Polizisten fotografiert werden und dadurch in Persönlichkeitsrechte eingegriffen wird (vgl etwa Art 8 MRK, Recht auf Privatsphäre). *CMP*

Normativsystem PR
ist eines der drei Gründungssysteme bei der Bildung juristischer Personen. Die »juristische Person entsteht auf Basis des privatrechtlichen Gründungsakts konstitutiv erst durch einen staatlichen Gründungsakt (zB die GmbH durch Eintragung ins Firmenbuch), auf dessen Vornahme bei Vorliegen der gesetzlichen Voraussetzungen ein Rechtsanspruch (»subjektives Recht, öffentlichrechtliches) besteht. Vgl auch »Konzessionssystem, »System freier Bildung von juristischen Personen. *BB*

Normensysteme ÖR
wurden von Menschen geschaffen, genauer von Menschen mit entsprechender Autorität angeordnet oder bildeten sich durch »Gewohnheitsrecht heraus. Ziel: Regelung

menschlichen Verhaltens (Tiere etwa können daher keine Normadressaten und daher auch keine Rechtssubjekte sein). Normensysteme werden auch als positiv (= gesetzt) bezeichnet. Der Begriff "positiv" kommt nicht aus der Allgemeinsprache, wo er "gut" (Gegensatz von negativ) bedeutet, sondern vom lateinischen ponere "setzen, stellen, legen". Spricht man von gesetztem "Recht", meint man in der Regel von der staatlichen Autorität ausgehendes Recht, mit dem sich die Rechtwissenschaft ausschließlich auseinandersetzt.
Unterscheide: »gesatztes Recht, was "niedergeschriebenes" Recht bedeutet. Hinweis: Es gibt Normensysteme des positiven Rechts, der Sitte bzw Moral und der Religion. Normensysteme außerhalb des positiven Rechts werden häufig unter dem Begriff des Naturrechts (»Naturrecht) zusammengefasst und nicht von »rechtsdogmatisch tätigen Juristen, sondern von Rechtsphilosophen und (Rechts-)Soziologen (»Rechtssoziologie) betrachtet.
Hinweis: Aus positivistischer Sicht wird man ein positivrechtliches Normensystem nur dann rechtswissenschaftlicher Betrachtung unterziehen, wenn es im Großen und Ganzen effektiv ist (siehe »Effektivität); die Betrachtung eines ineffektiven Rechtssystems wird als unzweckmäßig angesehen. *CMP*

Normenvertrag (PR)
Vertrag, dessen Inhalt nicht nur für die Vertragsparteien, sondern auch für andere Adressaten bindend ist. Ein Normenvertrag kann nur in den gesetzlich vorgesehenen Fällen abgeschlossen werden. Zu nennen sind hier vor allem der »Kollektivvertrag und der Gesamtvertrag (siehe »Sozialversicherungsrechtlicher Gesamtvertrag). *MH/AG*

Normkollision (ÖR)
Siehe »Normwiderspruch. *CMP*

Normsetzer (ÖR)
Das zur Setzung (=Erlassung) einer Norm ermächtigte Organ. *CMP*

Normwiderspruch (ÖR)
Im gewöhnlichen juristischen Sprachgebrauch gleichbedeutend mit Normenkonflikt oder Normkollision. Liegt vor, wenn zwei Rechtsnormen X und Y, die sich auf ein- und denselben Lebenssachverhalt beziehen, unterschiedliche – voneinander abweichende – Gebote enthalten. Schematisiert dargestellt, gebietet die Norm X "A" und die Norm Y "non A". Normwidersprüche sind nach Möglichkeit aufzulösen (unter Einsatz der Auslegung oder etwa der Lex-posterior- oder der Lex-specialis-Regel). Ist die Auflösung nicht möglich, handelt es sich um einen sog "unauflöslichen Normwiderspruch", der nur durch einen Akt des Gesetzgebers (zB durch Aufhebung einer der beiden Normen) beseitigt werden kann. *CMP*

Normzweck (PR)
»Lehre vom Schutzzweck der Norm *AW*

Notar (PR)
Vom »Staat bestellter Träger eines öffentlichen Amtes. Zu den Aufgaben des Notars zählen insbesondere die Erstellung von öffentlichen Urkunden über Rechtsgeschäfte und rechtserhebliche Tatsachen (siehe zB »Notariatsakt, »öffentliches Testament) und deren Aufbewahrung sowie die Tätigkeit als sog Gerichtskommissär im »Verlassenschaftsverfahren. *MH/AG*

Notariatsakt (PR)
Eine vom »Notar für die Parteien hergestellte schriftliche Urkunde (siehe »Urkunden) über eine rechtsgeschäftliche oder geschäftsähnliche »Willenserklärung. Als öffentliche Urkunde liefert sie vollen Beweis dessen, was darin erklärt oder von der Urkundsperson bezeugt wird. Der Notar verwahrt die Urkunde, die Parteien erhalten Ausfertigungen. Siehe »Schenkungsvertrag, »Notariatsaktsgesetz. *MH/AG*

Notariatsaktsgesetz (PR)
»Gesetz betreffend das Erfordernis der notariellen Errichtung einiger Rechtsgeschäfte. Der Form eines Notariatsaktes (siehe »Notariatsakt) bedürfen zB Schenkung ohne wirkliche Übergabe oder ein zwischen den Ehegatten geschlossener Kaufvertrag. *MH/AG*

Notarielle Schriftform (PR)
Siehe »Schriftform. *BB*

Noterbrecht (PR)
Siehe »Pflichtteilsrecht. *MH/AG*

Notstand (PR)
erfordert eine unmittelbar drohende Gefahr, zu deren Abwendung in Rechtsgüter eines Dritten schädigend eingegriffen wird. Überwiegen die Interessen des Notleidenden jene des Geschädigten eindeutig, ist die Notstandshandlung nicht rechtswidrig (rechtfertigender Notstand). Ansonsten wird durch den Notstand das Verschulden ausgeschlossen (entschuldigender Notstand). *AW*

Notstandshandlung (PR)
Siehe »Notstand. *AW*

Nottestament (PR)
Droht unmittelbar die Gefahr, dass der »Erblasser stirbt oder testierunfähig wird, stehen vereinfachte »Testamentsformen zur Verfügung: Das Nottestament kann schriftlich oder

mündlich vor zwei Zeugen errichtet werden, es verliert aber drei Monate nach Wegfall der Gefahr seine Gültigkeit. *MH/AG*

Notwehr ⓅⓇ
erfordert einen gegenwärtigen oder unmittelbar drohenden rechtswidrigen Angriff auf die Rechtsgüter Leben, Gesundheit, körperliche Unversehrtheit, Freiheit oder Vermögen (notwehrfähige Güter). Die Handlung zur Abwehr eines solchen auf sich oder einen anderen gerichteten Angriffs ist nicht rechtswidrig, sofern sie das notwendige Maß nicht überschreitet (»Notwehrexzess). *AW*

Notwehrüberschreitung ⓅⓇ
Siehe »Notwehrexzess. *AW*

Notwehrexzess ⓅⓇ
(Notwehrüberschreitung) Notwehr rechtfertigt nur notwendige Abwehrhandlungen. Von den verfügbaren Mitteln ist das gelindeste zu wählen, andernfalls ist die Abwehrhandlung rechtswidrig. *AW*

Novation ⓅⓇ
Vertragliche Änderung des Rechtsgrundes (zB Schenkung statt Kauf) oder des Hauptgegenstandes (zB ein anderer Kaufgegenstand) eines Vertrages, wodurch die alte Verbindlichkeit in eine neue übergeht. Unterscheide davon: »Vergleich, »Anerkenntnis. *MH/AG*

Novelle ÖR
Gesetzesänderung. »Gesetz, durch das ein anderes, bereits bestehendes Gesetz teilweise geändert wird. Die Novelle eines Gesetzes kann immer nur durch die »Rechtsetzungsautorität erfolgen, die das ursprüngliche Gesetz beschlossen hat. *SL*

Novellieren ÖR
Entsprechendes Verb zu »Novellierung. *SL*

Novellierung ÖR
Bedeutet die nachträgliche Abänderung eines bereits bestehenden (geltenden) Gesetzes durch das zuständige Organ. Damit findet auch eine Derogation statt (siehe »Derogation, »Novelle eines Gesetzes). *CMP*

NR ÖR
»Nationalrat *CMP*

Nullum crimen sine lege ⓅⓇ
"Kein Verbrechen ohne Gesetz". Grundsatz, nach dem es für eine Tat nur dann eine Strafe geben darf, wenn es zum Zeitpunkt ihrer Begehung einen entsprechenden »Tatbestand gegeben hat. *SL*

Nutznießer (im Stiftungsrecht) ⓅⓇ
Siehe »Destinatär. *BB*

Oberlandesgericht ⓅⓇ
Gerichtshof, der in zweiter Instanz als Rechtsmittelgericht gegen Entscheidungen von Landesgerichten zuständig ist. *PS*

Obersatz ⓅⓇ
Erste Prämisse eines »Syllogismus. Bei der »Subsumtion bildet der »Tatbestand den Obersatz. Siehe auch »Untersatz, »Schlusssatz. *MH/AG*

Oberstaatsanwaltschaften ÖR
sind den Staatsanwaltschaften übergeordnet und organisatorisch bei den Oberlandesgerichten eingerichtet. Sie vertreten die Anklage vor dem Oberlandesgericht und führen die Dienstaufsicht über die staatsanwaltschaftlichen Behörden in ihrer Zuständigkeit. Hierarchisch unterstehen sie direkt dem Bundesministerium für Justiz. *JF*

Oberster Gerichtshof ⓅⓇ
Der Oberste Gerichtshof (OGH) ist unter anderem oberste Instanz in Zivilsachen. *PS*

Objektiv-teleologische Interpretation ⓅⓇ
Siehe »Teleologische Auslegung. *AP/EK*

Objektive Verhaltenskriterien ⓅⓇ
Siehe »Rechtswidrigkeit. *AW*

Objektive Wahrheit ÖR
Auch wenn letzte, absolute Wahrheiten nicht erkennbar sind: Wissenschaften streben dennoch nach Wissen und damit nach objektiver Wahrheit. Darunter versteht man mit wissenschaftlichen Methoden systematitsch erzielte Erkenntnis. Popper hat deutlich gemacht, dass derartige wissenschaftliche Aussagen der »Falsifizierbarkeit ausgesetzt sind. *CMP*

Objektiver Erklärungswert ⓅⓇ
Eine »Willenserklärung ist so zu verstehen, wie sie unter Berücksichtigung aller Umstände von einem redlichen, verständigen und sorgfältigen Erklärungsempfänger verstanden werden musste. Nicht der „innere Wille“ des Erklärenden ist für den Erklärungsempfänger maßgeblich, sondern nur das, „was nach außen dringt“. *SR*

ObjektiverSchuldnerverzug ⓅⓇ
liegt vor, wenn der Schuldner einen entgeltlichen Vertrag nicht zur gehörigen Zeit, am gehörigen Ort sowie auf die bedungene Weise erfüllt (§ 918 Abs 1 ABGB) und den Schuldner daran kein Verschulden trifft. Da die Leistung an sich noch möglich ist, steht dem Gläubiger ein Wahlrecht zu: Er kann weiter auf Erfüllung bestehen und bleibt selbst leistungspflichtig, oder er tritt unter Setzung einer angemessenen Nachfrist vom Vertrag zurück. Der Schuldner trägt während des Schuldnerverzugs die »Preisgefahr. Bei Verzug einer Geldschuld hat

der Schuldner überdies »Verzugszinsen zu zahlen. *AP/EK*

Objektives Erbrecht ⓅⓇ
Siehe »Erbrecht im objektiven Sinn. *MH/AG*

Objektives Recht ÖR
bezeichnet die Gesamtheit einer Rechtsordnung oder auch einzelne Normen daraus; uzw unabhängig davon, ob durch sie subjektive Rechte (»Subjektives Recht) eingeräumt wurden oder nicht. Der Begriff des objektiven Rechts umfasst also als Überbegriff auch subjektive Rechte. Naturrecht, Sitte und Moral gehören nicht zum objektiven Recht. *CMP*

Objektives Recht ⓅⓇ
(Recht im objektiven Sinn) bezeichnet die Gesamtheit jener Normen, die das menschliche Zusammenleben ordnen sollen, sich dem Postulat der Gerechtigkeit verpflichtet fühlen und allenfalls mit staatlich organisiertem Zwang durchgesetzt werden können. Andere Verhaltensanordnungen, die das Zusammenleben der Rechtsgemeinschaft regeln, aber nicht als Recht im objektiven Sinn gelten, sind »Sitte und »Moral. *AP/EK*

Obligatio alternativa ⓅⓇ
Siehe »Wahlschuld. *MH/AG*

Obligatorische Zivilehe ⓅⓇ
Die Rechtswirkungen der »Ehe sowie deren Abschluss und Auflösung werden ausschließlich durch staatliches Recht geregelt (Grundsatz der obligatorischen Zivilehe; § 15 EheG). Nur eine Ehe, die vor dem Standesbeamten (»Standesbeamter) des Trauungsortes geschlossen wurde, ist wirksam. Nach kirchenrechtlichen Vorschriften geschlossene Ehen sind in Österreich zivilrechtlich unwirksam. *VTH*

Obsorge ⓅⓇ
Die Eltern haben das minderjährige »Kind zu erziehen und zu pflegen sowie sein Vermögen zu verwalten und es in Vermögensangelegenheiten bzw auch in allen anderen Angelegenheiten zu vertreten (§ 144 ABGB). Unterscheidung Obsorge über eheliche und über uneheliche Kinder: Mit der Obsorge für das uneheliche Kind ist gemäß § 166 ABGB grundsätzlich nur die »Mutter des Kindes allein betraut; die Eltern können aber vereinbaren, dass beide Elternteile die Obsorge gemeinsam wahrnehmen. Diese Vereinbarung bedarf einer gerichtlichen Genehmigung. Auf jeden Fall stehen dem »Vater des unehelichen Kindes (»uneheliches Kind) bestimmte Informations- und Äußerungsrechte zu (§ 178 ABGB). Die Obsorge über eheliche Kinder (»eheliches Kind) nehmen beide Elternteile wahr; auch bei Scheidung, Nichtigerklärung oder Aufhebung der Ehe steht die Obsorge weiterhin grundsätzlich beiden Elternteilen zu. Sie können aber vereinbaren, dass ein Elternteil mit der alleinigen Obsorge betraut wird oder dass die Obsorge eines Elternteils auf bestimmte Angelegenheiten beschränkt wird (§ 177 ABGB). *SR*

Obsorge einer anderen Person ⓅⓇ
Wenn für ein minderjähriges »Kind weder die Eltern noch die Großeltern oder »Pflegeeltern mit der »Obsorge betraut werden (können), so hat das Gericht eine andere geeignete Person mit der Obsorge zu betrauen (§ 187 ABGB). Bei der Auswahl dieser geeigneten Person hat das Gericht in erster Linie das Wohl des Kindes zu beachten. Der Begriff der Obsorge einer anderen Person wurde mit dem Kindschaftsrechtsänderungsgesetz 2001 eingeführt und ersetzt insofern den früheren Begriff der »Vormundschaft. *SR*

Obsorgepflicht ⓅⓇ
»Nebenpflicht aus einem Vertrag, Sachen des Vertragspartners vor Schäden zu schützen. Zur familienrechtlichen Bedeutung siehe »Obsorge. *MH/AG*

OECD ÖR
= Organisation für wirtschaftliche Zusammenarbeit und Entwicklung. Gründung 1961 mit Sitz in Paris; derzeit 30 Mitglieder. Die OECD ist eine internationale Organisation von Staaten mit dem Ziel der Optimierung der Wirtschaftsleistung und des Lebensstandards der Mitgliedstaaten und der Wahrung der finanziellen Stabilität. *LB*

OEG ⓅⓇ
»Offene Erwerbsgesellschaft *MH/AG*

Offene Erwerbsgesellschaft ⓅⓇ
(OEG) Mit dem Inkrafttreten des UGB am 1. 1. 2007 wurde die OEG von der Offenen Gesellschaft (OG) (siehe »Offene Gesellschaft) abgelöst und alle schon bestehenden OEG in OG umgewandelt. *MH/AG*

Offene Gesellschaft ⓅⓇ
(OG) »Personengesellschaft mit Rechtspersönlichkeit (»Juristische Person), bei der mindestens zwei Gesellschafter gesamthandschaftlich zur Erreichung eines bestimmten Zwecks durch organisiertes Zusammenwirken verbunden sind und bei keinem der Gesellschafter die Haftung gegenüber den Gesellschaftsgläubigern beschränkt ist. Unterscheide: »Kommanditgesellschaft. *MH/AG*

Offene Handelsgesellschaft ⓅⓇ
(OHG) »Personengesellschaft, die unter gemeinschaftlicher Firma ein Handelsgewerbe be-

treibt und bei der jeder Gesellschafter den Gesellschaftsgläubigern unbeschränkt haftet. Mit dem Inkrafttreten des UGB am 1. 1. 2007 wurde die OHG von der Offenen Gesellschaft (OG) (siehe »Offene Gesellschaft) abgelöst und alle schon bestehenden OHG in OG umgewandelt. *MH/AG*

Offener Dissens ⓅⓇ
Liegt vor, wenn den Parteien die fehlende Übereinstimmung ihrer jeweiligen Erklärungen bewusst ist. In diesem Fall kommt der Vertrag nicht gültig zustande (es bedarf hier keiner »Irrtumsanfechtung). *SR*

Offenkundiger Mangel ⓅⓇ
liegt vor, wenn er bereits bei Vertragsabschluss in die Augen fällt oder wenn die auf der Sache haftenden Lasten aus den öffentlichen Büchern zu ersehen sind (§ 928 ABGB), "Augen auf, Kauf ist Kauf". Für diese Mängel stehen keine Gewährleistungsrechte offen, da sie in der Regel bereits bei Festsetzung des Preises Berücksichtigung finden. *AP/EK*

Offenlegungsgrundsatz ⓅⓇ
Stellt neben dem Erfordernis der »Vertretungsmacht und der (beschränkten) »Geschäftsfähigkeit eine Voraussetzung für das Vorliegen einer wirksamen »Stellvertretung dar. Dass der »Stellvertreter im Namen des Vertretenen handelt, muss er dem Geschäftspartner gegenüber deutlich darlegen (= offenlegen). *SR*

Öffentlich-rechtliche Körperschaften ÖR
siehe »Körperschaft des öffentlichen Rechts *JF*

Öffentlich-rechtliche Schutzbestimmungen (Nachbarrechte) ⓅⓇ
können den Ansprüchen gegen negative Immissionen, die durch Bäume und Pflanzen verursacht werden, entgegenstehen (zB Baumschutzgesetze). *DH*

Öffentliche Ausschreibung ⓅⓇ
Der Staat muss bei der Vergabe öffentlicher Aufträge (zB Bau eines Fußballstadions) grds mittels öffentlicher Ausschreibungen vergeben. Der Ausschreibende lädt hiezu eine unbegrenzte Anzahl von Interessenten zur Stellung eines Angebotes aufgrund einer spezifizierten Leistungsbeschreibung ein. (Siehe »Bundesvergabegesetz, »Landesvergabegesetz).

Beachte: Nicht jeder Radiergummi muss nach dem Gesetz mittels öffentlicher Ausschreibung beschafft werden, erfasst sind davon nur Aufträge ab einem bestimmten Betrag. *MH/AG*

Öffentliche Versteigerung ⓅⓇ
Öffentliche Feilbietung von Sachen durch befugte Behörden oder Private. Bei öffentlichen Versteigerungen kann gutgläubig Eigentum erworben werden, wenn die anderen Vorraussetzungen des gutgläubigen Eigentumserwerbes (»Gutgläubiger Eigentumserwerb) vorliegen. Die »Pfandrechtsverwertung an beweglichen körperlichen Sachen erfolgt grds, indem der Pfandgläubiger sie im Rahmen einer öffentlichen Versteigerung durch einen dazu befugten Unternehmer verkauft. *DH*

Öffentlicher Auftrag ÖR
Ein von »Bund, Ländern (»Länder) oder Gemeinden (»Gemeinde) mit Dritten (»Dritte) abgeschlossener »Vertrag über die Erbringung einer Dienstleistung oder Anschaffung von Gütern. Ihm geht ein Vergabeverfahren voraus, das mit einer öffentlichen Ausschreibung beginnt. Ziel ist wegen der Verwendung von Steuermitteln die Herstellung von Transparenz sowie die Vergabe des Auftrags an den Bestbieter. *SL*

Öffentliches Interesse ÖR
Ein Ziel, das im Interesse des Gemeinwesens erreicht und verwirklicht werden soll, zB öffentliche Sicherheit, öffentliche Ordnung, Umweltschutz, Gesundheit der Bürger, Verkehrssicherheit etc. *CMP*

Öffentliches Recht ÖR
Rechtsgebiet, das - schematisiert betrachtet - die Beziehungen zwischen dem Staat und den Rechtsunterworfenen regelt und insbesondere im Bereich des Verwaltungsrechts ua auch die Ausübung von Eigentümerbefugnissen beschränkt. Unterscheide: »Privatrecht. Das öffentliche Recht sichert aber den Einzelnen im Zusammenhang mit dem »Legalitätsprinzip vor staatlicher Willkür und Freiheitsbedrohung. Zum öffentlichen Recht gehören das Verfassungs- und Verwaltungsrecht, aber auch das Strafrecht sowie das Verfahrens- und Organisationsrecht. *CMP*

Öffentliches Testament ⓅⓇ
Testamentsform, bei der das »Testament vor einem ordentlichen Gericht (siehe »Ordentliches Gericht) oder vor einem »Notar errichtet wird. Vgl auch »Testamentsformen. *MH/AG*

Öffentlich-rechtliche Beschränkungen ⓅⓇ
(des Eigentumsrechts). Ausnahmen von der grds uneingeschränkten Befugnis, über eine Sache rechtlich und tatsächlich zu verfügen, durch sich aus dem öffentlichen Recht ergebende Schranken, wie Bauordnungen, Raumordnungen, Flächenwidmungspläne, Vorschriften des Umweltschutzes, des Naturschutzes etc. Bei ei-

ner »Enteignung darf das Eigentum sogar im öffentlichen Interesse (gegen Entschädigung) entzogen werden. *DH*

Offerte (PR)
Siehe »Anbot. *SR*

Offizialmaxime (PR)
Verfahrensrechtlicher Grundsatz, wonach der Richter das Verfahren einleitet und den Gegenstand des Verfahrens bestimmt (Unterscheide: »Parteienmaxime). *PS*

Offizielle Rechtserkenntnisquelle (ÖR)
Organ, in dem Rechtsvorschriften (»Rechtsvorschrift) rechtlich verbindlich kundgemacht werden. Zu den wichtigsten offiziellen Rechtserkenntnisquellen zählen das »BGBl und die »LGBl. Die darin kundgemachten Rechtsvorschriften treten grundsätzlich mit Ablauf des Tags der »Kundmachung in Kraft. Vgl »nichtoffizielle Rechtserkenntnisquelle *SL*

OG (PR)
»Offene Gesellschaft *MH/AG*

OGH (PR)
»Oberster Gerichtshof *PS*

OHG (PR)
»Offene Handelsgesellschaft *MH/AG*

Okkupation (PR)
Siehe »Zueignung. *DH*

OLG (ÖR)
»Oberlandesgericht *JF*

Oligarchie (ÖR)
Rechtserzeugung durch eine kleine, unter Umständen durch persönliche Beziehungen untereinander verbundene Gruppe. Vgl dazu »Autokratie. Unterscheide dazu »Demokratie. *JF*

Opinio iuris (PR)
(Auch: Rechtsüberzeugung) Die Überzeugung, dass es sich bei angewandten Regeln um Recht und nicht etwa um »Sitte handelt. Sie ist Voraussetzung für die Entstehung von »Gewohnheitsrecht. *MH/AG*

Opinio usus (PR)
Die Überzeugung des Anwenders, dass es sich bei Regeln um Übung, »Sitte oder »Gebräuche, nicht aber um »Recht handelt. Siehe auch »Opinio iuris. *MH/AG*

Opponierende Minderheit (beim Miteigentum) (PR)
Minderheit von Miteigentümern (nach Anteilen, nicht Personen), die sich gegen eine wichtige Veränderung ausspricht. Diese haben ein Recht auf Sicherstellung für künftige Schäden oder können aus der Gemeinschaft austreten, wenn diese von den übrigen Miteigentümern grundlos verweigert wird. *DH*

Oppositionsklage (PR)
Klage, mit der der Schuldner im »Exekutionsverfahren Tatsachen geltend macht, die den Anspruch des Gläubigers aufheben oder hemmen. Mit der Oppositionsklage kann sich der Schuldner beispielsweise dann zur Wehr setzen, wenn er seine Schuld bereits bezahlt hat oder der Gläubiger ihm Stundung gewährt hat. *PS*

Option (PR)
Vertrag, bei dem einer Partei das »Gestaltungsrecht eingeräumt wird, ein inhaltlich voraus bestimmtes Schuldverhältnis durch einseitige Erklärung in Geltung zu setzen. Unterscheide davon: »Vorvertrag. *MH/AG*

Ordentliche Kündigung (PR)
ist eine einseitige empfangsbedürftige Willenserklärung und stellt ein Gestaltungsrecht dar, das zur Beendigung von Dauerschuldverhältnissen führt. Im Unterschied zur außerordentlichen Kündigung (»Außerordentliche Kündigung) wird das Vertragsverhältnis durch die ordentliche Kündigung erst nach Ablauf der vertraglich vereinbarten oder gesetzlichen Kündigungsfrist aufgelöst. Der Ablauf der Kündigungsfrist beginnt mit Zugang der Kündigungserklärung zu laufen. *AP/EK*

Ordentliches Gericht (ÖR)
Damit sind Gerichte iS des B-VG gemeint, also alle Gerichte, die nach den Regeln der Art 82 ff B-VG eingerichtet sind (Unabhängigkeit, Unversetzbarkeit etc). Zu den konkreten Gerichtstypen vgl »ordentliches Gericht im Privatrecht. Achtung: Unabhängige Verwaltungsbehörden wie die »UVS oder die Kollegialbehörden mit richterlichem Einschlag (Art 133 Z 4-Behörden) sind keine ordentlichen Gerichte, sondern idR Tribunale (»Tribunal) iS des Art 6 MRK. Siehe auch »Kollegialorgan. *CMP*

Ordentliches Gericht (PR)
Als ordentliche Gerichte bezeichnet man die Bezirksgerichte, Landesgerichte, Oberlandesgerichte, den Obersten Gerichtshof, das Bezirksgericht für Handelssachen sowie das Handelsgericht und das Arbeits- und Sozialgericht. Auch Schöffen- und Geschworenengerichte fallen darunter. *PS*

Ordentliches Rechtsmittel (ÖR)
Ordentliche Rechtsmittel sind jene, mit denen Verwaltungsakte vor einer anderen – in der Regel übergeordneten – Verwaltungsbehörde bekämpft werden können. In der Regel ist dies die Berufung gegen einen Bescheid. Dagegen bilden die Beschwerden an den VfGH und VwGH außerordentliche Rechtsmittel, die erst nach Erschöpfung des administrativen Instanzenzugs erhoben werden können. *GM*

Organ ÖR
wird benötigt, damit juristische Personen rechtswirksam handeln können. Auf Dauer eingerichtet, nehmen sie Teilaufgaben der juristischen Person (»Juristische Person) wahr. Ihr Handeln wird der juristischen Person zugerechnet. Unterscheide nach Willensbildung: »Monokratisches Organ und »Kollegialorgan. Vgl dazu »Organwalter; Bsp: Im Rechtssinn erlässt Bund eine Verordnung, vertreten wird dieser durch den jeweiligen Bundesminister. *JF*

Organ des öffentlichen Sicherheitsdienstes ÖR
Siehe »Polizei, »Gendamerie. *JF*

Organ im bloß funktionellen Sinn ÖR
Das sind solche Organe, die weder in einem Dienstrechtsverhältnis zum Staat stehen (kein »Organ im dienstrechtlichen Sinn) noch in die Organisation der Verwaltung eingebunden sind (kein »Organ im organisatorischen Sinn). Bsp: Private werden von bestimmten Gesetzen zu Aufsichtsorganen bestellt (zB §132 WRG). Beachte den Unterschied zum »Organ im funktionellen Sinn. *CMP*

Organ im dienstrechtlichen Sinn ÖR
Sind solche Staatsorgane, deren Rechtsstellung durch eigene detaillierte Gesetze geregelt ist ("Dienstrecht"). Zu denken ist hier etwa an die Richter, Verwaltungsbeamten und Vertragsbediensteten (geregelt im RDG und im BDG). *CMP*

Organ im funktionellen Sinn ÖR
Hier wird das Augenmerk auf die Frage gerichtet, für welche Gebietskörperschaft ein bestimmtes Organ einschreitet. Der im Rahmen der mittelbaren Bundesverwaltung (»mittelbare Bundesverwaltung) tätige Landeshauptmann ist daher ein Bundesorgan im funktionellen Sinn, obwohl er aus organisatorischer Sicht ein Landesorgan ist. Beachte: Ein Organ im funktionellen Sinn liegt auch vor, wenn ein Privater ausnahmsweise mit der Erfüllung bestimmter staatlicher Aufgaben („Funktionen“) durch Rechtsvorschriften betraut wird (zB Jäger als Jagdaufsichtsorgan). Man spricht dann von einem Staatsorgan im funktionellen Sinn. Im organisatorischen Sinn ist dieses Organ als Privater aber nicht dem Staat zugeordnet – kein »Organ im organisatorischen Sinn. *JF*

Organ im organisatorischen Sinn ÖR
ist eine Person oder Institution, die einer bestimmten Gebietskörperschaft (durch entsprechende Rechtsvorschriften) zugeordnet ist – es kommt also auf die entsprechende Zuordnung durch Organisationsvorschriften an. Der Landeshauptmann ist daher Landesorgan im organisatorischen Sinn. Beachte aber auch das »Organ im funktionellen Sinn. Der Landeshauptmann etwa schreitet in der mittelbaren Bundesverwaltung als Bundesorgan im funktionellen Sinn ein. *CMP*

Organisationsrecht ÖR
regelt die Einrichtung und die allgemeinen Aufgabenstellungen der Staatsorgane (»Staatsorgan). Welche Organe bzw Behörden gibt es und wie sind sie eingerichtet bzw organisiert? ZB Jurisdiktionsnorm, GerichtsorganisationsG (über Arten, innere Organisation und Zuständigkeit ordentlicher Gerichte); BundesministerienG (über Arten, Wirkungsbereiche und innere Gliederung in Abteilungen, Sektionen etc der Ministerien). Beachte: Organisationsrecht zählt – ebenso wie das Verfahrensrecht – nach hA zum öffentlichen Recht. *JF*

Organschaftliche Stellvertretung PR
Bezeichnet die „Vertretungsbefugnis statutarischer Organe von juristischen Personen“. Die Organe werden in der Satzung der juristischen Person (»Juristische Person) vorgesehen (zB Vorstand einer AG; Geschäftsführer einer GmbH). Treten die vertretungsbefugten Organe im Namen der juristischen Person auf, handeln sie als »Stellvertreter der juristischen Person. Ein etwaiges »Rechtsgeschäft kommt dann nicht zwischen dem handelnden Organ und dem Dritten, sondern zwischen der juristischen Person und dem Dritten zustande. *SR*

Organschaftliche Vertretung PR
Siehe »Organschaftliche Stellvertretung. *BB*

Organwalter ÖR
ist eine physische Person, die mit der Ausübung der Organfunktion betraut ist. Er übt die Kompetenzen des Organs aus. Das Handeln des Organwalters wird demnach dem »Organ zugerechnet, dieses Handeln ist wiederum der juristischen Person (»Juristische Person) zuzurechnen. ZB Bezirkshauptmann X handelt für das Land. *JF*

Originär PR
Ursprünglich, Gegensatz zu abgeleitet. siehe auch »Originärer Eigentumserwerb. *DH*

Originärer Eigentumserwerb PR
Gegensatz zum derivativem Eigentumserwerb (»Derivativer Eigentumserwerb). Eigentum wird unabhängig vom Recht des Vormannes erworben (zB »Gutgläubiger Eigentumserwerb, Aneignung, Zu-

wachs, »Bauführung, »Fund etc). *DH*

Örtliche Zuständigkeit (PR)
Zuständigkeit, die Rechtsstreitigkeiten unter die Gerichte desselben Gerichtstyps verteilt. Sie hängt vom Wohnort bzw der Niederlassung der Streitparteien ab (unterscheide: »Sachliche Zuständigkeit). *PS*

Örtliche Zuständigkeit (ÖR)
Regelungen über die örtliche Zuständigkeit weisen einer Behörde jene Rechtssachen zur Entscheidung zu, die sich in ihrem territorialen Zuständigkeitsbereich (Sprengel) ereignet haben. Die örtliche Zuständigkeit des UVS Wien erstreckt sich etwa auf das gesamte Wiener Landesgebiet. *CMP*

Örtlicher Geltungsbereich (ÖR)
bezeichnet das Gebiet, in welchem eine Norm gilt. Örtlicher Geltungsbereich von Bundesgesetzen ist das Staatsgebiet der Republik Österreich, der eines Landesgesetzes das jeweilige Bundesland, der einer ortspolizeilichen Verordnung das jeweilige Gemeindegebiet. *CMP*

OSZE (ÖR)
= Organisation für Sicherheit und Zusammenarbeit in Europa. Gründung 1975; derzeit 56 Mitglieder. Die OSZE ist eine internationale Organisation von Staaten mit dem Ziel der Gewährleistung von Sicherheit. Dabei sind insbesondere drei Sicherheitsbereiche relevant: die politisch-militärische Sicherheit, Sicherheit für Wirtschaft und Umwelt und Sicherheit für den Menschen. *LB*

Pacht (PR)
Siehe »Pachtvertrag. *MH/AG*

Pachtvertrag (PR)
(Auch: Pacht) »Bestandvertrag, der die entgeltliche Überlassung des Gebrauchs und des Fruchtgenusses (siehe »Fruchtgenuss) an einer »Sache auf Zeit zum Inhalt hat. Anders als dem Mieter stehen dem »Pächter daher auch die aus der Sache erzielbaren Vorteile (Früchte) zu.

Beispiel: die Überlassung eines Unternehmens.

Unterscheide davon: »Mietvertrag. *MH/AG*

Palliativmedizin (RPH)
(vgl Schmerztherapie) bedeutet, in der finalen Lebensphase schwerstkranker Patienten das Schwergewicht der Therapie auf die Linderung der Schmerzen zu legen, um ihnen solcherart das Leiden zu erleichtern. Zusammen mit liebevoller menschlicher Zuwendung kann solcherart das Entstehen eines "Tötungswunsches" hintangehalten werden. Die Schmerztherapie (Palliativmedizin) generell ist in Österreich zur Zeit noch relativ unterentwickelt im Vergleich zur reparativ-wiederherstellenden Medizin. *CMS*

Pandekten (PR)
(von griech pandectae – Allumfassendes) Eine Zusammenstellung von Auszügen aus den römischen Juristenschriften, der Kaiser Justinian im 6. Jahrhundert Gesetzeskraft verlieh. Sie stellen die wichtigste Überlieferung des römischen Rechts dar. Die wissenschaftliche Aufarbeitung der Pandekten erfolgte im 19. Jahrhundert in Deutschland durch die »Pandektistik. *AW*

Pandektensystem (PR)
Das Pandektensystem gliedert das Zivilrecht in fünf Teile: den Allgemeinen Teil, das Schuldrecht, das Sachenrecht, das Familienrecht, das Erbrecht. Es wurde im 19. Jahrhundert entwickelt und vor allem durch Heise geprägt. Das deutsche BGB wie auch alle aktuellen österreichischen Lehrbücher zum Zivilrecht folgen diesem Aufbau, nicht jedoch das ABGB, das sich nach dem »Institutionensystem gliedert. *AW*

Pandektistik (PR)
Eine das Zivilrecht ab dem 19. Jahrhundert prägende Rechtswissenschaft, die aufbauend auf den »Pandekten die Systematisierung des überlieferten römischen Rechts vollbrachte und sich um dessen zeitgemäße Anwendung bemühte. Die Pandektenwissenschaft entwickelte das »Pandektensystem. *AW*

Paragraph (ÖR)
Untereinheit eines Gesetzeswerkes. Die einzelnen Untereinheiten sind durchnummeriert. Verwendung in der Regel in Gesetzen und innerstaatlichen Verordnungen, nicht in der Verfassung (dort ist der »Artikel gebräuchlich).Untereinheiten des Paragraphen: Absätze, Punkte, literae (Buchstaben) und Ziffern. *CMP*

Parentel (PR)
Gruppe der Verwandten des Erblassers, die nach der gesetzlichen Erbfolge (siehe »Gesetzliche Erbfolge) zu Erben berufen sind. Vorrangig ist die 1. Parentel berufen. Erst wenn keine Verwandten, die unter die 1. Parentel fallen, vorhanden sind, erben jene, die in die 2. Parentel fallen, usw.

- 1. Parentel: die Nachkommen (Kinder, Enkel etc) des Erblassers.
- 2. Parentel: Eltern des Erblassers und jene ihrer Nachkommen, die nicht in die 1. Parentel fallen (Geschwister des Erblassers, Neffen und Nichten etc).
- 3. Parentel: Großeltern des Erblassers und jene ihrer

Nachkommen, die weder in die 1. noch in die 2. Parentel fallen (Tanten und Onkel des Erblassers, Cousins und Cousinen etc).
- 4. Parentel: Urgroßeltern des Erblassers (siehe auch »Erbrechtsgrenze). *MH/AG*

Parentelensystem (PR)
System der gesetzlichen Erbfolge, dem das ABGB folgt. Beim Parentelensystem werden die Familienmitglieder in Gruppen (Parentelen) geteilt, wobei vorrangig die 1. »Parentel berufen ist. Erst wenn keine Verwandten, die unter die 1. Parentel fallen, vorhanden sind, erben jene, die in die 2. Parentel fallen, usw. Siehe auch: »Gesetzliche Erbfolge, »Familienerbfolge. *MH/AG*

Parlamentarische Monarchie (ÖR)
Form der »Monarchie, in der Staatsgeschäfte von Parlament und Regierung geführt werden und dem/r Monarch/in zumeist nur repräsentative Aufgaben zu kommen. ZB Belgien, Spanien, England; außerhalb Europas Japan. *JF*

Parlamentarische Präsidentschaftsrepublik (ÖR)
In Österreich herrschendes System, das eine Zwischenform der »Präsidentschaftsrepublik und der parlamentarischen Republik (»Parlamentarische Republik) einnimmt. Die Bundesminister sind sowohl vom Bundespräsidenten, (im Rahmen seiner Ernennung- und Abberufungsbefugnis) als auch vom Nationalrat (durch die Möglichkeit eines Misstrauensvotums [»Misstrauensvotum]) abhängig. *JF*

Parlamentarische Republik (ÖR)
Form der »Republik, in der der Regierungschef (Bundeskanzler, Premierminister, Ministerpräsident) vom Parlament gewählt wird und diesem gegenüber die Verantwortung trägt. ZB: Deutschland, Finnland, Ungarn, Österreich von 1918 bis 1929. *JF*

Partei (ÖR)
Partei ist, wer in einer Sache ein »subjektives Recht geltend machen kann (§8 AVG). Ob ein subjektives Recht besteht, ist aus den jeweils anzuwendenden Rechtsvorschriften abzuleiten. Wer Partei ist, hat das Recht im Verfahren zur Entscheidung über die jeweilige Sache gestaltend mitzuwirken. Er darf etwa Anträge stellen (zB Beweisanträge), hat das Recht auf Gehör, auf Akteneinsicht sowie – nach Abschluss des Verfahrens durch förmliche Entscheidung – auf die Erhebung eines Rechtsmittels (sofern ein solches gesetzlich vorgesehen ist). *CMP*

Parteiengehör (ÖR)
Ist ein Parteienrecht (»Parteienrechte), das der Partei Gelegenheit zur Stellungnahme über das Ergebnis des Ermittlungsverfahrens (»Ermittlungsverfahren) gewährt sowie ihr ermöglicht, sich zu Anträgen und zum Ergebnis amtlicher Erhebungen zu äußern. Wichtiger Verfahrensgrundsatz. Bei Missachtung liegt eine Verletzung von Art 6 EMRK (fair trail) vor. *JF*

Parteienmaxime (PR)
Verfahrensrechtlicher Grundsatz, wonach die Parteien das Verfahren einleiten, den Gegenstand des Verfahrens bestimmen (ne eat iudex ultra petita partium) und beispielsweise durch Klagszurücknahme und Vergleich über den Streitgegenstand disponieren können (Unterscheide: »Offizialmaxime). *PS*

Parteienrechte (ÖR)
Im Rahmen des Verwaltungsverfahren (»Verwaltungsverfahrensrecht) gewährleistete Rechte: Recht auf Akteneinsicht, Recht auf Stellung von Beweisanträgen, Recht auf »Parteiengehör, Recht auf Zustellung des erlassenen Bescheides sowie auf Ergreifung eines Rechtsmittels gegen den Bescheid. *JF*

Parteienvernehmung (PR)
Befragung der Streitparteien über strittige, für die Entscheidung erhebliche Tatsachen. Die Parteienvernehmung ist ein »Beweismittel. *PS*

Parteistellung (ÖR)
räumt dem Betroffenen die Möglichkeit ein, in einem Verfahren seine subjektiven Rechte mittels der ihm gewährten »Parteienrechte wahrzunehmen. Neben der Einflussnahme auf die behördliche Entscheidung stellt sie eine Kontrolle der behördlichen Tätigkeiten für den einzelnen sicher. *JF*

Passive Dienstleistungsfreiheit (ÖR)
»Dienstleistungsfreiheit. Die passive Dienstleistungsfreiheit bezeichnet die Freiheit, von einem Mitgliedstaat aus (gewerbliche, freiberufliche ua) Dienstleistungen in einem anderen Mitgliedstaat nachzufragen, ohne dort eine Niederlassung zu haben. *LB*

Passives Wahlrecht (ÖR)
Recht, gewählt werden zu dürfen. Bei einer Nationalratswahl dürfen etwa alle österreichischen Staatsbürger, die am Tag der Wahl das 18. Lebensjahr vollendet haben, in den »Nationalrat gewählt werden. Das passive Wahlrecht kommt bei Kommunalwahlen und Wahlen zum Europäischen Parlament (»Europäisches Parlament) auch allen Unionsbürgern (»Unionsbürger/in) mit Wohnsitz in Österreich zu. Vgl »Aktives Wahlrecht. *SL*

Patent (PR)
Siehe »Patentrecht. *AW*

Patentrecht (PR)
Das Patentgesetz gewährt dem Patentinhaber das absolute Recht, andere davon auszuschließen, den Gegenstand einer neuen Erfindung betriebsmäßig herzustellen, in Verkehr zu bringen, zu gebrauchen uä. Eine Erfindung ist dann neu, wenn sie nicht zum Stand der Technik gehört, dh bislang der Öffentlichkeit nicht zugänglich gemacht wurde. Manche Erfindungen sind jedoch nicht patentierbar, wie Verfahren zum Klonen von menschlichen Lebewesen. »Immaterialgüterrecht. *AW*

Paternalismus (RPH)
wird jene (traditionelle) Ausgestaltung des Arzt-Patienten-Verhältnisses genannt, in der der Arzt aufgrund seiner Fachkompetenz die alleinige Entscheidungsgewalt über die weiteren Behandlungsschritte hat und dem Patienten – als Objekt des ärztlichen Handelns – nichts anderes übrig bleibt, als mehr oder weniger kommentarlos den Therapie-Anweisungen des Arztes Folge zu leisten. Der Patient wird in dieser Konstellation nicht als freies und selbstverantwortetes Subjekt anerkannt. *CMS*

Patientenautonomie (RPH)
bedeutet im Bereich der Medizinethik, dass der Patient – anders als früher (vgl Paternalismus) – in seinem "freien Subjektsein" (Luf) anerkannt wird. Solcherart ist der Patient einerseits frei, seine Behandlung mitzubestimmen, aber er trägt dafür dann auch (Mit-)Verantwortung. Hier zeigen sich die Grenzen der Patientenautonomie: Inwieweit ist ein Mensch als "Patient" sowohl fachlich als auch situativ (Krankheit) imstande, sowohl seine Freiheit als auch seine Verantwortung zu konkretisieren? *CMS*

Patientenverfügung (RPH)
ist eine Willenserklärung, mit der ein Patient eine medizinische Behandlung ablehnt. Diese Erklärung soll dann wirksam werden, wenn der Patient im Zeitpunkt der Behandlung nicht einsichts-, urteils- oder äußerungsfähig ist. Das PatVG unterscheidet zwischen verbindlichen (formstreng) und beachtlichen PatV. Eine nicht formstrenge PatV kann aber immerhin noch beachtlich sein. Eine PatV kann unwirksam sein, widerrufen werden, und in Notfallsituationen muss man nicht erst extra danach suchen. *CMS*

Pächter (PR)
Jener Vertragspartner des Pachtvertrages (siehe »Pachtvertrag), der die Sache vom Verpächter überlassen bekommt. *MH/AG*

Persönliche Abhängigkeit (PR)
Merkmal der Tätigkeit des Arbeitnehmers aufgrund des Arbeitsvertrags. Persönlich abhängig ist, wer bei seiner Tätigkeit (auch hinsichtlich des Leistungsortes und der Leistungszeit) an Weisungen des Arbeitsgebers gebunden ist, die Tätigkeit persönlich verrichten muss und im Betrieb des Arbeitgebers (mit dessen Mitteln) tätig wird. Es handelt sich hier um einen »Typusbegriff. Siehe auch »Arbeitnehmer, »Arbeitsvertrag, vgl auch »Arbeitgeber, »Weisung. *MH/AG*

Persönliche Dienstbarkeiten (PR)
Siehe »Personalservituten. *DH*

Persönliche Freiheit (ÖR)
Verfassungsmäßig garantiertes Maß an (Bewegungs-)Freiheit und Sicherheit. Grundrecht, das jedermann einen Anspruch auf persönliche Freiheit und Sicherheit gegenüber dem Staat einräumt. Es schützt vor rechtswidrigen Freiheitsberaubungen. *JF*

Persönliche Haftung (PR)
Kommt der »Schuldner seiner Leistungspflicht nicht nach, kann der »Gläubiger im Wege der Zwangsvollstreckung (siehe »Exekution) auf das gesamte Vermögen des Schuldners greifen. Beachte aber allfällige Haftungsbeschränkungen (siehe »Haftungsbeschränkung). *MH/AG*

Persönliche Reallast (PR)
Reallast (»Reallasten), bei der die Berechtigung nur einer bestimmten Person zusteht. *DH*

Persönliche Sicherung (PR)
Bei der persönlichen Sicherung einer Forderung (zB Bürgschaft) haftet neben dem Schuldner ein weiterer Verpflichteter mit seinem gesamten Vermögen für die Forderung. Davon zu unterscheiden ist die »Dingliche Besicherung einer Forderung, wie das Pfandrecht. *DH*

Persönlicher Geltungsbereich (ÖR)
bezeichnet die Gesamtheit der Adressaten eines Rechtsaktes. Bsp: Ärztegesetz: Ärzte; ABGB: alle Privatrechtssubjekte; Mietrechtsgesetz: Mieter und Vermieter von Wohn- und Geschäftsräumen; AWG: Abfallbesitzer; etc. *CMP*

Persönliches Wahlrecht (ÖR)
Grundsatz im »Wahlrecht, nach dem jeder Wähler seine Stimme persönlich vor der Wahlkommission abgeben muss. Eine Stimmabgabe durch einen Stellvertreter ist somit ausgeschlossen. *SL*

Persönlichkeitsrecht (PR)
ist ein absolutes Recht. Die Persönlichkeitsrechte dienen dem Schutz der Persönlichkeit eines Menschen, mitunter auch einer juristischen Person. Sie

sind höchstpersönlich (»Höchstpersönliches Recht). Dazu zählen das Recht auf Leben, Freiheit (»Freiheitsberaubung), Ehre (»Ehrenbeleidigung), das »Namensrecht, »Recht am eigenen Bild. *AW*

Persönlichkeitsschutz (PR)
»Persönlichkeitsrecht, »Absolutes Recht, »Absolut geschütztes Rechtsgut *AW*

Person (PR)
(im Rechtssinn) = »Rechtssubjekt. *BB*

Personae (PR)
Plural von lat persona – Person. »Institutionensystem *AW*

Personalkörperschaft (ÖR)
erfasst Personen, die bestimmte Voraussetzungen erfüllen bzw entsprechende Merkmale aufweisen. Mitgliedschaft kraft persönlicher Kriterien. Ist eine »juristische Person des öffentlichen Rechts. Vgl dazu »Körperschaft des öffentlichen Rechts; Bsp Kammern, Hochschülerschaft, Jagdverband. *JF*

Personalservituten (PR)
»Dienstbarkeiten, die ganz bestimmten Personen zustehen und idR durch deren Tod erlöschen (zB »Fruchtgenuss, »Gebrauchsrecht). *DH*

Personengesellschaft (PR)
Private Vereinigung zur Erreichung eines gemeinsamen Zwecks mit gemeinsamen Mitteln, die eine geschlossene Mitgliederanzahl aufweist und auf die Individualität und Mitwirkung ihrer Mitglieder abstellt. Im Gegensatz zu den Kapitalgesellschaften (siehe »Kapitalgesellschaft) haften die Gesellschafter bei der Personengesellschaft unbeschränkt mit ihrem Privatvermögen für die Verbindlichkeiten der Gesellschaft.

Beispiel: »Offene Gesellschaft, »Kommanditgesellschaft, »Stille Gesellschaft. *MH/AG*

Personenrecht (PR)
im Sinne des Institutionensystems (»Institutionensystem) umfasst teilweise den Allgemeinen Teil des bürgerlichen Rechts und das Familienrecht im Sinne des Pandektensystems (»Pandektensystem). *AW*

Personenstand (ÖR)
bezeichnet die Stellung einer Person innerhalb der Rechtsordnung und gibt Auskunft über familienrechtliche Verhältnisse bzw Umstände wie zB Geburt, Name, Tod. *JF*

Personenstandsgesetz (PR)
Siehe »Eherecht. *VTH*

Personenverband (PR)
Siehe »Personenvereinigung. *BB*

Personenvereinigung (PR)
(Personenverband) ist ein Zusammenschluss mehrerer (natürlicher oder juristischer) Personen zur Verfolgung eines gemeinsamen Interesses. Weist die Personenvereinigung eine körperschaftliche Organisation auf, so ist sie »juristische Person (Körperschaft). Vgl auch »Gesellschaft. *BB*

Petersberg-Aufgaben (ÖR)
Bezeichnet humanitäre Aufgaben, Rettungseinsätze und friedenserhaltende bzw -sichernde Aufgaben sowie Kampfeinsätze des Bundesheeres bei der Krisenbewältigung, ebenso wie friedensschaffende Maßnahmen. Diese Aufgaben sind in Artikel 17 des Vertrags über die Europäische Union festgeschrieben. *JF*

Petitorisches Verfahren (PR)
Verfahren, in dem jemand sein Recht an einer Sache geltend macht. Im Gegensatz zum possessorischen Verfahren (»Possessorisches Verfahren) werden also Rechtsfragen geklärt. *DH*

Pfand (PR)
Siehe »Pfandsache. *DH*

Pfandbesteller (PR)
Derjenige, welcher eine Sache als »Pfand zur Verfügung stellt. Dies kann einerseits der Schuldner (»Pfandschuldner) der Forderung sein, andererseits ein Dritter, der seine Sache zu diesem Zweck zur Verfügung stellt. *DH*

Pfandbestellungsvertrag (PR)
Schuldrechtlicher »Sicherungsvertrag, der darauf abzielt, ein »Pfand bestellen zu wollen (»Verpflichtungsgeschäft). Zum »Verfügungsgeschäft siehe »Pfandvertrag. *MH/AG*

Pfandgläubiger (PR)
Derjenige, dessen Forderung durch die Bestellung des Pfandrechts (»Pfandrecht) besichert ist. *DH*

Pfandrecht (PR)
Dingliches Recht eines Gläubigers, sich aus einer bestimmten Sache vorzugsweise zu befriedigen, wenn der Schuldner der besicherten Forderung diese bei Fälligkeit nicht begleicht. Ein Pfandrecht wird durch Abschluss eines Pfandbestellungsvertrages (»Titel) und »körperliche Übergabe bei beweglichen Sachen bzw Eintragung ins Grundbuch bei unbeweglichen (»Modus) begründet. *DH*

Pfandrechtsverwertung (PR)
Vorgang, der zur Befriedigung des Gläubigers aus dem Pfand führen soll, wenn der Schuldner mit der Begleichung der besicherten Forderung in Verzug gerät. Der Pfandgläubiger kann eine gerichtliche Versteigerung des Pfandes verlangen oder körperliche bewegliche Sachen außergerichtlich im Wege eines Pfandverkaufs veräußern. Dieser ist grds anzudrohen und darf erst einen Monat später durchgeführt

werden. Der Verkauf erfolgt in einer öffentlichen Versteigerung, Sachen mit Markt- und Börsepreis dürfen freihändig verkauft werden. *DH*

Pfandsache (PR)
Sache, an der das »Pfandrecht begründet wird. Gegenstand des Pfandrechts sind körperliche bewegliche Sachen (»Faustpfand, Fahrnis), wozu auch Wertpapiere gehören, unbewegliche Sachen (Hypothek) und auch unkörperliche Sachen wie nicht verbriefte Forderungen, Gesellschaftsanteile, Immaterialgüterrechte, Pfandrechte etc. Gegenstand eines Pfandrechts kann nur sein, was verwertbar ist. *DH*

Pfandschuldner (PR)
Siehe »Pfandbesteller. *DH*

Pfändung (ÖR)
ist ein »Vollstreckungsmittel im Sinne des »VVG. Im Rahmen des Verwaltungsvollstreckungsverfahrens ist sie ein Instrument zur zwangsweisen Durchsetzung von Bescheiden (»Bescheid), im Konkreten zur Eintreibung von Geldleistung, bzw die Beschlagnahme von Gegenständen im Zuge der Exekution. Vgl dazu »Ersatzvornahme, »Zwangsstrafe. *JF*

Pfändungsprotokoll (PR)
Niederschrift des Gerichtsvollziehers in einem Exekutionsverfahren, in dem bewegliche Sachen gepfändet werden. Siehe »Gerichtliche Pfändung. *DH*

Pfandvertrag (PR)
Dinglicher (sachenrechtlicher) Vertrag, der die Pfandbestellung als solche und somit auch die Übergabe des Pfandes betrifft. (Unterscheide davon den »Pfandbestellungsvertrag) *MH/AG*

Pfandvorrechtsklage (PR)
Klage, die dem »Pfandgläubiger zusteht, wenn ein anderer die »Pfandsache gerichtlich pfändet. Damit macht der Pfandgläubiger sein Recht auf vorzugsweise Befriedigung geltend. *DH*

Pflegeeltern (PR)
Personen, die die Pflege und Erziehung des Kindes ganz oder teilweise besorgen und zu denen eine dem Verhältnis zwischen leiblichen Eltern und Kindern nahekommende Beziehung besteht oder hergestellt werden soll (§ 186 ABGB), ohne dass eine »Adoption vorliegt. *SR*

Pflegekindschaft (PR)
Liegt vor, wenn Personen (die »Pflegeeltern) die Pflege und Erziehung eines Kindes (Pflegekind) ganz oder teilweise besorgen und dabei eine dem Verhältnis zwischen Eltern und leiblichen Kindern nahekommende Beziehung hergestellt wird (§ 186 ABGB). *SR*

Pflegevertrag (PR)
Vereinbarung, welche der/die unmittelbare(n) Erziehungsberechtigte(n) mit den Pflegeeltern treffen und wodurch die »Obsorge für das Pflegekind ganz oder teilweise auf die »Pflegeeltern übergeht. *SR*

Pflegschaftsverhältnis (PR)
Verhältnis zwischen den »Pflegeeltern und dem Pflegekind. Zwischen ihnen soll eine dem Verhältnis zwischen Eltern und leiblichen Kindern nahekommende Beziehung hergestellt werden. Die Rechtsgrundlage für ein Pflegschaftsverhältnis ist meist ein unentgeltlicher Vertrag zwischen den Pflegeeltern und den unmittelbar Erziehungsberechtigten (»Pflegevertrag). *SR*

Pflichtteil (PR)
Anteil am »Nachlass für bestimmte nahe Angehörige (siehe »Pflichtteilsberechtigter), der diesen zwingend von Gesetzes wegen zukommt. Siehe »Pflichtteilsrecht. *MH/AG*

Pflichtteilsberechtigter (PR)
(Auch: Noterbe) Derjenige, dem ein »Pflichtteilsrecht zukommt. Pflichtteilsberechtigt sind die Verwandten des Erblassers in gerader Linie. Jedenfalls sind die Nachkommen des Erblassers pflichtteilsberechtigt, dessen Vorfahren nur, wenn er keine Nachkommen hinterlassen hat. Auch der Ehepartner ist pflichtteilsberechtigt. Siehe auch: »Pflichtteil, »Pflichtteilsrecht, »Pflichtteilsminderung *MH/AG*

Pflichtteilsminderung (PR)
Die Möglichkeit des Erblassers, den »Pflichtteil auf die Hälfte zu mindern, wenn er und der Pflichtteilsberechtigte (siehe »Pflichtteilsberechtigter) zu keiner Zeit in einem Naheverhältnis standen, wie es in der Familie zwischen solchen Verwandten gewöhnlich besteht. Das Recht auf Pflichtteilsminderung steht nicht zu, wenn der Erblasser die Ausübung des Rechts auf persönlichen Verkehr mit dem Pflichtteilsberechtigten grundlos abgelehnt hat. *MH/AG*

Pflichtteilsrecht (PR)
(Auch: »Noterbrecht) Beschränkt als »zwingendes Recht die »Testierfreiheit des Erblassers. Das Pflichtteilsrecht sichert gewissen nahen Angehörigen (siehe »Pflichtteilsberechtigter) einen Mindestanteil am Vermögen des Erblassers. Kein Erbrecht (»Absolutes Recht), sondern schuldrechtlicher Anspruch in Geld gegen den »Nachlass bzw bei schon erfolgter »Einantwortung gegen die Erben (»Erbe). Der »Pflichtteil kann vom Erblasser nur bei Vorliegen von Enterbungsgründen (siehe »Enterbungsgründe) entzogen werden; er kann auch nicht (zB durch »Substitution) beschränkt werden. *MH/AG*

PHG (PR)
»Produkthaftungsgesetz *AW*

Physis (RPH)
ist der antike Korrespondenzbegriff zu Nomos und Mythos. Während Physis – neben dem Mythos – eine Legitimationsquelle darstellte, die man als die Natur einer Sache, etwa die Natur der Weltordnung (Kosmos) oder des Menschen, rational-dialektisch fassen konnte, die somit der menschlichen Vernunft zugänglich war (im Gegensatz zum Mythos), ging das Nomos-Konzept noch insofern darüber hinaus, als es Verbindlichkeit einzig als das Ergebnis diskursiv-gewillkürter allgemeiner Vereinbarung ansah. *CMS*

Physische Person (PR)
Siehe »Natürliche Person. *BB*

PJZS (ÖR)
»Polizeiliche und justizielle Zusammenarbeit in Strafsachen *JLR*

Planmäßige Lücke (ÖR)
Siehe »Unechte Lücke; »Echte Lücke. *CMP*

Planwidrige Lücke (ÖR)
Siehe »Echte Lücke. *CMP*

Planwidrige Unvollständigkeit (PR)
Planwidrig ist eine »Gesetzeslücke, wenn sich angesichts der gesamten Rechtsordnung zeigt, dass der Gesetzgeber, wäre ihm die Lücke bekannt gewesen, einen Tatbestand für den ungeregelten Sachverhalt zur Verfügung gestellt hätte. Diese Konsequenz zeigt sich anhand der vorhandenen Gesetzestexte. Führt man also den Willen des Gesetzgebers zu Ende, so ergibt sich aus dem Fehlen der Regelung eine planwidrige Unvollständigkeit des positiven Rechts. *AP/EK*

Planwidrigkeit (PR)
Siehe »Planwidrige Unvollständigkeit. *AP/EK*

Plenum (ÖR)
Versammlung der Abgeordneten im Parlament. *JF*

Politische Partei (ÖR)
Eine Vereinigung von Bürgern, die auf Dauer die Mitwirkung an der politischen Willensbildung, insbesondere die Beteiligung an Wahlen zu allgemeinen Vertretungskörpern, anstrebt. Derzeit sind im »Nationalrat fünf politische Parteien vertreten: SPÖ, ÖVP, Grüne, FPÖ und BZÖ. Vgl dazu auch die »Partei in einem Verfahren (sog Verfahrenspartei). *SL*

Politisches Grundrecht (ÖR)
Verfassungsgesetzlich gewährleistete Rechte, welche die Mitwirkung an der Staatswillensbildung einräumen (insbesondere das »Wahlrecht), kann man als politische Grundrechte bezeichnen. *TC*

Politisches Recht (ÖR)
Versuch der Differenzierung zwischen Öffentlichem Recht und Privatrecht. Demnach ist politisches Recht öffentliches Recht, da es der Verwirklichung der Staatszwecke dient. Unterscheide dazu »Unpolitisches Recht. *JF*

Polizei (ÖR)
Auch Bundespolizei. *JF*

Polizeiliche und justizielle Zusammenarbeit in Strafsachen (ÖR)
Diese Kompetenzen sind in der Dritten Säule (»Dritte Säule) zusammengefasst und in den Art 29ff EU geregelt. Durch die PJZS soll die Kooperation der Mitgliedstaaten bei der Verhütung und Bekämpfung von Kriminalität verstärkt und verbessert werden. Die PJZS umfasst drei Bereiche:-verstärkte Zusammenarbeit der Polizei- und Zollbehörden,-verstärkte Zusammenarbeit der Justizbehörden,-Angleichung der strafrechtlichen Vorschriften der Mitgliedstaaten.Die Rahmenbeschlüsse über die PJZS wirken ähnlich wie EG-Richtlinien (»EG-Richtlinie) *JLR*

Ponere (ÖR)
Lat: stellen, setzen, legen; siehe »Positives Recht. *CMP*

Popper (ÖR)
Sir Karl Raimund (1902–1994). Österreicher, kritischer Rationalist, Professor an der London School of Economics. Prägte ua den Gedanken der "logischen Forschung" (siehe »Forschungslogik) und der "»Falsifizierbarkeit" wissenschaftlicher Erkenntnisse. *CMP*

Positive Vertragsverletzungen (PR)
können aus dem Verstoß gegen vertragliche oder gesetzliche Schutz- und Sorgfaltpflichten resultieren und Schadenersatzpflichten begründen. Hierbei unterscheidet man Mangelfolge- (»Mangelfolgeschaden) und Begleitschäden (»Begleitschaden). *AP/EK*

Positiver Schaden (PR)
Der positive Schaden liegt in einer Beeinträchtigung von bereits bestehenden Vermögensgütern und Rechten. Das Vermögen des Geschädigten wird durch die Schädigung vermindert. Er ist bei jeder rechtswidrigen und schuldhaften Schädigung zu ersetzen. Vgl »Entgangener Gewinn. *AW*

Positives Recht (PR)
(Auch: gesetztes Recht) Recht, das vom Menschen geschaffen wurde. Positives Recht ist insbesondere das geschriebene Recht (siehe »Gesatztes Recht), aber auch das »Gewohnheitsrecht. Der Begriff wird vor allem als Gegensatz zum »Naturrecht gebraucht. *MH/AG*

Positives Recht (ÖR)
= gesetztes Recht; Recht, das durch menschliches Verhalten (genauer gesagt: menschliche

Willensakte) aufgrund von entsprechenden Ermächtigungen erzeugt wurde ("von Menschen für Menschen gesetzt"). Positives, also gesetztes Recht ist in der Regel auch gesatzt (»Gesatztes Recht), also niedergeschrieben, dies ist aber nicht zwingend so (vgl »Gewohnheitsrecht, das zwar durch menschliches Verhalten gesetzt, aber nicht niedergeschrieben ist). Positives Recht ist von der »Moral, Sitte (»gute Sitten) und der Religion bzw dem »Naturrecht zu unterscheiden. *CMP*

Positivieren (PR)
Zu positivem Recht (insbesondere zu geschriebenem Recht) machen. Schreibt der Gesetzgeber beispielweise eine Meinung, die in der »Lehre oder »Rechtsprechung vertreten wird, als Gesetzestext nieder, so hat er diese Meinung positiviert. Siehe auch »Positives Recht, »Gesatztes Recht. *MH/AG*

Positivieren (ÖR)
Siehe »Positivieren im Privatrecht. *CMP*

Positivismus (RPH)
ist eine philosophische Denkschule, die im 19. Jhdt. den Idealismus abgelöst hat. Das 19. Jhdt. war von technischem Fortschritt und Industrialisierung geprägt. Kolonialismus und Welthandel traten mit wachsendem Nationalismus in Konkurrenz. Die soziale Frage brach auf, das soziale Gefüge geriet aus der Balance. Es brauchte so eine moderne Philosophie, die den exakten Naturwissenschaften entsprach und die neue Epoche erklärte – unter Vermeidung jeglicher idealistisch-transzendentaler Spekulation. *CMS*

Possessorisches Verfahren (PR)
Rasches und vorläufiges Verfahren gegen die eigenmächtige Entziehung oder Störung einer sich in der »Gewahrsame des echten Besitzers (»Echter Besitz) befindlichen Sache. Ziel dieses Verfahrens ist es, den bisherigen Besitzstand wiederherzustellen, unabhängig von der materiellen Rechtslage. *DH*

Praesumtio iuris ac de iure (ÖR)
Bezeichnung für eine unwiderlegliche gesetzliche Vermutung. Das Gesetz nimmt bestimmte Tatsachen an, die in einem Verfahren nicht widerlegt werden können. *SL*

Prädialreallast (PR)
Siehe »Grundreallast. *DH*

Präimplantationsdiagnostik (PID) (RPH)
bezeichnet – im Rahmen der sog In-Vitro-Fertilisation – die genetische Analyse befruchteter Eizellen vor deren Einsetzung in den Mutterleib (Prä-Implantation). Diese Genanalyse stellt fest, ob die befruchtete Eizelle genetische Schädigungen aufweist, sodass es gar nicht erst zu ihrer Einsetzung in die Gebärmutter kommt. Zentrale Frage: Welcher ethische Status und daraus abzuleitende rechtliche Schutz kommt der befruchteten Eizelle zu? PID ist in Österreich implizit verboten (§ 9 (1) FMedG)! *CMS*

Präklusion (PR)
Siehe »Befristung. *SR*

Prämie (PR)
Das beim »Versicherungsvertrag vom Versicherungsnehmer an die Versicherungsgesellschaft zu leistende Entgelt. *MH/AG*

Pränatale Diagnostik (RPH)
bedeutet, dass man – mit modernen genetisch-diagnostischen Methoden – schon vor der eigentlichen Geburt eines Kindes mögliche genetische Defekte des Embryos feststellen und damit bereits frühzeitig therapeutische Maßnahmen setzen kann (was oftmals medizinisch einen großen Vorteil bei der Heilungschance mit sich bringt). Gefahr: Es könnte durch dieses zusätzliche "vorab-Wissen" nicht zu einer Verstärkung therapeutischer Anstrengungen, sondern zur Verstärkung selektiver Abtreibungspraxis kommen. *CMS*

Präsenzquorum (ÖR)
regelt das notwendige Ausmaß der Anwesenheit der Abgeordneten im Rahmen des Gesetzgebungsverfahrens. Zumindest 1/3 bei einfachen Bundesgesetzen, zumindest die Hälfte beim »Beharrungsbeschluss, zumindest die Hälfte bei Verfassungsgesetzen. Unterscheide dazu »Konsensquorum. *JF*

Präsidentschaftsrepublik (ÖR)
Politisches System, in dem die Minister nur vom Präsidenten abhängig sind und der Präsident den Großteil der Regierungsgeschäfte besorgt. Bsp: USA, Frankreich; vgl dazu »Republik, »Parlamentarische Republik. *JF*

Präventionsfunktion (PR)
Grundgedanke des Schadenersatzrechts im Bereich der Verschuldenshaftung. Die „Drohung" mit einer Ersatzpflicht soll jeden dazu anhalten, sich nicht rechtswidrig und schuldhaft zu verhalten. Unterscheide »Ausgleichsfunktion, »Rechtsfortwirkungsgedanke *AW*

Präzendenzfall (RPH)
bezeichnet im angloamerikanischen Rechtskreis eine bereits gefällte Vorentscheidung, der aufgrund des Stare-decisis-Prinzips erhöhte Normativität zukommt für alle weiteren Fälle, deren rechtserheblicher Kern (= holding) sich als wesentlich vergleichbar erweist. Folgt man einem solchen Prä-

zedenzfall nicht, muss man sich des "distinguishing" (= Abweichung) oder "overruling" (= Aufhebung) des besagten holdings zur argumentativen Weiterentwicklung des Rechts bedienen. *CMS*

Precario modo ⓅⓇ
Auch Bittleihe. Jemand hat ein Gebrauchsrecht an einer Sache, das jederzeit widerrufen werden kann. Bei Widersetzung gegen die Rückforderung der Sache wird er unechter Besitzer (siehe auch »Echter Besitz). *DH*

Precarium ⓅⓇ
Siehe »Bittleihe. *MH/AG*

Preisausschreiben ⓅⓇ
Siehe »Auslobung. *MH/AG*

Preisgefahr ⓅⓇ
Die Gefahr, den Preis zahlen zu müssen bzw die Gegenleistung erbringen zu müssen, obwohl die »Leistung des Schuldners unmöglich geworden ist. Trägt der »Gläubiger die Preisgefahr, so muss er seine Gegenleistung erbringen, ohne die unmöglich gewordene Leistung des Schuldners zu erhalten. Trägt sie der »Schuldner, so kann er vom Gläubiger keine Gegenleistung verlangen, wenn seine eigene Leistung unmöglich geworden ist. Unterscheide davon: »Leistungsgefahr, siehe auch »Gefahrtragung. *MH/AG*

Preisminderung ⓅⓇ
stellt neben der »Wandlung einen sekundären Gewährleistungsbehelf dar und erfolgt nach der "relativen Berechnungsmethode" in jenem Verhältnis, in welchem der gemeine Wert der mangelfreien Sache zum gemeinen Wert der mangelhaften Sache steht. Dieses Gestaltungsrecht dient dem Zweck der Wiederherstellung der subjektiven Äquivalenz (»Subjektive Äquivalenz) und steht dem Übernehmer insb dann zu, wenn der Mangel unbehebbar ist, nicht in angemessener Frist behoben wird oder die Behebung für den Übergeber mit unverhältnismäßig hohem Aufwand verbunden ist. *AP/EK*

Primärnorm ÖR
Nach Raschauer Verhaltensnormen (»Verhaltensnorm) *CMP*

Primärrecht ÖR
Das Primärrecht umfasst sowohl geschriebenes als auch ungeschriebenes Recht. Das geschriebene primäre Gemeinschaftsrecht setzt sich insbesondere aus den Gründungsverträgen (zB Verträge zur Gründung der Europäischen Gemeinschaften [EGKS 1951, EWG 1957, EAG 1957], Vertrag über die Errichtung der Europäischen Union 1992) und den Änderungs- bzw Ergänzungsverträgen (zB Vertrag von Maastricht 1992, Vertrag von Amsterdam 1997, Vertrag von Nizza 2001) zusammen. Das ungeschriebene Primärrecht umfasst die allgemeinen Rechtsgrundsätze und das Gewohnheitsrecht. *LB*

Prinzip der Gleichbehandlung der Gläubiger ⓅⓇ
Grundsatz des Insolvenzrechts (»Insolvenzrecht), der besagt, dass alle Gläubiger gleich zu behandeln sind. *PS*

Prinzip der kausalen Tradition ⓅⓇ
Zur Übertragung von Eigentum bedarf es einerseits eines äußeren Vorganges (Übergabe bei beweglichen Sachen, Eintragung ins Grundbuch bei unbeweglichen; »Modus) und andererseits einer Einigung der Parteien, dass das Eigentum übergehen soll. Ist zB ein Kaufvertrag wegen eines Willensmangels ungültig, so ist auch das »Verfügungsgeschäft unwirksam und der Eigentumsübergang ist nicht erfolgt. Der Verkäufer kann die Sache daher mit der »Eigentumsklage herausfordern. *DH*

Prinzip des Kollektivismus ÖR
Nach diesem Prinzip hat das Wohl der Gemeinschaft Vorrang vor Individualrechten, dh das Volkswohl hat oberste Priorität; zB Kuba; vgl dazu »Totalitäres System. *JF*

Privatautonom ⓅⓇ
Siehe »Privatautonomie. *MH/AG*

Privatautonomie ⓅⓇ
bezeichnet einen zentralen Grundsatz des Privatrechts, wonach Privatrechtssubjekte (»Privatrechtssubjekt) über ihre Privatrechte frei verfügen dürfen, soweit die Verfügungsbefugnis nicht durch die Rechtsordnung eingeschränkt wird (Bsp: Vertragsfreiheit). Verwirklicht wird die Privatautonomie ua durch »dispositives Recht, eingeschränkt wird sie ua durch »zwingendes Recht und durch weite Teile des Verwaltungsrechts. Die Privatautonomie wird in ihrem Wesen durch das verfassungsgesetzlich gewährleistete Recht auf Eigentum geschützt und abgesichert. *CMP*

Privates Testament ⓅⓇ
Testamentsform, für die nicht die Mithilfe einer öffentlichen Stelle (Gericht, Notar) notwendig ist. Formen des privaten Testaments: »eigenhändiges Testament, »fremdhändiges Testament, »Nottestament. Vgl auch »Testamentsformen. *MH/AG*

Privatkonkurs ⓅⓇ
»Konkurs einer natürlichen Person. *PS*

Privatrecht ⓅⓇ
Jener Rechtsbereich, welcher sich mit den Rechtsverhältnissen gleichgeordneter Rechtssubjekte (Rechtsunterworfe-

ner) beschäftigt. Unterscheide: »Öffentliches Recht. *CMP*

Privatrechtssubjekt (PR)
Siehe »Rechtssubjekt. *BB*

Privatstiftung (PR)
ist eine »Stiftung nach dem Privatstiftungsgesetz (PSG). Mit einer Privatstiftung kann der Sifter – im Gegensatz zu einer Stiftung nach dem BStFG – nicht nur gemeinnützige und mildtätige Zwecke, sondern jeden erlaubten Zweck verfolgen (»Stiftungszweck). *BB*

Privatwirtschaftsverwaltung (ÖR)
Auch nichthoheitliche Verwaltung. Der Staat erfüllt seine Verwaltungstätigkeit mittels Rechtssatzformen, die auch Privaten zur Verfügung stehen, dh durch zivilrechtliche Verträge (zB Abschluss von Dienstverträgen, Mietverträgen, Werkverträgen). Über Rechtsstreitigkeiten in diesem Bereich entscheiden ordentliche Gerichte (»Ordentliches Gericht) auf Grundlage des allgemeinen Zivilrechts. Daher ist auch ein etwaiger »Schadenersatzanspruch im Rahmen der Privatwirtschaftsverwaltung nach dem »ABGB zu beurteilen. Unterscheide »Hoheitsverwaltung. *JF*

Pro-viribus-Haftung (PR)
Siehe »Haftung pro viribus. *MH/AG*

Probatio diabolica (PR)
Eigentumsbeweis. Dieser kann manchmal große Schwierigkeiten bereiten (daher der Name), weil das von einem Vormann abgeleitete Eigentumsrecht jeweils von der Rechtsstellung des Überträgers abhängt. Der Beweis müsste daher erfolgen, indem das Eigentum aller Vormänner bis zurück zu einem originären Eigentumserwerb nachgewiesen wird. *DH*

Produkthaftung (PR)
Verschuldensunabhängige Haftung (»Gefährdungshaftung) des Herstellers, Importeurs oder (ausnahmsweise) Händlers aufgrund der Gefährlichkeit eines Produktes. Gehaftet wird für Personen- und Sachschäden, die durch den Fehler eines Produktes verursacht wurden. *AW*

Produkthaftungsgesetz (PR)
Gesetz aus 1988 – Bundesgesetz über die Haftung für ein fehlerhaftes Produkt. »Produkthaftung. *AW*

Prozesseinrede (PR)
Geltendmachung des Nichtvorliegens einer Prozessvoraussetzung durch den Beklagten. *PS*

Prozessförderungspflicht (PR)
Verpflichtung der Streitparteien, ihre Vorträge so zeitgerecht und vollständig zu erstatten, dass das Verfahren möglichst rasch durchgeführt werden kann. *PS*

Prozesspartei (PR)
Prozesspartei sind der »Kläger und der Beklagte (»Beklagter). *PS*

Prozessrecht (ÖR)
Siehe »Verfahrensrecht. *CMP*

Publizität (PR)
(Offenkundigkeit) Grundsatz des Sachenrechts. Da dingliche Rechte als absolute Rechte gegenüber jedermann durchsetzbar sind, müssen sie auch allgemein erkennbar sein. Dieses Erfordernis der Publizität betrifft die Begründung, das Bestehen sowie die Übertragung dinglicher Rechte. *DH*

Publizitätszweck (PR)
Der Offenkundigkeit (»Publizität) rechtlich relevanter Vorgänge dienen nicht nur Regeln im Sachenrecht, sondern auch in anderen Rechtsgebieten. So verfolgen »Formvorschriften (zumindest ua) oft Publizitätszwecke (zB im Familienrecht, vgl »Eheschließung). Publizitätzwecke haben auch öffentliche Register, zB im Sachenrecht das »Grundbuch, im Unternehmensrecht das »Firmenbuch, das Vereinsregister, im Immaterialgüterrecht Patent- und Markenregister. *BB*

Punktation (PR)
Vorläufiger schriftlicher »Vertrag, in dem bereits alle wesentlichen Rechte und Pflichten der Parteien vereinbart sind, über dessen Inhalt aber noch eine formelle Urkunde errichtet werden soll. Die Punktation begründet im Unterschied zum »Vorvertrag bereits die Leistungspflichten der Parteien. *MH/AG*

Qualifizierter Besitz (PR)
(Rechtlicher Besitz, Besitzrecht) Qualifizierter Besitz ist von besonderer Beschaffenheit: Er ist rechtmäßig (»Rechtmäßiger Besitz), redlich (»Redlicher Besitz) und echt (»Echter Besitz). Das Vorliegen dieser drei Qualifikationen ist beispielsweise Voraussetzung für die »Ersitzung und ermöglicht es dem qualifizierten Besitzer, mit der »Klage aus dem rechtlich vermuteten Eigentum gegen jeden vorzugehen, der keinen oder einen schlechteren »Titel hat als er. *DH*

Qualifizierter Besitzer (PR)
Derjenige, der qualifizierten Besitz (»Qualifizierter Besitz) hat. *DH*

Qualifiziertes Verschulden (PR)
Siehe »Grobes Verschulden. *AW*

Qualitätsmangel (PR)
betrifft im Gegensatz zum »Quantitätsmangel die Art und Eigenschaft der geschuldeten Leistung. *AP/EK*

Quantitätsmangel (PR)
betrifft im Gegensatz zum »Qualitätsmangel die Menge

der geschuldeten Leistung und kann insb durch Nachtrag des Fehlenden beseitigt werden, sofern von der vereinbarten Menge lediglich ein Teil erbracht wurde. *AP/EK*

Rasterfahndung ÖR
ist die Durchsuchung bzw Überwachung anhand eines festgelegten Täterprofils von Datenbanken bzw Online-Datensammlungen. *JF*

Rat ÖR
Siehe »Rat der Europäischen Union. *LB*

Rat der Europäischen Union ÖR
Der Rat der Europäischen Union ist das zentrale Rechtssetzungs- und Leitungsorgan der »EG. Rechtsgrundlage für die Zusammensetzung, die Organisation und die Kompetenzen sind die Art 202f EG. Der Rat ist ein Kollegialorgan mit Sitz in Brüssel. Jeder Mitgliedstaat ist durch ein Regierungsmitglied vertreten, wobei jedem Staat ein nach der Größe abgestuftes Stimmgewicht zukommt. Beschlüsse werden teils einstimmig, teils mit Stimmenmehrheit gefasst. *LB*

Ratenzahlung PR
ist die »Leistung eines Gesamtbetrages durch mehrere aufeinander folgende Teilzahlungen. *BB*

Rätesystem ÖR
Ein politisches System, bei dem die Herrschaft vom Volk über direkt gewählte Räte ausgeübt wird. Aufgrund des gebundenen Mandats (»Gebundenes Mandat) sind die Räte an die Weisungen und Aufträge ihrer Wähler in allen Entscheidungen gebunden. *JF*

Ratifikation ÖR
Rechtsakte der zweiten und dritten Säule sind zwar für die Mitgliedstaaten verbindlich; sie müssen jedoch von den Mitgliedstaaten nach den jeweiligen verfassungsrechtlichen Regelungen ratifiziert werden. Ratifiziert werden müssen insbesondere Änderungen des »EGV und des »EUV. *LB*

Rationalisierung (Allokation) RPH
kann in der Gesundheitsökonomie prinzipiell zweierlei bedeuten: Entweder man reduziert den Mittel-INPUT bei gleichzeitigem Erhalt des bisherigen Niveaus des Leistungs-OUTPUTS, oder aber man hält den Mittel-INPUT konstant, aber steigert dabei den Leistungs-OUTPUT. In beiden Fällen geht es um Zugewinn von Wirtschaftlichkeit und Effizienz, nicht um – bloß rationierende – Rücknahme des Leistungsniveaus durch Mittelkürzungen. "Rationalisierung" darf daher nicht mit "Rationierung" verwechselt werden! *CMS*

Rationalismus RPH
ist eine philosophische Denkschule, die die Erkenntnis von Gegenständen (= "Phänomenon") und Prinzipien (= "Noumenon") nicht wie der Empirismus von der sinnlichen Erfahrung abhängig machen möchte, sondern von vernünftiger Reflexion, der Rationalität, die den Menschen ja auch wesentlich ausmacht als "animal rationale". Vertreter dieser deduktiven Denktradition: DESCARTES, SPINOZA, LEIBNIZ, WOLFF. Der Idealismus hat versucht, rein deduktiven Rationalismus und rein induktiven Empirismus zu vereinen. *CMS*

Rationierung (Allokation) RPH
bedeutet grundsätzlich, dass prinzipiell die INPUT-Mittel in einem Bereich reduziert werden, wobei man davon ausgeht, dass sich entsprechend auch die OUTPUT-Leistung reduziert: Weniger Mittel für Krankenhausbetten bedeutet direkt längere Wartezeit auf ein freies Krankenhausbett (bei gleicher "Nachfrage"). In einem solidarischen Gesundheitssystem sollten "medizinisch notwendige" Behandlungen nicht von Rationierungsmaßnahmen betroffen sein – doch was versteht man genau darunter? *CMS*

Raumordnung ÖR
»Rechtsinstitut, das die vorausschauende und planmäßige Gestaltung des Staatsgebiets (»Staatsgebiet) oder einzelner Teile davon zum Gegenstand hat. Sie wird durch Flächenwidmungspläne (»Flächenwidmungsplan) verwirklicht. *SL*

RDG ÖR
Richterdienstgesetz. *CMP*

Re integra PR
(6. Fall von res integra) muss ein Irrtum aufgeklärt werden, damit rechtzeitige Aufklärung iSd § 871 ABGB vorliegt (s »Irrtumsanfechtung). Res integra ist gegeben, wenn der Partner des Irrenden noch keine (rechtlichen oder vermögenswerten) Dispositionen im Vertrauen auf die Gültigkeit des Vertrags vorgenommen hat (er darf also zB weder die Gegenleistung erbracht noch Investitionen für die Inbetriebnahme der gekauften Sache getätigt haben). *BB*

Realakt PR
(1) Faktische Handlung, die, ohne (konkludente) »Willenserklärung zu sein, Rechtsfolgen auslöst.

Beispiel: Ein Geisteskranker erschafft ein Kunstwerk.

(2) Faktische Leistung, die zusätzlich zur Willensübereinstimmung (siehe »Konsens) erforderlich ist, um einen »Realvertrag zu schließen.

Beispiel: Übergabe der Sache beim »Leihvertrag. *MH/AG*

Realer Schaden (PR)
Tatsächliche, nachteilige Veränderung in einem Rechtsgut des Geschädigten (der gebrochene Arm, die zerbrochene Vase). Siehe »Naturalrestitution. *AW*

Reallastberechtigung (PR)
Siehe »Reallasten. *DH*

Reallasten (PR)
Dingliche Belastungen eines Grundstücks mit bestimmten, meist wiederkehrenden Leistungspflichten des Grundeigentümers. Im Gegensatz zu den »Dienstbarkeiten ist nicht bloß ein Dulden oder Unterlassen geboten, sondern ein aktives Tun. Der Reallastverpflichtete kann Dienste, Naturalleistungen oder Geld schulden. Unterschieden werden »Persönliche Reallast und »Grundreallast. *DH*

Reallastverpflichteter (PR)
Eigentümer jenes Grundstücks, das für idR wiederkehrende Leistungen des Grundeigentümers haftet. Kommt er seiner Verpflichtung nicht nach, kann der Berechtigte zur Befriedigung seines Anspruches Zwangsvollstreckung in die haftende Sache führen. *DH*

Realservituten (PR)
Siehe »Grunddienstbarkeiten. *DH*

Realvertrag (PR)
Vertrag, für dessen Zustandekommen das Gesetz zusätzlich zum »Konsens eine faktische Leistung verlangt. Insbesondere sind hier der »Darlehensvertrag, der »Leihvertrag, der »Verwahrungsvertrag und der »Trödelvertrag zu nennen. Unterscheide davon: »Konsensualvertrag. *MH/AG*

Rechnungshof (ÖR)
Ihm obliegt die Kontrolle der »Gebarung des Staates und staatsnaher Unternehmen. Der Maßstab der Prüfung orientiert sich an der Rechtsmäßigkeit, Zweckmäßigkeit und Sparsamkeit. Über seine Kontrollen hat er dem Nationalrat bzw Landtagen Bericht zu erstatten. Bei der Durchführung seiner Prüfungstätigkeit unterliegt der Rechnungshof keinen Weisungen, ist also unabhängig. *JF*

Recht (ÖR)
Recht (Rechtsbegriff); die Summe der – von Menschen gesetzten – Vorschriften für menschliches Verhalten, die von der staatlichen Autorität (»Autorität, staatliche) ausgehen sowie regelmäßig und typischerweise spezifische staatliche Rechtsfolgen (»Rechtsfolge) nach sich ziehen, die mit staatlichem Zwang (»Zwang, staatlicher) durchsetzbar sind. Hinweis 1: Fehlt auch nur eine dieser Voraussetzungen, befinden wir uns außerhalb des Gegenstands der Rechtswissenschaft, nämlich im Bereich der Sitte bzw Moral, der Religion oder des Naturrechts. Hinweis 2: "regelmäßig und typischerweise" bedeutet nicht, dass jeder Konflikt mit dem staatlichen Recht Rechtsfolgen nach sich zieht (Raschauer etwa drückt dies in der Definition auch durch die Beifügung des Wortes "können" aus). Man denke an die vielen von der Exekutive unbemerkten Verstöße (Stichwort: Dunkelziffer). Hinweis 3: Recht hat aus positivistischer Sicht mit Gerechtigkeit nichts zu tun; anders die Philosophie. *CMP*

Recht (RPH)
ist vom bloßen "Gesetz" zu unterscheiden: Während "Gesetz" im Wesentlichen gleichsam empirisch nur jene Normen bezeichnet, die vom Gesetzgeber (= Organ) in einem bestimmten Verfahren so erlassen wurden, dass damit der Verfassung nicht widersprochen wird, tritt das "Recht" mit dem darüber hinausgehenden Anspruch der "Gerechtigkeit" auf – es kann daher nicht alles Inhalt von RECHT, aber sehr wohl alles Inhalt von GESETZEN sein, wie die Geschichte tragisch lehrt; vgl RADBRUCHS "Rechtsidee". *CMS*

Recht am eigenen Bild (PR)
»Persönlichkeitsrecht. Nach § 78 Urheberrechtsgesetz dürfen Bildnisse von Personen weder öffentlich ausgestellt noch auf eine andere Art, wodurch sie der Öffentlichkeit zugänglich gemacht werden, verbreitet werden, wenn dadurch berechtigte Interessen des Abgebildeten oder, falls dieser gestorben ist, ohne die Veröffentlichung gestattet oder angeordnet zu haben, eines nahen Angehörigen verletzt würden. *AW*

Recht an fremder Sache (PR)
Prinzip des Pfandrechts. Die Pfandsache gehört nicht dem Gläubiger der besicherten Forderung, sondern bleibt im Eigentum des Pfandbestellers (»Pfandbesteller) (Schuldner oder Dritter). Ausnahmen existieren im Liegenschaftsrecht. *DH*

Recht auf Akteneinsicht (ÖR)
Im Rahmen des Verwaltungsverfahrens (»Verwaltungsverfahrensrecht) gewährleistetes Parteienrecht (»Parteienrechte), in die Akten und Unterlagen der betreffenden Sache Einsicht zu nehmen (§17 »AVG). Sichert für die Partei die Überprüfbarkeit staatlichen Handelns. *JF*

Recht im objektiven Sinn (PR)
Siehe »Rechtsordnung. *MH/AG*

Recht im subjektiven Sinn (PR)
Die dem Einzelnen von der Rechtsordnung verliehenen Befugnisse, deren Geltendma-

chung vom freien Willen des Berechtigten abhängt und deren Durchsetzung mit Hilfe der staatlichen Zwangsgewalt erfolgen kann. Man unterscheidet absolute und relative Rechte. »Absolutes Recht, »Relatives Recht *AW*

Rechtlich Unmögliches (PR)
Siehe »Anfängliche Unmöglichkeit der Leistung. *BB*

Rechtliche Kraft (ÖR)
Begriff aus der Lehre vom »Stufenbau nach der derogatorischen Kraft. Je höher die rechtliche bzw derogatorische Kraft einer Bestimmung, desto schwieriger ist sie abzuändern. Bsp: Gesetze können die Verfassung nicht abändern; die Verfassung kann aber Gesetze modifizieren oder aufheben. *CMP*

Rechtlicher Besitz (PR)
Siehe »Qualifizierter Besitz. *DH*

Rechtliches Interesse (ÖR)
Absicht bzw Motivation, in einem Rechtsstreit sein rechtlich relevantes Begehren durchzusetzen (zB: im Baurecht: Einhaltung der Bauhöhe, der Abstandsregelungen). Voraussetzung zur Erlangung der Parteistellung (»Partei) im Verwaltungsverfahren (»Verwaltungsverfahrensrecht). Gegensatz: faktisches-rechtlich irrelevantes Interesse (zB: bloße Wertminderung, Verschlechterung der Einkommensverhältnisse), das nicht zur Begründung der Parteistellung führt. *JF*

Rechtmäßiger Besitz (PR)
beruht auf einem berechtigenden »Titel, wie einem Kaufvertrag. Der, dessen Besitz nicht auf einem Titel beruht, besitzt unrechtmäßig. Rechtmäßigkeit wird vermutet (»Rechtsscheinwirkung des Besitzes). *DH*

Rechtsakt (ÖR)
Von diesem Begriff wird sowohl individuelles Recht (Urteile, Bescheide, verfahrensfreie Verwaltungsakte) wie auch generelles Recht (Verordnungen, Gesetze, Verfassung) erfasst. *CMP*

Rechtsanalogie (PR)
(Gesamtanalogie) Hierbei wird eine Regelungslücke geschlossen, indem aus mehreren bestehenden Vorschriften ein allgemeiner Rechtsgrundsatz abgeleitet und auf den ungeregelten Sachverhalt angewendet wird. So lässt sich etwa die Lehre von der »culpa in contrahendo auf eine Rechtsanalogie aus den §§ 874, 875, 878 und 932 Abs 1 aF ABGB zurückführen. Vgl im Unterschied dazu die »Gesetzesanalogie. *AP/EK*

Rechtsanwalt (ÖR)
ist zur berufsmäßigen Parteienvertretung in allen gerichtlichen und außergerichtlichen, in allen öffentlichen und privaten Angelegenheiten vor nationalen Gerichten und Behörden befugt. Voraussetzungen für die Tätigkeit als Rechtsanwalt sind der Abschluss des Studiums der Rechtswissenschaften, die Absolvierung der neunmonatigen Gerichtspraxis, eine mindestens dreijährige Tätigkeit als Rechtsanwaltsanwärter und die Ablegung der Rechtsanwaltsprüfung sowie die Eintragung in die Rechtsanwaltsliste. *JF*

Rechtsanwendung (PR)
erfolgt mittels Prüfung, ob ein konkreter »Sachverhalt einem gesetzlichen »Tatbestand entspricht. Diesen Vorgang nennt man »Subsumtion, erfolgt mithilfe eines »Syllogismus, der aus einem Obersatz (Tatbestand), einem Untersatz (Sachverhalt) und dem Schlusssatz (Rechtsfolge) besteht. Die Erkenntnis, dass ein gesetzlicher Tatbestand verwirklicht ist, kann zum Erwerb bzw Verlust eines Rechts führen, eine Verpflichtung begründen oder eine sonstige Änderung der rechtlichen Gegebenheiten nach sich ziehen. *AP/EK*

Rechtsanwendung (ÖR)
Unter "Rechtsanwendung" versteht man die Anwendung von Rechtsnormen auf konkrete Fälle durch dazu ermächtigte Behörden (Gerichte oder Verwaltungsbehörden). Im Sinne der Terminologie des B-VG spricht man auch von "Vollziehung" von Rechtsnormen. Die Rechtsanwendung besteht aus zwei Schritten. Zunächst ist in einem Schritt der Inhalt der anzuwendenden Norm durch deren »Interpretation zu ermitteln. Diese besteht in einem Akt der »Rechtserkenntnis, einem geistigen Vorgang, der möglicherweise zu mehreren gleichwertigen Ergebnissen führen kann. Während der Wissenschaftler in dieser Situation schweigen und sich darauf beschränken muss, auf das Vorliegen mehrerer möglicher Ergebnisse hinzuweisen, hat der Rechtsanwender sich in einem zweiten Schritt für eines der möglichen Ergebnisse zu entscheiden und einen entsprechenden Willensakt zu setzen. Dieses "Wollen" ist das charakteristische an der Rechtsanwendung, durch das sich diese von der Rechtserkenntnis bzw Interpretation, die ausschließlich in einem "Wissen" besteht, unterscheidet. *GM*

Rechtsausübung (PR)
Geltendmachung eines subjektiven Rechts (siehe »Subjektives Recht). In manchen Fällen ist die Rechtsausübung eingeschränkt (Rechtsmissbrauch, Schikane). *MH/AG*

Rechtsüberleitung ÖR
Die nach dem Bruch der Rechtskontinuität von der neuen »Rechtsetzungsautorität vorgenommene Inkraftsetzung von Rechtsvorschriften (»Rechtsvorschrift) der früheren »Rechtsordnung in der neuen Rechtsordnung. Dadurch wird eine (zumindest teilweise) Kontinuität von Rechtsvorschriften nach einer »Verfassungszäsur erreicht. *SL*

Rechtsüberzeugung PR
Siehe »Opinio iuris. *MH/AG*

Rechtsbegriff ÖR
bezeichnet das positive Recht (»Positives Recht), also den Gegenstand der Rechtswissenschaft. Er schließt die Moral/ Sitte sowie das Naturrecht aus. *CMP*

Rechtsbegriff PR
ist ein Begriff, der gesetzlich definiert ist. Man unterscheidet zwischen primären und sekundären Rechtsbegriffen. Erstere umschreiben spezifisch juristische Gegebenheiten und Umstände. Die sekundären Rechtsbegriffe hingegen sind jene, die zwar auch im allgemeinen Sprachgebrauch enthalten sind, aber gesetzlich präzisiert sind (zB Kind, Eltern, Familie). *AP/EK*

Rechtsbesitz PR
Jemand hat eine »körperliche Sache inne und übt dauernd ein Recht aus, das diese »Innehabung der Sache rechtfertigt (zB der Mieter, Entleiher, Pächter, Pfandgläubiger). Rechtsbesitz ist nur an Rechten möglich, die eine dauernde Ausübung gestatten (wie Miete, Leihe, Pacht etc). Der Rechtsbesitzer wird dem Sachbesitzer (»Sachbesitz) gleichgehalten. *DH*

Rechtsbesitzer PR
Derjenige, der »Rechtsbesitz hat. *DH*

Rechtsbestand, geltender ÖR
bezeichnet die Gesamtheit des positiven Rechts eines Staates. *CMP*

Rechtsdogmatik ÖR
ist das zentrale Betätigungsfeld des Juristen und der Rechtswissenschaft. In ihrem Rahmen wird der Inhalt des geltenden Rechts (»Recht, »Rechtsbegriff) ermittelt, systematisiert und beschrieben. Dabei wird vorwiegend die Methode der »Interpretation eingesetzt. Beachte: In der Rechtsdogmatik geht es um Erkenntnis und Beschreibung des Rechts, nicht um seine Gestaltung und Veränderung (»Rechtspolitik) oder um seinen philosophischen Hintergrund (»Rechtsphilosophie). »Moral, »Sitte und »Naturrecht bleiben daher im Bereich der Rechtsdogmatik ausgeklammert. *CMP*

Rechtsdogmatik PR
ist jene Wissenschaft, die um die Erkenntnis des geltenden Rechts bemüht ist. Hauptaufgabe der Rechtsdogmatik ist, die leitenden Prinzipien, Wertvorstellungen und Grundsätze einer Rechtsnorm herauszuarbeiten (Überlegungen »de lege lata). Sie leitet aus den generell-abstrakten Rechtsnormen konkrete Rechtsregeln ab, um für den vorliegenden Sachverhalt eine Lösung zu finden. *AP/EK*

Rechtsdogmatisch ÖR
man spricht oft von "rechtsdogmatischer Betrachtung" und meint damit, dass hier beschreibend vorgegangen und nach objektiver Erkenntnis des Rechts gestrebt wird. Damit wird zum Ausdruck gebracht, dass bei diesem Erkenntnisprozess keine rein außerrechtlichen (naturrechtlichen) oder politischen Wertungen mit eingebracht wurden. *CMP*

Rechtsdurchsetzung ÖR
Herstellung des rechtmäßigen Zustands, die nötigenfalls auch durch »staatliche Zwangsgewalt erfolgen kann. Vgl zur zwangsweisen Durchsetzung von Bescheiden (»Bescheid) das »VVG. *SL*

Rechtsentstehungsquellen ÖR
Anderer Begriff für »Rechtsquelle. *SL*

Rechtserheblich ÖR
bedeutet, dass ein Umstand von der Rechtsordnung für relevant erklärt oder angesehen wird. *CMP*

Rechtserkenntnis ÖR
Vorgang des Erkennens des Rechts; hiebei wird (auf möglichst objektive Weise) Wissen über den Inhalt von Rechtsnormen erlangt; geschieht idR durch Anwendung anerkannter Interpretationsmethoden, siehe »Interpretation. *CMP*

Rechtserkenntnisakt ÖR
dient der Erfassung des Rechtsinhalts (in der Regel bezogen auf eine konkrete Bestimmung der Rechtsordnung) *CMP*

Rechtserkenntnisquelle ÖR
Quelle, aus der man erkennen kann, was Recht ist. Es ist zwischen offiziellen Rechtserkenntnisquellen (»Offizielle Rechtserkenntnisquelle) und nichtoffiziellen Rechtserkenntnisquellen (»Nichtoffizielle Rechtserkenntnisquelle) zu unterscheiden. *SL*

Rechtserzeugung ÖR
Vorgang der Schaffung neuen Rechts (oder auch der Abänderung bestehenden Rechts); siehe »Erzeugungsnorm. *CMP*

Rechtserzeugungsverfahren ÖR
Verfahren, in dem Recht erzeugt wird. So weicht etwa das Rechtserzeugungsverfahren von Bundesverfassungsgesetzen (»Bundesverfassungsge-

setz) von dem von einfachen Bundesgesetzen (»Bundesgesetz) durch das Erfordernis erhöhter Präsenz- und Konsensquoren (»Präsenzquorum; »Konsensquorum) sowie der ausdrücklichen Bezeichnung als »Bundesverfassungsrecht ab. *SL*

Rechtsetzungsautorität ÖR
Organ, das entsprechend der »Verfassung oder einer anderen »Rechtsvorschrift zur Setzung von Recht berufen ist. *SL*

Rechtsfähigkeit PR
ist die Fähigkeit, Träger von Rechten und Pflichten zu sein. Rechtsfähig ist jedes »Rechtssubjekt (= Rechtsperson), sei es eine natürliche, sei es eine »juristische Person. Die »natürliche Person ist von Geburt an bis zu ihrem Tod rechtsfähig. Auch vor Geburt besteht schon die beschränkte Rechtsfähigkeit des »nasciturus. *BB*

Rechtsfolge ÖR
An eine rechtliche Anordnung (= Verpflichtung) geknüpfte rechtliche Konsequenz, die in der Regel auch durch die Rechtsordnung zwangsweise durchsetzbar (meist im Rahmen eines behördlichen Verfahrens) und vollstreckbar (»Vollstreckung) ist. Beispiele: Bestrafung, Verweigerung eines angestrebten Rechtserfolges, Entzug von Befugnissen, Wiederherstellungs- und Wiedergutmachungsverpflichtungen. Beachte: Rechtliche Anordnung (Gebotsteil) und Rechtsfolge (Sanktionsteil) gemeinsam bilden eine Rechtsnorm, jede für sich wird als »Rechtsvorschrift bezeichnet. *CMP*

Rechtsfolge PR
Die in der »Rechtsnorm enthaltene Konsequenz eines Vorgangs (»Sachverhalt), der sich unter einen »Tatbestand subsumieren lässt (siehe »Subsumtion). Beispiel: Der Verlust des Witwengehalts gemäß § 1244 ABGB ist die Rechtsfolge der Erfüllung des Tatbestands „Wenn die Witwe sich verehelicht…“. *MH/AG*

Rechtsfolgenwille PR
Bezeichnet den Willen, Rechtsfolgen herbeizuführen. Die Parteien müssen mit ihren Willenserklärungen (»Willenserklärung) rechtliche Wirkungen auslösen wollen. Dafür genügt grundsätzlich die Erkennbarkeit des Willens des Erklärenden; es ist ausreichend, zu wissen, dass im Streitfall insbesondere mit rechtlichen Konsequenzen gerechnet werden muss (»gemäßigte Rechtsfolgentheorie). Der Rechtsfolgenwille wird auch als Geltungs-, Geschäfts- oder Bindungswille bezeichnet. *SR*

Rechtsformen ÖR
Sind die von der Verfassung vorgesehenen rechtlichen Kategorien für die Erlassung von Normen: Verordnung, Gesetz und Verfassung. Normative Akte, die nicht in eine dieser Kategorien (Rechtsformen) eingeordnet werden können, sind in der Regel verfassungswidrig oder haben gar keine normative Qualität. *CMP*

Rechtsfortwirkungsgedanke PR
Grundgedanke des Schadenersatz- und Bereicherungsrechts. Das beschädigte oder beeinträchtigte Recht des Geschädigten/Verkürzten wirkt im Schadenersatz- oder Bereicherungsanspruch fort. Unterscheide »Ausgleichsfunktion, »Präventionsfunktion *AW*

Rechtsfrage ÖR
Problem, das anhand einzelner Vorschriften des positiven Rechts durch deren Auslegung zu lösen ist. Eine Rechtsfrage stellt sich meist nach Verwirklichung eines bestimmten Lebenssachverhalts mit rechtlichen Implikationen (Auswirkungen). *CMP*

Rechtsfunktion ÖR
Gehört zu den Staatsaufgaben (»Staatsaufgabe). Ist die Ordnung des Gemeinschaftslebens durch die organisierte Erlassung und Durchsetzung von Rechtsvorschriften. *JF*

Rechtsgebiet PR
Eine Rechtsordnung besteht aus mehreren selbständigen Rechtsgebieten. Von einer Summe von Normen als Rechtsgebiet spricht man, wenn einerseits eine selbständige und wissenschaftliche Auseinandersetzung mit ihnen gerechtfertigt erscheint und sie andererseits einen gemeinsamen Grundtatbestand sowie gemeinsame Gestaltungsprinzipien aufweisen. *AP/EK*

Rechtsgeschäft PR
Besteht aus rechtlich durchsetzbaren Willenserklärungen (»Willenserklärung), die Rechtsfolgen herbeiführen sollen; setzt sich entweder aus einer einzigen Willenserklärung (zB letztwillige Verfügung) oder aus mehreren Willenserklärungen (zB Vertrag) zusammen. Rechtsgeschäfte enthalten einen Inhalts- und Geltungswillen (»Inhaltswille, »Geltungswille oder »Rechtsfolgenwille, »Bindungswille). *SR*

Rechtsgeschäftliche Pflichten PR
umfassen alle aus einem Rechtsgeschäft resultierenden Pflichten. »Hauptleistungspflicht, »Nebenpflicht, vorvertragliche Pflichten (»Culpa in contrahendo). Die Verletzung rechtsgeschäftlicher Pflichten kann zum Schadenersatz führen (»Vertragshaftung). *AW*

Rechtsgeschäftliche Stellvertretung PR
Siehe »Stellvertretung. *SR*

Rechtsgeschäftliche Willenserklärung (PR)
Siehe »Willenserklärung. *SR*

Rechtsgeschäftliches Handeln (PR)
bedeutet Abgabe einer (rechtsgeschäftlichen) »Willenserklärung. Dies erfordert »Geschäftsfähigkeit. Ist eine Person vollkommen »geschäftsunfähig, kann ihr Verhalten somit kein rechtsgeschäftliches Handeln sein, da der für ein solches Handeln nötige »Rechtsfolgenwille von ihr nicht gebildet werden kann. *BB*

Rechtsgeschichte (ÖR)
Disziplin, die sich mit der historischen Entwicklung des Rechts eines bestimmten Kulturkreises, aber auch mit dem Bedeutungsgehalt von konkreten außer Kraft getretenen Rechtsvorschriften auseinandersetzt (man spricht zB von „rechtshistorischen" Forschungen). Auch die faktischen Auswirkungen außer Kraft getretenen Rechts können im Rahmen der Rechtsgeschichte untersucht werden. *CMP*

Rechtsgesetz (RPH)
ist als Korrespondenzbegriff zum "Naturgesetz" zu sehen. Rechtsgesetz bedeutet demnach, dass es sich um von Menschen für Menschen gesetzte normative Verhaltensregeln handelt, die mit staatlich organisierter Zwangsgewalt durchgesetzt werden können – und eben nicht um "Naturgesetze" (im neuzeitlichen Sinn), die Gegenstand der empirischen Naturwissenschaften sind (wie der Physik oder Astronomie), beispielsweise das "Gesetz" der Schwerkraft. *CMS*

Rechtsgestaltungsbescheid (ÖR)
begründet, gestaltet bzw hebt Rechtsverhältnisse auf. Rechtsstellung des/der Bescheidadressaten/in wird verändert. Der Gestaltungsbescheid entfaltet demnach eine konstitutive Wirkung. Keine Vollstreckung möglich. ZB Verleihung der österreichischen Staatsbürgerschaft, Erteilung einer Baubewilligung. Unterscheide »Feststellungsbescheid, »Leistungsbescheid; vgl dazu »Rechtsgestaltungsurteil. *JF*

Rechtsgestaltungsurteil (ÖR)
In der Form eines Urteils (»Urteil) wird ein Rechtsverhältnis begründet, gestaltet oder aufgehoben. Vgl dazu »Rechtsgestaltungsbescheid, unterscheide »Feststellungsurteil, »Leistungsurteil. *JF*

Rechtsgrund (PR)
(causa, »Titel, Zweck) Kann in einem gültigen Schuldverhältnis oder im Gesetz selbst liegen. *AW*

Rechtsgrundsatzanalogie (ÖR)
Neben der »Gesetzesanalogie und der »Rechtsanalogie orientiert sich die Rechtsgrundsatzanalogie an den „natürlichen Rechtsgrundsätzen" des § 7 ABGB. Es sind damit nach der hM die allgemeinen Wertprinzipien, die unserer Rechtsordnung zugrunde liegen, heranzuziehen. *GH*

Rechtshandlung (PR)
Rechtshandlungen im weiteren Sinne umfassen die rechtsgeschäftlichen Handlungen und geschäftsähnliche Handlungen wie zB Vertragsverhandlungen. Manchmal wird der Begriff auch nur für die geschäftsähnlichen Handlungen verwendet. Vgl auch »Rechtsgeschäftliches Handeln, »Willenserklärung. Siehe auch »Auftrag. *MH/AG*

Rechtshistorisch (ÖR)
Siehe »Rechtsgeschichte. *CMP*

Rechtsidee (RPH)
ist der zentrale Begriff der Rechtsphilosophie RADBRUCHs. Es geht diesem dabei um den Unterschied von "Gesetz" und "Recht" aufgrund der historischen Erfahrungen des Nationalsozialismus. Es ist – frei nach der Einsicht KELSENs – möglich, dass alles Inhalt von "geltenden" Gesetzen werden kann. Muss man damit leben, dass so etwas wie "gesetzliches Unrecht" Geltung hat? Um den geltungsbegründenden Anspruch der Gerechtigkeit an das "Recht" zu fassen, verwendet RADBRUCH den Ausdruck "Rechtsidee". *CMS*

Rechtsinformationssystem des Bundes (ÖR)
Das Rechtsinformationssystem des Bundes (RIS) ist im Internet (http://www.ris2.bka.gv.at) zu finden. Darin sind sämtliche in Österreich geltenden Bundes- und Landesgesetze, teilweise auch Gesetze von Gemeinden sowie Erlässe der Ministerien enthalten. Abrufbar sind außerdem sämtliche (publizierten) Entscheidung des Verfassungs- und Verwaltungsgerichtshofs sowie ausgewählte Entscheidungen der ordentlichen Gerichte (OGH, OLG, LG, BG) und weitere Judikatur. *GH*

Rechtsinstitut (PR)
Summe der Rechtsnormen, die ein bestimmtes Lebensverhältnis regeln (zB: Ehe). *PS*

Rechtskraft (PR)
Von formeller Rechtskraft spricht man dann, wenn gegen eine gerichtliche Entscheidung kein Rechtsmittel mehr erhoben werden kann. An die formelle Rechtskraft knüpft die materielle Rechtskraft an. Diese bedeutet, dass die entschiedene Rechtstreitigkeit von einem Gericht nicht abweichend beurteilt werden darf. Ausnahmsweise kann die Rechtskraft durch eine Wiederauf-

nahmeklage durchbrochen werden. Diese kann unter anderem dann erhoben werden, wenn die Partei in Kenntnis von neuen Tatsachen gelangt oder Beweismittel auffindet oder zu benützen in den Stand gesetzt wird, deren Vorbringen und Benützung im früheren Verfahren eine ihr günstigere Entscheidung herbeigeführt hätte. *PS*

Rechtskraft, formelle ÖR
tritt ein, wenn kein (weiteres) ordentliches »Rechtsmittel (mehr) zulässig ist oder die Rechtsmittelfrist ungenützt verstrichen ist. Vgl dazu »Rechtskräftig. Zur materiellen Rechtskraft siehe »Rechtskraft im Privatrecht. *JF*

Rechtskräftig ÖR
Endgültigkeit einer rechtlichen Entscheidung. Hat große Bedeutung für die Rechtssicherheit. Im Zusammenhang mit Bescheiden (»Bescheid) bedeutet rechtskräftig sein: Verbindlichkeit, Unanfechtbarkeit für die Parteien, Unabänderlichkeit, Unwiederholbarkeit und Unwiderruflichkeit für die Behörde. Vgl dazu »Ne bis in idem. *JF*

Rechtskultur RPH
ist ein moderner Forschungsbegriff, der versucht, mit anderen Rechtskreisen insofern ins Gespräch zu kommen, als spezifische Dimensionen der Rechtlichkeit im Vergleich untersucht werden: Es geht dabei weder um konkrete dogmatische Rechtsvergleichung noch um einen allgemeinen kulturellen Austausch im Bereich der allgemeinen Kultur (Kunst), sondern um Fragen jener kulturellen Dimensionen des objektiven Geistes (HEGEL), denen sich die spezifischen Ausformungen europäischer Rechtskreise verdanken. *CMS*

Rechtsmangel PR
liegt vor, wenn der Übergeber dem Übernehmer nicht die versprochene oder die ihm geschuldete Rechtsposition verschafft hat, so etwa, wenn dem Käufer nicht die Position eines Eigentümers der übergebenen Sache eingeräumt wurde. Dabei kommt es nicht darauf an, dass der Berechtigte seine Ansprüche erhebt (kein Eviktionsprinzip), sondern darauf, dass die Berechtigung eines Dritten besteht und dieser seinen Anspruch erfolgreich durchsetzen könnte. Die »Gewährleistungsfrist läuft im Unterschied zum »Sachmangel erst ab Erkennbarkeit des Mangels. *AP/EK*

Rechtsmittel ÖR
bezeichnet einen Behelf, der die Bekämpfung bzw Überprüfung einer verwaltungsbehördlichen oder gerichtlichen Entscheidung ermöglicht. Weiter Begriff, der im Prinzip alle Rechtsinstitute (iSv rechtlichen Mechanismen) umfasst, mit denen Rechtsakte bekämpft (angefochten) werden können (zB Berufung, Einspruch, Vorstellung, Revision, Beschwerde etc). Von einem ordentlichen Rechtsmittel spricht man, wenn der Behelf im Rahmen des Instanzenzuges einer Verfahrensordnung erhoben wird (zB AVG, VStG, ZPO, StPO). Behelfe, die außerhalb des Instanzenzuges stehen, werden außerordentliche Rechtsmittel genannt (zB Wiederaufnahme, Wiedereinsetzung). Auch Beschwerden an den VfGH oder den VwGH können – angesichts deren Position als nachprüfende Kontrollorgane – als außerordentliche Rechtsmittel bezeichnet werden. *CMP*

Rechtsmittel PR
Mit einem Rechtsmittel kann eine Streitpartei die Überprüfung einer gerichtlichen Entscheidung verlangen. Gegen ein Urteil erster Instanz gibt es das Rechtsmittel der »Berufung, gegen eine Berufungsentscheidung kann eine »Revision erhoben werden. Rechtsmittel gegen Beschlüsse von Gerichten ist der »Rekurs. *PS*

Rechtsmittelbefugte/r ÖR
Eine zur Erhebung eines Rechtsmittels berechtigte Person (idR Verfahrensparteien). *CMP*

Rechtsmittelbelehrung ÖR
Belehrung des/der Adressaten/In eines Verwaltungsaktes über ihm/ihr zustehende Möglichkeiten, die Entscheidung anzufechten. Ist förmlicher Bestandteil des Bescheides, dh es ist ua anzugeben, bei welcher Behörde und innerhalb welcher Frist das »Rechtsmittel eingebracht werden muss. Ist der »Bescheid nicht mehr anfechtbar, weil er von der letztinstanzlichen Verwaltungsbehörde erlassen wurde, muss darauf hingewiesen werden, dass dagegen Beschwerde beim »VwGH oder »VfGH eingebracht werden kann. Vgl dazu »Spruch, »Begründung. *JF*

Rechtsmittelfrist PR
Frist, innerhalb derer ein Rechtsmittel erhoben werden muss. *PS*

Rechtsmittelinstanz ÖR
Mit diesem Begriff wird jene Behörde bezeichnet, die über ein »Rechtsmittel (idR Berufung) der Partei eines Verfahrens zu entscheiden hat. Die Rechtsmittelinstanz hat entweder in der Sache zu entscheiden oder (ausnahmsweise bei Verfahrensmängeln) den zu prüfenden »Bescheid der Unterinstanz aufzuheben und die Sache an diese zurückzuverweisen. Da der Instanzenzug meist zweigliedrig ist, entscheidet die Rechtsmittelbe-

hörde in der Regel in letzter (oberster) Instanz. *GM*

Rechtsmoral (PR)
Werthaltungen, bei denen es auf den allgemeinen Grundkonsens aller billig und gerecht Denkenden ankommt. Vgl auch »Sittenwidrigkeit, »Moral. *MH/AG*

Rechtsnachteil (ÖR)
Durch eine »Norm angeordnete »Rechtsfolge, die sich für den Betroffenen ungünstig auswirkt (zB der Verlust einer Berechtigung wie etwa des Führerscheins). *CMP*

Rechtsnorm (ÖR)
Im streng rechtstheoretischen Sinn setzt sich eine Rechtsnorm aus Gebots- und Sanktionsteil zusammen. Gebotsteil und Sanktionsteil für sich allein werden jeweils als »Rechtsvorschrift bezeichnet. *CMP*

Rechtsnorm (PR)
(Auch: Rechtssatz) Grundelement der »Rechtsordnung. Rechtsnormen bestehen in der Regel aus »Tatbestand und »Rechtsfolge und enthalten Sollensanordnungen (siehe »Sollensanordnung). Unterscheide die Rechtsnorm von der »Rechtsvorschrift: Eine Rechtsnorm wird in einer oder mehreren Rechtsvorschriften niedergeschrieben. *MH/AG*

Rechtsobjekt (PR)
Typische Rechtsobjekte sind Sachen. Das »ABGB geht von einem weiten Sachbegriff aus, wonach gem § 285 ABGB alles, was von der Person verschieden ist und zum Gebrauch der Menschen dient, im rechtlichen Sinn eine Sache genannt wird. Rechtssubjekte (»Rechtssubjekt) sind keine Rechtsobjekte und umgekehrt. *SR*

Rechtsordnung (PR)
Die Summe aller in Österreich geltenden Rechtsnormen, die das Zusammenleben der Menschen regeln und mit staatlich autorisiertem Zwang (siehe »staatliche Zwangsgewalt) durchgesetzt werden können. Es wird auch als »Recht im objektiven Sinn bezeichnet. Unterscheide davon: »Subjektives Recht. *MH/AG*

Rechtspersönlichkeit (PR)
Siehe »Rechtssubjektivität. *BB*

Rechtsperson (PR)
Siehe »Rechtssubjekt. *BB*

Rechtsphilosophie (ÖR)
Aus dem Blickwinkel des öffentlichen Rechts wird hier nicht das positive Recht beschrieben, sondern es werden seine naturrechtlichen, moralischen und sittlichen Grundlagen betrachtet. Es geht um die hinter dem positiven Recht stehende Gerechtigkeit. Die Rechtsphilosophie beschäftigt sich also vor allem mit jenem Bereich, der aus der Sicht des öffentlichen Rechts bei der Beschreibung des positiven Rechts ausgeklammert bleibt. *CMP*

Rechtsphilosophie (RPH)
ist jener Teilbereich der Philosophie, der sich mit dem Gegenstand "Recht" befasst. Die klassische Philosophie gliedert sich nach PLATON in Theoretische Philosophie (das Wahre), Praktische Philosophie (das Gute) und Ästhetik (das Schöne). Innerhalb der Praktischen Philosophie (= Ethik) kann man unterscheiden zwischen der Individualethik (= "Moral") und der Sozialethik (= "Gerechtigkeit"). Das Recht steht seit PLATON unter dem "idealistischen" Anspruch, der Gerechtigkeit zu dienen. *CMS*

Rechtspolitik (ÖR)
Siehe auch Rechtspolitik im Privatrecht; für das öffentliche Recht ist noch festzuhalten, dass die Rechtspolitik strikt von der »Rechtsdogmatik unterschieden werden muss. Rechtspolitische Aspekte oder Überlegungen müssen daher beim Betrieb der Rechtswissenschaft (bei der Erlangung von Rechtserkenntnis durch »Interpretation) ausgeklammert bleiben. Auf der anderen Seite dürfen im Rahmen des Betriebes der Rechtspolitik selbst sehr wohl Wertungen sowie Aspekte der Moral, der Sitte oder des Naturrechts mitberücksichtigt werden. *CMP*

Rechtspolitik (PR)
Im Hinblick auf eine zukünftige Rechtsgestaltung trifft sie Erwägungen »de lege ferenda, um politische und gesellschaftliche Vorstellungen zu verwirklichen. *AP/EK*

Rechtspolitische Lücke (ÖR)
Siehe »Echte Lücke und »Unechte Lücke. *CMP*

Rechtspositivismus (RPH)
ist die sich auf das Recht beziehende Dimension der philosophischen Richtung des "Positivismus". Auch der Rechtspositivismus versucht, seinen Gegenstand "Recht" ohne jegliche idealistisch-normative Spekulation zu beschreiben, sich dabei auf das gesetzte Recht beschränkend. Er nimmt damit ausdrücklich die Frage der Gerechtigkeit des Rechts methodisch von der juristischen Betrachtung desselben aus, da er die wissenschaftliche Erkennbarkeit von Gerechtigkeit bestreitet (Wertrelativismus). *CMS*

Rechtspositivismus (ÖR)
Siehe »Rechtspositivismus in der Rechtsphilosophie und siehe »Reine Rechtslehre. *CMP*

Rechtsprechung (PR)
(Auch: Judikatur) Entscheidungen der ordentlichen Gerichte und der Gerichtshöfe öffentlichen Rechts (siehe »Ordentliches Gericht, »Gerichts-

höfe öffentlichen Rechts). *MH/AG*

Rechtsprechung, ständige ÖR
Siehe »Richterrecht. *CMP*

Rechtsprechungsorgane ÖR
sind die ordentlichen Gerichte bzw RichterInnen selbst (»Richter/in). Vgl dazu »Rechtsprechung. *JF*

Rechtsquelle ÖR
Form, in der ein Willensakt eines staatlichen Organs nach außen in Erscheinung tritt. Alle Typen von Rechtsquellen kommen in einem verschiedenen Verfahren zustande. Zu den wichtigsten Rechtsquellen auf Bundesebene zählen das »Bundesverfassungsgesetz, das »Bundesgesetz und die »Verordnung von Bundesministern (»Bundesminister/in). *SL*

Rechtsquelle PR
Quelle, aus der Recht entsteht oder dessen Inhalt in Erfahrung gebracht werden kann. Unterscheide: »Entstehungsquelle – »Erkenntnisquelle; generelle – individuelle Rechtsquelle (siehe »Rechtsquelle, generelle, »Rechtsquelle, individuelle). *MH/AG*

Rechtsquelle RPH
Man unterscheidet näher Rechtserkenntnisquellen (BGBl, LGBl, ABl) und Rechtserzeugungsquellen. Die Beschreibung der Rechtserzeugungsquellen (Gewohnheit, Gesetz, Verordnung, Vertrag, Urteil, Bescheid; EG-Verordnung, EG-Richtlinie) ist auch von rechtsphilosophischem Interesse, geht es doch um die Geltungsbegründung von Rechtsnormen im Zusammenhang mit ihrer Entstehung. Es ist daher sehr bedeutsam, die klassischen Rechtserzeugungsquellen auf ihre normative Dichte und Relevanz hin zu reflektieren. *CMS*

Rechtsquelle, generelle PR
»Rechtsquelle, die sich an alle Rechtsunterworfenen (»Rechtsunterworfene) oder an einen gattungsmäßig beschriebenen Adressatenkreis (zB Unternehmer, Ärzte) richtet.
Beispiele: »Gesetz, »Verordnung. *MH/AG*

Rechtsquelle, individuelle PR
»Rechtsquelle, die sich für einen konkreten Fall an einzelne Personen richtet, die individuell als Adressaten genannt sind.
Beispiele: »Urteil, »Beschluss (eines Gerichts), »Bescheid, »Vertrag. *MH/AG*

Rechtsrichtigkeit ÖR
Der Grundsatz der Rechtsrichtigkeit steht in einem notwendigen Spannungsverhältnis zum Prinzip der »Rechtssicherheit. Die Rechtssicherheit fordert, dass ab einem gewissen Zeitpunkt (Durchlaufen des Instanzenzuges, Verstreichen der Rechtsmittelfrist) auch rechtswidrige Entscheidungen gültig und rechtskräftig sind. Darauf kann sich der/die Rechtsunterworfene dann verlassen. Damit wird zugunsten der Rechtssicherheit eine uU mangelhafte Rechtsrichtigkeit in Kauf genommen. *CMP*

Rechtssatz PR
Siehe »Rechtsnorm. *MH/AG*

Rechtssatzanalogie PR
Siehe »Gesetzesanalogie. *AP/EK*

Rechtssatztypen ÖR
Anderer Begriff für »Rechtsquelle. *SL*

Rechtsschöpfung ÖR
bezeichnet einen Vorgang, durch den neues Recht geschaffen wird; steht im Gegensatz zur »Interpretation, die bloß den Inhalt bestehender Rechtsnormen ergründet, ohne sie zu verändern. Zur Rechtsschöpfung zählen zB: Erlassung neuen Rechts (oder die Veränderung = »Novellierung bestehenden Rechts durch den Gesetzgeber, aber auch die Lückenfüllung im Weg der Analogie durch Rechtsanwender oder Rechtswissenschaftler, die deshalb aus rechtspositivistischer Sicht nur ausnahmsweise zulässig ist, s »Echte Lücke. *CMP*

Rechtsscheinwirkung des Besitzes PR
Rechtliche Vermutung, dass jemand rechtmäßig besitzt (»Rechtmäßiger Besitz), dh einen zum Besitz berechtigenden »Titel, wie einen Kaufvertrag, hat. Als Konsequenz dieser Vermutung muss der Gegner nachweisen, dass der Besitzer die Sache unbefugt innehat. Der gutgläubige Erwerb vom Vertrauensmann (»Gutgläubiger Eigentumserwerb) wird zB durch die Rechtsscheinwirkung des Besitzes gerechtfertigt. *DH*

Rechtsschutz ÖR
Unter „Rechtsschutz" versteht man die Überprüfung der Rechtmäßigkeit des Handelns staatlicher Organe. Gegenüber der »Hoheitsverwaltung ist Rechtsschutz durch die Bekämpfbarkeit von Bescheiden zunächst im administrativen Instanzenzug und letztlich vor den Gerichtshöfen des öffentlichen Rechts (VfGH, VwGH) gewährleistet. Der Rechtsschutz gegenüber Akten der Privatwirtschaftsverwaltung kann hingegen nur durch Klage vor den ordentlichen Gerichten erfolgen. *GM*

Rechtsschutzeinrichtung ÖR
Rechtsschutzeinrichtungen sind jene Organe, die durch ihre Zuständigkeit zur Entscheidung über Rechtsmittel »Rechtsschutz gewährleisten. Im Bereich des öffentlichen Rechts sind dies die Beru-

fungsbehörden, vor allem aber die Gerichtshöfe des öffentlichen Rechts (VfGH, VwGH). Das Bestehen von Rechtsschutzeinrichtungen bildet ein wesentliches Element des rechtsstaatlichen Grundprinzips der Bundesverfassung. *GM*

Rechtsschutzmöglichkeit ÖR
Darunter versteht man jene rechtlichen Möglichkeiten, die Betroffene ergreifen müssen, um Rechtsschutz in Anspruch zu nehmen. Im Hinblick auf hoheitliche Verwaltungsakte gehören dazu neben den ordentlichen Rechtsmitteln (insb »Berufung) vor allem die Beschwerden vor dem VfGH und VwGH als außerordentliche Rechtsmittel. *GM*

Rechtsschutzstaat ÖR
bedeutet, dass einem Betroffenen oder einer Betroffenen grundsätzlich gegen jede Form von staatlicher Tätigkeit eine Rechtsschutzmöglichkeit offensteht. *TC*

Rechtssicherheit ÖR
bezeichnet die Vorhersehbarkeit bzw Erkennbarkeit der Rechtslage, uzw sowohl auf einer generellen (Verfassung, Gesetz, Verordnungen) wie individuellen (Urteile, Bescheide) Ebene. Die Rechtssicherheit wird auf genereller Ebene va durch die Kundmachungsverpflichtung und durch das Legalitätsprinzip (Art 18 B-VG Gesetzesbindung der Vollziehung), auf individueller Ebene va durch das Bestehen von Fehlerkalkülen (»Fehlerkalkül) verwirklicht und gesichert. Fehlerkalküle (also Rechtsmittelverfahren) bewirken, dass sich der Rechtsunterworfene idR auf die Gültigkeit rechtswidriger gerichtlicher bzw verwaltungsbehördlicher Entscheidungen verlassen kann (»absolute Nichtigkeit als Ausnahme). Siehe auch »Rechtsrichtigkeit. Gleichbedeutend im Privatrecht. *CMP*

Rechtssoziologie ÖR
Wissenschaft, die sich mit den tatsächlichen Auswirkungen von Rechtsnormen, mit den Wirkungen des Rechts in der sozialen Wirklichkeit (zB mit seiner Akzeptanz durch die Rechtsunterworfenen) auseinandersetzt. Wie wird das Recht von der Bevölkerung aufgenommen bzw akzeptiert? Wie wirkt es sich auf das soziale Zusammenleben der Menschen aus, wie funktioniert die Vollziehung? *CMP*

Rechtssprache ÖR
Jene spezifische Sprache, wie sie in Rechtstexten verwendet wird. Ein Ausdruck mit besonderer juristischer Bedeutung wird als „Terminus technicus" bezeichnet; bezieht man sich auf einschlägige – mündliche oder schriftliche – Äußerungen von Juristen untereinander, so ist auch von der Juristensprache oder – umgangssprachlich – vom „Juristenjargon" die Rede. Der Begriff „Amtssprache" bezeichnet den Gebrauch der Rechtssprache durch Staatsorgane bzw Behörden. *CMP*

Rechtsstaat RPH
ist nach KANT die einzig denkbare Möglichkeit, eine machtvolle Republik so auszugestalten, dass sie imstande ist, den Rechtszwang genau im Sinne der "doppelten Negation" (als Verhinderung des Hindernisses von Freiheit) auszuüben. Diese "doppelte Negation" ist aber wiederum notwendig, um das Recht als "Instrument zur Ermöglichung menschlicher Freiheit" (LUF) zum Einsatz bringen zu können. Nur solcherart wird eine Rechtsordnung dem unbedingten Erfordernis der Ermöglichung von Moralität gerecht. *CMS*

Rechtsstaatliches Prinzip ÖR
Das rechtsstaatliche Prinzip ist eines der Grundprinzipien der Bundesverfassung, auch wenn es nicht namentlich im B-VG genannt ist. Kern des rechtsstaatlichen Prinzips ist die Bindung der Verwaltung an die Gesetze (Art 18 B-VG), siehe »Legalitätsprinzip. Daneben sind aber beispielsweise auch die Rechtsschutzeinrichtungen (VwGH, VfGH) und die Unabhängigkeit der Gerichte essentielle Bestandteile dieses Prinzips. *TC*

Rechtsstaatlichkeit ÖR
Siehe »Materielle Rechtsstaatlichkeit und »Formelle Rechtsstaatlichkeit. *TC*

Rechtssubjekt PR
(= Rechtsperson, Person im Rechtssinne) ist, wer rechtsfähig ist, das heißt, wem die Rechtsordnung die Fähigkeit zuerkennt, Träger von Rechten und Pflichten zu sein. Die österreichische »Rechtsordnung erklärt zunächst jede »natürliche Person, dh jeden Menschen, zur Rechtsperson. (Dass alle Menschen rechtsfähig sind, folgt schon daraus, dass zumindest die »Menschenrechte und grundlegenden »Persönlichkeitsrechte jedem Menschen zustehen.) Darüber hinaus verleiht sie auch anderen Gebilden, vor allem bestimmten »Personenvereinigungen und Vermögensgesamtheiten (»Vermögensgesamtheit), Rechtspersönlichkeit und schafft so juristische Personen. *BB*

Rechtssubjektivität PR
(= Rechtspersönlichkeit) nennt man die Eigenschaft, die ein »Rechtssubjekt zu einem solchen macht. Sie wird von der »Rechtsordnung dem Menschen, aber auch bestimmten

anderen Gebilden zuerkannt (sog »juristische Personen). Rechtssubjektivität schließt »Rechtsfähigkeit ein. *BB*

Rechtstexte ÖR
Wortlaut eines Rechtsaktes, den man enteder dem authentischen Kundmachungsorgan (offizielle Rechtserkenntnisquelle; zB »Landesgesetzblatt) oder einer Gesetzesausgabe (inoffizielle Rechtserkenntnisquelle; zB »Kodex) entnimmt. *CMP*

Rechtstheorie RPH
untersucht – im Unterschied zur Rechtsphilosophie – nicht Wesen und Wert des Rechts bzw der Rechtsordnung als solcher. Vielmehr interessiert sich Rechtstheorie für Fragen der Interpretation und Systematik von Rechtsvorschriften. Des weiteren unternimmt es die Rechtstheorie, rechtliche Phänomene systematisch-abstrakt darzustellen, zu untersuchen und zu ergründen. Gleichbedeutend im öffentlichen Recht. *CMS*

Rechtstheorie ÖR
Synonym: Allgemeine Rechtslehre. Sie versucht, allgemeine Regeln normativer Strukturen und die Regeln für den Betrieb einer (objektiven) Rechtswissenschaft darzustellen. Die Rechtstheorie betreibt mit den Worten Poppers »Forschungslogik. *CMP*

Rechtsträger ÖR
sind Rechtssubjekte, welche die Fähigkeit besitzen, Träger von Rechten und Pflichten zu sein. Darunter fallen natürliche Personen, aber auch juristische Personen (des öffentlichen oder des Privatrechts). *CMP*

Rechtsunterworfene ÖR
Unscharfer Begriff, der alle natürlichen und juristischen Personen (»Natürliche Person; »Juristische Person) umfasst, die einer »Rechtsvorschrift bzw der »Rechtsordnung in ihrer Gesamtheit unterstellt sind. Ganz generell werden darunter aber auch alle natürlichen und juristischen Personen als Träger von Rechten und Pflichten verstanden. Beachte: Dieser Begriff umfasst alle Normadressaten, also nicht bloß Staatsbürger (»Staatsbürger/in), sondern auch Fremde (»Fremde/r), die sich auf dem Hoheitsgebiet eines Staates aufhalten. *SL*

Rechtsunterworfener ÖR
Adressat von Rechtsnormen eines Staates; das ist meist ein Staatsbürger, in vielen Fällen (zB StVO) sind aber Fremde genauso als Rechtsunterworfene anzusehen (im Ergebnis dann also alle Menschen, die sich auf einem bestimmten Staatsgebiet aufhalten). *CMP*

Rechtsverwirklichung ÖR
Damit ist die Umsetzung rechtlicher Anordnungen in die Realität, also in einem technischen Sinn die Vollziehung bzw die Vollstreckung des Rechts gemeint. Man kann daher sagen, dass »formelles Recht der Rechtsverwirklichung dient. *CMP*

Rechtsvorschrift ÖR
Im strengen rechtstheoretischen Sinn (der für Prüfungen relevant ist) die Hälfte einer »Norm (entweder der Gebotsteil oder der Sanktionsteil, jeweils für sich allein). Hinweis: In der juristischen Alltagssprache werden die Begriffe der Vorschrift und der Norm synonym gebraucht. Oft spielt diese Unterscheidung in der Praxis für den jeweiligen Zusammenhang nämlich gar keine Rolle. Ein Begriff, der nicht zum Ausdruck bringt, ob eine Rechtsnorm oder Rechtsvorschrift gemeint ist, ist der der "Bestimmung" oder der "Anordnung". *CMP*

Rechtsvorschrift PR
Gesetzestext. Die Rechtsvorschriften bilden die Rechtsnormen (siehe »Rechtsnorm). *MH/AG*

Rechtswidrigkeit PR
Voraussetzung für die Schadenersatzpflicht im Bereich der »Verschuldenshaftung. Rechtswidrig ist ein Verhalten, das gegen objektive Verhaltensanordnungen (Ge- und Verbote) verstößt. Rechtswidrigkeit begründen somit ein Verstoß gegen Schutzgesetze, die guten Sitten, vertragliche Pflichten oder ein Eingriff in ein absolut geschütztes Rechtsgut. »Lehre vom Rechtswidrigkeitszusammenhang, »Adäquanztheorie, »Notwehr, »Notstand. *AW*

Rechtswissenschaft PR
(Auch: Jurisprudenz) Die Wissenschaft vom Recht. Sie befasst sich insbesondere mit der Systematisierung und Auslegung des geltenden Rechts. Sie beschäftigt sich auch mit historischen Rechtsquellen und sucht nach zukünftigen Lösungen für rechtliche Probleme, schafft aber kein neues Recht. Siehe »Erkenntnisquelle. *MH/AG*

Rechtszersplitterung PR
Rechtszersplitterung bedeutet: Innerhalb eines räumlichen Gebietes gilt nicht ein einheitliches Rechtssystem; oder: Ein Sachgebiet wird in mehreren Gesetzen und nicht in einer einheitlichen Rechtsquelle geregelt. *AW*

Redlich PR
Siehe »Redlicher Besitz, »Gutgläubigkeit. *DH*

Redlicher Besitz PR
liegt vor, wenn der Besitzer davon ausgehen darf, dass die Sache sein Eigentum ist bzw ihm die Ausübung des Rechts zusteht (zB ein Mieter). Im Zweifel wird Redlichkeit an-

genommen. Unredlich besitzt, wer weiß oder bei Sorgfalt hätte wissen müssen, dass die Sache einem anderen gehört bzw ihm die Ausübung des Rechts nicht zusteht. *DH*

Regelungsinhalt ÖR
Bedeutungsgehalt einer Rechtsvorschrift; materielle Betrachtung. *CMP*

Regierungsform ÖR
beschreibt die Ausgestaltung des politischen Systems eines Staates und in welcher Form die höchsten Regierungsämter ausgestaltet sind. Es ist zwischen Monarchien (»Monarchie) und Republiken (»Republik) zu unterscheiden. Vgl dazu »Staatsform. *JF*

Regierungsvorlage ÖR
Die Regierungsvorlage stellt eine der drei Formen von Gesetzgebungsanträgen (»Gesetzgebungsantrag) dar. Es handelt sich um einen Antrag auf Einleitung eines Bundesgesetzgebungsverfahrens durch die »Bundesregierung als Kollegialorgan. Zu betonen ist, dass Gesetzgeber nicht das Verwaltungsorgan „Bundesregierung“, sondern das Legislativorgan „Nationalrat“ (unter Mitwirkung des Bundesrats) ist. *GM*

Rei vindicatio PR
Siehe »Eigentumsklage. *DH*

Reichsgesetzblatt ÖR
»Offizielle Rechtserkenntnisquelle, in der in Österreich zwischen 1848 und 1918 die wichtigsten Rechtsvorschriften kundgemacht wurden. Das Reichsgesetzblatt ist somit gleichsam ein "Vorläufer" des heutigen »BGBl. *SL*

Reichshaftpflichtgesetz PR
Reichshaftpflichtgesetz 1871 – Gesetz betreffend die Verbindlichkeit zum Schadenersatz für die bei dem Betriebe von Eisenbahnen, Bergwerken usw herbeigeführten Tötungen und Körperverletzungen. Die Haftung des Inhabers einer Anlage zur Fortleitung oder Abgabe von Elektrizität oder Gas für dadurch verursachte Schäden setzt kein Verschulden voraus (»Gefährdungshaftung). *AW*

Rein ÖR
im Sprachgebrauch der Reinen Rechtslehre (»Reine Rechtslehre) „objektiv“, frei von subjektiven Wertungen. *CMP*

Reine Rechtslehre ÖR
Die Reine Rechtslehre wurde insbesondere von Hans »Kelsen und Adolf Julius »Merkl geprägt und setzt das Gedankengut des Rechtspositivismus um (siehe »Rechtspositivismus in der Rechtsphilosophie). Beachte folgende Kennzeichen:
- Sie ist eine allgemeine Theorie des positiven Rechts und auf alle Rechtsordnungen anwendbar.
- Ihr Gegenstand ist nur das positive Recht. Damit wird eine sehr exakte Gegenstandswahl getroffen. Naturrecht oder Sitte bzw Moral (unexakte Bereiche) werden bei der Gewinnung wissenschaftlicher Erkenntnis ausgeschlossen. Hier setzt der Gedanken der "Reinheit" an. Siehe »Rein.
- Damit zusammen hängt das – besonders betonte – Streben nach objektiver, nachvollziehbarer Erkenntnis.
- Die strikte Trennung von Recht und Moral führte oft zu Kritik an der Reinen Rechtslehre. Oft wurde verkannt, dass Existenz und Sinn der Moral bzw des Naturrechts vom Rechtspositivisten nicht generell geleugnet werden. Nur bei der Erlangung wissenschaftlicher Erkenntnisse – also bei der Rechtsauslegung – sind diese Bereiche auszuklammern. Im Rahmen anderer wissenschaftlicher Disziplinen (zB Rechtspolitik oder Rechtsphilosophie) bzw als Privatperson darf auch der Rechtspositivist wertend aktiv sein.
- Die Existenz absoluter Werte wird bestritten. Als Rechtspositivist geht man daher vom »Wertrelativismus aus und lehnt den »Wertabsolutismus ab. Das ist mit ein Grund, warum subjektive Wertungen bei der Erlangung wissenschaftlicher Erkenntnis ausgeschlossen werden.
- Beschreibbar ist jede Rechtsordnung, auch eine "ungerechte"; aus der Sicht der Rechtspositivisten wird damit kein Regime, kein Rechtsinhalt, keine Verfassung moralisch gerechtfertigt. Es geht nur um die Beschreibung des Inhalts positiven Rechts.
- Hervorgehoben wird auch das Problem der Geltungsbegründung des Normativen. Betont wird, dass ein Sollen sich nur aus einem anderen Sollen, nicht aber aus einem Sein ableiten lässt.
- Der Gedanke, auch die Geltung der Verfassung zu begründen, führte zur Annahme der »Grundnorm.
- Betont wird auch der Grundsatz der Trennung von Sein und Sollen ("Trennungsthese"). Aus einem Sein kann kein Sollen und aus einem Sollen kein Sein abgeleitet werden. *CMP*

Rekurs PR
Rechtsmittel gegen Beschlüsse von Gerichten. *PS*

Relativ zwingende Rechtsnormen PR
Siehe »Relativ zwingendes Recht. *AP/EK*

Relativ zwingendes Recht PR
(einseitig zwingendes Recht) ist einseitig abänderbar. In jenen Bereichen, wo typischerweise ungleich starke Parteien miteinander kontrahieren,

können zugunsten des Geschützten günstigere Vereinbarungen getroffen werden. Anwendungsbereiche sind insb das »Arbeitsrecht, das »Konsumentenschutzrecht sowie das »Mietrecht nach dem MRG. *AP/EK*

Relative Nichtigkeit ÖR
„Nichtig" sind fehlerhafte, dh rechtswidrige Rechtsakte. Unter „relativer Nichtigkeit" versteht man, dass der fehlerhafte Rechtsakt gewisse Mindestvoraussetzungen erfüllen muss und aufgrund eines Fehlerkalküls (»Fehlerkalkül) trotz des Fehlers rechtlich existent wird. Er kann aber vom zuständigen Organ (je nach Rechtsakt zB Berufungsbehörde, Aufsichtsbehörde, VwGH, VfGH) aufgehoben werden. *GM*

Relative Nichtigkeit PR
eines Rechtsgeschäfts ist Ungültigkeit, die nicht per se die Wirkungen des Rechtsgeschäfts verhindert, sondern erst nach Geltendmachung durch die dazu befugte Person, meist den Vertragspartner, der durch den Nichtigkeitsgrund in seinen Interessen verletzt ist. Beispiele: Das wucherische Geschäft verliert nur dann seine Wirksamkeit, wenn der Bewucherte den »Wucher geltend macht. Die Rechtsfolgen der relativen Nichtigkeit entsprechen weitgehend denen bei Anfechtbarkeit (s »Anfechtung). Vgl »Nichtigkeit. *BB*

Relative Werte ÖR
Siehe »Wertrelativismus; siehe »Wertabsolutismus. *CMP*

Relatives Recht PR
Recht, das im Gegensatz zum absoluten Recht (siehe »Absolutes Recht) nicht gegenüber jedermann, sondern nur gegenüber bestimmten Personen besteht. Siehe auch »Anspruch. *MH/AG*

Religion ÖR
Normensystem außerhalb des positiven Rechts (»Positives Recht), gehört zum »Naturrecht und enthält moralische Gebote und Wertungen, die für die Rechtswissenschaft unbeachtlich sind, siehe auch »Moral. *CMP*

Religionsfreiheit ÖR
Siehe »Glaubens- und Gewissensfreiheit. *SL*

Rente PR
Die regelmäßig wiederkehrende Leistung eines bestimmten Geldbetrages.

Beispiel: Alina bekommt von Bernd dessen Haus aus einem »Leibrentenvertrag und leistet ihm dafür auf Lebenszeit eine Rente von € 1000,- im Monat. *MH/AG*

Repräsentant PR
Derjenige, der aufgrund des Repräsentationsrechtes erbt. Siehe »Repräsentationsrecht. *MH/AG*

Repräsentationsrecht PR
Das Recht der Nachkommen eines Erben, in dessen Erbrecht einzutreten.
Beispiel: Der »Erblasser hat zwei Kinder, von denen eines vorverstorben ist. Es erben daher das überlebende Kind einerseits und die Nachkommen des vorverstorbenen Kindes andererseits. Das vorverstorbene Kind wird also durch seine Nachkommen repräsentiert. *MH/AG*

Repräsentationstheorie PR
Steht im Zusammenhang mit der »Stellvertretung und besagt, dass der »Stellvertreter nicht nur den „verlängerten Arm" des Vertretenen darstellt, sondern dass ihm im Rahmen der Aufgaben, die der Vertretene ihm übertragen hat, die Macht zukommt, eigenständige Entscheidungen zu treffen. *SR*

Repräsentative Demokratie ÖR
Siehe »Mittelbare Demokratie. *JF*

Reproduktives Klonen RPH
bedeutet, dass (wie bei jedem Klonen) genetisch idente Kopien von Lebewesen bzw lebendigen Stoffen hergestellt werden. Speziell "reproduktives" Klonen führt zur Herstellung von genetisch identen Kopien von Individuen, die durch Implantationen die "Chance des Weiterlebens" (Luf) erhalten. Diese Form des Klonens ist international geächtet! Haupteinwand im Bereich der Humangenetik geht auf den Schutz der Menschenwürde (vgl Kants Kategorischen Imperativ iS der Selbstzweckformel). *CMS*

Republik ÖR
»Staatsform, die im Gegensatz zur »Monarchie steht. Das Staatsoberhaupt wird grundsätzlich ernannt oder gewählt und ist dem Volk gegenüber politisch und rechtlich verantwortlich. Art 1 B-VG: "Österreich ist eine demokratische Republik". Vgl dazu »Präsidentschaftsrepublik, »Parlamentarische Republik und »Parlamentarische Präsidentschaftsrepublik. *JF*

Republik RPH
wird von ARISTOTELES als jene Staatsform angesehen, bei der alle Bürger an der Staatswillensbildung (Herrschaft) beteiligt sind (wie bei der Demokratie auch), aber im Falle der Republik üben sie diese Herrschaftsbefugnis zugunsten des Gemeinwesens, der Gemeinschaft aus – und nicht einzig und allein im Lichte ihres persönlichen (ökonomischen) Vorteils. In der Republik fragt man sich (vor allem), was man für die Gemeinschaft tun kann, und nicht (nur), wie

man von der Gemeinschaft profitieren kann. *CMS*

Republikanisches Prinzip ÖR
Das republikanische Prinzip ist ein im B-VG verankertes Grundprinzip (Art 1 B-VG: Österreich ist eine demokratische Republik). Im Wesentlichen bedeutet dieses Prinzip, dass an der Spitze des Staates kein Monarch und keine Monarchin (»Monarchie) steht, sondern ein durch das Volk indirekt oder direkt legitimiertes Staatsoberhaupt. *TC*

Res PR
Lat res – Sache. »Institutionensystem *AW*

Resolutivbedingung ÖR
Siehe »Auflösende Bedingung. *SL*

Restriktive Auslegung PR
Siehe »Einschränkende Auslegung. *AP/EK*

Restriktive Interpretation PR
Siehe »Einschränkende Auslegung. *AP/EK*

Reugeld PR
Dem Vertragspartner wird ein Rücktrittsrecht eingeräumt, jedoch mit der Vereinbarung, dass dieser bei Ausübung des Rücktrittsrechts einen gewissen Betrag zu leisten hat (»Ersetzungsbefugnis). Dieser Betrag heißt Reugeld. Unterscheide davon: »Angeld, »Konventionalstrafe. *MH/AG*

Revision PR
Rechtsmittel gegen eine Berufungsentscheidung. *PS*

Rezipieren ÖR
Aufnehmen, übernehmen. Vgl »Rechtsüberleitung. *SL*

RGBl ÖR
»Reichsgesetzblatt *SL*

RHG PR
»Reichshaftpflichtgesetz *AW*

Richter/in ÖR
Richter sind Organe der »Rechtsprechung und in der Ausübung ihres Amtes unabhängig. Weitere verfassungsgesetzlich gewährleistete Garantien sind ihre Unabsetzbarkeit und ihre Unversetzbarkeit. Die Ernennung zum Richter wird nach Absolvierung der Ausbildung und Ablegung der Richteramtsprüfung auf nicht bindenden Vorschlag des Personalsenats durch den Bundespräsidenten vorgenommen. Unterscheide Laienrichter (Schöffen und Geschworene), die dem – rechtlich nicht vorgebildeten Volk – entnommen werden und neben den (Berufs-)Richtern an der Rechtsprechung mitwirken. *JF*

Richterrecht ÖR
Begriff aus dem angloamerikanischen »Case-Law-System (siehe »Rechtsphilosophie), das Präjudizien als generelle Rechtsquellen anerkennt. In Österreich sind nur die Verfassung, das Gesetz und die Verordnung als Quellen generellen Rechts anerkannt. Gerichtsentscheidungen sind hingegen bloß Quellen individuellen Rechts, dh sie entfalten keine generellen Wirkungen, sondern sprechen nur für den konkreten Fall (und ganz bestimmte Adressaten) verbindlich aus, was rechtens ist. Achtung: Bildet sich eine "ständige Rechtsprechung" heraus, so ist sie zwar dennoch keine generelle Rechtsquelle (sondern nur die dort angewendeten generellen Rechtsvorschriften), aber trotzdem rechtlich nicht völlig unbeachtlich: Erstens dient die ständige Rsp als Orientierungshilfe für den Rechtsanwender (Anwalt etc), zweitens könnte ein grundloses, plötzliches Abweichen von einer ständigen Rsp »Willkür bedeuten. Beachte: Eine solche Willkür kann im Bereich der Gerichtsbarkeit nicht vom VfGH aufgegriffen werden, sondern nur im Rahmen des gerichtlichen Instanzenzuges geltend gemacht werden. *CMP*

Richtigkeitsgewähr PR
stellt eine wesentliche Funktion des dispositiven Rechts (»Dispositives Recht) dar. In ihr kommt zum Ausdruck, wie der Gesetzgeber die Interessen der Beteiligten berücksichtigt wissen will. Sofern die vertraglichen Vereinbarungen gröblich davon abweichen, kann uU »Sittenwidrigkeit vorliegen. *AP/EK*

Richtlinie ÖR
Die Richtlinie ist einer der wichtigsten Rechtsakte des europäischen Sekundärrechts. Sie ist an die Mitgliedstaaten adressiert und gilt grundsätzlich nicht unmittelbar in den Mitgliedstaaten. Richtlinien müssen von den Mitgliedstaaten durch die Erlassung bzw Änderung österreichischer Gesetze umgesetzt – dh in österreichisches Recht eingearbeitet – werden. Wird die Richtlinie nicht fristgerecht bzw nicht richtig in nationales Recht umgesetzt, begeht der Mitgliedstaat eine Vertragsverletzung und kann schadenersatzpflichtig werden. Außerdem kann in diesem Fall die Richtlinie – ähnlich wie die Verordnung – unmittelbar anwendbar sein. *LB*

RIS ÖR
Rechtsinformationssystem des Bundes. Datenbank des Bundes, die die Suche von Gesetzen und Rechtsmaterialen ermöglicht. www.ris.bka.gv.at *JF*

Römer Übereinkommen PR
Andere Bezeichnung für das EVÜ (»Europäisches Vertragsstatutübereinkommen). Dieses wurde am 19. Juni 1980 zur Unterzeichnung in Rom aufgelegt. *AW*

Rsp ÖR
Siehe »Rechtsprechung. *CMP*

Rückgriffsanspruch PR
(Regressanspruch) Wer von mehreren »solidarisch haftenden Schuldnern die gesamte oder seinen Anteil übersteigende Schuld erbracht hat, kann gegenüber jedem anderen Mitschuldner Rückgriffsansprüche geltend machen. Der Umfang des Rückgriffsanspruches richtet sich nach dem Innenverhältnis. Lassen sich die jeweiligen Anteile nicht bestimmen, schulden alle zu gleichen Teilen (»Haftung nach Köpfen). *AW*

Rücksichtspflicht PR
Vertragliche »Nebenpflicht, grundsätzlich auf den Vertragspartner und dessen Interessen Rücksicht zu nehmen. Wie bei der »Sorgfaltspflicht und der »Interessenswahrungspflicht geht es darum, die Rechtsgüter des Vertragspartners zu schonen. *MH/AG*

Rücktritt PR
Siehe »Rücktrittserklärung, »Rücktrittsrecht. *AP/EK*

Rücktrittserklärung PR
ist jene Erklärung, mit der das Gestaltungsrecht ausgeübt wird, ein Schuldverhältnis aufzulösen. Vgl »Rücktrittsrecht. *AP/EK*

Rücktrittsrecht PR
kann vertraglich vereinbart werden oder gesetzlich vorgesehen sein und kommt insb bei »Wandlung im Rahmen der Gewährleistung, in Fällen der nachträglichen Unmöglichkeit (»nachträgliche Unmöglichkeit der Leistung) oder beim »Schuldnerverzug in Betracht. Grundsätzlich wird durch einen Rücktritt ein Schuldverhältnis schuldrechtlich »ex tunc und sachenrechtlich »ex nunc aufgelöst. Bereits erfolgte Übereignungsakte bleiben sachenrechtlich weiter wirksam, zur Rückübertragung dienen Ansprüche bereicherungsrechtlicher Natur. *AP/EK*

Rückwirkendes Gesetz PR
Es kommt zur Anwendung eines Gesetzes auf solche Sachverhalte, die sich vor seinem Inkrafttreten zugetragen haben. Da das rückwirkende Inkraftsetzen von Gesetzen das Vertrauen der Normunterworfenen erheblich beeinträchtigt, soll dies aber nur in eingeschränktem Ausmaß möglich sein. Diesem Problem widmet sich ua die »Lehre von den wohlerworbenen Rechten. Zur Zulässigkeit von rückwirkenden Gesetzen siehe »Rückwirkungsproblematik. Dies gilt auch für das öffentliche Recht. *AP/EK*

Rückwirkung PR
einer gesetzlichen Regelung liegt vor, wenn diese auf Sachverhalte angewendet wird, die sich vor ihrem Inkrafttreten ereignet haben. Zu einer Rückwirkung kommt es auch bei der sog authentischen Interpretation (»Authentische Auslegung). Vgl auch »Rückwirkendes Gesetz. *AP/EK*

Rückwirkungsproblematik ÖR
Wenn eine Vorschrift zu einem Zeitpunkt in Kraft tritt, der vor ihrer Kundmachung liegt, spricht man von »Rückwirkung. Diese Vorschrift wirkt damit auf Sachverhalte zurück, die sich vor ihrer Kundmachung ereignet haben. Die betroffenen Rechtsunterworfenen konnten sich demnach nicht auf die rückwirkende Vorschrift einstellen, da sie – mangels hellseherischer Fähigkeiten – vor ihrer Kundmachung keine Kenntnis von ihr haben konnten. Das Problem rückwirkender Vorschriften liegt also darin, dass an ein Verhalten nachträglich Rechtsfolgen geknüpft werden, die es zum Zeitpunkt der Setzung dieses Verhaltens noch nicht gab. Dies kann zB im Steuerrecht, Pensionsrecht oder im Strafrecht besonders negative Konsequenzen haben. Rückwirkende Strafnormen sind deshalb verfassungsrechtlich absolut unzulässig (Art 7 EMRK). In allen übrigen Rechtsbereichen gilt das Prinzip des Vertrauensschutzes: Prinzipiell wird das Vertrauen der Rechtsunterworfenen auf eine geltende Rechtslage durch den Gleichheitssatz (Grundrecht) geschützt; rückwirkende Regelungen sind daher nur ausnahmsweise und dann zulässig, wenn sachliche Gründe sie erfordern und negative Auswirkungen ausreichend abgefedert werden (zB durch Übergangsbestimmungen – schrittweise, nicht plötzliche Einführung). *CMP*

Rückwirkungsproblematik PR
beschäftigt sich mit der Frage, ob neue Gesetze alte Gesetze auch für die Vergangenheit aufheben. Nach § 5 ABGB ist dies unzulässig. Demnach wirken Gesetze nicht zurück und haben daher keinen Einfluss auf vorhergehende Sachverhalte. Da § 5 leg cit eine einfachgesetzliche Regelung darstellt, kann der Gesetzgeber eine »Rückwirkung normieren, wenngleich dadurch das Vertrauen der Normadressaten in die Rechtsordnung schwer belastet wird. Im Bereich des Strafrechts sind rückwirkende Normen gemäß Art 7 EMRK unzulässig. *AP/EK*

Ruhende Verlassenschaft PR
(Auch: ruhender Nachlass, hereditas iacens) Der »Nachlass zwischen Tod des Erblassers und »Einantwortung. Die ruhende Verlassenschaft ist eine eigene »juristische Person und

hat daher keinen „Eigentümer“ oder Ähnliches. *MH/AG*

Ruhender Nachlass (PR)
Siehe »Ruhende Verlassenschaft. *MH/AG*

RV (ÖR)
»Regierungsvorlage. *CMP*

Sachbesitz (PR)
»Innehabung einer körperlichen Sache (»Körperliche Sache) mit dem Willen, sie für sich zu behalten. Auch der Dieb ist Sachbesitzer, weil eine tatsächliche Berechtigung nicht vorausgesetzt wird. *DH*

Sache (PR)
Dem ABGB liegt ein weiter Sachbegriff (körperliche und unkörperliche Sachen) zugrunde. Die Regeln des Sachenrechts sind aber nur auf körperliche Sachen anwendbar, wozu auch Energie (Strom, Gas) gezählt wird. Tiere sind keine Sachen, auf sie kommen aber die Regeln des Sachenrechts zur Anwendung. *DH*

Sachenrecht (PR)
Recht der Güterzuordnung. Es befasst sich mit der unmittelbaren Herrschaft über Sachen und regelt die dinglichen Rechte, also jene absoluten Rechte, die unmittelbare Sachherrschaft gewähren.Pieler, Privatrecht (2007/2008), 76. *DH*

Sachenrechtlicher Typenzwang (PR)
(Numerus clausus) Grundsatz des Sachenrechts. Es gibt lediglich eine geschlossene Anzahl von Sachenrechten. Die Parteien können sich nur jener dinglichen Rechten (»Dingliche Rechte) bedienen, die ihnen die Rechtsordnung zur Verfügung stellt, und diese nicht nach eigenen Vorstellungen gestalten. Zu diesen dinglichen Rechten gehören »Eigentum, »Pfandrecht, »Dienstbarkeiten, »Reallasten und Baurecht, nach üA aber nicht »Besitz und das subjektive Erbrecht. *DH*

Sachgesamtheit (PR)
Siehe »Gesamtsache. *DH*

Sachlich gerechtfertigte Differenzierung (ÖR)
Begriff aus der gleichheitsrechtlichen Terminologie (»Gleichheitsatz). Ausgangslage: Bestehen von unterschiedlichen gesetzlichen Regelungen für zwei Bevölkerungsgruppen; diese unterschiedliche Behandlung ist jedoch durch entsprechende Unterschiede im Tatsächlichen begründet. ZB: Alte AutofahrerInnen müssen einen Reaktionstest ablegen, junge aber nicht. Die sachliche Rechtfertigung liegt darin, dass bei alten Menschen die Reaktionsfähigkeit idR abnimmt. Mit diesem Prüfungsschema wird ergründet, ob differenzierende gesetzliche Regelungen dem Gleichheitssatz widersprechen. Hat eine Ungleichbehandlung keine Entsprechung in tatsächlichen (unterschiedlichen) Gegebenheiten, so ist sie gleichheitswidrig, weil keine sachliche Rechtfertigung dafür besteht. *CMP*

Sachliche Zuständigkeit (PR)
Zuständigkeit, die Rechtsstreitigkeiten unter die verschiedenen Gerichtstypen in erster Instanz (Bezirks- und Landesgerichte) verteilt. Die sachliche Zuständigkeit hängt vom Gegenstand des Rechtsstreits und vom Streitwert ab (Unterscheide: »Örtliche Zuständigkeit). *PS*

Sachliche Zuständigkeit (ÖR)
Regelungen über die sachliche Zuständigkeit weisen einer Behörde bestimmte Arten von Angelegenheiten zur Erledigung zu. Der UVS Wien zB ist ua zur Entscheidung über Berufungen in Verwaltungsstrafangelegenheiten zuständig. Siehe auch »Örtliche Zuständigkeit. *CMP*

Sachlicher Geltungsbereich (ÖR)
bezeichnet die Gesamtheit der Angelegenheiten, die eine Rechtsvorschrift oder eine Summe von Rechtsvorschriften (zB ein Gesetz) regelt. Bsp: AWG: Vermeidung, Beseitigung, Verwertung und Handhabung von Abfällen. StVO: Verhalten der Verkehrsteilnehmer. GewO: Voraussetzungen und Determinanten des Antritts und der Ausübung der verschiedenen Gewerbe. *CMP*

Sachlichkeitsgebot (ÖR)
verpflichtet den Gesetzgeber, nur "sachliche", also angemessene Regelungen zu erlassen. Ein vom »VfGH aus dem »Gleichheitssatz entwickelter Grundsatz, nach dem die gesetzliche Regelung eines Sachverhalts (»Sachverhalt) dann rechtlich zulässig ist, wenn das Verhältnis zwischen dem Sachverhalt und der »Rechtsfolge ausgewogen ist. Beachte: Der VfGH misst Regelungen auch dann am sog "allgemeinen" Sachlichkeitsgebot, wenn sie keine Ungleichbehandlungen bedingen. *SL*

Sachmangel (PR)
ist ein gegenstandsbezogener Mangel, der der gelieferten Sache körperlich anhaftet, weil diese nicht die ausdrücklich vereinbarten (»Dicta et promissa) oder verkehrsüblichen Eigenschaften aufweist, die nach der Natur und dem Zweck des Geschäftes gewöhnlich vorausgesetzt werden. Die »Gewährleistungsfrist beginnt ab Übergabe der Sache zu laufen; dies gilt auch bei verdeckten bzw geheimen Sachmängeln. *AP/EK*

Sachverhalt (ÖR)
Eine zusammengehörige Gesamtheit von tatsächlichen konkreten Ereignissen, die in

der Realität stattgefunden haben. Sie sind unter den Tatbestand einer – mutmaßlich anzuwendenden – Bestimmung zu »subsumieren. Decken sich Tatbestand der Bestimmung und der konkrete Sachverhalt, tritt die von der Bestimmung vorgesehene Rechtsfolge ein. *CMP*

Sachverhalt (PR)
Der tatsächliche, konkrete Vorgang, auf den eine »Rechtsnorm angewendet wird.
Beispiel: Anna, deren Gatte Bernd vor 3 Jahren gestorben ist, heiratet ihren Anwalt Justus. Unterscheide davon: »Tatbestand, siehe auch »Subsumtion. *MH/AG*

Sachverhaltselemente (ÖR)
Damit bezeichnet man Teile des relevanten Sachverhalts und meint in der Regel schon jene Aspekte, die rechtlich erheblich bzw entscheidungsrelevant sind. Juristisch irrelevante Teile des Sachverhalts wurden dann schon herausgefiltert. *CMP*

Sachverständige/r (ÖR)
Auskunftspersonen, die im Verwaltungsverfahrens bei der Ermittlung des entscheidungserheblichen Sachverhalts herangezogen werden (zB medizinische Sachverständige, Verkehrssachverständige, technische Sachverständige etc). Unterschieden werden Amtssachverständige und Privatsachverständige. Achtung: Sachverständige dürfen nicht Rechtsfragen beurteilen, sondern haben sich nur auf der faktischen Ebene (im Tatsachenbereich) zu äußern. Dieses Gebot wird freilich in der Praxis häufig nicht eingehalten. *CMP*

Sachverständiger (PR)
Personen mit besonderen Fachkenntnissen, die den Richter bei der Ermittlung des Sachverhalts unterstützen. *PS*

Sachwalter (PR)
Person, die als »gesetzlicher Vertreter für eine volljährige Person bestellt wird, wenn diese an einer psychischen Krankheit oder geistigen Behinderung leidet und ihre Angelegenheiten ohne Gefahr von Nachteilen nicht mehr selbst besorgen kann (§ 268 Abs 1 ABGB). Je nach dem Ausmaß der Behinderung kann ein Sachwalter zur Besorgung aller Angelegenheiten, eines bestimmten Kreises von Angelegenheiten oder zur Besorgung einzelner Angelegenheiten bestellt werden (§ 268 Abs 3 ABGB). Der Sachwalter wird vom »Gericht bestellt; der Umfang seiner Vertretungsmacht ergibt sich aus dem gerichtlichen Bestellungsbeschluss. Im Bereich des Wirkungskreises des Sachwalters kommt der behinderten Person keine eigene »Geschäftsfähigkeit zu. Als Sachwalter werden in erster Linie der betroffenen Person nahestehende Personen bestellt. Sind solche nicht verfügbar, so kann auch ein Sachwalterverein zum Sachwalter bestellt werden; dieser hat dem Gericht eine Person (Vereinssachwalter) namhaft zu machen, die mit der Besorgung der Angelegenheiten betraut wird (§ 279 ABGB). *SR*

Sachwalterrecht (PR)
Summe jener Normen, welche das Verhältnis des Sachwalters (»Sachwalter) zu der behinderten Person, die Bestellungsvoraussetzungen und die Rechte und Pflichten des Sachwalters gegenüber der behinderten Person sowie die Alternativen zur Sachwalterschaft, nämlich die Angehörigenvertretung und die Vorsorgevollmacht, regeln. Relevant sind in diesem Zusammenhang die §§ 268–284g ABGB, das HeimaufenthaltsG, das KSchG und das Vereinssachwalter-, Patientenanwalts- und Bewohnervertretergesetz (VSPBG). *SR*

Sachwalterschaft (PR)
Bezeichnet das Verhältnis zwischen »Sachwalter und der behinderten Person. Die Sachwalterschaft beginnt mit Rechtskraft des richterlichen Bestellungsbeschlusses. Das Gericht hat in regelmäßigen Abständen zu überprüfen, ob die Voraussetzungen für eine Sachwalterschaft (noch) gegeben sind; liegen die Voraussetzungen nicht mehr vor, so ist die Sachwalterschaft mit Beschluss aufzuheben. *SR*

Säkularisation RPH
ist die zu Beginn der Neuzeit eintretende Bewegung, Konzeptionen und Strukturen des christlichen Denkens aus ihrem konfessionellen und kultischen Kontext herauszulösen und in das politisch-weltliche Leben zu übertragen (SCHMITT). Der geschichtliche Hintergrund war die in der Folge der Renaissance und Reformation in der frühen Neuzeit im lateinischen Mittel- und Westeuropa eintretende blutig-gewaltsame Trennung von Kirche und (National-)Staat; nicht so im hellenistischen Osteuropa (Orthodoxie). *CMS*

Sanktion (ÖR)
Im rechtstheoretischen Sinn gleichbedeutend mit „Rechtsfolge“, die bei Vorliegen der gesetzlichen Voraussetzungen eintritt (also auch die Erteilung einer Bewilligung); sie kann sich gut oder schlecht für den Betroffenen auswirken. In einem engen Sinn versteht man darunter – wie in der Umgangssprache – eine Strafe. (»Sanktionsnormen). *CMP*

Sanktionsnormen ÖR
= Sekundärnormen (Raschauer); sind an die zuständigen Staatsorgane addressiert und enthalten Strafen bzw Rechtsfolgen, die bei Verstoß gegen Verhaltensnormen (»Verhaltensnorm = Primärnorm) zu verhängen sind. Achtung: Sanktionsnormen sind keine "Normen", sondern nur "Vorschriften" im theoretischen Sinn. Hinweis: Mayer spricht hier davon, dass bei der Verletzung einer Verhaltensnorm staatlich organisierter Zwang einsetzt. Die Begriffe Sekundärnorm und Primärnorm verwendet er nicht; er spricht vom "Gebotsteil" und "Sanktionsteil" einer Norm. *CMP*

Sanktionsteil ÖR
Jener Teil einer Norm, der die Rechtsfolge festlegt. Der andere Teil ist der Gebotsteil. Jeder Teil für sich betrachtet wird als Rechtsvorschrift bezeichnet. Siehe »Norm. *CMP*

Satzung PR
(Auch: Statuten) Vertrag, durch den eine »Gesellschaft (auch: »Gesellschaftsvertrag) oder ein »Verein (auch: Vereinsstatuten) gegründet wird. Die Rechte und Pflichten aus der Satzung gelten nicht nur zwischen den ursprünglichen Vertragsparteien, sondern auch für spätere »Gesellschafter bzw Vereinsmitglieder. *MH/AG*

Säumnis ÖR
Säumnis bedeutet, dass eine Behörde untätig bleibt, dh nicht rechtzeitig entscheidet. Nach Ablauf der Entscheidungsfrist von in der Regel sechs Monaten können Parteien das Rechtsmittel des Devolutionsantrages an die Oberbehörde erheben, womit die Entscheidungspflicht auf diese übergeht. Entscheidet auch das sachlich zuständige oberste Verwaltungsorgan nicht innerhalb von sechs Monaten, kann die Partei Säumnisbeschwerde an den VwGH erheben, der diesfalls ausnahmsweise in der Sache selbst zu entscheiden hat. *GM*

Säumnisbeschwerde ÖR
Die Säumnisbeschwerde bildet ein Rechtsmittel gegen die Untätigkeit (Säumnis) von Verwaltungsbehörden. Entscheidet die oberste Behörde des jeweiligen Vollzugsbereichs (die zuvor bei »Säumnis der Unterbehörde durch »Devolutionsantrag angerufen werden kann) nicht innerhalb von sechs Monaten, können Parteien des Verfahrens Säumnisbeschwerde beim VwGH erheben, der ausnahmsweise – anders als über Bescheidbeschwerden – nicht bloß kassatorisch, sondern in der Sache (reformatorisch) entscheidet. *GM*

Schaden PR
Nachteil, welcher jemandem an Vermögen, Rechten oder seiner Person zugefügt worden ist. Der Schadenersatzanspruch hängt vom Vorliegen eines zurechenbaren Schadens ab. Das Schadenersatzrecht kennt verschiedene Schadensbegriffe: »Realer Schaden, »Vermögensschaden (beide sind tatsächliche bzw in Geld messbare Nachteile an Rechtsgütern des Geschädigten) und »Ideeller Schaden. *AW*

Schadenersatz PR
Siehe »Schadenersatzrecht, »Schadenersatzanspruch. *AW*

Schadenersatzanspruch PR
Anspruch des Geschädigten gegen den Schädiger auf Ersatz des Schadens. Er verjährt nach drei Jahren ab Kenntnis von Schaden und Schädiger. Die absolute Verjährungsfrist von 30 Jahren beginnt mit Schadenseintritt zu laufen. »Verjährung, »Verjährungsfrist *AW*

Schadenersatzpflicht PR
Siehe »Schadenersatzrecht. *AW*

Schadenersatzrecht PR
(Haftpflichtrecht) Regelt, unter welchen Voraussetzungen der Geschädigte den erlittenen Schaden von einem anderen ersetzt bekommt (vergleiche »Casum sentit dominus). Man unterscheidet »Verschuldenshaftung, »Gefährdungshaftung und »Eingriffshaftung, wobei das System der Verschuldenshaftung das umfassendste ist. Das Schadenersatzrecht hat mehrere Funktionen: »Präventionsfunktion, »Ausgleichsfunktion, »Rechtsfortwirkungsgedanke. *AW*

Schadensdeckung PR
Siehe »Schadenstragung. *AW*

Schadenshaftung PR
Siehe »Schadenersatzpflicht. *MH/AG*

Schadenstragung PR
Ersatz der Nachteile, die jemandem an seiner Person oder in seinem Vermögen entstehen. Es gibt unterschiedliche Systeme, die eine Schadenstragung vorsehen, wie etwa das »Schadenersatzrecht, die »Sozialversicherung oder private Versicherungen. *AW*

Schäffer ÖR
Loseblattsammlung von vor allem öffentlich-rechtlichen österr Gesetzen, in der juristischen Umgangssprache einfach nach ihrem Herausgeber benannt. *CMP*

Schatzfund PR
Fall des originären Eigentumserwerbes (»Originärer Eigentumserwerb). Jemand findet eine kostbare Sache, deren Eigentümer wegen Verstreichens langer Zeit nicht mehr ermittelt werden kann. *DH*

Scheidung PR
Scheidung ist eine Form der »Auflösung der Ehe. Man unterscheidet einvernehmliche

Scheidung, Scheidung wegen Verschuldens, wenn dadurch die Ehe zerrüttet wurde (§§ 49 EheG), und Scheidung aus anderen Gründen (§§ 50 ff EheG: neben auf geistiger Störung beruhendem Verhalten, Geisteskrankheit, ansteckender oder ekelerregender Krankheit sind auch die „Auflösung der häuslichen Gemeinschaft" (§ 55 EheG) seit mindestens drei Jahren und tiefgreifende Zerrüttung der Ehe ein Scheidungsgrund.) »Einseitiges Scheidungsrecht, »Schwere Eheverfehlung, »Zerrüttung der Ehe *VTH*

Scheinbarer Normenwiderspruch (PR)
liegt vor, wenn sich herausstellt, dass widersprüchliche Normen entweder einen unterschiedlichen persönlichen, sachlichen oder zeitlichen Geltungsbereich haben. Diesfalls lässt sich der Normwiderspruch nach den Grundsätzen der Spezialität (»Lex specialis derogat legi generali) bzw der Priorität (»Lex posterior derogat legi priori) auflösen und ist insofern bloß ein scheinbarer. *AP/EK*

Scheinerbe (PR)
Der zu Unrecht eingeantwortete (vermeintliche) Erbe. Da er die Rechte und Gegenstände aus dem Nachlass nicht rechtmäßig erworben hat, kann er sie auch nicht übertragen. Das ABGB schützt aber den gutgläubigen (redlichen) Dritten in seinem Vertrauen darauf, dass der Scheinerbe wirklich Erbe ist. Der Dritte kann daher gutgläubig Rechte vom Scheinerben erwerben. Ihm kommt der Rechtsschein des Erbrechts zugute. Man spricht auch von der Legitimationswirkung der Einantwortung. *MH/AG*

Scheingeschäft (PR)
Geschäft, das von beiden Vertragsparteien nur zum Schein geschlossen wurde. Es soll äußerlich den Eindruck erwecken, es sei gültig; es ist aber nach dem wahren Willen der Parteien so, wie es nach außen hin abgeschlossen wurde, nicht gewollt. Nicht das Geschäft, das „nach außen hin" abgeschlossen wurde, gilt, sondern jenes „verdeckte Geschäft", das die Parteien eigentlich „nach innen" abgeschlossen haben und das ihrem wahren Willen entspricht. *SR*

Scheinvertreter (PR)
Person, die als Vertreter auftritt und in fremdem Namen handelt, ohne dazu befugt zu sein, bzw eine Person, die zwar vertretungsbefugt ist, aber die Grenzen ihrer »Vertretungsmacht überschreitet. Eine Scheinvertretung liegt dann vor, wenn es sich nicht um einen Fall der »Anscheinsvollmacht oder um ein „Fortwirken einer erloschenen Vertretungsmacht" handelt. Das »Rechtsgeschäft kommt nicht mit dem vermeintlichen Vertreter und dem Dritten zustande, da der Scheinvertreter nicht in eigenem, sondern in fremdem Namen handelt; zwischen dem vermeintlich Vertretenen und dem Dritten kommt grundsätzlich auch kein »Rechtsgeschäft zustande (außer der Vertretene gibt nachträglich seine Zustimmung dazu ab oder wendet sich den Vorteil aus dem Geschäft zu). *SR*

Schengener Abkommen (ÖR)
Ziel des Schengener Abkommens ist die Abschaffung der Personen- und Warenkontrollen an den Binnengrenzen der Mitgliedstaaten des Abkommens. Mitglieder des Abkommens sind alle Mitgliedstaaten der EU sowie Island und Norwegen außer Bulgarien, Großbritannien, Irland, Malta, Rumänien und Zypern. *LB*

Schenkung (PR)
Siehe »Schenkungsvertrag. *MH/AG*

Schenkungsversprechen (PR)
»Schenkungsvertrag ohne wirkliche Übergabe. Dieser ist nur gültig, wenn darüber ein »Notariatsakt errichtet wurde. Siehe »Schenkungsvertrag. *MH/AG*

Schenkungsvertrag (PR)
»Veräußerungsvertrag, wodurch sich jemand verpflichtet, einem anderen eine Sache unentgeltlich zu übertragen. Bedarf entweder der wirklichen Übergabe oder eines Notariatsaktes (siehe »Notariatsakt, »Notariatsaktsgesetz)! Die Formpflicht dient dem Warnzweck zum Schutz vor Übereilung (Leichtsinn).

Beachte: Die Schenkung ist aber kein »Realvertrag, sondern »Konsensualvertrag! *MH/AG*

Schiedsgericht (PR)
Vertragspartner können vereinbaren, dass statt der staatlichen Gerichte über einen bestimmten Rechtsstreit oder alle aus einem bestimmten Rechtsverhältnis resultierenden Rechtsstreitigkeiten ein von ihnen selbst bestelltes Schiedsgericht zu entscheiden hat. *PS*

Schiedsgerichtsbarkeit (PR)
Gerichtsbarkeit, die von Schiedsgerichten (»Schiedsgericht) ausgeübt wird. *PS*

Schiedssprüche (PR)
Entscheidung eines Schiedsgerichts (»Schiedsgericht). Rechtskräftige Schiedssprüche sind »Exekutionstitel. *PS*

Schiedsvertrag (PR)
Vereinbarung, dass ein bestimmter Rechtsstreit oder alle aus einem bestimmten Rechtsverhältnis resultierenden Rechtsstreitigkeiten durch ein

»Schiedsgericht entschieden werden sollen. *PS*

Schlüsselgewalt (PR)
bezeichnet eine besondere Form der Vertretung: „Der Ehegatte, der den gemeinsamen Haushalt führt und keine Einkünfte hat, vertritt den anderen bei den Rechtsgeschäften des täglichen Lebens, die er für den Haushalt schließt und die den Lebensverhältnissen der Ehegatten entsprechen" (§ 96 ABGB). Das Rechtsgeschäft wird mit dem nichthandelnden Ehepartner abgeschlossen; eine Offenlegung der Vertretung ist nicht erforderlich. Will der nichthandelnde Ehepartner nicht vertreten sein, muss er dies dem Dritten zu erkennen geben; ist dem Dritten die Vertretung nicht erkennbar, haften beide Ehepartner solidarisch. *VTH*

Schlüssige Willenserklärung (PR)
Siehe »Konkludente Willenserklärung. *SR*

Schlechterfüllung (PR)
liegt vor, wenn der Schuldner seine Leistung nicht vereinbarungsgemäß erbringt, aber der Gläubiger die Leistung bereits angenommen hat. Diesem stehen sodann Ansprüche aus »Gewährleistung zu. *AP/EK*

Schlichte Eheverbote (PR)
Siehe »Eheverbote. *VTH*

Schlusssatz (PR)
Schlussfolgerung und Ergebnis des »Syllogismus. Wird aus den beiden Prämissen (»Obersatz und »Untersatz) abgeleitet. *MH/AG*

Schmerzengeld (PR)
»Ideeller Schaden. Das ABGB sieht bei Schädigung durch Körperverletzung einen ideellen Schadenersatz für die erlittenen Schmerzen körperlicher und seelischer Art vor. Dem Geschädigten gebührt ein „angemessenes" Schmerzengeld, das insbesondere von Art, Schwere und Dauer der Schmerzen abhängt. Es ist nach einer Gesamtbetrachtung der Schmerzen unter Berücksichtigung der Schwere der Verletzung und etwaiger Langzeitfolgen zu bemessen und wird durch eine Einmalzahlung abgegolten. *AW*

Schmerztherapie (RPH)
(vgl Palliativmedizin) bedeutet, in der finalen Lebensphase schwerstkranker Patienten das Schwergewicht der Therapie auf die Linderung der Schmerzen zu legen, um ihnen solcherart das Leiden zu erleichtern. Zusammen mit liebevoller menschlicher Zuwendung kann solcherart das Entstehen eines "Tötungswunsches" hintangehalten werden. Die Schmerztherapie (Palliativmedizin) generell ist in Österreich zur Zeit noch relativ unterentwickelt im Vergleich zur reparativ-wiederherstellenden Medizin. *CMS*

Schöffen (ÖR)
Auch LaienrichterInnen; entscheiden gemeinsam mit Berufsrichtern (»Richter/in) über bestimmte Straftaten. Im Gegensatz zu den Geschworenen (»Geschworene) urteilen sie sowohl über Schuld als auch über das Strafausmaß gemeinsam mit den Berufsrichtern. *JF*

Schriftform (PR)
wird eingehalten, indem eine schriftlich abgefasste Erklärung eigenhändig unterschrieben wird (einfache Schriftform). „Schriftlichkeit" bedeutet also „Unterschriftlichkeit". Gem § 4 Abs 1 SignaturG erfüllt eine sichere, elektronische Signatur das Erfordernis der Unterschrift. Manche »Formvorschriften verlangen qualifizierte Schriftformen, zB gerichtliche oder notarielle (sog öffentliche Formen). *BB*

Schuld (PR)
Verbindlichkeit des Schuldners (siehe »Schuldner) aus einem vertraglichen oder gesetzlichen »Schuldverhältnis.

Beispiel: Jemand verpflichtet sich zur Zahlung des Kaufpreises für eine Sache; A schuldet seinem Sohn gesetzlichen »Unterhalt. *MH/AG*

Schuldänderung (schlichte) (PR)
ist die vertragliche Änderung von Nebenbestimmungen (also nicht der »Hauptleistungspflicht oder des Rechtsgrundes) eines Schuldverhältnisses. Im Gegensatz zur »Novation bleibt das »Schuldverhältnis als solches aufrecht.

Beispiel: Bei einem Kaufvertrag wird nur der Erfüllungsort nachträglich geändert. *MH/AG*

Schuldhaft (PR)
Siehe »Verschulden. *AW*

Schuldner (PR)
Verpflichteter aus einem »Schuldverhältnis, den eine »Verbindlichkeit gegenüber dem »Gläubiger trifft. *MH/AG*

Schuldnermehrheit (PR)
»Schuldverhältnis, an dem mehrere »Schuldner beteiligt sind. Die Ausgestaltung ist unterschiedlich (siehe: »Gesamtschuldverhältnis, »Geteiltes Schuldverhältnis, »Gespaltenes Schuldverhältnis). Unterscheide davon: »Gläubigermehrheit. *MH/AG*

Schuldnerverzug (PR)
(Leistungsverzug) Erbringt der Schuldner die geschuldete Leistung nicht zur gehörigen Zeit, nicht am gehörigen Ort und nicht auf die bedungene Art und Weise, ist die Erbringung der Leistung aber nicht endgültig unmöglich, so gerät der Schuldner in Verzug. Je nachdem, ob den Schuldner am Verzug ein Verschulden trifft oder nicht, unterscheidet

man zwischen objektivem Verzug und subjektivem Verzug. *AP/EK*

Schuldrecht (PR)
Die Summer aller Normen, die die Verpflichtung einer Person zu einer »Leistung an eine andere Person regeln. *MH/AG*

Schuldübernahme (PR)
Die Übernahme einer »Schuld vom alten »Schuldner durch einen neuen Schuldner. Es wird somit ein Schuldnerwechsel vorgenommen. Die Schuldübernahme bedarf der Zustimmung des Gläubigers. Unterscheide davon: »Vertragsübernahme, »Zession. *MH/AG*

Schuldverhältnis (PR)
„Die Summe aller sachlich zusammengehörigen, miteinander verbundenen und insofern eine Funktionseinheit bildenden wechselseitigen subjektiven Rechte (siehe »Subjektives Recht) und Pflichten zwischen »Gläubiger und »Schuldner." Ein Schuldverhältnis kann aus Gesetz oder Vertrag entstehen (siehe »Gesetzliches Schuldverhältnis, »Vertragliches Schuldverhältnis). Beachte auch die Unterscheidung »Zielschuldverhältnis – »Dauerschuldverhältnis. *MH/AG*

Schule von Salamanca (RPH)
ist eine im 14.–16. Jhdt. wirkmächtige Denkschule (Spätscholastik) in Spanien, va zu den Menschenrechten, die in Auseinandersetzung mit Mittel- und Südamerika gewonnen wurde. Obwohl die Völker dort "unschuldig" Heiden waren (Bibel war völlig unbekannt), hatten sie doch Hochkulturen hervorgebracht! Damit hat sich der philosophische Blick weg vom Christenmenschen und hin zum "bloßen" Menschen gewendet, was ein wesentlicher intellektueller Schritt zur Entwicklung universeller Menschenrechte war. *CMS*

Schutz des Eigentums (ÖR)
Verfassungsrechtlich gewährleistetes Recht, welches vermögenswerte Privatrechte natürlicher Personen wie juristischer Personen sowie die Privatautonomie schützt. *JF*

Schutzgesetz (PR)
Normen, die Schäden vorbeugen wollen. Sie beschreiben konkrete Ge- und Verbote, welche die Verhinderung einer abstrakten Gefährdung bezwecken. Bsp: die Regeln der StVO. Der Verschuldensvorwurf bezieht sich nicht auf die konkrete Schädigung, sondern wird auf die Verletzung der Norm vorverlegt, denn mit dieser ist erfahrungsgemäß eine Schädigung verbunden. Beachte die »Lehre vom Schutzzweck der Norm. *AW*

Schutznormtheorie (ÖR)
beschäftigt sich mit der Frage, ob eine rechtliche Bestimmung Interessen des Einzelnen schützt; ist dies der Fall, lassen sich daraus uU subjektive Rechte ableiten. Beispielsweise schützen Abstandsregelungen in einer BauO den Einzelnen (weswegen sie von den Nachbarn als subjektive Rechte durch Einwände im Bauverfahren geltend gemacht werden können), hingegen liegen Vorschriften über den Ortsbildschutz im Interesse der Allgemeinheit (und begründen daher keine einforderbaren subjektiven Rechte). Siehe auch »Partei. *CMP*

Schutzzweck der verletzten Norm (PR)
Siehe »Lehre vom Schutzzweck der Norm. *AW*

Schwebend unwirksam (PR)
Siehe »negotium claudicans. *BB*

Schwere Eheverfehlung (PR)
liegt gem § 49 EheG "insbesondere vor, wenn ein Ehegatte die Ehe gebrochen hat oder dem anderen körperliche Gewalt oder seelisches Leid zugefügt hat". Führt die schwere Eheverfehlung zu einer Zerrüttung der Ehe, berechtigt sie den verletzten Ehepartner zur Scheidung wegen Verschuldens. Wer allerdings "selbst eine Verfehlung begangen hat, kann die Scheidung nicht begehren, wenn nach der Art seiner Verfehlung, insbesondere wegen des Zusammenhangs der Verfehlung des anderen Ehegatten mit seinem eigenen Verschulden sein Scheidungsbegehren bei richtiger Würdigung des Wesens der Ehe sittlich nicht gerechtfertigt ist" (§ 49 EheG); ebenso, wenn der verletzte Ehepartner durch sein Verhalten die Verfehlung verziehen oder als nicht ehestörend empfunden hat. »Scheidung, »Zerrüttung der Ehe *VTH*

Sektion (ÖR)
Untergliederung eines Ministeriums bzw des Bundeskanzleramts (oberste Kategorie) im Rahmen seiner inneren Organisation. Geleitet werden Sektionen von den Sektionsleitern (SL; früher Sektionschef-SC); sie unterstehen direkt dem jeweiligen Bundesminister (beim BKA dem Bundeskanzler). Darunter folgen Gruppen (Vorstand: Gruppenleiter), Abteilungen (Vorstand: Abteilungsleiter) sowie Referate (Vorstand: Referatsleiter). *CMP*

Sekundärnormen (ÖR)
Begriff nach Raschauer; Siehe »Sanktionsnormen. *CMP*

Sekundärrecht (ÖR)
Das Sekundärrecht umfasst die von den Organen der Gemeinschaften auf Grundlage des Primärrechts erlassenen

Rechtsakte. Die Organe der EG sind in zahlreichen Gebieten zur Rechtsetzung ermächtigt. Die unterschiedlichen Formen von Sekundärrecht sind in Art 249 EG aufgezählt:-Verordnung,-Richtlinie,-Entscheidung,-Empfehlung und Stellungnahme. Während manche Rechtsakte des sekundären Gemeinschaftsrechts unmittelbar in den Mitgliedstaaten gelten (zB Verordnung), müssen andere vom nationalen Gesetzgeber in nationales Recht umgesetzt werden (zB Richtlinie). *LB*

Selbständige Tätigkeit (PR)
Tätigkeit ohne »persönliche Abhängigkeit. Der selbständig Tätige hat in der Regel den Erfolg oder Misserfolg seiner Tätigkeit selbst zu tragen. *MH/AG*

Selbstbestimmung RPH
ist der Kern des KANTischen Freiheitsbegriffs. Sie besagt, dass die Freiheit des Menschen in der Selbstbestimmung (= Autonomie) besteht, also darin, sich die Grenzen seines Handelns selbst und damit unabhängig von jeglicher Fremdbestimmung zu setzen, womit man für sein Handeln voll verantwortlich ist. Man kann Freiheit daher auch als "unbedingt" bezeichnen, womit sie iSd Autonomie "a priori" jedem Menschen unbedingt und unverzichtbar zukommt! Vgl daher idF SARTRE "Verdammt zur Freiheit"! *CMS*

Selbsthilfe (ÖR)
Begriff aus dem Völkerrecht. Da es ja keinen zentralen Vollzugsmechanismus gibt, muss das verletzte Völkerrechtssubjekt sein Recht selbst durchsetzen. Dies geschieht meistens durch Retorsionsmaßnahmen (zB Abzug des Botschafters etc), Repressalien (kleinere militärische Maßnahmen) oder den Krieg. Beachte: In den nationalen Rechtsordnungen gibt es organisierte Zwangsmechanismen, sodass Selbsthilfe nur im Ausnahmefall zulässig ist. *CMP*

Selbstorganschaft (PR)
bedeutet, dass bei einer Gesellschaft jedem »Gesellschafter auch die Funktion eines Geschäftsführungs- bzw Vertretungsorgans zukommt. Sie ist bei einer größeren »Personenvereinigung (wie einer »Körperschaft des privaten Rechts) unpraktisch, weshalb sie dort durch das System der Drittorganschaft (satzungsgemäße Bestellung eines Geschäftsführungs- und Vertretungsorgans) ersetzt ist (vgl auch »statutarische Organe). *BB*

Selbstverwaltung (ÖR)
Unter „Selbstverwaltung ist eine Form weisungsfreier Verwaltung durch bestimmte Körperschaften des öffentlichen Rechs (zB Gemeinden, Universitäten) zu verstehen. Ein zentrales Merkmal der Selbstverwaltung ist das Bestehen eines eigenen Wirkungsbereichs, in welchem Weisungen staatlicher Organe unzulässig sind („Weisungsfreiheit nach außen", Raschauer, Öffentliches Recht 2007/08). Stattdessen gibt es eine staatliche Aufsicht durch die Aufsichtsbehörde. Weisungen innerhalb von Selbstverwaltungskörpern sind zulässig. *GM*

Selbstverwaltungskörper (ÖR)
„Selbstverwaltungskörper" sind jene juristischen Personen des öffentlichen Rechts, denen das Recht auf »Selbstverwaltung eingeräumt ist. *GM*

Senat (ÖR)
Siehe »Richter/in. *CMP*

Sequester (PR)
Im Falle des Gläubigerverzugs (»Gläubigerverzug) hat der Schuldner die Möglichkeit, seine Leistung mit schuldbefreiender Wirkung gerichtlich zu hinterlegen oder sie einem gerichtlich bestellten Verwahrer (Sequester) zu übergeben. *AP/EK*

Servitut (PR)
Siehe »Dienstbarkeiten. *DH*

Servitutsberechtigter (PR)
Derjenige, welchem ein beschränktes dingliches Nutzungsrecht an einer fremden Sache zukommt, deren Eigentümer verpflichtet ist, etwas zu dulden oder zu unterlassen. Der Berechtigte ist zur schonenden Ausübung verpflichtet. *DH*

Servitutsklage (PR)
Rechtsmittel, das dem Servitutsberechtigten (»Servitutsberechtigter) zukommt, um Störungen der Ausübung seiner Dienstbarkeit (»Dienstbarkeiten) abzuwehren. Die Servitutsklage steht gegenüber jedermann zu. Die Klage geht auf Wiederherstellung des vorigen Zustandes und Unterlassung künftiger Störungen sowie auf Feststellung des Bestehens einer Servitut bzw auf ihre Einverleibung. *DH*

Sezession (ÖR)
Die Abteilung einzelner Landesteile aus einem bestehenden Staat, mit dem Ziel, einen neuen Staat zu bilden. Bsp Nachfolgestaaten des ehemaligen Jugoslawien; vgl dazu »Spaltung, »Verschmelzung. *JF*

Sicherheitsdirektion (ÖR)
Die Sicherheitsdirektion ist eine unmittelbare Bundesbehörde. Sie ist monokratisch organisiert. In Angelegenheiten der Sicherheitsverwaltung (zB Vollziehung des Sicherheitspolizeigesetzes, zT auch des Fremdenpolizeigesetzes) ist sie nach der jeweils örtlich zuständigen Bezirksverwaltungsbehörde oder Bundespolizeidirektion zweite Instanz

im administrativen Instanzenzug. *GM*

Sicherheitspolizei ÖR
Darunter versteht man die Staatsaufgabe der Abwehr allgemeiner, dh nicht auf eine bestimmte Verwaltungsmaterie beschränkter Gefahren. Geregelt ist dies im Sicherheitspolizeigesetz (SPG). *GM*

Sicherheitsrat ÖR
Der Sicherheitsrat ist das Hauptorgan der »UNO. Er setzt sich aus fünf ständigen Mitgliedern (China, Frankreich, Großbritannien, Russland, USA) und zehn wechselnden Mitgliedern zusammen, die alle zwei Jahre neu gewählt werden. Nach der Charta der UNO trägt der Sicherheitsrat die Hauptverantwortung für die Wahrung des Weltfriedens und der internationalen Sicherheit. *LB*

Sicherungsübereignung PR
Das Eigentum an einer körperlichen Sache wird vom Schuldner an den Gläubiger zur Besicherung einer Forderung übertragen. Nach außen hin hat der Sicherungsnehmer ein unbeschränktes Eigentumsrecht, im Verhältnis zum Sicherungsgeber ist es durch die Sicherungsabrede beschränkt. Auch bei einer Sicherungsübereignung muss Dritten erkennbar sein, dass die Sache der Besicherung einer Forderung dient. Die Publizitätsvorschriften des Pfandrechts (insb das »Faustpfandprinzip) werden daher analog angewandt. *DH*

Sicherungsmaßnahme ÖR
Maßnahmen im Rahmen des Verwaltungsstrafverfahrens (»Verwaltungsstrafverfahren). Soll die Durchführung eines ordnungsgemäßen Verfahrens gewährleisten. Geregelt im »VStG: zB Festnahme, Beschlagnahme. *JF*

Sicherungsvertrag PR
Vertrag, der ausschließlich der Sicherung von Ansprüchen des Gläubigers gegenüber dem »Schuldner dient. Sicherungsverträge können schuldrechtlicher Natur (zB »Bürgschaftsvertrag oder »Pfandbestellungsvertrag) oder sachenrechtlicher Natur (zB »Pfandvertrag) sein. *MH/AG*

Singularsukzessor PR
Siehe »Einzelrechtsnachfolger. *MH/AG*

Sinnesinterpretation ÖR
Siehe »Historische Interpretation. *CMP*

Sitte PR
Siehe auch »Sitte in der Philosophie; „Von den Menschen laufend geübte, also übliche „äußere", dh: nach außen hin erkennbare Verhaltensweisen, in denen jedoch keine Rechtsausübung gesehen wird." Im Gegensatz zu Rechtsnormen (siehe »Rechtsnorm) werden Sitten nur durch sozialen Druck durchgesetzt und nicht durch »staatliche Zwangsgewalt.

Beispiel: Bei Tisch nicht zu rülpsen. Unterscheide davon das Gewohnheitsrecht. Siehe auch »Gute Sitten. *MH/AG*

Sitte RPH
Siehe auch »Sitte im Privatrecht; ist wie Moral und Recht ein Normsystem der menschlichen Verhaltenssteuerung, va im Bereich der Abläufe des sozialen Alltagslebens. Hauptunterschied ist die Sanktionsmethode: Das Recht bedient sich regelmäßig der staatlichen Zwangsmittel, die Moral der Macht des Gewissens und die Sitte der sozialen Sanktion, dh man wird von den anderen Mitgliedern der Gesellschaft isoliert und aus der Gemeinschaft ausgeschlossen ("Gruppendruck") unter Hinweis darauf, dass "man" etwas "nicht mache". *CMS*

Sittenlehre ÖR
setzt sich mit dem Inhalt der – vom positiven Recht strikt zu unterscheidenden – »Sitte auseinander. *CMP*

Sittenordnung PR
Siehe »Sitte. *MH/AG*

Sittenwidrigkeit PR
eines Vertrags liegt vor, wenn sein Inhalt gegen das Rechtsgefühl aller billig und gerecht Denkenden oder gegen oberste Werte der Rechtsordnung verstößt. Bei Ermittlung der zentralen positivierten Werte spielen ua die »Grundrechte eine wesentliche Rolle (sog mittelbare »Drittwirkung der Grundrechte), zB sind Verträge, die die persönliche Freiheit übermäßig einschränken, sittenwidrig. Ein sittenwidriger Vertrag ist »nichtig (siehe »Erlaubtheit des Vertragsinhaltes). *BB*

Sittlichkeit RPH
ist ein Zentralbegriff des Deutschen Idealismus (HEGEL), der damit die höchste Stufe des Objektiven Geistes (= Recht – Moralität – Sittlichkeit) zum Ausdruck bringt. In der Sittlichkeit verbinden sich abstrakte Rechtlichkeit (Materielles Bürgerliches Recht) und abstrakte Moralität (Materielles Strafrecht) zu ihrer dialektischen Wahrheit – zur Sittlichkeit (Öffentliches Recht), in welcher sich Objektiver Geist verwirklicht: Familie (Liebe) – Bürgerliche Gesellschaft (Prozess)- Staat (Gemeinschaft). *CMS*

Solidarisch PR
Haften mehrere Schädiger solidarisch (zB bei vorsätzlicher und gemeinschaftlicher Schädigung oder mangels Feststellbarkeit des verursachten Anteils am Schaden), kann der Geschädigte jeden von ihnen

für den gesamten Schaden in Anspruch nehmen. Ersetzt einer den gesamten Schaden, so erfüllt er damit die Schadenersatzpflicht aller. Der in Anspruch genommene Schädiger hat Regressansprüche (»Rückgriffsanspruch) gegenüber den anderen. Der Umfang des Regresses hängt vom jeweils verursachten Anteil am Schaden ab. Lässt sich dieser nicht feststellen, haften die Schädiger nach Köpfen (»Haftung nach Köpfen). *AW*

Sollen ÖR
Bedeutet, rechtlich und/oder moralisch verpflichtet zu sein. Diese Verpflichtung beinhaltet in der Regel die Setzung, Duldung oder Unterlassung eines bestimmten Verhaltens. Siehe auch »Sollenscharakter. *CMP*

Sollensanordnung PR
Inhalt einer »Rechtsnorm, aus dem der »Normadressat das von der Rechtsordnung gewünschte oder gebilligte Verhalten ableiten kann (insbesondere Gebote, Verbote, aber auch die Erlaubnis, etwas zu tun oder zu unterlassen). Siehe auch »Gebot, »Verbot. *MH/AG*

Sollenscharakter ÖR
Man spricht etwa vom Sollenscharakter einer behördlichen Äußerung (zB eines an einen Rechtsunterworfenen gerichteten Schriftstücks) und meint damit, dass es für ihn verpflichtend ist bzw mit anderen Worten: einen normativen Inhalt hat (dann wäre es hier als Bescheid zu beurteilen). Gleichbedeutend mit „Sollenscharakter" ist also der Begriff „normativer Charakter"; s. »Normativität. Man spricht auch davon, dass das Recht an sich „Sollenscharakter" aufweist, und grenzt es damit vom Bereich des Faktischen (aus positivistischer Sicht: auch vom Naturrecht) ab. *CMP*

Sollenssatz PR
Siehe »Sollensanordnung. *MH/AG*

Sondergesetz PR
Siehe »Nebengesetz. *AW*

Sonderprivatrecht PR
Im Gegensatz zum allgemeinen Privatrecht behandelt das Sonderprivatrecht Rechtsverhältnisse, die einen bestimmten Personenkreis oder ein bestimmtes Sachgebiet betreffen. Sonderprivatrechte sind etwa das »Unternehmensrecht, das »Arbeitsrecht und das »Wertpapierrecht. *AW*

Sorgfaltspflicht PR
Pflicht aus einem Vertrag oder vorvertraglichen Schuldverhältnis (siehe »vorvertraglicher Kontakt), die Rechtsgüter der anderen Partei bzw des Verhandlungspartners nicht zu schädigen. *MH/AG*

Sorgfaltspflichtverletzung PR
Verletzung einer »Sorgfaltspflicht. Sie kann zu einer Haftung aus Vertrag oder vorvertraglichem Schuldverhältnis führen (siehe »Vorvertraglicher Kontakt). *MH/AG*

Souverän ÖR
Im Zusammenhang mit der »Staatsgewalt die rechtliche Selbstbestimmung eines Staates, ohne dabei einer fremden Gewalt unterworfen zu sein. *JF*

Souveränität RPH
wurde als politischer Begriff von BODIN zu Beginn der Neuzeit geprägt und ist im Zusammenhang mit der politischen Theologie zu sehen als politisches Analogon zur Allmacht Gottes. Man versteht darunter va die autarke Herrschaftsgewalt innerhalb eines Gemeinwesens. Der Souverän kann aus eigener Machtvollkommenheit heraus Recht setzen bzw Gesetze erlassen. Wer über den Ausnahmezustand entscheidet, so SCHMITT, sei der Souverän. Man spricht von Volkssouveränität, wenn das "Volk" der Souverän ist. *CMS*

Soziales Grundrecht ÖR
Soziale Grundrechte sind nicht als Abwehrrechte gegen den Staat konzipiert, sondern haben staatliche Leistungen zum Inhalt (etwa das Recht auf Arbeit, das Recht auf soziale Sicherheit, Altersverssorgung) und werden deshalb den liberalen Grundrechten gegenübergestellt. *TC*

Sozialmoral PR
Siehe »Rechtsmoral. *MH/AG*

Sozialversicherung PR
Öffentlich-rechtliches Versicherungsverhältnis, das mit Erfüllung des gesetzlichen Tatbestandes zustande kommt. Es umfasst insb die Kranken-, Unfall- und Pensionsversicherung. Die Leistungen aus der Sozialversicherung werden durch die Beiträge der Versicherten finanziert. Durch das System der Sozialversicherung wird das individuelle Risiko auf die Gemeinschaft, die demselben Risiko ausgesetzt ist, verteilt. *AW*

Sozialversicherungsrechtlicher Gesamtvertrag PR
Zwischen dem Hauptverband der Sozialversicherungsträger und den Ärztekammern abgeschlossener »Normenvertrag, der insbesondere Rechte und Pflichten der Ärzte beinhaltet und regelt, an welchen Orten wie viele Vertragsärzte zugelassen werden. Verträge zwischen den einzelnen Ärzten und Krankenkassen müssen dem Gesamtvertrag entsprechen. *MH/AG*

Spaltung ÖR
ist die Möglichkeit der Entstehung eines neuen Staates durch Abspaltung oder Teilung eines Landes. Bsp Tschechien – Slowakei, vgl dazu

»Sezession, »Verschmelzung. *JF*

Spareinlagengeschäft (PR)
Spareinlagen sind Geldeinlagen bei Kreditinstituten, die nicht dem Zahlungsverkehr, sondern der Anlage dienen. Die Bank leistet für die Spareinlage einen Jahreszinssatz und verlangt allenfalls Entgelte, die für Dienstleistungen im Zusammenhang mit Spareinlagen verlangt werden.

Beispiel: Sparbuch. *MH/AG*

Speditionsvertrag (PR)
Ein dem »Werkvertrag nahestehender Vertrag, bei dem die eine Partei (Spediteur) sich verpflichtet, die Versendung von Gütern der anderen Partei (Versender) auf dessen Rechnung, aber in eigenem Namen zu besorgen. Der Spediteur befördert die Güter nicht selbst, sondern schließt dazu Frachtverträge ab (siehe »Frachtvertrag). Auf den Speditionsvertrag sind die Regeln des UGB (siehe »Unternehmensgesetzbuch) anzuwenden. *MH/AG*

Spezialität (PR)
Grundsatz des Sachenrechts, wonach »dingliche Rechte nur für jede Sache einzeln begründet und geändert werden können. Das bedeutet umgekehrt, dass an einer »Sachgesamtheit oder dem Vermögen kein dingliches Recht bestehen kann und über dieses grds nicht als Ganzes verfügt werden kann. Beim »Pfandrecht bedeutet Spezialität, dass das Pfandrecht nur an bestimmten Sachen und nur für bestimmte Forderungen begründet werden kann. *DH*

Spezielle Transformation (ÖR)
Die völkerrechtliche Verpflichtung muss eigens durch Gesetz in nationales Recht umgesetzt werden, um für den Rechtsunterworfenen verbindlich zu werden. Unterscheide »Generelle Transformation. *JF*

Speziesschuld (PR)
Siehe »Stückschuld. *MH/AG*

Sphärentheorie (PR)
Theorie über die Frage, wem ein bestimmtes Ereignis zuzurechnen ist, also in wessen Sphäre es stattgefunden hat. Insbesondere wird der Begriff für folgende Abgrenzungen gebraucht:

(1) »Gefahrtragung beim »Werkvertrag: Den »Werkbesteller trifft die »Preisgefahr, wenn das »Werk aus Gründen, die seiner Sphäre zuzurechnen sind, nicht hergestellt werden kann (zB weil der Werkbesteller die erforderliche Mitwirkung an der Herstellung des Werks verweigert).

(2) Abgrenzung zwischen »Gläubigerverzug und Unmöglichkeit der Leistung.

(3) Frage, wann der »Arbeitnehmer seinen Entgeltanspruch behält, obwohl er seine Leistung nicht erbracht hat. *MH/AG*

Spiel (PR)
Ein der »Wette ähnlicher »Glücksvertrag. Das Spiel ist eine Unterart der Wette. Die Abgrenzung zu ihr ist problematisch und im Einzelfall zu treffen. Gängig ist die Abgrenzung, dass die Parteien bei der Wette das Ergebnis nicht beeinflussen können, beim Spiel ein solcher Einfluss jedoch möglich ist. *MH/AG*

Spruch (ÖR)
Bescheidmerkmal; ist die Zusammenfassung der Entscheidungsgründe unter Verweis auf die entsprechende gesetzlichen Grundlage im »Bescheid. Er hat die in Verhandlung stehenden Angelegenheiten zu erledigen. Das Fehlen des Spruches hat die Nichtigkeit des Bescheids zur Folge. Vgl dazu »Begründung, »Rechtsmittelbelehrung. *JF*

Staat (ÖR)
Der juristische Staatsbegriff zeichnet sich nach der Staatslehre durch drei »Staatselemente aus; der Staat ist eine Verbandseinheit sesshafter Menschen, also eine Organisationsform der Gemeinschaft. Zur Wahrung bestimmter, als wichtig anerkannter Angelegenheiten (Staatsaufgaben) ist der Staat mit einer arbeitsteiligen ausdifferenzierten Staatsgewalt organisiert (vgl Raschauer 2007/08, 16). Unterscheide den ethnologischen Staatsbegriff, der ua an die kulturelle Zugehörigkeit zu bestimmten Volksgruppen anknüpft. *JF*

Staat (RPH)
besteht in klassischer Sichtweise (JELLINEK) aus Staatsvolk, Staatsgebiet und Staatsherrschaft. Diese Definition gilt für die Staatenbildung des 17.–20. Jahrhunderts. Im Mittelalter und auch im beginnenden 21. Jahrhundert wurden durch das "Heilige Römische Reich Deutscher Nation" bzw die "Europäische Union" auch andere Modelle staatlicher Organisationsformen entwickelt. Bei HEGEL ist der Staat die höchste Stufe der Sittlichkeit (= Familie-Bürgerliche Gesellschaft-Staat), sittliche Substanz. *CMS*

Staat im Rechtssinn (ÖR)
Damit ist der juristische Staatsbegriff gemeint; siehe »Staat. *CMP*

Staatenbund (ÖR)
Zusammenschluss eigenständiger, souveräner (»Souverän) Staaten, zum Zweck der gemeinsamen Organisation bestimmter Angelegenheiten zB im Rahmen der Außenpolitik oder der Währung. Unterscheide »Einheitsstaat, »Bundesstaat. *JF*

Staatenlose/r ÖR
Personen, die ihre Staatsangehörigkeit verloren haben, ohne eine neue Staatsangehörigkeit erworben zu haben. Sie genießen in Österreich in mancher Hinsicht eine privilegierte Stellung. Ziel ist aber grundsätzlich die Vermeidung der Staatenlosigkeit, es besteht eine völkerrechtliche Verpflichtung, Staatenlosen Schutz zu gewähren. Vgl dazu »Fremde/r, »Staatsbürger/in. *JF*

Staatenverbund ÖR
Begriff, der versucht, die Organisation der Europäischen Union zu erfassen. Der Status der EU reicht über den einer internationalen Organisation oder eines Staatenbundes hinaus. Trotz der gemeinsamen Zusammenarbeit der Mitgliedstaaten stellt sie aber noch keinen Staat dar. Die EU ist daher ein Zusammenschluss mehrerer Staaten, die jedoch im Gegensatz zu einem Bundesstaat ihre staatliche Souveränität behalten. *JF*

Staatlich organisierter Zwang ÖR
Teil des positivistischen Rechtsbegriffs. Liegt dann vor, wenn die Rechtsordnung eines Staates selbst generell festlegt, welche Konsequenzen bei Verstößen gegen Rechtsnormen drohen (zB Bestrafung). Diese Konsequenzen drohen für alle Rechtsunterworfenen gleicher Maßen („organisiert“). Achtung: Im Bereich der Moral (»Moral) gibt es keinen organisierten Zwang, Sanktionen sind individuell verschieden. *CMP*

Staatliche Zwangsgewalt PR
Da die »Rechtsordnung Friedensfunktion hat, muss sich der einzelne Bürger im Privatrecht des Staates bedienen, um sein Recht durchzusetzen (zB »Exekution eines Urteils). Dem Staat kommt dabei ein »Gewaltmonopol zu. Die Möglichkeit, berechtigte Ansprüche mit Hilfe von staatlicher Zwangsgewalt durchsetzen zu können, unterscheidet Rechtsnormen von anderen Verhaltensanordnungen wie zB der »Moral oder der »Sitte. *MH/AG*

Staatlicher Zwang ÖR
IdR synonym mit staatlich organisiertem Zwang. Theoretisch wäre es aber auch möglich, dass ein Staat Zwang ausübt, der nicht rechtlich generell festgelegt und daher nicht organisiert vorherbestimmt ist, zB in einer Diktatur, die nicht an rechtsstaatlichen Grundsätzen (»Rechtsstaatliches Prinzip) orientiert ist. *CMP*

Staatsakt ÖR
Rechtlich existenter (gültiger) Akt, der einem bestimmten Staat zuzurechnen ist. Für die Annahme eines Staatsaktes muss eine entsprechende Erzeugungs- bzw Ermächtigungsnorm (ein Deutungsschema) bestehen. *CMP*

Staatsanwaltschaften ÖR
Auch Anklagebehörden; sind Behörden, denen die Anklageerhebung und – vertretung in Strafsachen obliegt. Sie sind an die Weisungen der Oberstaatsanwaltschaft und des Bundesministeriums für Justiz gebunden. *JF*

Staatsaufgabe ÖR
Beispiele für wichtige, anerkannte Angelegenheiten eines Staates: Sicherheit, Wohlfahrtsfunktion (»Wohlfahrt), »Rechtsfunktion, Sicherung des Rechtsfriedens, Schutz der Umwelt. Sie sind in der Kompetenzverteilung geregelt und werden durch arbeitsteilige Organisation der »Staatsgewalt umgesetzt. *JF*

Staatsbegriff ÖR
Siehe »Staat. *CMP*

Staatsbürger/in ÖR
ist Angehörige/r eines Staates; die StaatsbürgerInnen eines Staates in ihrer Gesamtheit bilden das »Staatsvolk. Der Erwerb der österreichischen Staatsbürgerschaft erfolgt durch Abstammung oder staatliche Verleihung, der Verlust zB durch Eintritt in den Militärdienst eines fremden Landes. Bestimmungen hinsichtlich Erwerb und Verlust der österreichischen Staatsbürgerschaft sowie diesbezügliche Verfahren sind in Österreich Gegenstand des Staatsbürgerschaftsgesetzes 1985 (StbG). Vgl dazu »Ius sanguinis. *JF*

Staatselemente ÖR
sind das »Staatsgebiet, das »Staatsvolk und die »Staatsgewalt. Die »Staatslehre sieht für das Bestehen eines Staates das Vorliegen der drei Staatselemente vor. Vgl dazu »Anerkennung. *JF*

Staatsform ÖR
ist die Organisationsform eines Staates und beschreibt, wie die Staatswillensbildung in einem Staat geschieht. Vgl dazu »Demokratie, »Autokratie. *JF*

Staatsfunktionen ÖR
Damit sind die drei – getrennten – Staatsgewalten Gesetzgebung, Verwaltung und Gerichtsbarkeit gemeint. *CMP*

Staatsgebiet ÖR
ist durch völkerrechtliche Verträge (zB Friedensverträge) festgelegt und beschreibt den territorialen Bereich, in dem sich die Staatsgewalt entfaltet. Nach außen ist es durch Grenz- und Zolleinrichtungen bestimmt. Das Staatsgebiet ist neben »Staatsvolk und »Staatsgewalt eines der drei »Staatselemente. Vgl dazu »Grenzkonflikt, »Gebietskonflikt. *JF*

Staatsgesetzblatt ÖR
»Offizielle Rechtserkenntnisquelle, in der in Österreich zwischen 1918 und 1920 die wichtigsten Rechtsvorschriften kundgemacht wurden. Das Staatsgesetzblatt ist somit gleichsam ein "Vorläufer" des heutigen »BGBl. *SL*

Staatsgewalt ÖR
Ausübung hoheitlicher Macht innerhalb des Staatsgebiets (»Staatsgebiet) durch Organe bzw Institutionen des Staats. Sie ist »souverän, wenn sie nicht (wie zB in einem Kolonialstaat oder einem besetzten Staat) einer fremden Gewalt unterworfen ist. Eines der drei »Staatselemente. Sie kann gegliedert sein in »Einheitsstaat, »Bundesstaat oder »Staatenbund. *JF*

Staatsgrundgesetz ÖR
Das Staatsgrundgesetz ist, neben der »EMRK, die wichtigste Grundrechtsquelle im österreichischen Rechtssystem. Nach Art 149 B-VG hat das Staatsgrundgesetz über die allgemeinen Rechte der Staatsbürger für die im Reichsrathe vertretenen Königreiche und Länder (»StGG) als Verfassungsgesetz zu gelten. *TC*

Staatsideen ÖR
ist ein Synonym für „Staatsformen" bzw für die dahinterstehenden Prinzipien. *CMP*

Staatskirchenrecht ÖR
Siehe »Kirchenrecht. *CMP*

Staatslehre ÖR
Begründer der modernen Staatslehre ist Georg Jellinek. Er definiert den Staat als "die mit ursprünglicher Herrschermacht ausgestattete Verbandseinheit sesshafter Menschen" und nimmt für das Bestehen eines Staates das Vorliegen der drei »Staatselemente: »Staatsgebiet, »Staatsvolk und »Staatsgewalt an. *JF*

Staatsorgan ÖR
Person oder Institution, die auf Basis einer entsprechenden Ermächtigung für den Staat einschreitet. Ihr Handeln wird daher dem Staat (bzw seiner jeweiligen »Gebietskörperschaft) zugerechnet. *CMP*

Staatsrecht ÖR
historischer Ausdruck für Verfassungsrecht; wird im heutigen Rechtsleben kaum mehr gebraucht. Bsp: „Institut für Staats- und Verwaltungsrecht" im 6. OG des Juridicum in Wien. *CMP*

Staatsutopie ÖR
ist eine Wunschvorstellung von staatlichen Systemen, deren Ziel es ist, den Staat nach typischen Vorstellungen zu gestalten und zu führen. *JF*

Staatsverfassung ÖR
Siehe »Bundesverfassung. *JF*

Staatsvertrag ÖR
Der von der »Bundesverfassung verwendete Begriff für einen völkerrechtlichen Vertrag (»Völkerrechtlicher Vertrag). Österreich kann mit einem oder mehreren anderen »Staat/Staaten bzw mit einer oder mehreren internationalen Organisation/Organisationen (»Internationale Organisation) einen Staatsvertrag schließen. Durch einen Staatsvertrag wird (ähnlich einer »EG-Richtlinie) grundsätzlich nur der Staat (»Bund oder »Länder) verpflichtet, nicht aber »Rechtsunterworfene. Von Österreich abgeschlossene Staatsverträge werden in Teil III des »BGBl kundgemacht. *SL*

Staatsvolk ÖR
ist die Gesamtheit der Staatsangehörigen (»Staatsbürger/in) eines Staats, die seiner »Staatsgewalt unterliegen. Es wird durch nationale Staatsbürgerschaftsgesetze definiert, ist aber in seiner Definition durch das Völkerrecht begrenzt. In Österreich definiert das Staatsbürgerschaftsgesetz 1985: Personen, die im Besitz der österreichischen Staatsbürgerschaft sind, bilden die Mitglieder des österreichischen Staates. Das Staatsvolk ist eines der drei »Staatselemente. *JF*

Stadt mit eigenem Statut ÖR
Städte mit eigenem Statut (Statutarstädte) zeichnen sich dadurch aus, dass sie gleichzeitig Bezirk und Gemeinde sind. Dementsprechend ist ihre Behörde „Magistrat" gleichzeitig Gemeindebehörde und Bezirksverwaltungsbehörde. Als Beispiele seien sämtliche Landeshauptstädte mit Ausnahme von Bregenz, weiters Krems und Waidhofen an der Ybbs genannt. *GM*

Stadtsenat ÖR
Der Stadtsenat ist eine Behörde der Stadt Wien, deren Besonderheit sich in der Doppelfunktion Wiens als Land und Gemeinde erklärt. Diese Kollegialbehörde ist zugleich Landesregierung und Gemeindevorstand. *GM*

Stammzellen RPH
sind solche Zellen, die noch nicht ausdifferenziert sind und daher eine umfassende Teilungs- und Entwicklungsfähigkeit aufweisen. Man unterscheidet (je nach Herkunft): embryonale, fetale und adulte Stammzellen. Speziell die (pluripotenten) embryonalen Stammzellen sind medizintechnisch sehr interessant; das ethische Problem liegt in ihrer Gewinnung, die regelmäßig mit dem ethisch bedenklichen "Verbrauch" von Embryonen verbunden ist. *CMS*

Standesbeamter PR
ist das Gemeindeorgan, vor welchem der Ehevertrag abgeschlossen wird. Wird die Ehe nicht vor einem Standesbeam-

ten geschlossen, ist der Akt absolut nichtig (Nichtehe). Als Standesbeamter gilt freilich auch, "wer, ohne Standesbeamter zu sein, das Amt des Standesbeamten öffentlich ausgeübt und die Ehe in das Ehebuch eingetragen hat" (§ 15 (2) EheG), sog Scheinstandesbeamter. »Eheschließung *VTH*

Ständige Rechtsprechung PR
Siehe »Gerichtsgebrauch und »Richterrecht. *MH/AG*

Statut PR
(1) »Internationales Privatrecht: Die im konkreten Fall anzuwendende Rechtsordnung.
(2) Privatrecht: Gründungsvertrag einer Gesellschaft (insbesondere eines Vereins), meist in der Pluralform „Statuten" verwendet (siehe »Satzung). *MH/AG*

Statutarische Organe PR
sind die in der »Satzung (Gesellschaftsvertrag) einer juristischen Person vorgesehenen Organe. Man unterscheidet allgemeines Willensbildungsorgan, Geschäftsführungs- und Vertretungsorgan und (evtl) Kontrollorgan. Vgl »Juristische Person, »Organschaftliche Stellvertretung. *BB*

Statutarstadt ÖR
Städte mit eigenem Statut (Statutarstädte) zeichnen sich dadurch aus, dass sie gleichzeitig Bezirk und Gemeinde sind. Dementsprechend ist ihre Behörde „Magistrat" gleichzeitig Gemeindebehörde und Bezirksverwaltungsbehörde. Als Beispiele seien sämtliche Landeshauptstädte mit Ausnahme von Bregenz, weiters Krems und Waidhofen an der Ybbs genannt. *GM*

Statuten PR
Siehe »Satzung. *MH/AG*

Stückschuld PR
(Auch: Speziesschuld) »Schuld (Inhalt: Speziessache), die nach individuellen Merkmalen umschrieben ist, zB ein bestimmtes Schüttbild von Hermann Nitsch, der Zuchtstier „Wotan" oder der gebrauchte Flachbildfernseher von Doris. Unterscheide davon »Gattungsschuld und »Unvertretbare Sache. *MH/AG*

Stellvertretendes commodum PR
ist jener Vorteil, der an die Stelle der untergegangenen geschuldeten Leistung in das Vermögen des Schuldners tritt. Ist die geschuldete Leistung nach Vertragsabschluss zufällig untergegangen oder hat der Schuldner die Unmöglichkeit zu vertreten, so ist der Gläubiger berechtigt, die Herausgabe des stellvertretenden commodum zu verlangen, sofern er auch seine eigene Leistung erbringt. Diesfalls muss er sich nicht mit dem Wegfall des Vertrages wegen nachträglichen Unmöglichwerdens begnügen. *AP/EK*

Stellvertreter PR
Person, die für einen anderen in dessen Namen und mit dessen »Vertretungsmacht rechtswirksam handelt. Dem Stellvertreter wird selbst die Macht eingeräumt, eigenständige Entscheidungen zu treffen. Diese Entscheidungsmacht besteht aber nur im Rahmen der Aufgaben, die dem Stellvertreter vom Vertretenen übertragen wurden (»Repräsentationstheorie). Das rechtsgeschäftliche Handeln des Stellvertreters ist so zu betrachten, als hätte der Vertretene selbst gehandelt. *SR*

Stellvertretung PR
Ein »Stellvertreter nimmt für einen anderen, den Vertretenen, rechtsgeschäftliche Handlungen vor. Das Geschäft kommt nicht zwischen dem Dritten und dem Stellvertreter zustande, sondern zwischen dem Dritten und der vertretenen Person, in deren Namen der Stellvertreter handelt. Voraussetzungen für eine wirksame Stellvertretung sind: Handeln im fremden Namen (»Offenlegungsgrundsatz), »Vertretungsmacht und (zumindest beschränkte) »Geschäftsfähigkeit. Nicht alle Rechtsgeschäfte sind einer Stellvertretung zugänglich (zB Eheschließung, letztwillige Verfügung). Es handelt sich hier um stellvertretungsfeindliche Rechtsgeschäfte. *SR*

Stenographische Protokolle des Bundesrats ÖR
Siehe»Stenographische Protokolle des Nationalrats. *CMP*

Stenographische Protokolle des Nationalrats ÖR
Diese werden auch als Gesetzgebungsmaterialien bezeichnet. Die Stenographischen Protokolle im eigentlichen Sinn geben die Beratungen im Plenum des NR zu einem Gesetzesbeschluss wieder. Praktisch bedeutender sind die Beilagen zu den Stenographischen Protokollen. Diese beinhalten Erläuternde Bemerkungen zum Gesetzgebungsantrag (zB Regierungsvorlage) und den »Ausschussbericht des zuständigen Ausschusses des NR (Ausschussbericht). Sie sind zur Ermittlung des Willens des Gesetzgebers im Zuge der historischen Interpretation von Bedeutung. Sämtliche der genannten Quellen sind im Internet unter „www.parlinkom.gv.at" abrufbar. *GM*

StenProtNR ÖR
»Stenographische Protokolle des Nationalrats *CMP*

Sterbebegleitung RPH
ist die ethisch gebotene Alternative zur Euthanasie (Sterbehilfe): Anstatt den Patienten in

seinem Leiden allein zu lassen (zwischenmenschlich und therapeutisch durch Unterlassung einer wirksamen Schmerztherapie), sollte man sich ihm vertrauensvoll heilend und liebevoll zuwenden, sodass der "Tötungswunsch" in ihm erst gar nicht entsteht. Inwieweit das im Lichte durchfunktionalisierter Therapieabläufe bei stets knapperen Finanzen überhaupt noch möglich ist, ist das ethische Grunddilemma! *CMS*

Sterbehilfe RPH
Immer auf Verlangen des Betroffenen! Passive Euthanasie: Man unterlässt weitere medizinische Behandlungen, was zu einem früheren Tod des Patienten führt (in Ö nicht verboten). Aktive indirekte Euthanasie: Man setzt intentional zum Zweck der Schmerzlinderung sehr starke Mittel ein, die aber zur Lebensverkürzung (Nebenwirkung) führen können, was in Kauf genommen wird (in Ö nicht verboten). Aktive direkte Euthanasie: Man tötet den Patienten unmittelbar und direkt (in Ö verboten; § 77 StGB)! *CMS*

Steuerrecht ÖR
regelt die Verpflichtung der Staatsbürger zur Leistung von Steuern (zB Einkommensteuer, Lohnsteuer etc) an den Staat; enthält Steuerpflichten und Steuerbefreiungen. *CMP*

StGB ÖR
Strafgesetzbuch *CMP*

StGBl ÖR
So hieß das heutige Bundesgesetzblatt in der Zeit nach dem 2. Weltkrieg (nach 1945). *CMP*

StGG ÖR
ist die Abkürzung für »Staatsgrundgesetz (vom 21. December 1867, über die allgemeinen Rechte der Staatsbürger für die im Reichsrathe vertretenen Königreiche und Länder). *TC*

Stifter PR
Siehe »Stiftung. *BB*

Stiftung ÖR
ist eine zur juristischen Person erhobene Vermögensmasse (zB Universität). Vgl dazu »Juristische Person des öffentlichen Rechts, »Fonds, »Körperschaft des öffentlichen Rechts, »Anstalt. Unterscheide Stiftung im Bereich Privatrecht. *JF*

Stiftung PR
ist eine durch Anordnung des Stifters einem bestimmten Zweck (»Stiftungszweck) gewidmete »Vermögensgesamtheit (Stiftungsvermögen) mit »Rechtssubjektivität. Sie ist eine »juristische Person. Da sie keine »Personenvereinigung ist, hat sie keine Mitglieder (»Gesellschafter), sondern »Destinatäre (Begünstigte). *BB*

Stiftungsvermögen PR
Siehe »Stiftung. *BB*

Stiftungszweck PR
ist bei einer Stiftung nach dem Bundes-Stiftungs- und -Fondsgesetz (BStFG) ein gemeinnütziger oder mildtätiger Zweck, bei einer Stiftung nach dem Privatstiftungsgesetz (PSG) kann es jeder erlaubte Zweck sein (vgl »Privatstiftung, »Stiftung). *BB*

Stille Gesellschaft PR
Bei der stillen Gesellschaft beteiligt sich jemand mit einer Vermögenseinlage an einem »Unternehmen eines anderen gegen Gewinnbeteiligung, ohne nach außen als »Gesellschafter in Erscheinung zu treten. Da nur eine schuldrechtliche Innenbeziehung besteht, spricht man von einer Innengesellschaft. *MH/AG*

Stillschweigende Willenserklärung PR
Siehe »Konkludente Willenserklärung. *SR*

Stoa RPH
ist eine der bedeutendsten philosophischen Denkschulen der Antike. Eine besondere Wirkung für die abendländische Philosophie hat die römische Spätstoa entfaltet: EPIKTET, MARC AUREL, SENECA. Besonders bemerkenswert ist, dass die Vertreter der Stoa – im Gegensatz etwa zu Aristoteles – bereits von der Überwindung der Sklaverei und der universellen Gleichheit aller Menschen ausgegangen sind iS einer sehr modernen Subjektphilosophie, die auch das christliche Konzept der Menschenwürde prägen sollte. *CMS*

StPO ÖR
Strafprozessordnung *CMP*

StProtNR ÖR
»Stenographische Protokolle des Nationalrats *CMP*

Strafbemessung ÖR
ist die Festlegung des Strafmaßes. Liegt im »Verwaltungsstrafverfahren im Ermessen der Behörde. Dh die Behörde legt nach Abwägung etwaiger Milderungs- bzw Erschwerungsgründe die Strafe fest. *JF*

Strafe ÖR
»Rechtsfolge, die für ein rechtlich verpöntes Verhalten angeordnet ist. Strafen sind also spezifische Arten von Rechtsfolgen. Unterscheide: gerichtliche Strafe, verhängt nach dem »StGB, und Verwaltungsstrafe, die aufgrund eines Verwaltungsstraftatbestands (enthalten in den verschiedenen Materiengesetzen des Besonderen Verwaltungsrechts) verhängt wird. Des weiteren werden Geldstrafen und Freiheitsstrafen bzw »Ersatzfreiheitsstrafen unterschieden. *CMP*

Strafgericht ÖR
Ordentliches, unabhängiges Gericht, das zur Vollziehung des »StGB zuständig ist. Unterscheide: Zivilgericht. Be-

achte: Zur Vollziehung des »VStG sind Verwaltungsbehörden zuständig. Der zur Entscheidung über Berufungen in Verwaltungsstrafsachen zuständige »UVS ist kein Strafgericht, sondern formal eine Verwaltungsbehörde (obwohl er unabhängig ist). *CMP*

Strafgesetzbuch ÖR
Es enthält das gerichtliche Strafrecht, das in einem eigenen Fach gelehrt wird. Unterscheide davon: »Verwaltungsstrafrecht, das Teil des Verwaltungsrechts ist. *CMP*

Strafrahmen ÖR
ist die gesetzlich festgelegte mögliche Dauer einer »Freiheitsstrafe oder möglichen Höhe einer Geldstrafe. Die Strafe ist innerhalb einer Bandbreite, die durch Mindest- und/oder Höchststrafe begrenzt ist, zu fällen. Dabei sind ua die konkreten Umstände der Tat und das Ausmaß des Verschuldens des Täters maßgeblich. Festgelegt wird jeweils eine bestimmte Bandbreite (zB Freiheitsstrafe von 1–3 Jahren; Geldstrafe von € 50–€ 5.000). *JF*

Strafrecht ÖR
Summe jener Rechtsvorschriften, die den Rechtsunterworfenen (»Rechtsunterworfene) ein bestimmtes Verhalten unter Androhung von Sanktionen (Geldstrafe, »Freiheitsstrafe) bei einem Verstoß vorschreiben. Das Strafrecht lässt sich in das von ordentlichen Gerichten (»Ordentliches Gericht) zu vollziehende »Justizstrafrecht und das von Verwaltungsbehörden (»Verwaltungsbehörde) zu vollziehende »Verwaltungsstrafrecht gliedern. *SL*

Straßenverkehrsordnung ÖR
Gesetz, das das Verhalten von Teilnehmern am öffentlichen Straßenverkehr (Autofahrern, Fußgängern, Radfahrern etc) regelt. Prinzipiell keine Geltung auf abgeschlossenen Privatgrundstücken. Ziel ist va die Gewährleistung der Sicherheit, Leichtigkeit und Flüssigkeit des Verkehrs. *CMP*

Straßenverkehrszeichen ÖR
Rechtliche Anordnungen in Form von kundgemachten, zum Teil international anerkannten Zeichen, die das Verhalten der Verkehrsteilnehmer regeln (zB Geschwindigkeitsbeschränkungen, Halteverbote, Stoppschilder, Bodenmarkierungen etc). Rechtstechnisch betrachtet handelt es sich um – nationale – Verordnungen. *CMP*

Streitanhängigkeit PR
Die Streitanhängigkeit wird durch die Zustellung der Klageschrift an den Beklagten begründet. Solange die Streitanhängigkeit andauert, darf ein weiterer Rechtsstreit über den geltend gemachten Anspruch nicht durchgeführt werden. *PS*

Streitverhandlung PR
Siehe »Mündliche Streitverhandlung. *PS*

Streitwert PR
Wird eine Geldforderung eingeklagt, entspricht der Streitwert idR dem eingeklagten Betrag. Wird kein Geldbetrag eingeklagt, hat der Kläger den Streitwert in der Klage anzugeben. Unterlässt der Kläger eine Bewertung in der Klage, gilt der gesetzliche Wert von € 4.000 als Streitwert. Der Streitwert ist insbesondere für die Beurteilung der Gerichtszuständigkeit von Bedeutung.ACHTUNG neue Rechtslage seit 1.7.2009: € 5.000. *PS*

Strenge Rechtsfolgentheorie PR
Nach der strengen Rechtsfolgentheorie wird verlangt, dass sich der Erklärende aller rechtlichen Konsequenzen, die durch eine »Willenserklärung oder ein »Rechtsgeschäft ausgelöst werden, bewusst ist. Da dies jedoch die Vertragsparteien, die in der Regel keine Juristen, sondern Laien sind, überfordern würde, gilt die »gemäßigte Rechtsfolgentheorie. *SR*

Stufenbau der Rechtsordnung ÖR
Siehe »Stufenbau nach der derogatorischen Kraft. *JLR*

Stufenbau nach der derogatorischen Kraft ÖR
Der Stufenbau der Rechtsordnung ist ein Deutungsschema zur Veranschaulichung des Über- und Unterordnungsverhältnisses zwischen ermächtigenden und ermächtigten Rechtsvorschriften (»Norm höherer Stufe; »Norm niederer Stufe). Für die österr Rechtsordnung ergibt sich folgender Stufenbau (von "oben" nach "unten" gesehen): 1.) Verfassungsrecht, 2.) (einfache) Gesetze, 3.) Verordnungen, 4.) Urteile und Bescheide. Je höher eine Norm in diesem Stufenbau einzuordnen ist, desto größer ist ihre derogatorische Kraft; siehe »Derogation. *JLR*

Stufenbau nach der rechtlichen Bedingtheit ÖR
stellt bloß auf die Beziehung einer erlassenen Norm („bedingtes Recht“) zu jener Norm ab, auf der sie beruht („bedingendes Recht“). Die letztere Norm bildet also die erforderliche Basis bzw das Deutungsschema; in diesem Sinn „bedingt“ sie den Inhalt der erlassenen Norm und ist ihr übergeordnet. Nachteil: Es gibt unzählige derartige Beziehungen zwischen Normen in jeder Rechtsordnung, daher bringt diese Stufenbaulehre keinen Gewinn an Übersichtlichkeit – anders als die Lehre vom Stufenbau nach der derogatorischen Kraft. Beispiel: Eine be-

stimmte Geschwindigkeitsbeschränkung (VO) wird durch Anforderungen der StVO bedingt. Ebenso ist es – jeweils für sich betrachtet – bei allen anderen bestehenden Geschwindigkeitsbeschränkungen. *CMP*

Stufenbausysteme ÖR
Derer gibt es zwei: Den »Stufenbau nach der derogatorischen Kraft (universell einsetzbar, ermöglicht die Systematisierung der meisten Rechtsnormen) und den »Stufenbau nach der rechtlichen Bedingtheit (stellt bloß auf die Beziehung einer erlassenen Norm zu jener Norm ab, auf der sie beruht). *CMP*

StVO ÖR
»Straßenverkehrsordnung *CMP*

Subjektionstheorie PR
(Auch Gewaltentheorie, Mehrwertigkeitstheorie und Über- und Unterordnungstheorie genannt.) Theorie, die bei der Abgrenzung von öffentlichem Recht und Privatrecht darauf abstellt, ob eine Über- und Unterordnung der Beteiligten (öffentliches Recht) oder Gleichrangigkeit (Privatrecht) vorliegt. Beachte: Gleiche Definition im öffentlichen Recht. *PS*

Subjektiv vorwerfbar PR
Siehe »Verschulden. *AW*

Subjektive Äquivalenz PR
Mit Hilfe der Gewährleistungsbehelfe soll die vereinbarte Relation der vertraglichen Leistungen wiederhergestellt werden. Dabei müssen diese einander aber nicht nach objektiven Wertansätzen (gemeiner Wert, Marktwert) entsprechen; vielmehr genügt es, wenn jene Wertrelation, welche die Parteien vereinbart haben, vorhanden bleibt. *AP/EK*

Subjektive Auslegung PR
Siehe »Historische Auslegung. *AP/EK*

Subjektive Interpretation ÖR
»Historische Interpretation kann auch als subjektive Interpretation bezeichnet werden. *GH*

Subjektiver Parteiwille PR
Siehe »Vertragsauslegung. *SR*

Subjektiver Schuldnerverzug PR
liegt vor, wenn den Schuldner an seinem »Verzug Verschulden trifft. Neben den für den objektiven Schuldnerverzug (»Objektiver Schuldnerverzug) geltenden Rechtsfolgen treffen den Schuldner auch noch Schadenersatzpflichten. Sofern der Gläubiger den Erfüllungsanspruch wählt, hat der Schuldner den »Verspätungsschaden zu leisten. Tritt aber der Gläubiger vom Vertrag zurück, so kann er Schadenersatz in Höhe des Erfüllungsinteresses (»Erfüllungsinteresse) verlangen. *AP/EK*

Subjektives Erbrecht PR
Siehe »Erbrecht im subjektiven Sinn. *MH/AG*

Subjektives öffentliches Recht ÖR
»Subjektives Recht, das vor einer »Verwaltungsbehörde geltend zu machen ist. Ein subjektives öffentliches Recht ist zB das Recht des Nachbars auf Einhaltung der Vorschriften einer »Bauordnung in einem Bauverfahren. Vgl »Subjektives Privatrecht. *SL*

Subjektives Privatrecht ÖR
»Subjektives Recht, das zivilgerichtlich (also vor einem ordentlichen Gericht) geltend zu machen ist. Ein subjektives Privatrecht ist zB das Recht des Verkäufers auf den »Kaufpreis. Vgl »Subjektives öffentliches Recht. *SL*

Subjektives Recht ÖR
Ein aus einer »Rechtsvorschrift des objektiven Rechts (»Objektives Recht) resultierender rechtlich durchsetzbarer »Anspruch. "Besondere" subjektive Rechte stellen die Grundrechte (»Grundrecht) dar, da sie ihre Grundlage in einer Bestimmung des Verfassungsrechts im formellen Sinn (»Verfassungsrecht im formellen Sinn) haben. *SL*

Subjektives Recht im Verfassungsrang ÖR
Vgl dazu »Grundrecht. *JF*

Subjektstheorie PR
Abgrenzungstheorie, wonach ein öffentlich-rechtliches Rechtsverhältnis dann vorliegt, wenn ein Hoheitsträger beteiligt ist, der Hoheitsgewalt ausübt. *PS*

Subordinationstheorie ÖR
Auch Subjektionstheorie oder »Subjektstheorie. *CMP*

Subsidiarität ÖR
Eine Bestimmung ist nachrangig gegenüber einer anderen, vorrangigen Bestimmung. Nur dann, wenn die vorrangige Bestimmung nicht angewendet werden kann (etwa weil der »Tatbestand nicht erfüllt ist), kommt die subsidiäre Bestimmung zum Zug. *CMP*

Subsidiaritätsprinzip ÖR
In unserer Verfassung kommt dieses Prinzip dadurch zum Ausdruck, dass die staatliche Verwaltung nur jene Aufgaben übernimmt, die sie zweckmäßigerweise selbst besorgt; Aufgaben, die sinnvoller von lokalen oder spezialisierten Einheiten (juristischen Personen) staatsferner zu besorgen sind, werden Selbstverwaltungsorganen übertragen. Bsp: kommunale Selbstverwaltung (Gemeinden); berufliche Selbstverwaltung (Rechtsanwaltskammer, Anwaltskammer, Ärztekammer).
Beachte: Das Subsidiaitätsprinzip kommt auch im Verhältnis zwischen der EG und ihren Mitgliedstaaten zur Anwendung: Die EG soll nur jene

Kompetenzen erhalten, die sie besser wahrnehmen kann als die einzelnen Mitgliedstaaten. *CMP*

Subsidiär ÖR
Siehe »Subsidiariät. *CMP*

Subsidiärregel ÖR
Siehe »Subsidiariät. *CMP*

Substituieren PR
Ersetzen. Siehe »Substitution. *MH/AG*

Substitution PR
(1) Im Erbrecht: Überbegriff für »Ersatzerbschaft (gemeine Substitution) und »Nacherbschaft (fideikommissarische Substitution).
(2) Im Schuldrecht: Die Übertragung der Pflichten aus einem »Auftrag durch den »Auftragnehmer an einen Dritten. *MH/AG*

subsumieren ÖR
Siehe »Subsumtion. *CMP*

Subsumtion ÖR
Vorgang, bei dem geprüft wird, ob ein »Sachverhalt alle in einer Bestimmung enthaltenen Tatbestandselemente (»Tatbestandselement) erfüllt. Es wird also ermittelt, ob sich der konkrete SV und der »Tatbestand der Bestimmung decken. Siehe auch: »Rechtsfolge. *CMP*

Subsumtion PR
Die Zuordnung eines Sachverhalts zu den Tatbestandsmerkmalen (siehe »Sachverhalt und »Tatbestand). Die Subsumtion erfolgt mittels eines »Syllogismus, wobei der Tatbestand den »Obersatz und der Sachverhalt den »Untersatz bildet.Beispiel: Sachverhalt (Obersatz): „Anna, deren Gatte Bernhard vor 3 Jahren gestorben ist, heiratet ihren Anwalt Justus." Tatbestand des § 1244 ABGB (Untersatz): „Wenn die Witwe sich verehelicht ..." Ergebnis (Schlusssatz): Der Tatbestand ist erfüllt, da Anna „Witwe" ist und sich mit Justus „verehelicht". *MH/AG*

Superädifikat PR
(Überbau) Ein Superädifikat ist ein selbständiges Bauwerk, das auf fremdem Grund mit der Absicht aufgeführt wird, dass es nicht stets dort bleiben soll. Erforderlich ist entweder leichte Entfernbarkeit (so zB bei Würstelständen, Praterbuden etc) oder mangelnde Belassungabsicht, die sich zB aus einem zeitlich begrenzten Nutzungsrecht der Liegenschaft ergeben kann. Wie das Baurecht (»Baurecht im Privatrecht) ermöglicht das Institut des Superädifikats daher die Errichtung eines Bauwerks auf fremdem Grund. *DH*

Superficies solo cedit PR
Grundsatz, dass das Eigentum am Gebäude dem Eigentum am Grundstück folgt und das Gebäude daher unselbständiger Bestandteil des Grundstücks wird. Siehe auch den Anwendungsfall der »Bauführung. *DH*

Supranationale Organisation ÖR
Supranationale Organisationen können im Gegensatz zu internationalen Organisationen (»Internationale Organisation) durch ihre Beschlüsse nicht nur Staaten, sondern auch physische und juristische Personen in ihren Mitgliedstaaten unmittelbar verpflichten oder berechtigen. Supranationale Ermächtigungen innerhalb der EU finden sich nur in den Verträgen der Ersten Säule – »Erste Säule der »EU (für »EG, [»EGKS], »EAG) –, die »Zweite Säule und »Dritte Säule enthalten klassisches »Völkerrecht. *JLR*

Suspensivbedingung ÖR
Siehe »Aufschiebende Bedingung. *SL*

Suspensives Veto ÖR
Auch aufschiebendes Veto. Speziell Einspruch des Bundesrats (»Bundesrat) gegen einen Gesetzesbeschluss des Nationalrats (»Nationalrat). Der Nationalrat kann dem Einspruch folgen und den Gesetzesbeschluss ändern oder einen »Beharrungsbeschluss (erhöhtes »Präsenzquorum) fassen und sich damit über das Veto des Bundesrats hinwegsetzen. *SL*

Syllogismus PR
(Begriff aus der Logik nach Aristoteles) Grundform der logischen Schlussfolgerung. Aus zwei Prämissen (»Obersatz und »Untersatz) wird ein Schluss (»Schlusssatz) gezogen.
Beispiel: Alle Hunde sind sterblich (Obersatz). Simba ist ein Hund (Untersatz). Simba ist daher sterblich (Schlusssatz). In der Rechtswissenschaft erfolgt die »Subsumtion mittels eines Syllogismus. *MH/AG*

Synallagma PR
Die Verknüpfung der beiderseitigen Hauptleistungspflichten (siehe »Hauptleistungspflicht) bzw das Austauschverhältnis eines zweiseitig verbindlichen Vertrages. Die eine Leistung besteht gerade der anderen Leistung wegen. Siehe auch »Synallagmatischer Vertrag. *MH/AG*

Synallagmatischer Vertrag PR
Die aus einem zweiseitig verpflichtenden Rechtsgeschäft (»zweiseitig verpflichtendes Rechtsgeschäft) einander gegenüberstehenden Leistungen werden als Synallagma bzw als synallagmatische Verträge bezeichnet. Dies bedeutet, dass die jeweiligen Leistungen in einem Austauschverhältnis zueinander stehen. *SR*

Syndicus (PR)
(Auch: Syndikus, Firmenanwalt) Rechtsanwalt, der dauerhaft für ein nichtanwaltliches Unternehmen tätig ist, in der Regel als »freier Dienstnehmer aufgrund eines freien Dienstvertrags. *MH/AG*

System freier Bildung von juristischen Personen (PR)
(auch: freie Körperschaftsbildung) ist eines der drei Gründungssysteme bei der Bildung juristischer Personen. Bei ihr entsteht die »juristische Person ausschließlich durch privatrechtlichen Gründungsakt, während die beiden anderen Gründungssysteme auch einen staatlichen Gründungsakt erfordern (vgl »Normativsystem, »Konzessionssystem). In Öst gilt die „freie Vereinsbildung“ grundsätzlich nicht. *BB*

Systematische Auslegung (PR)
(Systematisch-logische Auslegung) Dabei wird gefragt, welche Stellung die auszulegende gesetzliche Regelung in der Gesamtheit des Gesetzessystems hat. Es ist jene Bedeutung vorzuziehen, die dem systematische Zusammenhang bzw dem Gesetzesaufbau am ehesten entspricht. Insofern sind Rechtsvorschriften stets im Sinne des höherrangigen Rechts auszulegen. Man spricht auch von verfassungskonformer (»Verfassungskonforme Auslegung) und gemeinschaftsrechtskonformer Auslegung (»Gemeinschaftsrechtskonforme Auslegung). *AP/EK*

Systematische Interpretation (ÖR)
Dabei sind nicht nur einzelne Worte oder Sätze, sondern der systematische Zusammenhang verschiedener Sätze bzw Bestimmungen zu beachten. Es dürfen dabei einzelne Normen nicht getrennt beurteilt werden, sondern der Zusammenhang der in Frage kommenden Regelungen wird zur »Auslegung herangezogen. *GH*

Tagsatzung (PR)
Vom Gericht anberaumte Zusammenkünfte zwischen dem Gericht und den Parteien oder dritten Personen. Besonders geregelt ist die »vorbereitende Tagsatzung. *PS*

Tatbestand (ÖR)
Die Gesamtheit jener Ereignisse (zB: wer einen anderen so betrügt, dass ein großer Schaden eintritt, ...), die eine Bestimmung für relevant (rechtserheblich) erklärt. Der Tatbestand ist also Teil der auf einen Sachverhalt anzuwendenden Rechtsvorschrift. Sind die geforderten Tatbestandselemente (»Tatbestandselement) erfüllt, tritt die von der Bestimmung vorgesehene Rechtsfolge ein (sonst nicht). *CMP*

Tatbestand (PR)
Teil der »Rechtsnorm, der eine allgemeine, abstrakte Beschreibung eines Vorgangs enthält, der eine Rechtsfolge nach sich ziehen soll.
Beispiel: § 1244 ABGB: „Wenn die Witwe sich verehelicht ...“.

Unterscheide davon: »Sachverhalt, »Rechtsfolge, siehe auch »Subsumtion. *MH/AG*

Tatbestandselement (ÖR)
Teil eines Tatbestands (»Tatbestand). Eines jener Ereignisse, die eine Bestimmung für relevant (rechtserheblich) erklärt (zB: Wer einen anderen ... betrügt, ...). *CMP*

Tatbestandsmerkmal (PR)
Ein »Tatbestand setzt sich aus Tatbestandsmerkmalen zusammen.
Beispiel: Die Eigenschaft, Witwe zu sein, und die Verehelichung sind Merkmale des Tatbestandes des § 1244 ABGB „Wenn die Witwe sich verehelicht ...“ *MH/AG*

Tausch (PR)
Siehe »Tauschvertrag. *MH/AG*

Tauschgerechtigkeit (RPH)
spricht die Frage der (arithmetischen) Gerechtigkeit im formalrechtlich gleichberechtigten Austauschverhältnis (von Gütern) an: Im marktförmigen Austauschverhältnis herrscht dann Gerechtigkeit, wenn in etwa (vgl "laesio enormis" im ABGB) Gleichwertigkeit (Äquivalenz) herrscht zwischen Leistung und Gegenleistung. Weitere ethische Ansprüche stellt dieses Gerechtigkeitskonzept nicht, womit die stukturellen Grenzen des Marktes für die Lösung sozialer Gerechtigkeitsprobleme offenkundig werden. *CMS*

Tauschvertrag (PR)
»Veräußerungsvertrag, mit dem von jedem Teil das »Eigentum an einer Sache an den jeweils anderen übertragen wird („Ware gegen Ware“). Der Tauschvertrag wird vom ABGB als Grundform des entgeltlichen Geschäfts (siehe »entgeltliches Rechtsgeschäft) behandelt. *MH/AG*

Taxativ (ÖR)
Abschließend. Der Begriff wird meist in Zusammenhang mit einer Aufzählung verwendet und bringt hier zum Ausdruck, dass die Aufzählung alle Elemente umfasst, die auch umfasst sein sollen. Neben den ausdrücklich angeführten Elementen gibt es daher keine weiteren. Vgl im Gegensatz dazu »Demonstrativ. *SL*

Taxative Enumeration mit Generalklausel (ÖR)
Grundsatz, nach dem alle Gesetzgebungs- und Vollzugskompetenzen, die nicht ausdrücklich dem »Bund zugewiesen sind, in den Zuständigkeitsbereich der Länder fallen. Vgl »Kompetenzverteilung. *SL*

Teiländerndes Verfassungsgesetz ÖR
Auch: „einfaches“ Verfassungsgesetz. Für seinen Beschluss ist nur die Zweidrittelmehrheit im Nationalrat, nicht aber eine Volksabstimmung erforderlich. Dadurch unterscheidet es sich vom „gesamtändernden Verfassungsgesetz“, das in Grundprinzipien eingreift und daher einer Volksabstimmung unterzogen werden muss. *CMP*

Teilnichtigkeit PR
liegt vor, wenn ein Vertrag bei Fehlen einer der »Wirksamkeitsvoraussetzungen des Vertragsschlusses nur in dem vom »Wurzelmangel erfassten Teil »nichtig ist, der Rest des Vertrags jedoch gültig bleibt. Voraussetzung dafür ist, dass nach dem Willen beider Parteien die restliche (gültige) Vereinbarung von der nichtigen trennbar ist. Beruht die »Nichtigkeit allerdings auf einer Gesetzwidrigkeit des Vertrags, so ist die Frage der Teilnichtigkeit nicht nach dem Parteiwillen, sondern nach dem Schutzzweck der Verbotsnorm zu beurteilen (vgl »Erlaubtheit des Vertragsinhaltes). *BB*

Teilnovelle PR
Vgl »Novelle. Im Zusammenhang mit dem ABGB werden unter diesem Begriff die drei Teilnovellen aus den Jahren 1914, 1915 und 1916 verstanden, die wesentliche Teile des ABGB veränderten. *AW*

Teilrechtsfähigkeit PR
bedeutet »Rechtsfähigkeit, die gesetzlich auf bestimmte Bereiche (bestimmte Rechte oder Pflichten) eingeschränkt ist. Das teilrechtsfähige Rechtssubjekt kann Rechte und Pflichten, die nicht von seiner Rechtsfähigkeit umfasst sind, nicht wirksam erwerben. Das Phänomen ist auf die »juristische Person beschränkt (zB das Patentamt ist rechtsfähig nur für bestimmte seiner Aufgaben); der Mensch als »natürliche Person ist immer vollrechtsfähig (Ausnahme: »Nasciturus). *BB*

Teleologie RPH
ist eine metaphysische Konzeption, die besagt, dass man im Erkenntnisprozess vom Ziel und Zweck, vom ganzheitlichen Telos eines Phänomens ausgehen muss, um dieses wahrhaft "verstehen" zu können. Ausgangspunkt ist die "causa finalis"-Lehre des ARISTOTELES, der neben der Wirkursache (causa efficiens) die Zweckursache (causa finalis) als wesentliche Verständnisdimension zur Anwendung bringen möchte. Im Bereich juristischer Methodenlehre gibt es entsprechend eine "teleologische" Interpretation. *CMS*

Teleologisch PR
am Sinn und Zweck einer gesetzlichen Regelung orientiert. So dient insbesondere die »teleologische Auslegung dazu, den hinter einer Rechtsnorm stehenden Gesetzeszweck zu erforschen. *AP/EK*

Teleologische Auslegung PR
(objektive Auslegung) dient dazu, den aus einem Rechtssatz hervortretenden Gesetzeszweck und den Sinn einer gesetzlichen Regelung zu ermitteln. Dabei wird aber nicht nach dem Willen des Gesetzgebers im Sinne der historischen Auslegung (»Historische Auslegung) gefragt, sondern nach dem objektiv in der Norm enthaltenen Zweck, der sich bei älteren Normen im Laufe der Zeit auch gewandelt haben kann. Damit wird eine möglichst weitreichende Adaption veralteter Rechtssätze an geänderte Situationen erreicht. *AP/EK*

Teleologische Interpretation ÖR
Der Name geht auf das griechische Wort "telos" (Zweck) zurück. Es steht dabei der Sinn und Zweck einer Regelung im Vordergrund. Dabei ist jedoch umstritten, ob nur der Wille des Gesetzgebers oder der von diesem verselbständigte und abgelöste objektive Sinn und Zweck der Regelung im Vordergrund steht. Nach rechtspositivistischer Auffassung ist es im Rahmen der teleologischen Interpretation besonders riskant, unzulässigerweise Wertvorstellungen in die Interpretation einfließen zu lassen. *GH*

Teleologische Reduktion ÖR
Bei der teleologischen Reduktion handelt es sich genau genommen um das Gegenstück zur »Analogie. Im Falle einer zu umfangreich gefassten Bestimmung wird diese auf den nach der Zweck oder dem systematischen Zusammenhang der Regelung eigentlichen Anwendungsbereich reduziert. *GH*

Teleologische Reduktion PR
Ergibt sich aufgrund des Plans des Gesetzgebers, dass eine Rechtsnorm einen Sachverhalt erfasst, den sie in Hinblick auf den Zweck des Gesetzes gar nicht regeln dürfte, so ist es zulässig, die gesetzliche Norm teleologisch zu reduzieren. Hierbei wird ein zu weit gefasster gesetzlicher Tatbestand auf jenen Anwendungsbereich eingeschränkt, der ihm nach dem Sinn und Zweck des Gesetzes zukommt. *AP/EK*

Termin PR
Rechtlich erheblicher Zeitpunkt. Beispiel: „Am 30. 6. endet das Vertragsverhältnis.“ *SR*

Terminus ÖR
Ausdruck, Begriff *CMP*

Terminus technicus ÖR
In der Juristerei: juristischer Fachausdruck; siehe »Rechtssprache. *CMP*

Territoriale Selbstverwaltung ÖR
Dabei handelt es sich um eine Form der Selbstverwaltung, deren Wirkungsbereich nach territorialen Kriterien abgegrenzt ist. Den einzigen Fall einer territorialen Selbstverwaltung in Österreich bilden die Gemeinden. Der Wirkungsbereich der übrigen Selbstverwaltungskörper (zB Kammern, Sozialversicherungsträger) ist dagegen nach personellen Kriterien abgegrenzt. *GM*

Testament PR
Letztwillige Verfügung des Erblassers, in der er einen oder mehrere Erben (siehe »Erbe) einsetzt. Das Testament unterliegt strengen Formvorschriften (siehe »Testamentsformen). Es ist ein einseitiges Rechtsgeschäft, die Willenserklärung ist nicht empfangsbedürftig und jederzeit widerruflich. Unterscheide davon: »Vermächtnis. *MH/AG*

Testamentsformen PR
Es gibt verschiedene Formen von Testamenten. Alle sind aber aufgrund des Schutzes vor unüberlegten Anordnungen (Warnfunktion) und zur Beweissicherung in Hinblick auf ihre Gültigkeit (Beweisfunktion) an strenge Formvorschriften gebunden (siehe »Formgebunden(heit)). Es wird zwischen privaten Testamenten (siehe »Eigenhändiges Testament, »Fremdhändiges Testament oder »Nottestament) und öffentlichen Testamenten (siehe »Öffentliches Testament) unterschieden. *MH/AG*

Testator PR
Person, die eine »letztwillige Verfügung errichtet. *MH/AG*

Testierabsicht PR
Der rechtsgeschäftliche Wille, der darauf gerichtet ist, jemandem etwas letztwillig zu hinterlassen. Die Testierabsicht ist Voraussetzung rechtswirksamen Testierens. Ohne diesen Willen ist eine »letztwillige Verfügung unwirksam. *MH/AG*

Testieren PR
(1) Im engeren Sinne: Ein »Testament verfassen.
(2) Im weiteren Sinne: Eine »letztwillige Verfügung verfassen. *MH/AG*

Testierfähig PR
Siehe »Testierfähigkeit. *MH/AG*

Testierfähigkeit PR
Die Fähigkeit, eine gültige »letztwillige Verfügung zu errichten. Der Begriff ist insofern irreführend, als er jede letztwillige Verfügung, nicht nur das »Testament betrifft. Die Testierfähigkeit ist ein Unterfall der »Geschäftsfähigkeit und tritt grundsätzlich mit Erreichen der Volljährigkeit (siehe »volljährig) ein. Allerdings kann schon ein »mündiger Minderjähriger unter Einhaltung spezieller Formvorschriften (vor Gericht oder »Notar) testieren, ein unmündiger keinesfalls. Ansonsten hängt die Testierfähigkeit wie die Geschäftsfähigkeit vom Geisteszustand ab. *MH/AG*

Testierfreiheit PR
Überlässt es dem »Erblasser grundsätzlich, auch für den Fall des Todes selbst zu entscheiden, was mit seinem Vermögen geschehen soll. Sie wird jedoch durch das Prinzip der »Familienerbfolge (genauer: durch das »Pflichtteilsrecht) eingeschränkt. Die Testierfreiheit ist ein wichtiges Element der »Privatautonomie und eines der beiden Grundprinzipien des Erbrechts. *MH/AG*

Theorie des positiven Rechts ÖR
wird auch bedeutungsgleich mit „Rechtspositivismus“ verwendet. *CMP*

Therapeutisches Klonen RPH
ist die irreführende (Luf) Bezeichnung für "nicht-reproduktives" Klonen (siehe dort). Es geht im Wesentlichen darum, dass auch beim Therapeutischen Klonen nicht die Therapie des betroffenen Individuums, sondern ein abstraktes therapeutisches Forschungsinteresse im Vordergrund steht. *CMS*

Therapeutisches Privileg RPH
ist ein Begriff aus dem Bereich des Arzt-Patienten-Verhältnisses und beschreibt jene Situation, in der der Arzt die grundsätzlich zu leistende möglichst vollständige Aufklärung des Patienten hinsichtlich Diagnose und Therapie im Lichte einer durch eine solche umfassende Aufklärung mit hoher Wahrscheinlichkeit drohenden schwerwiegenden gesundheitlichen Belastung bzw Schädigung des Patienten partiell zurückhalten kann. *CMS*

Titel PR
(Causa) Rechtsgrund, der den Rechtserwerb rechtfertigt, idR ein Verpflichtungsgeschäft wie zB ein Kaufvertrag. *DH*

Titel und Modus PR
Elemente, die Voraussetzung einer Begründung dinglicher Rechte sind. »Titel ist der Rechtsgrund, der den Erwerb des Rechts rechtfertigt, zB ein Kaufvertrag. »Modus ist eine geeignete Erwerbsart, zB die Übergabe der gekauften Sache oder die Entragung ins Grundbuch beim Kauf einer Liegenschaft. *DH*

Titulus PR
Siehe »Titel. *MH/AG*

Todeserklärung (PR)
ist der gerichtliche Beschluss, dass von einer verschollenen Person (»Verschollenheit) widerleglich zu vermuten sei, sie sei zu dem im Beschluss festgelegten Zeitpunkt verstorben. Die Todeserklärung löst die sonst mit dem Tod verbundenen Rechtsfolgen (zB erbrechtliche) in Fällen aus, in denen der Beweis des Todes (vgl »Totenschein) unmöglich ist. Sie kann aufgehoben oder berichtigt werden, wenn bekannt wird, dass der für tot Erklärte noch lebt oder zu einem anderen Zeitpunkt verstorben ist. *BB*

Totalitäres System (ÖR)
Hier durchdringt der Staat alle menschlichen Lebensbereiche. Damit der Staat diese "totale Kontrolle" ausüben kann, versucht er alle Bereiche des Lebens zu kontrollieren und zu überwachen. Das System ist beherrscht vom »Prinzip des Kollektivismus. Man spricht hier auch vom Weltanschauungsstaat. Beispiele: Faschismus, Nationalsozialismus. Unterscheide »Liberales System. *JF*

Totenbeschauer (PR)
ist der Arzt, der den »Totenschein ausstellt. *BB*

Totenschein (PR)
ist der von einem Arzt (dem Totenbeschauer) ausgestellte Beweis des Todes eines Menschen. Existiert kein Totenschein, etwa weil der Leichnam nie gefunden wurde, kann ein Gerichtsbeschluss aufgrund anderer Beweise den Totenschein als Todesbeweis ersetzen. Gibt es keinen Beweis für den Tod, kann die »Rechtssicherheit schließlich durch eine »Todeserklärung hergestellt werden. *BB*

Totes Recht (ÖR)
Bestimmungen einer Rechtsordnung, welche nicht befolgt und/oder nicht vollzogen werden. Sie gelten zwar, haben aber keine Auswirkungen. Siehe auch »Effektivität. *CMP*

Tötung (PR)
Das ABGB regelt den Umfang des Schadenersatzanspruches infolge Tötung. Wer den Tod eines anderen verursacht, hat alle damit verbundenen Kosten (Begräbnis, Grabstätte, Trauerkleidung naher Angehöriger etc) und den entgangenen Unterhalt der nach dem Gesetz unterhaltsberechtigten Hinterbliebenen zu ersetzen. *AW*

Traditio brevi manu (PR)
»Übergabe kurzer Hand *DH*

Transformation (ÖR)
Umsetzung von internationalem in nationales Recht; wie die Umsetzung erfolgt, ist in den staatlichen Rechtsordnungen festgelegt. Unterscheide »generelle Transformation und »spezielle Transformation. *JF*

Transmission (PR)
Die Vererbung des subjektiven Erbrechts (siehe »Erbrecht im subjektiven Sinn). Stirbt der berufene Erbe zwischen dem Erbanfall (Entstehen des Erbrechts) und der »Einantwortung, treten grundsätzlich seine eigenen Erben an seine Stelle. Im Fall des Todes des Erben nach Abgabe einer »Erbantrittserklärung erben jedenfalls dessen eigene Erben, stirbt er, noch bevor er eine Erbantrittserklärung abgeben konnte, so gehen etwaige Ersatzerben (siehe »Ersatzerbe) den eigenen Erben des Berufenen vor. Auch »Pflichtteil und »Vermächtnis sind vererblich. *MH/AG*

Transparenzgebot (PR)
Besagt gemäß § 6 Abs 3 KSchG, dass eine in Allgemeinen Geschäftsbedingungen (»Allgemeine Geschäftsbedingungen, »AGB) oder Vertragsformblättern (»Vertragsformblatt) enthaltene Vertragsbestimmung für »Verbraucher unwirksam ist, wenn sie unklar oder unverständlich abgefasst ist. *SR*

Transplantationsmedizin (RPH)
ist jener Bereich der Medizin, der sich mit der Organtransplantation beschäftigt. Dabei treten strukturell drei zentrale ethische Problembereiche auf: (1) Wann darf überhaupt ein Organ entnommen werden (bei der Organtentnahme von Toten das Problem des Todeszeitpunkts). (2) Wem darf überhaupt ein Organ entnommen werden (Problem der autonomen Selbstbestimmung im Hinblick auf die eigenen Organe; Zustimmungs- vs. Widerspruchslösung). (3) Frage gerechter Organzuteilung bei extremer Organknappheit. *CMS*

Transportrecht (PR)
Summe aller Rechtsnormen, die die Beförderung von Gütern auf der Straße, mit der Eisenbahn, dem Flugzeug und dem Schiff zum Inhalt haben. Es regelt beispielsweise die Haftung des Frachtführers, den Speditions- und den Frachtvertrag. Es ist ein stark zersplittertes Rechtsgebiet. *AW*

Trennung von Sein und Sollen (ÖR)
Eine fundamentale Erkenntnis des Rechtspositivismus ist die, dass Sein und Sollen streng zu trennen sind. Dh: Daraus, dass ein bestimmtes Faktum existiert (etwas so ist), kann nicht abgeleitet werden, dass dies auch vorgeschrieben ist (so sein soll), und umgekehrt. Daraus, dass Gary auf der österreichischen Autobahn prinzipiell 320 km/h fährt, kann nicht abgeleitet werden, dass dies auch erlaubt ist. Oder umgekehrt: Daraus, dass auf österreichischen Autobahnen 130 km/h erlaubt sind, kann

nicht abgeleitet werden, dass der notorische Raser Gary sich auch daran hält. *CMP*

Treuepflicht (PR)
»Nebenpflicht des Arbeitnehmers (siehe »Arbeitnehmer) aus dem »Arbeitsvertrag, die Interessen des Arbeitsgebers (siehe »Arbeitgeber) zu wahren, zB interne Daten geheimzuhalten. Auch den »Auftragnehmer trifft gegenüber dem »Auftraggeber eine Treuepflicht.

Beachte auch die eheliche Treuepflicht, die bei sexueller Untreue, aber auch bei einem sonstigen schweren Vertrauensmissbrauch verletzt wird. *MH/AG*

Treuhänder (PR)
Erhält vom Treugeber Rechte übertragen, die er im eigenen Namen, aber im Interesse des Treugebers nur in einer bestimmten Weise ausüben soll. Der Treuhänder handelt im Interesse eines anderen, jedoch im eigenen Namen (Beachte: Unterscheidung zur »Stellvertretung: Der »Stellvertreter handelt im fremden Namen). Der Treuhänder „kann mehr, als er darf". *SR*

Trödelvertrag (PR)
(Auch: Verkaufsauftrag) Vertrag, bei dem der »Eigentümer eine »bewegliche Sache dem Übernehmer (»Trödler) übergibt, welcher innerhalb eines bestimmten Zeitraums entweder die Sache zurückgeben oder einen bestimmten Kaufpreis dafür zahlen muss (»Wahlschuld). Der Trödler ist berechtigt, die Sache zu veräußern. Der Trödelvertrag ist ein »Realvertrag, er kommt mit der Übergabe der Sache zustande.

Beispiel: Anna übergibt dem Antiquitätenhändler Heinz eine alte Truhe. Sie vereinbaren, dass Heinz die Truhe bis Weihnachten zurückstellen soll, wenn er sie bis dahin nicht verkauft hat oder selbst behalten möchte. Gibt er sie nicht zurück, hat er einen Kaufpreis von € 100 zu zahlen. *MH/AG*

Trödler (PR)
Jener Vertragspartner des Trödelvertrags, welcher eine »bewegliche Sache vom »Eigentümer übergeben bekommt und diese innerhalb eines bestimmten Zeitraums entweder zurückgeben muss oder einen bestimmten Kaufpreis dafür zahlen muss. Der Trödler ist berechtigt, die Sache zu veräußern. Siehe »Trödelvertrag. *MH/AG*

Tribunal (ÖR)
Ein aus dem »Gemeinschaftsrecht stammender Begriff, der sowohl alle Gerichte (»Gericht) (Zivil- und Strafgerichte sowie »VfGH und »VwGH) als auch bestimmte »Verwaltungsorgane umfasst, denen eine gerichtsähnliche Unabhängigkeit zukommt. Darunter fallen etwa die »UVS in den Ländern. Der Begriff Tribunal ist vor allem im Rahmen des Vorabentscheidungsverfahrens (»Vorabentscheidungsverfahren) von großer Bedeutung. *SL*

Typenzwang (PR)
Siehe »Sachenrechtlicher Typenzwang. *DH*

Typologische Betrachtungsweise (ÖR)
Herausarbeiten von gleichartigen Strukturen (Typen) zur Verbesserung der Übersichtlichkeit zB eines Rechtsgebiets. *CMP*

Typusbegriff (PR)
Begriff, der durch verschiedene Tatbestandsmerkmale (siehe »Tatbestandsmerkmal) charakterisiert wird, wobei die verschiedenen Merkmale im konkreten »Sachverhalt unterschiedlich stark ausgeprägt sein können und auch nicht alle immer vorliegen müssen. Beispiel: Unter den Typusbegriff »Arbeitnehmer fällt auch, wer nicht ausschließlich mit den Betriebsmitteln des Arbeitgebers arbeitet, sofern die anderen Tatbestandsmerkmale (siehe »Persönliche Abhängigkeit) vorliegen. *MH/AG*

Über- und Unterordnungstheorie (PR)
Siehe »Subjektionstheorie. *PS*

Übereignung (PR)
»Verfügungsgeschäft, das die Einigung über den Eigentumsübergang enthält. Sie bewirkt den Rechtsübergang. Verbunden ist sie mit einem äußeren Vorgang wie der Übergabe der Sache oder der Eintragung ins Grundbuch. *DH*

Übereilung (PR)
Siehe »Eheschließung. *VTH*

Übergabe (PR)
Bewegliche Sachen werden durch Übergabe übertragen. Diese erfolgt entweder körperlich "von Hand zu Hand" (»körperliche Übergabe) oder durch Zeichen (»Übergabe durch Zeichen) oder durch Erklärung (»Übergabe durch Erklärung). *DH*

Übergabe durch Erklärung (PR)
Form der Übertragung durch Übergabe bei beweglichen Sachen. Man unterscheidet drei Arten der Übergabe durch Erklärung: »Übergabe kurzer Hand, »Besitzkonstitut und »Besitzanweisung. *DH*

Übergabe durch Versendung (PR)
Bei beweglichen Sachen findet die Übertragung durch » Übergabe statt. Wird eine Sache versendet, so ist die Übergabe an das Transportunternehmen, sofern der Erwerber die Transportart genehmigt hat, der für die Eigentumsübertragung ausschlaggebende Moment. Bei Versendung durch Bahn

und Post wird die Genehmigung durch den Erwerber vermutet. *DH*

Übergabe durch Zeichen (PR)
Symbolische Übergabe, weil eine körperliche Übergabe nicht möglich ist oder unverhältnismäßig große Mühen und Kosten verursachen würde. Solche Zeichen können zB Urkunden sein, die das Eigentum dartun, oder Werkzeuge, mit denen der Erwerber Verfügungsgewalt über die Sache erhält (zB eine Werkstätteneinrichtung wird an den Erwerber durch Übergabe des Schlüssels zur Werkstätte übergeben). *DH*

Übergabe kurzer Hand (PR)
Form der Übergabe durch Erklärung. Die zu übergebende Sache befindet sich bereits beim Erwerber, der bis jetzt nur »Inhaber war und »Besitzer wird. Die Sache muss nicht hin und wieder zurückgegeben werden. Bsp: A hatte das Buch des B entlehnt. Er erwirbt das Buch nun von B. A wird vom Inhaber des Buches zum Besitzer. *DH*

Überholende Kausalität (PR)
Die von A gesetzte Ursache (hypothetische Ursache) hätte den Schaden herbeigeführt, wenn ihr nicht die von B gesetzte Ursache (reale Ursache) zuvorgekommen wäre. ZB A legt eine Bombe im Keller eines Hauses. Noch bevor diese explodiert, zündet B das Haus an. Sowohl A als auch B könnten sich auf den jeweils anderen ausreden, keine der Ursachen wäre eine »Conditio sine qua non für den Schadenseintritt. Zum Teil wird die solidarische Haftung beider vertreten, dies ist aber umstritten. *AW*

Übertragener Wirkungsbereich (ÖR)
Der übertragene Wirkungsbereich umfasst jene Aufgaben, in dem Selbstverwaltungskörper staatliche Aufgaben erhalten und daher ausnahmsweise – im Gegensatz zum eigenen Wirkungsbereich – staatlichen Organen gegenüber weisungsgebunden sind. *GM*

Übung des redlichen Verkehrs (PR)
Tatsächlich geübtes Verhalten, das für die Ergänzung und Auslegung von Verträgen herangezogen wird. Siehe »Verkehrssitte (allgemeine), »Unternehmensbrauch. *MH/AG*

UGB (PR)
»Unternehmensgesetzbuch. *MH/AG*

Ultra-vires-Lehre (PR)
ist eine im österr Privatrecht nicht herrschende Theorie zur »Rechtsfähigkeit juristischer Personen, die besagt, dass eine »juristische Person nur Trägerin jener Rechte und Pflichten sein kann, die für die satzungsgemäßen Zwecke der juristischen Person nötig sind (»Satzung). Eine der Ultra-vires-Lehre entsprechende Lösung wurde ausnahmsweise für die »organschaftliche Stellvertretung in »Liquidation befindlicher Gesellschaften vertreten; ebenso bei Privatstiftungen (vgl »Teilrechtsfähigkeit). *BB*

Umfassende Lebensgemeinschaft (PR)
§§ 90 ff ABGB verpflichten die Ehepartner zur umfassenden Lebensgemeinschaft; diese beinhaltet Wohnungsgemeinschaft (zu den Ausnahmen siehe § 92 ABGB), Geschlechtsgemeinschaft, gegenseitige Treue, anständige Begegnung und Beistandspflicht sowie Haushaltsgemeinschaft. Gem § 95 ABGB haben beide Ehepartner an der Führung des gemeinsamen Haushaltes, insb unter Berücksichtigung ihrer beruflichen Belastung, mitzuwirken; ist ein Ehepartner nicht berufstätig, hat er den Haushalt zu führen, eine einvernehmlich gestaltete Mithilfepflicht besteht dennoch, und zwar nach Maßgabe der in § 91 ABGB normierten „Rücksichtnahme aufeinander und auf das Wohl der Kinder mit dem Ziel voller Ausgewogenheit ihrer Beiträge“. Teil der Beistandspflicht ist auch die Mitwirkung des Ehepartners im Erwerb des anderen, „soweit ihm dies zumutbar, es nach den Lebensverhältnissen der Ehegatten üblich und nicht anders vereinbart ist“ (§ 90 (2) ABGB). Ein Abgeltungsanspruch besteht gem § 98 EheG unter Berücksichtigung der erbrachten Leistungen, der Lebensverhältnisse der Ehegatten insgesamt sowie gewährter Unterhaltsleistungen. *VTH*

Umgehungsgeschäft (PR)
Die Vertragsparteien wollen mit einem Umgehungsgeschäft die Anwendung bestimmter Regelungen vermeiden, sodass sie für das Geschäft einen Vertragstyp wählen, der eigentlich einen vollkommen anderen wirtschaftlichen Zweck verfolgt (Beachte: Unterscheidung zum »Scheingeschäft). Ein Umgehungsgeschäft liegt etwa dann vor, wenn zwar ein Kauf gewollt ist, jedoch eine Miete vereinbart wird, um bestimmte Folgen der Eigentumsübertragung zu vermeiden. *SR*

Umkehrschluss (PR)
Siehe »Argumentum e contrario. *AP/EK*

Umweltverträglichkeitsprüfung (ÖR)
Geregelt im UVP-G. Verfahren zur Prüfung von Großprojekten, welche mutmaßlich gravierende Auswirkungen auf die Umwelt haben können. ZB gewisse Straßenprojekte, Kraftwerke, Abfallbehandlungsanlagen, Gewerbeparks, Ferienanlagen etc. *CMP*

UN-Charta ÖR
ist die seit 24. Oktober 1945 in Kraft getretene, in der Rechtsform eines völkerrechtlichen Vertrages verabschiedete "Verfassung" der Vereinten Nationen. *JF*

Unabhängiger Verwaltungssenat ÖR
Die UVS stellen „gerichtsähnlich organisierte kollegiale Verwaltungsberhörden der Länder" (Raschauer, Öffentliches Recht 2007/08) dar. Ihre Mitglieder sind unabhängig und daher an keine Weisungen gebunden. Ihre Entscheidungen sind Bescheide. Bis zum 30. 6. 2008 gab es mit dem Unabhängigen Bundesasylsenat (UBAS) auch einen UVS des Bundes, der mit diesem Zeitpunkt durch den „Asylgerichtshof" ersetzt wurde. *GM*

Unbeachtlicher Mangel PR
(unerheblicher Mangel) liegt vor, wenn der Mangel von so minimaler Bedeutung ist und eine so unerhebliche Minderung des Wertes der geschuldeten Leistung darstellt, dass er für das Gewährleistungsrecht ohne Belang ist. Dieser Begriff (§ 932 Abs 2 aF ABGB) wurde zwar nicht in das geltende Gewährleistungsrecht aufgenommen, dennoch spielen die Erwägungen eines Mangels, der von so geringer Intensität ist, dass er keinerlei Rechtsfolgen auszulösen vermag, weiterhin eine Rolle im Gewährleistungrecht. *AP/EK*

Unbehebbarer Mangel PR
Dieser lässt sich im Rahmen der »Gewährleistung entweder gar nicht oder nicht mit wirtschaftlich vertretbaren Mitteln beheben, dh der Aufwand zur Behebung des Mangels ist für den Übergeber unverhältnismäßig hoch. Hierbei müssen Wert der mangelfreien Sache und Schwere des Mangels abgewogen werden. Ist die Reparatur einer mangelhaften Gattungssache wirtschaftlich unvertretbar, ist der Mangel durch »Austausch zu beheben. Sonst stehen »Preisminderung oder »Wandlung zur Verfügung. *AP/EK*

Unbestimmter Gesetzesbegriff ÖR
Ein in einer Rechtsvorschrift gebrauchter unklarer bzw nicht eindeutiger Ausdruck, welcher der »Auslegung bedarf. Raschauer spricht von einer "offen textierten" Bestimmung. Bsp: "störender Lärm", "mutwillige Prozessführung", "wirtschaftliche Zumutbarkeit", "erhebliche Verkehrsbeeinträchtigung" etc. *CMP*

Unbewegliche Sache PR
Va Liegenschaften. An sich bewegliche Sachen (»Bewegliche Sache) gelten als unbeweglich, wenn sie Zugehör einer unbeweglichen Sache sind (zB: Das Kalb auf der Weide ist daher als Zugehör zu einer Liegenschaft unbeweglich). Rechte sind unbeweglich, wenn sie mit dem Besitz einer unbeweglichen Sache verbunden sind (zB »Grunddienstbarkeiten). *DH*

Unechte Lücke ÖR
Eine »echte Lücke liegt dann vor, wenn eine Norm in eine gewisse Richtung nicht ausreichend präzisiert ist und sie daher nicht angewendet werden kann. Fehlt jedoch nur aus einer bestimmten subjektiven Sichtweise eine konkrete Regelung, ist die Norm aber dennoch anwendbar, liegt keine Lücke bzw eine unechte Lücke vor. *GH*

Uneheliches Kind PR
Ein Kind ist unehelich, wenn die »Mutter entweder noch nie verheiratet war oder wenn das Kind nach Ablauf des 300. Tages nach dem Tod des Ehemannes der Mutter oder nach Scheidung, Aufhebung oder Nichtigerklärung der Ehe der Mutter geboren wird (wenn der frühere Ehemann nicht nachträglich ein Vaterschaftsanerkenntnis abgibt oder durch das Gericht als Vater festgestellt wird, § 138d Abs 1 ABGB). Mit der Geburt des unehelichen Kindes entsteht zwischen dem Kind und der Mutter das »Kindschaftsverhältnis. *SR*

Unentgeltliches Geschäft PR
Siehe »Unentgeltliches Rechtsgeschäft. *SR*

Unentgeltliches Rechtsgeschäft PR
Bei einem unentgeltlichen Rechtsgeschäft wird eine Leistung nicht um einer Gegenleistung willen erbracht (zB Schenkung), sondern aus Freigiebigkeit. Beachte: Für unentgeltliche Rechtsgeschäfte gelten in mancher Hinsicht andere Regelungen als für entgeltliche Rechtsgeschäfte (zB keine Anwendung der Regeln über Gewährleistung; Motivirrtümer sind beachtlich,...). *SR*

Unerheblicher Irrtum PR
Gegensatz zu: »Erheblicher Irrtum. *BB*

Ungültigkeit PR
(Nichtigkeit), vgl »Nichtigkeit, »Gültigkeit des Vertrags. *BB*

Ungerechtfertigte Bereicherung PR
Siehe »Bereicherungsrecht. *AW*

Ungeschriebenes Recht PR
Nicht »gesatztes Recht. Zum ungeschriebenen Recht zählen insbesondere das »Gewohnheitsrecht und die guten Sitten (»Gute Sitten). *MH/AG*

Unionsbürger/in ÖR
Begriff wurde durch Vertrag von Maastricht 1992 (»Vertrag von Maastricht) eingeführt. UnionsbürgerInnen sind Angehörige anderer EU-Mitgliedstaaten. Die Unionsbür-

gerschaft ergänzt die nationale Staatsbürgerschaft. UnionsbürgerInnen haben das Recht der Freizügigkeit und des freien Aufenthalts in den Mitgliedstaaten, sind jedoch von einzelnen Berufen ausgeschlossen (zB »Hoheitsverwaltung) und genießen Inländergleichbehandlung. Vgl dazu »Staatsbürger/in, »Fremde/r. *JF*

Unionsrecht ÖR
Das Unionsrecht umfasst Rechtsakte aller drei Säulen der Europäischen Union (»Europäische Union): der Europäischen Gemeinschaften (»Europäische Gemeinschaft), der »GASP und der »PJZS. *LB*

UniStG ÖR
Universitäts-Studiengesetz, Ende 2003 außer Kraft getreten. *CMP*

Universalität der Menschenrechte RPH
bezeichnet im Bereich der Menschenrechte deren Geltungsbereich: Menschenrechte gelten nicht "generell" (also im Großen und Ganzen als empirische Größe genommen), sondern "universell", dh ausnahmslos (a priori) für alle Menschen – und zwar deshalb, weil sie Menschen sind und ihnen unbedingt Würde zukommt. Die soziokulturelle Lebenswelt der Menschen kann diesem universellen Anspruch keinerlei Abbruch tun, ebenso wenig wie der Umstand, dass Menschenrechte zZ keine globale Wirksamkeit entfalten. *CMS*

Universalsukzessor PR
Siehe »Gesamtrechtsnachfolger. *MH/AG*

UnivG ÖR
Universitätsgesetz *CMP*

Unkörperliche Sache PR
Sache, die nicht wahrgenommen werden kann. Energie wie Elektrizität und Gas zählt aber zu den körperlichen Sachen (»Körperliche Sache). *DH*

Unmündiger Minderjähriger PR
ist ein Mensch ab Vollendung des siebten, aber vor Vollendung des vierzehnten Lebensjahres. (Personen unter sieben Jahren werden – obwohl »minderjährig und noch nicht »mündig – nach dem gewöhnlichen juristischen Sprachgebrauch nicht darunter verstanden.) Unmündige Minderjährige sind bereits »beschränkt geschäftsfähig (vgl auch »Geschäftsfähigkeit), aber noch nicht deliktsfähig (siehe »Deliktsfähigkeit). *BB*

Unmittelbare Anwendbarkeit ÖR
Die unmittelbare Anwendbarkeit von europarechtlichen Rechtsakten wurde vom »EuGH entwickelt (Rechtssache *VanGend en Loos*). Sie bedeutet, dass ein Gemeinschaftsrechtsakt unmittelbar Rechte und Pflichten begründen kann, ohne dass der Rechtsakt in nationales Recht umgesetzt werden muss. Unmittelbar anwendbar sind insbesondere das Primärrecht; teilweise auch sekundäre Rechtsakte (zB Verordnungen bzw nicht fristgerecht umgesetzte Richtlinien). *LB*

Unmittelbare Bundesverwaltung ÖR
Darunter versteht man die Vollziehung von Gesetzen durch eigene Bundesbehörden, die unterhalb der zuständigen obersten Organe (Bundesminister) errichtet werden (Bundesasylamt). Im Gegensatz zur mittelbaren Bundesverwaltung (»Mittelbare Bundesverwaltung) besteht keine Zuständigkeit des Landeshauptmanns (»Landeshauptmann). *GM*

Unmittelbare Demokratie ÖR
Hier werden die politischen Entscheidungen von den Bürgern selbst in Versammlungen getroffen. Unterscheide »Mittelbare Demokratie. Bsp: Kanton Appenzell-Innerrhoden (Schweiz). *JF*

Unmittelbarer Inhaber PR
Derjenige, welcher eine Sache selbst im eigenen Machtbereich hält. *DH*

Unmittelbarer Vollzug ÖR
Der unmittelbare Vollzug von Gemeinschaftsrecht betrifft europarechtliche Rechtsakte, die unmittelbar anwendbar sind – dh in einigen Bereichen ist die Europäische Kommission selbst in Vollziehung von primär- und sekundärrechtlichen Vorschriften zu behördlichen Entscheidungen berufen. *LB*

Unmittelbares Wahlrecht ÖR
Grundsatz im »Wahlrecht, nach dem die Wähler jene Personen, die sie wählen wollen, direkt zu bezeichnen haben. Der Grundsatz steht in Widerspruch zu dem in den USA verwirklichten Wahlmännersystem, wo der Präsident nicht direkt vom Wahlvolk, sondern von vom Volk gewählten Vertretern gewählt wird. *SL*

UNO ÖR
= United Nations Organisation. Die UNO ist eine internationale Organisation mit 192 Mitgliedstaaten. Sie wurde 1945 gegründet und hat ihren Sitz in New York. Die UNO ist ein anerkanntes Völkerrechtssubjekt. Die Hauptorgane sind der »Sicherheitsrat, die Generalversammlung, der Wirtschafts- und Sozialrat und der Internationale Gerichtshof in Den Haag. *LB*

Uno actu (PR)
In einem Akt, ohne Unterbrechung. Siehe »Gesamtrechtsnachfolge. *MH/AG*

Unpolitisches Recht (ÖR)
Bezeichnung des Privatrechts, aufgrund seiner Irrelevanz für die Erfüllung des Staatszwecks. Vgl dazu »Politisches Recht. *JF*

Unschuldsvermutung (ÖR)
Die Unschuldsvermutung ist in Art 6 (2) »EMRK verankert und ist ein wichtiges Element der Rechtsstaatlichkeit. Sie bedeutet, dass bis zum gesetzlichen Nachweis der Schuld vermutet wird, dass der oder die wegen einer strafbaren Handlung Angeklagte unschuldig ist. *TC*

Unselbständige Tätigkeit (PR)
Tätigkeit in persönlicher und wirtschaftlicher Abhängigkeit. Siehe »Persönliche Abhängigkeit. *MH/AG*

Unterhalt (PR)
Unterscheidung ehelicher Unterhalt – Kindesunterhalt: Ehelicher Unterhalt: Gem § 94 ABGB haben die Ehegatten "nach ihren Kräften und gemäß der Gestaltung ihrer ehelichen Lebensgemeinschaft zur Deckung der ihren Lebensverhältnissen angemessenen Bedürfnisse gemeinsam beizutragen". Führt ein Ehepartner den gemeinsamen Haushalt, erfüllt er dadurch den entsprechenden Beitrag und hat einen Unterhaltsanspruch gegen den anderen Ehepartner, wobei eigene Einkünfte angemessen zu berücksichtigen sind; dies gilt auch für den beitragsunfähigen oder erheblich schlechter verdienenden Ehepartner. Siehe auch »Unterhalt nach Scheidung.
Kindesunterhalt: Jedes Kind hat Anspruch auf Zahlung eines angemessenen Unterhalts. Dabei sind beide Elternteile verpflichtet, bis zur Selbsterhaltungsfähigkeit des Kindes zur Deckung seiner Lebensbedürfnisse anteilig zu seinem Unterhalt beizutragen (§ 140 ABGB). Jener Elternteil, der das Kind betreut und den Haushalt führt, leistet dadurch seinen Beitrag und muss darüber hinaus nichts leisten. *SR*

Unterhalt nach Scheidung (PR)
§§ 66 ff EheG: Bei Scheidung aus Verschulden hat der allein oder überwiegend schuldige Ehegatte dem anderen, sofern dessen Einkünfte und Vermögen nicht ausreichen, den nach den Lebensverhältnissen der Ehegatten angemessenen Unterhalt zu leisten, wobei diese Verpflichtung nach Billigkeit zu kürzen ist, falls er dadurch seinen eigenen Unterhalt gefährden würde. Unter bestimmten Umständen (§ 68 a EheG) hat selbst der Unschuldige dem Schuldigen Unterhalt zu leisten. Bei Scheidung „aus anderen Gründen" gilt dieselbe Regelung, sofern das Urteil einen Schuldspruch enthält; andernfalls trifft die Unterhaltsverpflichtung denjenigen, der die Scheidung verlangt hat, soweit dies angesichts der konkreten Vermögensverhältnisse der Billigkeit entspricht. »Einvernehmliche Scheidung, »Scheidung, »Unterhalt *VTH*

Unterhaltsanspruch (PR)
Siehe »Unterhalt. *SR*

Unterhaltsanspruch gegen die Erben (PR)
»Unterhaltsanspruch des überlebenden Ehegatten gegen die Erben wie bei aufrechter »Ehe, solange er sich nicht wiederverehelicht. In den »Anspruch ist alles einzurechnen, was der Ehepartner nach dem Erblasser durch vertragliche oder letztwillige Zuwendung als gesetzlichen Erbteil, als »Pflichtteil, durch öffentlich-rechtliche oder privatrechtliche Leistung erhält. *MH/AG*

Unterhaltsberechtigter (PR)
Siehe »Unterhalt. *SR*

Unterhaltsforderung (PR)
Siehe »Unterhalt. *SR*

Unterhaltskosten (PR)
Siehe »Unterhalt. *SR*

Unterhaltspflichtig (PR)
Siehe »Unterhalt. *SR*

Unterhaltspflichtige/r (PR)
Siehe »Unterhalt. *SR*

Unternehmen (PR)
Jede auf Dauer angelegte Organisation selbständiger wirtschaftlicher Tätigkeit, mag sie auch nicht auf Gewinn gerichtet sein (Definition des § 1 UGB und des § 1 Abs 2 KSchG, siehe »Unternehmensgesetzbuch, »Konsumentenschutzgesetz). Siehe auch »Unternehmer, »Unternehmensbezogenes Geschäft. *MH/AG*

Unternehmensbezogenes Geschäft (PR)
(Vor der »Handelsrechtsreform: Handelsgeschäft) Alle Rechtsgeschäfte eines Unternehmers, die zum Betrieb seines Unternehmens gehören. Auf unternehmensbezogene Geschäfte sind die Regeln des UGB (siehe »Unternehmensgesetzbuch) anzuwenden. Man unterscheidet einseitig und beiderseitig unternehmensbezogene Geschäfte, je nachdem, ob sie bloß für eine oder für beide Parteien zum Betrieb ihres Unternehmens gehören. Siehe auch: »Unternehmer, »Unternehmen, »Einseitig unternehmensbezogenes Geschäft, »Beiderseitig unternehmensbezogenes Geschäft. *MH/AG*

Unternehmensbrauch (PR)
(Auch: Usancen, früher auch Handelsbrauch) Verkehrssitte im Geschäftsverkehr zwischen Unternehmern (siehe »Unternehmer). Tatsächliche Übung,

die in Unternehmerkreisen allgemein oder in einer bestimmten Branche als üblich akzeptiert wird (»Opinio usus).

Beispiel: Die Festsetzung von Ladenpreisen durch den Verleger ist Handelsbrauch. *MH/AG*

Unternehmensgesetzbuch (PR)
(UGB, früher: »Handelsgesetzbuch, HGB) Bundesgesetz über besondere zivilrechtliche Vorschriften für »Unternehmen. Es enthält insbesondere das »Sonderprivatrecht der »Unternehmer und Teile des Gesellschaftsrechts (siehe »Gesellschaftsrecht). *MH/AG*

Unternehmensrecht (PR)
»Sonderprivatrecht der »Unternehmer. Die maßgebliche Rechtsquelle ist das »Unternehmensgesetzbuch. Ein Teilgebiet des Unternehmensrechts ist das »Gesellschaftsrecht. *AW*

Unternehmer (PR)
Person, die ein »Unternehmen betreibt. Für Unternehmer gilt das »Sonderprivatrecht des UGB (siehe »Unternehmensgesetzbuch). Geschäfte eines Unternehmers, die zum Betrieb seines Unternehmens gehören, bezeichnet man als „unternehmensbezogene Geschäfte“ (siehe »Unternehmensbezogenes Geschäft). Vgl auch das »Konsumentenschutzgesetz. *MH/AG*

Untersatz (PR)
Zweite Prämisse eines »Syllogismus. Bei der »Subsumtion bildet der »Sachverhalt den Untersatz. *MH/AG*

Untersuchungsausschuss (ÖR)
Der Untersuchungsausschuss wird durch Mehrheitsbeschluss des Nationalrates eingesetzt und steht dem NR als Mittel zur Verfügung, um die Vollziehung des Bundes zu kontrollieren. Gemäß Art 53 (3) B-VG sind Gerichte und alle anderen Behörden verpflichtet, dem Ersuchen der Untersuchungsausschüsse um Beweiserhebung Folge zu leisten. *TC*

Unterverfassungsgesetzliches Recht (ÖR)
Sammelbegriff für alle Rechtsvorschriften und Rechtsquellen (»Rechtsquelle), die sich nach dem »Stufenbau der Rechtsordnung unter dem »Verfassungsrecht befinden. *SL*

Unvereinbarkeitsbestimmung (ÖR)
Vgl dazu »Inkompatibilitätsbestimmung. *JF*

Unverjährbare Rechte (PR)
Sind etwa das Eigentumsrecht, Personen- und Familienrechte und die damit verbundenen Pflichten. Siehe auch »Verjährung. *SR*

Unvertretbare Handlung (PR)
Handlung, die durch einen Dritten nicht vorgenommen werden kann. *PS*

Unvertretbare Sache (PR)
Sache, die im rechtsgeschäftlichen Verkehr nach individuellen Merkmalen bestimmt wird, zB ein Faschingskostüm eines Schneiders.

Unterscheide davon: »Vertretbare Sache.

Beachte: Im Gegensatz zum Begriffspaar Gattungsschuld–Speziesschuld kommt es bei der Bestimmung einer unvertretbaren oder vertretbaren Sache nicht auf den Parteiwillen an, sondern auf die Verkehrsauffassung. *MH/AG*

Unwesentlicher Irrtum (PR)
liegt vor, wenn sich die Vertragspartner ohne ihn auch geeinigt hätten, den Vertrag aber anders geschlossen hätten. Er berechtigt unter bestimmten Umständen zur »Vertragsanpassung. Vgl auch »Wesentlicher Irrtum, »Erheblicher Irrtum, »Irrtumsanfechtung. *BB*

Unzuständigkeit (ÖR)
bedeutet, dass nicht jene Behörde entschieden hat, die nach dem Gesetz dazu berufen gewesen wäre. Man spricht auch von „Zuständigkeitsmangel“. Die Unzuständigkeit kann mittels »Berufung im administrativen Instanzenzug (»Administrativer Instanzenzug) und in weiterer Folge mittels Bescheidbeschwerde bei VfGH und VwGH geltend gemacht werden. Die Entscheidung einer unzuständigen Behörde verletzt das Recht auf den gesetzlichen Richter (Art 83 Abs 2 B-VG). *GM*

Urheberrecht (PR)
Das Urheberrechtsgesetz gewährt dem Erschaffer eines Werkes das absolute Recht, sein Werk auf die ihm im UrhG vorbehaltenen Arten zu verwerten. Werke sind eigentümliche geistige Schöpfungen auf den Gebieten der Literatur, der Tonkunst, der bildenden Künste und der Filmkunst. Das Urheberrechtsgesetz kennt auch Ausnahmen des Schutzes, wie etwa die Vervielfältigung eines Werkes zum eigenen Gebrauch. »Immaterialgüterrecht *AW*

Urkunden (ÖR)
sind Aufzeichnungen über rechtlich erhebliche Umstände, die uU Tatsachen fixieren. Es wird zwischen öffentlichen und privaten Urkunden unterschieden. Urkunden gehören zu den Beweismitteln (»Beweismittel) unter anderem im Verwaltungsverfahren. Die eigenmächtige Veränderung von Urkunden kann unter den gerichtlichen Straftatbestand der Urkundenfälschung fallen. *JF*

Ursprünglicher Eigentumserwerb (PR)
Siehe »Originärer Eigentumserwerb. *DH*

Urteil ÖR
Individuelle richterliche Entscheidung über eine materiellrechtliche Frage. Unterscheide: »Bescheid als individueller verwaltungsbehördlicher Akt. Beachte: Entscheidungen des VwGH und des VfGH nennt man nicht Urteile, sondern Erkenntnisse. Von Urteilen spricht man etwa bei den ordentlichen Gerichten iS des B-VG (Zivil- und Strafgerichte) sowie beim IGH, EuGH und beim EGMR. *CMP*

Urteil PR
(Auch: Zivilurteil, Sachentscheidung) Entscheidung über einen materiellrechtlichen Anspruch eines ordentlichen Gerichts (siehe »Ordentliches Gericht) über einen Rechtsstreit. Ein Urteil kann »rechtskräftig und vollstreckbar, also mit staatlicher Zwangsgewalt (siehe »Staatliche Zwangsgewalt) durchsetzbar, werden. Unterscheide davon: »Beschluss (eines Gerichts), »Bescheid. *MH/AG*

Urzustand RPH
ist das für die Naturrechtslehre typische Instrument hypothetischer Ursprünglichkeit des Menschen – gefasst noch vor jeglicher staatlicher Ordnung bzw Entfremdung: Der ursprüngliche Mensch in authentischer Lebenswelt soll seine wahre Natur repräsentieren, wobei regelmäßig anthropologische Defizite sichtbar werden. Bei J. RAWLS bezeichnet der Urzustand den Zustand des Nichtwissens um die je eigene sozioökonomische Stellung ("veil of ignorance"), der methodisch zur Verallgemeinerung führt. *CMS*

Usance PR
Siehe »Unternehmensbrauch. *MH/AG*

UVP ÖR
»Umweltverträglichkeitsprüfung *CMP*

UVP-G ÖR
Umweltverträglichkeitsprüfungs-Gesetz *CMP*

UVS ÖR
UVS stellt die Abkürzung für „Unabhängige Verwaltungssenate (»Unabhängiger Verwaltungssenat)" dar. *GM*

va ÖR
vor allem *CMP*

VAG PR
»Versicherungsaufsichtsgesetz *MH/AG*

Vater PR
Der Vater des Kindes ist jener Mann, der mit der »Mutter im Zeitpunkt der Geburt des Kindes verheiratet ist oder als Ehemann der Mutter nicht früher als 300 Tage vor der Geburt des Kindes verstorben ist, oder der Mann, der die Vaterschaft anerkannt hat oder dessen Vaterschaft gerichtlich festgestellt wurde (§ 138 Abs 1 ABGB). *SR*

Vaterschaftsanerkenntnis PR
Persönliche Erklärung des Mannes, wodurch seine außereheliche Vaterschaft festgestellt wird. *SR*

Verallgemeinerung RPH
ist der Zentralbegriff der KANTISCHEN Ethik des Kategorischen Imperativ: Moralität wird durch KANT so gefasst, dass Handlungen nur dann "moralisch" bzw "legitim" sind, wenn sich die ihnen zugrunde liegende persönliche Maxime zu einem allgemeinen Gesetz verallgemeinern ließe, ohne dass man dadurch notwendig die eigene Ausgangsmaxime aufgeben müsste. Es geht dabei um logische Notwendigkeit! *CMS*

Verantwortung RPH
ist eine wesentliche Dimension von Freiheit, iS KANTs verstanden als Autonomie, als freie Selbstbestimmung ohne äußeren Zwang. Sie führt untrennbar die jeweilige Verantwortung für die entsprechende Verwirklichung von Freiheit mit sich. Es ist eine für das angemessene Verständnis verhängnisvolle Tendenz aller Zeiten, Freiheit regelmäßig von ihrer immanenten Verantwortungsdimension entkoppeln und damit entwurzeln zu wollen. Eine solcherart "bodenlose" Freiheit ist substanzlos und widervernünftig. *CMS*

Verarbeitung PR
Form des Eigentumserwerbes, bei dem nach der Verkehrsauffassung eine neue Sache hergestellt wird, indem die Zweckbestimmung und Brauchbarkeit der Sache durch Umgestaltung geändert wird. ZB: Aus Stoff wird ein Kleid geschneidert. *DH*

Veräußerungsvertrag PR
Vertrag, durch den eine Sache ins »Eigentum eines anderen übertragen werden soll. Veräußerungsverträge sind zB der »Kaufvertrag, der »Tauschvertrag und der »Schenkungsvertrag. *MH/AG*

Verbalinterpretation ÖR
Siehe »Wortinterpretation. *GH*

Verbandsklage PR
Mit der Verbandsklage wird bestimmten Interessensverbänden (va Verein für Konsumenteninformation) die Möglichkeit eröffnet, gegen gesetzwidrige AGB (»Allgemeine Geschäftsbedingungen) Klage zu erheben, ohne persönlich davon betroffen zu sein. Dies hat den Vorteil, dass ein daraus resultierendes Urteil für alle gilt, denen gegenüber das betreffende Unternehmen diese AGB verwendet hat. *SR*

Verbandsrecht, autonomes der Kirchen ÖR
Siehe »Kirchenrecht. *CMP*

Verbandsverantwortlichkeitsgesetz ÖR
sieht vor, dass und unter welchen Umständen juristische Personen und ähnliche Verbände für Straftaten verantwortlich gemacht werden können. Insofern bemerkenswert, als es von dem allgemeinen Prinzip abgeht, dass für Straftaten primär schuldfähige (tatsächlich handelnde) Personen verantwortlich zu machen sind. *CMP*

Verbesserung PR
(»Nachbesserung oder Nachtrag des Fehlenden) gehört neben dem »Austausch zu den primären Gewährleistungsbehelfen, die bei Behebbarkeit des Mangels dem Übernehmer zur Verfügung stehen. Die Verbesserung hat binnen angemessener Frist und mit möglichst wenig Unannehmlichkeiten für den Übernehmer zu erfolgen. *AP/EK*

Verbindlichkeit ÖR
Frage der Anwendbarkeit einer »Rechtsvorschrift auf einen bestimmten »Sachverhalt. Der Beginn der »Geltung und der Verbindlichkeit einer Rechtsvorschrift fallen grundsätzlich zusammen. Ausnahmen davon bilden die »Legisvakanz (In-Kraft-Treten nach Beginn der Geltung) und die »Rückwirkung (Anwendbarkeit auf Sachverhalte, die sich vor Beginn der Geltung ereignet haben). *SL*

Verbindlichkeitsbereich ÖR
Anderer Begriff für »Geltungsbereich. *SL*

Verbot ÖR
Ein bestimmtes Verhalten darf nicht gesetzt werden. *CMP*

Verbot des non liquet PR
Demnach ist es dem Rechtsanwender (insb dem Richter) verwehrt, sich der Beurteilung einer Rechtslage anlässlich eines mangelhaften Gesetzes zu entziehen. Vielmehr hat der Richter zu versuchen, für den unklaren Fall mit den Methoden der »Gesetzesauslegung und der »Lückenfüllung eine Entscheidung zu treffen. *AP/EK*

Verbotsgesetz PR
1. Jede Norm, die Verbote aufstellt. Vgl »Schutzgesetz, »Lehre vom Schutzzweck der Norm

2. Verbotsgesetz aus 1947: Es ist jedermann untersagt, sich für die NSDAP oder ihre Ziele irgendwie zu betätigen. *AW*

Verbraucher PR
(»Konsument) Wird negativ definiert. Wer nicht »Unternehmer ist, ist als Verbraucher anzusehen und genießt den Schutz des Konsumentenschutzrechts. *AW*

Verbrauchergeschäft PR
Liegt vor, wenn an einem »Rechtsgeschäft ein Unternehmer, für den das Geschäft zum Betrieb seines Unternehmens gehört, und eine Person, auf die das nicht zutrifft (= »Verbraucher), beteiligt sind. Auf ein Verbrauchergeschäft ist das »Konsumentenschutzgesetz (»KSchG) anzuwenden, das den Verbraucher vor der wirtschaftlichen Übermacht des Unternehmers schützen soll. *SR*

Verbraucherrecht PR
»Sonderprivatrecht der Verbraucher. Die zentrale Rechtsquelle ist das »Konsumentenschutzgesetz (KSchG). *AW*

Verbriefte Forderung PR
Forderung, deren Geltendmachung an den Besitz des Papiers gebunden ist. *DH*

Verein ÖR
Nach der Rspr des »VfGH ist ein Verein eine freiwillige, für die Dauer bestimmte organisierte Verbindung mehrerer Personen zur Erreichung eines bestimmten gemeinschaftlichen Zweckes durch fortgesetzte gemeinschaftliche Tätigkeit. *TC*

Verein PR
ist eine auf Dauer angelegte »Personenvereinigung mit körperschaftlicher Organisation (»Körperschaft des privaten Rechts) und Rechtspersönlichkeit (»Juristische Person), die auf einen ideellen Zweck (also nicht primär auf Gewinnerzielung) gerichtet ist: sog „Idealverein" (nach dem »Vereinsgesetz 2002; die Gründung wirtschaftlicher Vereine nach dem Vereinspatent 1852 ist seit dessen Aufhebung nicht mehr möglich). *BB*

Vereinigung PR
(1) Im »Schuldrecht (auch: Konfusion): Niemand kann sein eigener »Schuldner oder sein eigener »Gläubiger sein, weil niemand gegen sich selbst einen Anspruch durchsetzen kann. Wird das Recht mit der »Verbindlichkeit (»Schuld) in einer Person vereinigt, erlöschen daher grundsätzlich beide.
Beispiel: Der »Schuldner beerbt den »Gläubiger.

(2) Im »Sachenrecht: Dauerhafte, nicht mehr trennbare Zusammenfügung mehrerer Sachen, wodurch sie sachenrechtlich zu einer einheitlichen Sache werden.

Beispiel: Schotter des Bauunternehmers Franz wird mit gleichartigem Schotter von Karl vermengt. *MH/AG*

Vereinsautonomie PR
Die Befugnis der Vereine (siehe »Verein), durch die »Satzung interne Angelegenheiten verbindlich zu regeln, sodass nicht nur die Gründer des Vereins, sondern auch spätere Mitglieder daran gebunden sind. *MH/AG*

Vereinsfreiheit ÖR
Die Vereinsfreiheit (auch Vereinigungsfreiheit genannt)

wird durch Art 12 »StGG und Art 11 »EMRK gewährleistet. Die Vereinsfreiheit umfasst die Freiheit, Vereine zu bilden, die Freiheit der Tätigkeit der Vereine und das Recht auf Vereinsbestand. Siehe auch unter »Verein. *TC*

Vereinsgesetz (PR)
(VerG) »Bundesgesetz, das das Vereinsrecht regelt. Es enthält insbesondere Vorschriften über die Gründung, die Organisation, die Eintragung in das Vereinsregister, die Haftung für Verbindlichkeiten und die Beendigung. *MH/AG*

Verfahren außer Streitsachen (PR)
Siehe »Außerstreitverfahren. *PS*

Verfahrensgerechtigkeit (RPH)
bedeutet zum einen, dass rechtliche Verfahren dem Anspruch der (allgemeinen) Gerechtigkeit entsprechen sollen. Zum anderen bezeichnet man als Verfahrensgerechtigkeit ein Gerechtigkeitskonzept, das versucht, die in heterogenen Gesellschaften zunehmend schwerer konsensual lösbaren Fragen der materialen Gerechtigkeit durch den Einsatz formaler Verfahren, die allgemeine Partizipation ermöglichen, zu ersetzen in der Erwartung, ein solcherart generiertes Diskursergebnis würde als gerecht anerkannt. *CMS*

Verfahrensmangel (ÖR)
liegt bei einer Nichteinhaltung von verfahrensrechtlichen Vorgaben vor und kann zur Aufhebung der betreffenden Entscheidung im Rechtsmittelverfahren führen. ZB im Rahmen des Verwaltungsverfahrens die Verletzung oder Missachtung der »Parteienrechte. *JF*

Verfahrenspartei (ÖR)
Siehe »Partei. *CMP*

Verfahrensrecht (ÖR)
"regelt den förmlichen Ablauf der Entscheidungsverfahren". Wie wird die Entscheidung vorbereitet, welche Rechte haben die Parteien, welche Kriterien hat die – das Verfahren abschließende- Entscheidung zu erfüllen? Beispiele: ZPO (regelt das Zivilverfahren vor den ordentlichen Gerichten), StPO (gerichtliches Strafverfahren), AVG (allgemeines Verwaltungsverfahren zur Erlassung verwaltungsbehördlicher Bescheide), VStG (enthält – neben materiellen Regelungen – auch das Verfahren zur Erlassung verwaltungsbehördlicher Strafbescheide). Beachte: Verfahrensrecht zählt – ebenso wie das Organisationsrecht der Behörden – nach hA zum öffentlichen Recht. *CMP*

Verfassung (ÖR)
Die Verfassung ist jener Teil der staatlichen Rechtsordnung, welcher die Grundordnung des Staates regelt. Diese Grundordnung wird in den meisten Staaten schriftlich festgelegt. Diese Niederschrift wird »Verfassungsurkunde genannt. *TC*

Verfassungsbestimmung (ÖR)
Verfassungsbestimmungen sind Bestimmungen in einfachen Gesetzen (»Einfache Gesetze), die im Verfassungsrang stehen. In der österreichischen Rechtsordnung befinden sich zahlreiche Verfassungsbestimmungen (beispielsweise der § 1 des Parteiengesetz). *TC*

Verfassungsgerichtsbarkeit (ÖR)
prüft die Verfassungskonformität von nationalen Verordnungen, Gesetzen und Bescheiden. Sie liegt in der Zuständigkeit des Verfassungsgerichtshofes (»Verfassungsgerichtshof). *JF*

Verfassungsgerichtshof (ÖR)
besteht aus 14 Mitgliedern und sechs Ersatzmitgliedern, die vom Bundespräsidenten auf Vorschlag der Bundesregierung, des Nationalrates und des Bundesrates ernannt werden. Er wird auf Antrag (»Antrag) tätig. Befugnisse: Prüfung der Gesetze auf Verfassungsmäßigkeit, Prüfung von Verordnungen auf Gesetzmäßigkeit; Prüfung von Bescheiden auf Grundrechtsverletzung. Weitere Befugnisse: Kompetenzfeststellung bei Zuständigkeitsstreitigkeiten, Ministeranklagen, Prüfung der Ordnungsmäßigkeit bestimmter Wahlverfahren. *JF*

Verfassungsgesetz (ÖR)
Gesetz im Verfassungsrang; wurde mit den entsprechenden Präsenz- und Konsensquoren (»Präsenzquorum, »Konsensquorum) beschlossen. Siehe auch »Bundesverfassungsgesetz. *JF*

Verfassungsgesetzgebung (ÖR)
Darunter versteht man die Erzeugung von Verfassungsgesetzen durch die zuständigen Gesetzgebungsorgane (Nationalrat, Bundesrat). Die Bundesverfassungsgesetzgebung unterscheidet sich vom Verfahren zur Erlassung einfacher Bundesgesetze durch ein erhöhtes Präsenz- und Konsensquorum sowie eine Bezeichnungspflicht als Verfassungsgesetz oder Verfassungsbestimmung. Zur Verfassungsgesetzgebung gehört auch die Erzeugung von Landesverfassungsgesetzen. Auch hier bestehen erhöhte Quoren. Landesverfassungsrecht darf dem Bundesverfassungsrecht nicht widersprechen. *GM*

Verfassungsgesetzlich gewährleistetes Recht ÖR
Der vom »B-VG verwendete Begriff für ein »Grundrecht. Er bringt klar zum Ausdruck, dass es sich dabei um ein »subjektives Recht handelt, das sich nicht aus einem einfachen Gesetz (»einfache Gesetze), sondern aus einer »Rechtsvorschrift des Verfassungsrechts im formellen Sinn (»Verfassungsrecht im formellen Sinn) ergibt. *SL*

Verfassungskonforme Auslegung PR
stellt eine Form der systematische Auslegung (»systematische Auslegung) dar. Dem Gedanken Rechnung tragend, dass Rechtsvorschriften im Sinne des höherrangigen Rechts auszulegen sind, sollen einfache Gesetze im Zweifel so interpretiert werden, dass sie nicht mit dem ihnen übergeordneten Verfassungsrecht in Widerspruch stehen. *AP/EK*

Verfassungskonforme Interpretation ÖR
Bei der Auslegung eines einfachen Gesetzes ist auch das Gebot der verfassungskonformen Interpretation zu beachten. Demnach ist bei mehreren möglichen Bedeutungen jene auszuwählen, wonach die auszulegende Norm nicht der Verfassung widerspricht. *GH*

Verfassungsrecht ÖR
Man unterscheidet »Verfassungsrecht im formellen Sinn und »Verfassungsrecht im materiellen Sinn. *TC*

Verfassungsrecht im formellen Sinn ÖR
Summe jener Rechtsvorschriften, die in einem qualifizierten Rechtserzeugungsverfahren (erhöhtes »Präsenzquorum und »Konsensquorum) zustande gekommen sind. Es muss weiters ausdrücklich als solches gekennzeichnet sein (»Bundesverfassungsgesetz; »Verfassungsbestimmung). Jede Rechtsvorschrift, die so zustande gekommen ist, ist Verfassungsrecht im formellen Sinn. Ihr Inhalt ist – im Gegensatz zum »Verfassungsrecht im materiellen Sinn – für die Frage der Einordnung als formelles Verfassungsrecht unbeachtlich. *SL*

Verfassungsrecht im materiellen Sinn ÖR
Summe jener Rechtsvorschriften, die nach ihrem Inhalt die Grundordnung eines Staates (»Staat) ausmachen. Man spricht auch von Staatsorganisationsrecht. Dazu zählen zB Bestimmungen über die »Staatsform, die Ausgestaltung der obersten Ämter und die Verteilung der Zuständigkeiten zwischen Oberstaat (Österreich: »Bund) und Gliedstaaten (Österreich: »Länder). In Österreich muss Verfassungsrecht im materiellen Sinn nicht mit »Verfassungsrecht im formellen Sinn deckungsgleich sein, es ist es aber sehr oft. Beispiel für Verfassungsrecht im materiellen Sinn, das nicht Verfassungsrecht im formellen Sinn ist, sondern nur aufgrund einer Ermächtigung im formellen Verfassungsrecht vom einfachen Gesetzgeber erzeugt wird: Nationalratswahlordnung, Geschäftsordnung des Nationalrats, Volksabstimmungsgesetz etc. Man sagt auch, dass das Verfassungsrecht im materiellen Sinn Erzeugungsregeln enthält. Vgl auch »Gesetz im materiellen Sinn. Siehe auch »Ausschließlichkeit der Regelung von Verfassungsrecht im materiellen Sinn durch Verfassungsrecht im formellen Sinn. *SL*

Verfassungsstaat ÖR
bedeutet, dass "alle Staatstätigkeit nur auf Grund der Verfassung erfolgen darf". *TC*

Verfassungsurkunde ÖR
ist das Schriftstück, welches die Grundordnung eines Staates festlegt. *TC*

Verfassungsvertrag über Europa ÖR
Der Verfassungsvertrag sollte den EG-Vertrag und den EU-Vertrag ablösen und ursprünglich am 1. 11. 2006 in Kraft treten. Zuvor war aber die Ratifikation durch die dafür zuständigen nationalen Parlamente oder in Volksabstimmungen in allen Mitgliedstaaten notwendig. Dieser Prozess erlitt durch die Ablehnung der EU-Verfassung bei Volksabstimmungen in Frankreich und in den Niederlanden im Frühjahr 2005 einen schweren Rückschlag. Nach einem Beschluss des Europäischen Rats aus dem Jahr 2007 sollen nunmehr die bereits bestehenden gemeinschaftlichen Verträge geändert werden. Mit einem Reformvertrag, der ohne nationale Volksabstimmungen ratifiziert werden kann, soll ein Großteil der Inhalte des Verfassungsvertrages in die Verträge eingearbeitet werden. *LB*

Verfassungszäsur ÖR
Markanter Einschnitt in der »Verfassung eines Staates. Dazu kann es etwa bei einer grundlegenden Änderung der »Regierungsform durch einen Staatsumbruch kommen. *SL*

Verfügungsbefugnis PR
(Verfügungsermächtigung) ist die Befugnis, durch »rechtsgeschäftliches Handeln im eigenen Namen unmittelbar auf ein fremdes Recht einzuwirken, zB durch ein im eigenen Namen geschlossenes »Verfügungsgeschäft Eigentum an einer fremden Sache wirksam auf einen »Dritten zu übertragen. Der Erwerb des Dritten ist dann zwar ein Erwerb vom Nichteigentümer, aber nicht vom Nichtberechtigten (der

Verfügungsbefugte ist berechtigter Vormann), also kein »gutgläubiger Eigentumserwerb, sondern »derivativer Eigentumserwerb. *BB*

Verfügungsberechtigung (PR)
1. Synonym für Verfügungsbefugnis; 2. die Befugnis einer Person, die »beschränkt geschäftsfähig ist, allein (ohne Zustimmung des gesetzlichen Vertreters) über eine eigene Sache wirksam zu verfügen. Ein »mündiger Minderjähriger ist aufgrund des Gesetzes verfügungsberechtigt über Einkommen aus eigenem Erwerb (sofern er nicht die Befriedigung seiner Lebensbedürfnisse gefährdet) und im Einzelfall bezüglich Sachen, die ihm zur freien Verfügung überlassen wurden. *BB*

Verfügungserlaubnis (PR)
Siehe »Verfügungsberechtigung. *BB*

Verfügungsgeschäft (PR)
Geschäft, das unmittelbar auf ein bereits bestehendes Recht einwirkt, indem es dieses überträgt, aufhebt oder beschränkt. ZB Kauf: Durch den Kaufvertrag ist der Verkäufer verpflichtet, dem Käufer Eigentum am Kaufgegenstand zu verschaffen (»Verpflichtungsgeschäft). Das Verfügungsgeschäft besteht hier in der tatsächlichen Erfüllung dieser Pflicht zur Übereignung. *SR*

VerG (PR)
»Vereinsgesetz *MH/AG*

Vergabe öffentlicher Aufträge (ÖR)
wird durch das Bundesvergabegesetz sowie durch die Landesvergabegesetze geregelt; Ziel des Vergabeverfahrens ist es, den Bestbieter auf eine faire und nachvollziehbare Weise zu ermitteln sowie den Bietern adäquaten Rechtsschutz bei Nichtberücksichtigung zu gewähren. *CMP*

Vergleich (PR)
Entgeltlicher Vertrag, bei dem ein strittiges oder zweifelhaftes Recht durch gegenseitiges Nachgeben endgültig bereinigt wird. Das alte Rechtsverhältnis wird somit mit konstitutiver Wirkung auf eine neue Rechtsgrundlage gestellt.

Beispiel: Clemens meint, Mona nur € 50 zu schulden, Mona behauptet aber € 100. Beide einigen sich endgültig auf € 75. *MH/AG*

Verhaltensanordnung (PR)
Siehe »Sollensanordnung. *MH/AG*

Verhaltensnorm (ÖR)
= Primärnorm (Raschauer); sie ist an Rechtsunterworfene adressiert und regelt deren Handlungen oder Unterlassungen ("Verhalten"). Achtung: Verhaltensnormen sind keine "Normen", sondern nur "Vorschriften" im theoretischen Sinn. *CMP*

Verhaltensrecht (ÖR)
Darunter versteht Mayer Sollensanordnungen, bei deren Nichtbefolgung staatlich organisierter Zwang angedroht ist. Es handelt sich also um Normen im technischen Sinn (siehe »Norm), die einen Gebotsteil und einen Sanktionsteil aufweisen. *CMP*

Verhandlungsfreie Zeit (PR)
In der verhandlungsfreien Zeit, die vom 15. Juli bis 25. August und vom 24. Dezember bis 6. Jänner dauert, dürfen Tagsatzungen nur in bestimmten Fällen anberaumt werden. Weiters wird der Lauf der meisten Fristen gehemmt. Früher sprach man von den Gerichtsferien. *PS*

Verhältnismäßigkeit (ÖR)
Der Grundsatz der Verhältnismäßigkeit ist ein Gebot der materiellen Rechtsstaatlichkeit und schützt den oder die Einzelne/n vor übermäßiger oder unangemessener Beeinträchtigung durch staatliche Eingriffsakte (durch Gesetz oder Verwaltungsakt). Das Verhältnismäßigkeitsprinzip zielt auf eine angemessene Ziel-Mittel-Relation ab. Im Rahmen einer Verhältnismäßigkeitsprüfung muss daher geprüft werden, ob der Grundrechtseingriff einem öffentlichen Interesse dient, geeignet ist, dieses (im öffentlichen Interesse gelegene) Ziel zu erreichen, erforderlich ist und ob das öffentliche Interesse und die verkürzte Grundrechtsposition in einem angemessenen Verhältnis zueinander stehen (Adäquanz). *TC*

Verhältniswahl (ÖR)
Grundsatz im »Wahlrecht, nach dem die zu vergebenden Mandate im Verhältnis der für eine Partei abgegebenen Stimmen zu verteilen sind. Das in Österreich verwirklichte Prinzip der Verhältniswahl steht daher im Gegensatz zum Prinzip der »Mehrheitswahl. *SL*

Verjähren (PR)
Siehe »Verjährung. *SR*

Verjährung (PR)
Rechtsverlust wegen Nichtausübung eines Rechts durch eine bestimmte Zeit hindurch. Beachte: Das Recht an sich erlischt aber nicht vollkommen. Es fällt nur die Möglichkeit der Klagbarkeit weg. Das Recht selbst bleibt als Naturalobligation bestehen, dh es kann grundsätzlich noch wirksam erfüllt werden. Hinsichtlich ihrer Dauer unterscheidet man die kurze und die lange Verjährung. Es sind jedoch nicht alle Rechte verjährbar. Unverjährbar sind etwa das Eigentumsrecht sowie die Personen- und Familienrechte und die damit verbundenen Pflichten. *SR*

Verjährungsfrist (PR)
Eine »Verjährung tritt ein wegen Nichtausübung eines

Rechtes durch eine bestimmte Zeit hindurch. Diese Zeit nennt man Verjährungsfrist. Man unterscheidet die allgemeine lange Verjährungsfrist von 30 Jahren und die kurze Verjährungsfrist von drei Jahren. Die kurze Verjährungsfrist ist für jene Rechte bestimmt, die in der Regel rasch geltend gemacht werden und bei denen eine baldige Klarstellung aufgrund drohender Beweisschwierigkeiten erforderlich ist (zB Geldforderungen; Schadenersatzansprüche, Recht der Gewährleistung bei unbeweglichen Sachen). Die lange Verjährungsfrist von 30 Jahren gilt immer dann, wenn nicht besondere Bestimmungen etwas anderes (etwa die kurze Verjährungsfrist) vorsehen. *SR*

Verkaufsauftrag ⓅⓇ
Siehe »Trödelvertrag. *MH/AG*

Verkürzter ⓅⓇ
Siehe »Bereicherungsrecht. *AW*

Verkürzung über die Hälfte ⓅⓇ
(laesio enormis) ist gegeben, wenn bei einem entgeltlichen Vertrag eine der geschuldeten Leistungen nicht einmal die Hälfte der Gegenleistung wert ist ("über" die Hälfte = mehr als die Hälfte). Der Verkürzte hat das Recht auf Aufhebung des Vertrags (strittig, ob »Anfechtung mit »Ex tunc-Wirkung), außer er kannte das wahre Wertverhältnis, kaufte zum »Wert der besonderen Vorliebe oder schenkte teilweise bzw es handelte sich um eine gerichtliche Versteigerung, einen Glücksvertrag oder Vergleich. Sein Vertragspartner kann die Aufhebung durch Aufzahlung bis zum vollen Wert der Gegenleistung abwenden. Kombination aus »Äquivalenzstörung und »Willensmangel (Irrtum über den Wert ist ein »Motivirrtum). *BB*

Verkehrssitte (allgemeine) ⓅⓇ
Tatsächliches Verhalten, das im Verkehr regelmäßig geübt wird. Sie ist gewöhnlich für die »Auslegung und Ergänzung von Verträgen durch Regelungen, die in ihnen nicht ausdrücklich enthalten, aber üblich sind, relevant (siehe auch »Unternehmensbrauch).

Beispiel: Die Kosten von Erlagscheinen und deren Verrechnung gehen nach der Verkehrssitte zulasten des Gläubigers. *MH/AG*

Verlagsvertrag ⓅⓇ
Ein dem »Werkvertrag nahestehender Vertrag, bei dem der Urheber eines künstlerischen Werkes oder dessen Rechtsnachfolger dieses der anderen Partei überlässt, wobei sich diese (der Verleger) verpflichtet, das Werk zu vervielfältigen und zu verbreiten. *MH/AG*

Verlassenschaftsverfahren ⓅⓇ
Förmliches Gerichtsverfahren, aufgrund dessen der »Erbe durch »Einantwortung die »Erbschaft erwirbt (siehe »Erbschaftserwerb). *MH/AG*

Verletzung von Grundprinzipien ÖR
Ein Grundprinzip wird verletzt, wenn niederrangige Regeln in wesentlichen Teilen modifizieren. Damit eine Gesamtänderung angenommen werden kann, muss der Eingriff (siehe »Eingriff in Grundprinzipien) eine gewisse höhere Intensität erreichen: ZB reicht die Modifikation eines einzigen Grundrechts nicht aus, um das liberale Prinzip zu verletzen; werden jedoch mehrere sehr wesentliche Grundrechte abgeschafft, ist der Eingriff in das liberale Prinzip wohl intensiv genug, um in der Regel eine Gesamtänderung zu bejahen. *CMP*

Vermächtnis ⓅⓇ
(Auch: Legat) Die letztwillige Zuwendung bestimmter Gegenstände aus dem »Nachlass. Das Vermächtnis verschafft dem »Vermächtnisnehmer einen schuldrechtlichen Anspruch gegen die Erben und führt zur »Einzelrechtsnachfolge.
Beispiel: „Gregor soll mein Auto bekommen." *MH/AG*

Vermächtnisnehmer ⓅⓇ
(Auch: Legatar) Derjenige, der nach dem Willen des Erblassers (siehe »Erblasser) nur bestimmte Gegenstände aus dem »Nachlass erhält. Der Vermächtnisnehmer ist »Einzelrechtsnachfolger und hat einen bloß schuldrechtlichen Anspruch gegen die Erben auf Übereignung der ihm vermachten Gegenstände. *MH/AG*

Vermieter ⓅⓇ
Jener Vertragspartner des Mietvertrages (siehe »Mietvertrag), der dem Mieter den Mietgegenstand zum Gebrauch überlässt. *MH/AG*

Vermittler ⓅⓇ
tritt im eigenen Namen auf und bringt potentielle Vertragspartner zusammen. Der Vermittler ist kein »Stellvertreter. Seine Tätigkeit besteht hauptsächlich im Einholen von Erkundigungen, im Erteilen von Auskünften und in der Vorbereitung von Geschäftsabschlüssen (zB Makler). Vermittler können auch Botenfunktionen übernehmen. *SR*

Vermögensgesamtheit ⓅⓇ
Als Vermögensgesamtheit bezeichnet man eine »Sachgesamtheit aus vermögenswerten Einzelsachen einschließlich Rechten und dazugehörigen Pflichten. Manche Vermögensgesamtheiten sind von der Rechtsordnung mit Rechtssub-

jektivität (vgl »Rechtssubjekt) ausgestattet, sind also »juristische Person und damit rechtsfähig. Dies trifft insbesondere auf »Stiftung, »Anstalt und »Fonds zu. *BB*

Vermögensschaden (PR)
Eine in Geld messbare Minderung im Vermögen des Geschädigten (vgl im Gegensatz dazu »Ideeller Schaden). Es ist dabei zu unterscheiden zwischen positivem Schaden (»Positiver Schaden) und entgangenem Gewinn (»Entgangener Gewinn) – gegliederter Schadensbegriff. Der Umfang des Ersatzes ist vom »Verschuldensgrad abhängig. *AW*

Vermögensvergleich (PR)
ist eine im österr Privatrecht nicht vorherrschende Methode der Bestimmung der Höhe eines Anspruchs durch Gegenüberstellung der finanziellen Verhältnisse des Anspruchsberechtigten und des Anspruchsverpflichteten. Ausnahme: Der »Anspruch gegen einen Deliktsunfähigen hängt unter bestimmten Umständen von einem Vermögensvergleich zwischen ihm und dem Geschädigten ab. Vgl »Deliktsfähigkeit. *BB*

Vermögensverschiebung (PR)
Siehe »Bereicherungsrecht. *AW*

Vermuteter Patientenwille RPH
bedeutet vor dem Hintergrund des Grundsatzes der Patientenautonomie für den Fall, dass ein Patient aus gesundheitlichen Gründen nicht (mehr) in der Lage ist, einen relevanten Patientenwillen zu äußern und auch keinerlei – sei es verbindliche, sei es beachtliche – Patientenverfügung oder Betreuungsvollmacht vorliegt, dass der Arzt überlegen sollte, wie der Kranke in dieser Situation wohl verfügt hätte. Hilfreiche Indizien: frühere allgemeine Äußerungen, Glaubensbekenntnis, Familie etc. *CMS*

Vernunft RPH
leistet die Erkenntnis der Vernunftbegriffe – wie zB Freiheit, Gerechtigkeit, Recht, Gott, Welt. KANT hat jene Metaphysik vernichtet, die erfolglos Vernunftbegriffe mithilfe von Verstandeskategorien erklären wollte, was methodisch unmöglich ist; man kann "Freiheit" oder "Gerechtigkeit" nicht wie physische Gegenstände erkennen wollen in Raum und Zeit, was aber nicht bedeutet, dass es sie nicht gibt. Auch "Dasein" ist eine Verstandeskategorie und vom "Sein" wohl zu unterscheiden (HEIDEGGER)! *CMS*

Vernunftrecht ÖR
Siehe »Naturrecht. *CMP*

Verordnung ÖR
Generell-abstrakter Akt einer »Verwaltungsbehörde, der sich nach außen an die Rechtsunterworfenen richtet und diesen Rechte einräumt bzw Pflichten auferlegt. Sie ist ordnungsgemäß kundzumachen. »Verfassungsgerichtshof hat Befugnis, Verordnungen auf Gesetzmäßigkeit zu prüfen, bei Widerspruch mit einem »Verfassungsgesetz, einfachen Gesetz (»Einfache Gesetze), Grundprinzip (»Grundprinzip der Bundesverfassung) oder einer übergeordneten Verordnung kommt es zur Aufhebung (Art 139 B-VG). In der Form von Durchführungsverordnungen (»Durchführungsverordnung) konkretisieren sie bestehende Gesetze. Unterscheide »EG-Verordnung. Siehe »Gesetzesprüfungsverfahren. *JF*

Verordnung (EG-Recht) ÖR
EG-Verordnungen müssen nicht in nationales Recht umgesetzt werden. Sie gelten unmittelbar in den Mitgliedstaaten und verdrängen bestehende nationale Regelungen. Verordnungen werden in der Regel von den für die jeweilige Materie zuständigen nationalen Behörden vollzogen – dh es handelt sich um staatliche Vollziehung. *LB*

Verpfändung (PR)
Die Begründung eines Pfandrechts durch Rechtsgeschäft (den Pfandbestellungsvertrag, der zwischen »Pfandbesteller und »Pfandgläubiger abgeschlossen wird). *DH*

Verpflichtende Geschäfte (PR)
Gegensatz zu »Berechtigende Geschäfte. *BB*

Verpflichteter (PR)
Derjenige, der zu einer »Leistung (Tun oder Unterlassen) verpflichtet ist. *MH/AG*

Verpflichtung ÖR
»Sollen; »Anordnung; rechtliche Verpflichtungen können aus einer individuellen Norm (»Individuelle Norm) (Bescheid, Urteil) oder generellen Norm (»Generelle Norm) (Verordnung, Gesetz, Verfassung) resultieren. Daneben gibt es noch – rechtlich in der Regel irrelevante – moralische und sittliche Verpflichtungen. *CMP*

Verpflichtungsgeschäft (PR)
Geschäft, das Pflichten begründet; ist auf eine künftig vorzunehmende Leistung gerichtet und greift somit noch nicht in bestehende Rechte ein. ZB Kaufvertrag: Der Verkäufer ist verpflichtet, dem Käufer Eigentum am Kaufgegenstand zu verschaffen. Der Kaufvertrag allein bewirkt aber noch nicht den Übergang des Eigentums, hierzu bedarf es eines eigenen Verfügungsgeschäfts (»Verfügungsgeschäft). *SR*

Verrechtlichung RPH
ist eine Tendenz normativer Verdichtung, die frühneuzeit-

lich mit gezielter Gesetzgebung als bewusster Sozialgestaltung durch den Souverän begann und sich über gesellschaftliche Dynamisierung und sozial-liberales Selbstverständnis des modernen Leistungsstaates zur gegenwärtigen Gesetzesflut gesteigert hat. Sie wird angesichts wachsender technologischer Bedrohungen humaner Lebensvollzüge noch weiter zunehmen als staatliche Antwort auf gesteigertes individuelles Regulierungs- und Schutzbedürfnis. *CMS*

Versammlungsfreiheit ÖR
Die Versammlungsfreiheit wird durch Art 12 StGG und Art 11 EMRK gewährleistet. Eine Versammlung ist nach der Rsp des VfGH eine Zusammenkunft mehrerer Menschen, wenn sie in der Absicht veranstaltet wird, die Anwesenden zu einem gemeinsamen Wirken zu bringen, sodass eine gewisse Assoziation der Zusammengekommenen entsteht. Geschützt wird nicht nur das Recht, sich zu versammeln, sondern auch versammelt zu bleiben (Schutz vor rechtswidrigen Versammlungsauflösungen). *TC*

Versäumungsurteil PR
Ein Versäumungsurteil ist zu fällen, wenn der Beklagte die Klagebeantwortung nicht rechtzeitig erstattet oder eine Partei nach rechtzeitig erstatteter Klagebeantwortung oder nach rechtzeitigem Einspruch einer Tagsatzung fern bleibt, bevor sie sich durch mündliches Vorbringen zur Hauptsache in den Streit eingelassen hat. Im Versäumungsurteil wird über das Klagebegehren auf der Grundlage des tatsächlichen Vorbringens jener Partei erkannt, die nicht säumig war. Mit einem Widerspruch kann der Säumige ein gegen ihn ergangenes Versäumungsurteil bekämpfen. *PS*

Verschmelzung ÖR
In der Staatslehre wird damit ein Vorgang bezeichnet, bei dem zwei Staaten ihre Völkerrechtssubjektivität dadurch verlieren, dass sie in einem neuen Staat aufgehen, der die Gebiete der beiden verschmolzenen Staaten umfasst. Vgl dazu »Sezession, »Spaltung. *JF*

Verschollenheit PR
ist längere nachrichtenlose Abwesenheit bei unbekanntem Aufenthalt und unter Umständen, die ernsthafte Zweifel am Überleben begründen. Hat die Verschollenheit eine bestimmte Dauer erreicht, wofür das Todeserklärungsgesetz Fristen festsetzt (die im Fall von Gefahrenverschollenheiten kürzer sind als bei allgemeiner Verschollenheit), so kann der Verschollene für tot erklärt werden (siehe »Todeserklärung). *BB*

Verschulden PR
Haftungsvoraussetzung in der »Verschuldenshaftung. Das rechtswidrige Verhalten muss dem Schädiger subjektiv vorwerfbar sein. Die subjektive Vorwerfbarkeit hängt von den persönlichen Fähigkeiten des Schädigers ab. „Schuldhaft ist rechtswidriges Verhalten dann, wenn der Täter dieses Verhalten aufgrund seiner Einsichtsfähigkeit und seiner persönlichen Möglichkeiten vermeiden hätte können.“ »Verschuldensgrad *AW*

Verschuldensgrad PR
Je nach Schwere des Verschuldens werden leichte »Fahrlässigkeit, grobe Fahrlässigkeit und »Vorsatz unterschieden. Der Verschuldensgrad bestimmt das Ausmaß des Schadenersatzes (bei grobem Verschulden [»Grobes Verschulden] werden der positive Schaden UND der entgangene Gewinn ersetzt) und die Art der Schadensberechnung (objektiv-abstrakt oder subjektiv-konkret). *AW*

Verschuldenshaftung PR
Ersatzpflichtig wird, „wer rechtswidrig und schuldhaft einen Schaden verursacht hat.“ Zu prüfen sind demnach das Vorliegen eines Schadens (»Schaden), die »Kausalität, die »Rechtswidrigkeit und das »Verschulden. Das Schadenersatzrecht sieht jedoch auch eine Haftung ohne Verschulden vor: »Eingriffshaftung, »Gefährdungshaftung. *AW*

Verschuldensvermutung PR
Im Rahmen der Vertragshaftung gilt zugunsten des Geschädigten die »Beweislastregel des § 1298 ABGB. Hier wird das Verschulden des Schädigers gesetzlich vermutet, dh dieser hat zu beweisen, dass ihn kein Verschulden an der »Vertragsverletzung trifft. Gemäß § 933a Abs 3 ABGB ist die gesetzliche Vermutung, dass ein durch eine Vertragsverletzung beim Partner verursachter Schaden auch verschuldet ist, auf 10 Jahre befristet. *AP/EK*

Versicherter PR
Derjenige, der für den Fall des Eintritts von bestimmten Risiken versichert ist. Siehe »Versicherungsvertrag. *MH/AG*

Versicherungsaufsichtsgesetz ÖR
(VAG) »Bundesgesetz über den Betrieb und die Beaufsichtigung der Vertragsversicherung. Regelt die Aufsicht über Versicherungsunternehmen durch eine staatliche Behörde (Finanzmarktaufsichtsbehörde – FMA). Neben dieser Aufsicht enthält es ua auch gesellschaftsrechtliche und insolvenzrechtliche Sondervorschriften. Das VAG dient dem

Schutz des Versicherten. *MH/AG*

Versicherungsfall (PR)
Ist der tatsächliche Eintritt des versicherten Risikos.

Beispiel: bei einer Hagelversicherung der entstandene »Schaden durch ein Hagelunwetter. *MH/AG*

Versicherungsrecht (PR)
Die Summe aller Normen (siehe »Rechtsnorm), die das Versicherungswesen regeln. Das Versicherungsrecht hat sich als eigene Rechtsdisziplin emanzipiert. Es besteht einerseits aus öffentlichem (zB »Versicherungsaufsichtsgesetz, Sozialversicherungsrecht, siehe »Sozialversicherung) und privatem (zB »Versicherungsvertragsgesetz) Versicherungsrecht. *MH/AG*

Versicherungsvertrag (PR)
»Vertrag, durch den sich die Versicherungsgesellschaft dem Versicherungsnehmer gegenüber verpflichtet, gegen Entgelt (»Prämie) für ein bestimmtes Risiko einzustehen, von dem nicht sicher ist, ob es tatsächlich eintritt (siehe »Versicherungsfall).

Beispiele: Kfz-Haftpflichtversicherung, Lebensversicherung, Feuerversicherung.

Siehe auch »Versicherungsvertragsgesetz. *MH/AG*

Versicherungsvertragsgesetz (PR)
(VersVG) Wichtigste gesetzliche Grundlage für das Versicherungsvertragsrecht. Es enthält allgemeine Regelungen, die für sämtliche Versicherungszweige gelten, und spezielle Vorschriften für die Schadensversicherung, die Lebensversicherung, die Krankenversicherung und die Unfallversicherung. Siehe auch »Versicherungsvertrag, vgl auch »Versicherungsaufsichtsgesetz. *MH/AG*

Verspätungsschaden (PR)
umfasst jenen Nachteil, der vom Schuldner zu ersetzen ist, da dieser schuldhaft seine Leistung nicht rechtzeitig am gehörigen Ort und auf die versprochene Art und Weise erbracht hat, sondern erst später (siehe »Subjektiver Schuldnerverzug). *AP/EK*

Verstand (RPH)
leistet die Erkenntnis der physischen Gegenstände in Raum und Zeit (= Formen der Anschauung). Ausgangspunkt des denkenden Verstandes ist die sinnliche Anschauung: Anschauungen ohne Verstandesbegriffe sind blind, Verstandesbegriffe ohne Anschauungen sind leer. Der Verstand arbeitet mit bestimmten Kategorien = Begriffen: Quantität (Einheit, Vielheit, Allheit), Qualität (Realität, Negation, Limitation), Relation (Inhärenz, Kausalität, Gemeinschaft), Modalität (Möglichkeit, Dasein, Notwendigkeit). *CMS*

Versteckter Dissens (PR)
Die Erklärungen der einzelnen Parteien weichen derart voneinander ab, dass sich keine Einigkeit feststellen lässt. Dies ist etwa dann der Fall, wenn die »Annahmeerklärung nicht dem »Anbot entspricht; der »Vertrag kommt nicht gültig zustande. *SR*

Versteinerungstheorie (ÖR)
Dabei wird die Bedeutung des Begriffs zum Zeitpunkt der Erlassung der Verfassungsbestimmung herangezogen. Es ist somit relevant, was zum Versteinerungszeitpunkt (Erlassungszeitpunkt) unter dem Begriff verstanden wurde. Diese Interpretationsmöglichkeit wird bei der Auslegung von Kompetenzregelungen verwendet. *GH*

VersVG (PR)
»Versicherungsvertragsgesetz *MH/AG*

Verteilungsgerechtigkeit (RPH)
spricht die Frage der (geometrischen) Gerechtigkeit im herrschaftlichen Bereich der Staatlichkeit an: im sozialstaatlichen Verteilungsverhältnis herrscht dann Gerechtigkeit vor, wenn (soziale) Rechte und (soziale) Pflichten gleich verteilt sind. Dabei sind sowohl Verdienst als auch Bedürfnis zu berücksichtigen. Dieses äußerst komplexe öffentliche Gerechtigkeitsproblem kann wohl nur iS des "Förderns und Forderns" durch ein System wahrnehmungspflichtiger Chancengleichheit (FICHTE) gelöst werden. *CMS*

Vertrag (PR)
Zwei- oder mehrseitiges »Rechtsgeschäft, das dadurch entsteht, dass zwei oder mehrere Personen übereinstimmende Willenserklärungen (siehe »Willenserklärung) abgeben. Siehe auch »Vertragsabschluss. *MH/AG*

Vertrag über die Europäische Union (ÖR)
EUV = Vertrag von Maastricht *JLR*

Vertrag von Amsterdam (ÖR)
Der Vertrag von Amsterdam ist nach der Ratifikation durch die Mitgliedstaaten am 1. 5. 1999 in Kraft getreten. Durch den Vertrag von Amsterdam erfolgte eine redaktionelle Änderung der Texte des EG- und des EU-Vertrages.Durch den Vertrag von Amsterdam erfolgte die Vergemeinschaftung eines Teiles der Dritten Säule (Asyl, Visa, Einwanderung). Im Bereich der Ersten (»Erste Säule) und Dritten Säule (»Dritte Säule) wurde das Konzept der verstärkten Zusammenarbeit gemeinschaftsrechtlich umgesetzt und mehr

Transparenz für die EU-Bürger geschaffen. *LB*

Vertrag von der Stange (PR)
Verträge mit einheitlichen, vorformulierten Vertragstexten (»Allgemeine Geschäftsbedingungen, „Vertragsschablonen"), die von Unternehmen als Grundlage für eine Vielzahl von gleichen Verträgen verwendet werden. Siehe auch »Allgemeine Geschäftsbedingungen. *SR*

Vertrag von Maastricht (ÖR)
Der Vertrag von Maastricht ist nach der Ratifikation durch die Mitgliedstaaten am 1. 11. 1993 in Kraft getreten.Mit diesem Vertrag wurde die Europäische Union als Dachorganisation über den drei Säulen der Gemeinschaften, der GASP und der ZBJI geschaffen. Es wurde außerdem die Unionsbürgerschaft eingeführt, die Rechte des Europäischen Parlaments verstärkt und die Prinzipien der beschränkten Einzelermächtigung, der Subsidiarität und der Proportionalität im Primärrecht ausdrücklich verankert.Durch den Vertrag von Maastricht wurde die stufenweise Errichtung der Wirtschafts- und Währungsunion bis zum Jahr 1999 beschlossen und die EWG in EG umbenannt. *LB*

Vertrag von Nizza (ÖR)
Der Vertrag von Nizza ist nach der Ratifikation durch die Mitgliedstaaten am 17. 2. 2003 in Kraft getreten.Dieser Vertrag brachte eine Reform der europäischen Institutionen – dh eine Änderung der Aufgaben und Kompetenzen von Kommission, Parlament, Rat, EuGH, um die Europäische Union auf die 2004 bzw 2007 erfolgte Erweiterung um insgesamt 12 Mitgliedstaaten vorzubereiten. *LB*

Vertrag zugunsten Dritter (PR)
Vertrag, bei dem sich der »Schuldner verpflichtet, an einen Dritten zu leisten. Der Dritte muss die Leistung nicht annehmen.

Unterscheide davon: »Vertrag zulasten Dritter. *MH/AG*

Vertrag zulasten Dritter (PR)
»Vertrag, bei dem die Vertragsparteien einem Dritten Pflichten auferlegen. Wegen des Grundsatzes der »Privatautonomie ist ein Vertrag zulasten Dritter unzulässig. Jeder soll die Freiheit besitzen, selbst zu entscheiden, ob, wie und wem gegenüber er sich verpflichten will.

Unterscheide davon: »Vertrag zugunsten Dritter. *MH/AG*

Vertrag zur Gründung der Europäischen Gemeinschaft (ÖR)
Ursprünglich hieß der EGV "Vertrag zur Gründung der Europäischen Wirtschaftsgemeinschaft", er wurde durch den »Vertrag von Maastricht in "EGV" umbenannt. Der EGV bildet das Herzstück des Primärrechts (»Primärrecht). *JLR*

Vertragliches Schuldverhältnis (PR)
»Schuldverhältnis, das durch »Vertragsabschluss begründet wird. Unterscheide davon: »Gesetzliches Schuldverhältnis. *MH/AG*

Vertragsabschluss (PR)
Praktisch wichtigste Form des Rechtsgeschäfts ist der »Vertrag. Er kommt durch die übereinstimmenden Willenserklärungen zweier (oder mehrerer) Parteien zustande, durch »Annahme des Anbots (»Anbot, »Angebot, »Offerte) wird ein Vertrag abgeschlossen. *SR*

Vertragsanpassung (PR)
(bei »Irrtum): Hätten beide Parteien den Vertrag auch ohne Irrtum geschlossen, nur anders – liegt also ein »unwesentlicher Irrtum vor –, kann der Irrende bei Vorliegen der sonstigen Voraussetzungen der »Irrtumsanfechtung die Vertragsanpassung begehren. Durch Ausübung seines »Gestaltungsrechts kommt der Vertrag (mit »Ex tunc-Wirkung) so zustande, wie er ohne Irrtum von Anfang an geschlossen worden wäre. *BB*

Vertragsauslegung (PR)
In § 914 f ABGB geregelt; streng von der »Gesetzesauslegung zu unterscheiden. Der Erklärungswert einer »Willenserklärung kann häufig nur durch Auslegung herausgefunden werden. Oberste Auslegungsmaxime ist die Parteienabsicht (= »subjektiver Parteiwille). Lässt sich ein solcher nicht ermitteln, ist im Zweifel die Willenserklärung so auszulegen, wie dies der Übung des redlichen Verkehrs entspricht (dies bedeutet, dass der Vertrag durch Gesetz oder durch die Verkehrssitten entsprechend zu ergänzen ist). Auch der hypothetische Parteiwille (»hypothetischer Parteiwille) und die Unklarheitenregel (§ 915 ABGB) sind bei der Vertragsauslegung relevant. *SR*

Vertragsübernahme (PR)
Bei der »Vertragsübernahme werden im Gegensatz zur »Zession oder zur »Schuldübernahme nicht einzelne Rechte oder Pflichten übernommen, sondern die ganze Parteistellung in einem »Vertrag. Alle Beteiligten müssen zustimmen. *MH/AG*

Vertragsformblatt (PR)
Siehe »Allgemeine Geschäftsbedingungen. *SR*

Vertragsfreiheit (PR)
Freiheit, zu entscheiden, ob und mit wem (Abschlussfreiheit), in welcher Form und mit welchem Inhalt ein Vertrag ge-

schlossen wird, sowie den geschlossenen Vertrag abzuändern und zu beenden. *PS*

Vertragshaftung ⓅⓇ
Auch Haftung ex contractu. Der Schädiger hat seinem Vertragspartner Ersatz für jene Schäden zu leisten, die aus der Verletzung vertraglicher Pflichten (»Hauptleistungspflicht, »Nebenpflicht, vorvertragliche Pflichten – siehe »Vorvertraglicher Kontakt) resultieren. Bei der im Vergleich zur »Deliktshaftung strengeren Vertragshaftung kommen dem Geschädigten die Haftung für Erfüllungsgehilfen, die Beweislastumkehr und der Ersatz bloßer Vermögensschäden zugute. *AW*

Vertragspartei ⓅⓇ
Natürliche oder juristische Person, die sich durch ein vertragliches Schuldverhältnis berechtigt oder verpflichtet. Je nachdem ist die Vertragspartei dann »Gläubiger bzw »Schuldner. *MH/AG*

Vertragstypus ⓅⓇ
Ein im Gesetz beschriebener Vertrag, dem man ein konkretes Geschäft zuordnen kann (zB Kaufvertrag, Mietvertrag, Werkvertrag) und für den bestimmte Regeln gelten. Nur die wichtigsten Vertragstypen sind im Gesetz eigens geregelt. Anders als im Sachenrecht herrscht im Schuldrecht kein »Typenzwang, die Parteien können im Rahmen der »Privatautonomie auch gemischte oder atypische Verträge schließen. Siehe auch: »Gemischter Vertrag, »Atypischer Vertrag. *MH/AG*

Vertragsverletzung ÖⓇ
Eine Vertragsverletzung im Sinne der Art 226–228 EG liegt bei einem Verstoß gegen die Bestimmungen des Primärrechts (EGV) (»Primärrecht) und bei der Verletzung von sekundärrechtlichen Vorschriften (zB gegen Verordnungen (»Verordnung) oder Richtlinien [»Richtlinie]) vor. Zur Geltendmachung von Vertragsverletzungen steht das Vertragsverletzungsverfahren vor dem »EuGH zur Verfügung. *LB*

Vertragsverletzungsverfahren ÖⓇ
Das Vertragsverletzungsverfahren gemäß Art 226–228 EG ist eine Verfahrensart vor dem »EuGH. In einem Vertragsverletzungsverfahren kann die Kommission gegen Mitgliedstaaten vorgehen, die gegen Bestimmungen des Primärrechts (EGV) (»Primärrecht) oder des Sekundärrechts (»Sekundärrecht) (zB Verordnungen oder Richtlinien) verstoßen haben. *LB*

Vertrauensgrundsatz ⓅⓇ
Siehe »Grundsatz der materiellen Publizität. *DH*

Vertrauensinteresse ⓅⓇ
(negatives Vertragsinteresse) erhält derjenige, der durch Verschulden eines anderen, meist des (präsumtiven) Vertragspartners, irrtümlich auf die »Gültigkeit des Vertrags oder dessen Erfüllbarkeit vertraut und dadurch einen Schaden (Vertrauensschaden) erlitten hat. Der Geschädigte ist so zu stellen, wie er stünde, wenn er nicht vertraut hätte. Unterscheidung zum »Erfüllungsinteresse anhand der Kausalität: Vertrauensinteresse ersetzt den Schaden, der durch schuldhaftes Erwecken von Vertrauen (Verletzung einer »Aufklärungspflicht) verursacht wurde, Erfüllungsinteresse für den Schaden, der durch schuldhafte Nichterfüllung (Verletzung einer Leistungspflicht) verursacht wurde. *BB*

Vertrauensmann ⓅⓇ
Tatbestandselement des § 367 ABGB (»Gutgläubiger Eigentumserwerb). Vertrauensmann ist, wem eine Sache vom Eigentümer willentlich anvertraut wurde, zB wem der Eigentümer die Sache geborgt oder vermietet hat. *DH*

Vertrauensschaden ⓅⓇ
Siehe »Vertrauensinteresse. *BB*

Vertrauensschutz ⓅⓇ
ist ein viele Bereiche des Privatrechts, besonders das Vertragsrecht (und da insb den »Vertragsabschluss) bestimmendes Prinzip. Das Vertrauen auf den Anschein bestimmter Tatsachen (zB auf die irrtümlich abgegebene Erklärung des anderen; auf die Vollmacht des »Scheinvertreters) wird nur zulasten eines anderen geschützt, dem die Verursachung des Anscheins zugerechnet oder sogar vorgeworfen werden kann. Nach diesem Prinzip sind zB ausgestaltet: die Auslegung von Willenserklärungen (vgl »Objektiver Erklärungswert, »Vertrauenstheorie), »Erklärung ohne Erklärungsbewusstsein, Irrtumsanfechtung, »Anscheinsvollmacht. *BB*

Vertrauenstheorie ⓅⓇ
Die Bedeutung einer Erklärung richtet sich weder allein nach dem wahren Willen des Erklärenden (»Willenstheorie) noch ausschließlich danach, wie der Erklärungsempfänger sie verstanden hat (»Erklärungstheorie), sondern danach, „wie die Erklärung unter Berücksichtigung aller Umstände objektiv verstanden werden musste". *SR*

Vertretbare Handlung ⓅⓇ
Handlung, deren Vornahme durch einen Dritten erfolgen kann. *PS*

Vertretbare Leistung ⓅⓇ
»Leistung, die eine »vertretbare Sache oder eine »vertretbare Handlung zum Inhalt hat. *MH/AG*

Vertretbare Sache (PR)
Sache, die im rechtsgeschäftlichen Verkehr nicht nach individuellen Merkmalen bestimmt wird, sondern nach Maß, Zahl oder Gewicht, zB Geld,Getreide, aber auch jedes in Serienproduktion hergestellte Produkt, wie ein neues Auto.

Unterscheide davon: »Unvertretbare Sache.

Beachte: Im Gegensatz zum Begriffspaar »Gattungsschuld–»Speziesschuld kommt es bei der Bestimmung einer unvertretbaren oder vertretbaren Sache nicht auf den Parteiwillen an, sondern auf die Verkehrsauffassung. *MH/AG*

Vertreter (PR)
Siehe »Stellvertreter. *SR*

Vertretungshandlung (PR)
Handlung, die ein »Stellvertreter im Namen des Vertretenen und mit dessen »Vertretungsmacht vornimmt. Siehe »Stellvertretung. *SR*

Vertretungsmacht (PR)
Stellt neben der Offenlegung (»Offenlegungsgrundsatz) und der (beschränkten) »Geschäftsfähigkeit des Stellvertreters (»Stellvertreter) eine Voraussetzung für das Vorliegen einer wirksamen »Stellvertretung dar. Die Vertretungsmacht ist jene Macht, im fremden Namen (= im Namen des Vertretenen) und mit Wirkung für den Vertretenen zu handeln. Sie wird dem Stellvertreter in Form einer »Vollmacht durch den Vertretenen verliehen. *SR*

Verwahrer (PR)
Jener Vertragspartner des Verwahrungsvertrages, der die Sache in seine Obsorge übernimmt. Siehe »Verwahrungsvertrag. *MH/AG*

Verwahrungsvertrag (PR)
»Dienstleistungsvertrag, mit dem eine Partei (Verwahrer) eine Sache auf bestimmte Zeit zur Aufbewahrung übernimmt und sich zur sorgfältigen Behandlung der Sache verpflichtet. Der Verwahrungsvertrag ist ein »Realvertrag und ein »Dauerschuldverhältnis. Unterscheide davon: »Mietvertrag. *MH/AG*

Verwaltervollmacht (PR)
Wird in § 1029 ABGB folgendermaßen geregelt: Wer einem anderen eine Verwaltung anvertraut, von dem wird auch vermutet, dass er ihm auch die Macht eingeräumt hat, all das zu tun, was die Verwaltung selbst erfordert und was gewöhnlich damit verbunden ist (§ 1029 Abs. 1 letzter Satz). Wie bei der »Anscheinsvollmacht schützt der Gesetzgeber auch hier das „Vertrauen des Dritten auf den äußeren Tatbestand" zum Nachteil des Vertretenen, der diesen Rechtsschein setzt. *SR*

Verwaltung (ÖR)
bezeichnet grundsätzlich jedes administrative Handeln der Behörden; im Zusammenhang mit dem Begriff der Exekutive bildet die öffentliche Verwaltung einen Teil der vollziehenden Gewalt. *JF*

Verwaltungsakt (ÖR)
ist eine staatliche Handlungsform, die von Verwaltungsorganen gesetzt wird. Er ist in der Regel hoheitlich und wird von Stellen erlassen, die mit »Imperium ausgestattet sind. Bsp: »Bescheid, »Akt unmittelbarer verwaltungsbehördlicher Befehls- und Zwangsgewalt. *JF*

Verwaltungsbehörde (ÖR)
Diese vollzieht Verwaltungsrecht. Sie ist mit Hoheitsgewalt ausgestattet und hat die Befugnis, einseitig heteronom Recht zu setzen, dh sie ist befugt, individuelle und generelle Rechtsakte (»Bescheid, »Verordnung) zu erlassen. Sie nimmt Aufgaben der staatlichen Verwaltung nach außen wahr. Unterscheide »Gericht. *JF*

Verwaltungsbrauch (ÖR)
Bestimmte von einer »Verwaltungsbehörde über einen längeren Zeitraum hinweg geübte Verhaltensweisen oder Entscheidungsmuster. Verwaltungsbrauch stellt keine »Rechtsquelle dar. Beachte aber jedenfalls, dass die »Verwaltung nur aufgrund der Gesetze (»Gesetz) ausgeübt werden darf (»Gesetzesstaat nach Art 18 B-VG). *SL*

Verwaltungsgerichtshof (ÖR)
Der VwGH ist ein Höchstgericht (»Höchstgerichte), das zur Sicherung der Gesetzmäßigkeit der Verwaltung eingerichtet ist. Die praktisch wichtigste Kompetenz des VwGH ist die Entscheidung über Beschwerden gegen letztinstanzliche Bescheide. Eine weitere Kompetenz ist die Entscheidung über Säumnisbeschwerden (»Säumnisbeschwerde). *TC*

Verwaltungslehre (ÖR)
Disziplin, die neben der »Rechtsdogmatik steht und sich zB mit der Struktur, der idealtypischen Gestaltung sowie den Abläufen in der Verwaltung beschäftigt. *CMP*

Verwaltungsorgane (ÖR)
Nach Art der Tätigkeit ist zwischen »Behörde und sonstige Dienststelle zu unterscheiden. Sie können sowohl in der »Hoheitsverwaltung als auch in der »Privatwirtschaftsverwaltung tätig werden. Behörden sind daher jene Verwaltungsorgane, die hoheitlich handeln. Die obersten Verwaltungsorgane nach dem B-VG sind der »Bundespräsident, die »Bun-

desregierung und der/die »Bundesminister/in. *JF*

Verwaltungspraxis ÖR
Siehe »Verwaltungsbrauch. Achtung: Das plötzliche und unbegründete Abgehen von einer bestehenden verwaltungsbehördlichen Entscheidungspraxis kann Willkür iS des verfassungsgesetzlichen Gleichheitssatzes (»Gleichheitssatz; Art 7 B-VG) bedeuten und uU Amtshaftung (»Amtshaftungsgesetz) auslösen. Der Willküraspekt kann nach Erschöpfung des verwaltungsbehördlichen Instanzenzuges im Zuge einer Bescheidbeschwerde vom VfGH aufgegriffen werden (kann zur Aufhebung des Bescheides führen). *CMP*

Verwaltungsrecht ÖR
Teilmaterie des öffentlichen Rechts. Ist jener Rechtsbereich, der von Verwaltungsbehörden (»Verwaltungsbehörde) vollzogen wird. Es umfasst den Aufbau der Verwaltung (»Organisationsrecht), »Besonderes Verwaltungsrecht und »Verwaltungsverfahrensrecht. *JF*

Verwaltungssprengel ÖR
Darunter versteht man jenen Teil des Bundesgebiets, für den eine Behörde sachlich zuständig ist. Dh sie darf grundsätzlich nur in diesem Rechtsakte setzen. *GM*

Verwaltungsstrafe ÖR
wird von der zuständigen »Verwaltungsbehörde wegen Übertretung von Verwaltungsvorschriften verhängt. Gesetzliche Grundlage »VStG. *JF*

Verwaltungsstrafgesetz ÖR
»VStG, Verfahrensordnung des Verwaltungsstrafrechts. Regelt das Verfahren zur Erlassung von Strafbescheiden. Enthält Bestimmungen über die Strafbarkeit und über die Strafen sowie über den Ablauf des Strafverfahrens, Rechtsmittel und über die Strafvollstreckung. Vgl dazu »Verwaltungsstrafsache, »Verwaltungsstraftat. *JF*

Verwaltungsstrafrecht ÖR
ist das von Verwaltungsbehörden (»Verwaltungsbehörde) zu vollziehende materielle Strafrecht. Die Verwaltungsbehörden haben den jeweiligen Sachverhalt festzustellen und die Rechtsfolge auszusprechen. Gesetzliche Grundlage ist das »Verwaltungsstrafgesetz. Unterscheide »Justizstrafrecht. *JF*

Verwaltungsstrafsache ÖR
Gegenstand eines Verwaltungsstrafverfahrens (»Verwaltungsstrafverfahren). Vgl dazu »Verwaltungsstraftat, »Ne bis in idem. *JF*

Verwaltungsstraftat ÖR
Eine Verwaltungsstraftat wird begangen, wenn jemand eine verbotene (dh mit Strafe bedrohte) Tat, sei es ein Tun oder Unterlassen, im Zustand der Zurechnungsfähigkeit mit Verschulden begeht, sofern keine gesetzliche Erlaubnis vorliegt. Elemente: Tatbildmäßigkeit, Verschulden, Rechtswidrigkeit. Wird durch Verhängung einer »Verwaltungsstrafe sanktioniert. *JF*

Verwaltungsstrafverfahren ÖR
regelt die Zuständigkeit der Verwaltungsbehörden (»Verwaltungsbehörde) und das Verfahren bei der Verhängung von Strafen. Gesetzliche Grundlage ist das Verwaltungsstrafgesetz (»VStG). Berufung in Verwaltungsstrafsachen richtet sich in der Regel an den »UVS. *JF*

Verwaltungsübertretung ÖR
liegt vor, wenn jemand gegen eine Verwaltungsvorschrift verstößt. Wird von der zuständigen »Verwaltungsbehörde durch Verhängung von Verwaltungsstrafen (»Verwaltungsstrafe) sanktioniert: zB Falschparken, Geschwindigkeitsübertretung. *JF*

Verwaltungsverfahrensgesetz ÖR
Auch »AVG; ist die gesetzliche Grundlage des Verwaltungsverfahrensrechts (»Verwaltungsverfahrensrecht). Regelt das Verfahren zur Bescheiderlassung, die Parteistellung und insbesondere den Gang des Verwaltungsverfahrens. *JF*

Verwaltungsverfahrensrecht ÖR
Auch formelles Verwaltungsrecht, Prozessrecht der Verwaltungsorgane. Regelt das Verfahren zur Erlassung von Bescheiden und den Vollzug des materiellen Verwaltungsrechts durch die Behörden. Gesetzliche Grundlagen: »Verwaltungsverfahrensgesetz, »Verwaltungsstrafgesetz, »Verwaltungsvollstreckungsgesetz. *JF*

Verwaltungsvollstreckungsgesetz ÖR
Auch »VVG; ist die gesetzliche Grundlage, die das Verfahren zur zwangsweisen Durchsetzung von Bescheiden (»Bescheid) regelt. *JF*

Verwandtschaft PR
wird in § 40 ABGB als die Verbindung der „Stammeltern mit allen ihren Nachkommen" (iS der »Blutsverwandtschaft) definiert. Durch »Adoption wird dieses Verhältnis aber künstlich nachgebildet. Das Verhältnis zwischen einem Ehegatten und dessen Verwandtschaft bezeichnet man hingegen als Schwägerschaft. Verwandtschaft wird in Graden gemessen: Man unterscheidet Verwandtschaft in gerader Linie (Zahl der Zeugungen zwischen dem Vorfahren und seinem Nachkommen) und in Seitenlinie (Zahl der

Zeugungen zwischen den konkreten Personen und ihren gemeinsamen Stammeltern). »Gesetzliche Erbfolge, »Parentelensystem *VTH*

Verweisung ÖR
Die Rechtssetzungsautorität kann in einer Rechtsvorschrift auf Inhalte in einer anderen, bereits bestehenden Rechtsvorschrift verweisen. Verweisungen liegen im Interesse der Normenökonomie, da so Mehrfachregelungen desselben Inhalts verhindert werden. Inhalt und Umfang der Verweisung bedürfen jeweils der Interpretation. *JLR*

Verweisungsnormen PR
Siehe »Kollisionsnormen. *AW*

Verwendungsanspruch PR
Bereicherungsrechtlicher Anspruch (»Bereicherungsrecht) auf Herausgabe eines Vermögensvorteiles, der nicht durch eine Leistung (»Leistungskondiktion), sondern in sonstiger Weise bewirkt wurde. „Verwendung nennt man jede dem Zuweisungsgehalt des Rechts des Eigentümers widersprechende Nutzung durch einen Unberechtigten." Bsp.: Die Kuh des A weidet auf der Wiese des B, A verwendet das Fahrrad des B. *AW*

Verwerten PR
Siehe »Pfandrechtsverwertung. *DH*

Verzicht PR
(Auch: Erlass, Entsagung) »Vertrag, bei dem der »Gläubiger zugunsten des Schuldners entgeltlich oder unentgeltlich auf ein Recht verzichtet und dadurch dessen »Verbindlichkeit aufhebt. Als Vertrag bedarf er immer der Zustimmung des Schuldners. *MH/AG*

Verzug PR
(vorläufige Nichterfüllung) ist ein Tatbestand des Leistungsstörungsrechts; man unterscheidet zwischen »Gläubigerverzug und Schuldnerverzug. Siehe, je nachdem, ob dem Schuldner an der Nichtleistung ein Verschulden trifft, »Objektiver Schuldnerverzug und »Subjektiver Schuldnerverzug. *AP/EK*

Verzugszinsen PR
Diese fallen an, wenn der Schuldner bei Geldschulden in »Verzug ist, und stellen einen Ersatz für den Nachteil dar, dass der Gläubiger den ihm zustehenden Geldbetrag verspätet erhält. Einer anderen Überlegung für die Zusprechung von Verzugszinsen liegt der Gedanke zugrunde, dass der Schuldner durch das längere Zurückbehalten des Geschuldeten eine Bereicherung erfahren hat. Der »Zinssatz für Verzugszinsen beträgt im Zivilrecht 4 %, im Wechsel- und Scheckrecht 6 %. *AP/EK*

VfGH ÖR
»Verfassungsgerichtshof. *JF*

Viehmangel PR
ist ein Mangel an einem Tier, der einen »Gewährleistungsanspruch auslöst. Die »Gewährleistungsfrist beträgt sechs Wochen und beginnt bei jenen Mängeln, für die eine Vermutungsfrist existiert, erst nach deren Ablauf. Diese besonderen Vorschriften gelten jedoch nicht für Verbrauchergeschäfte, da es sonst zu einer unzulässigen Einschränkung der Gewährleistungsrechte gegenüber Konsumenten kommen würde (§ 9 KSchG). *AP/EK*

Vis maior PR
Höhere Gewalt; vom Menschen unbeeinflussbar. *CMP*

Vizekanzler/in ÖR
Der Vizekanzler bildet gemeinsam mit dem/der »Bundeskanzler/in und den übrigen Bundesministern die »Bundesregierung (Art 69 B-VG). Er ist selbst Bundesminister. Verfassungsrechtlich ist es zulässig, aber nicht erforderlich, dass der Vizekanzler auch für ein Ressort (Ministerium) zuständig ist; in der Praxis ist dies üblich. Die bedeutendste Kompetenz des Vizekanzlers besteht in der Vertretung des Bundeskanzlers im Falle seiner Verhinderung. *GM*

Völkergewohnheitsrecht ÖR
Rechtsquelle des Völkerrechts (»Völkerrechtsquellen). Entsteht durch allgemeine Übung der Völkerrechtssubjekte und ist von der Überzeugung getragen, sie sei rechtlich geboten (»Opinio iuris). *JF*

Völkerrecht ÖR
Das Völkerrecht regelt insb durch völkerrechtliche Verträge und völkerrechtliches Gewohnheitsrecht die zwischenstaatlichen Beziehungen zwischen Völkerrechtssubjekten. Charakteristische Elemente des Völkerrechts sind:-Es gibt keine organisierte und allgemeine Rechtssetzungesmechanismen – dh es gibt keinen „Völkerrechtsgesetzgeber" oder kein „Völkerrechtsparlament";-Es gibt keine organisierten Rechtsdurchsetzungsmechanismen. *LB*

Völkerrechtliche Rechtshandlungen ÖR
Völkerrechtliche Rechtshandlungen werden von Völkerrechtssubjekten gesetzt. Beispiele für völkerrechtliche Rechtshandlungen sind der Abschluss von völkerrechtlichen Verträgen, die Abgabe von Erklärungen oder der Beschluss von Resolutionen. *LB*

Völkerrechtlicher Vertrag ÖR
Völkerrechtlicher Verträge werden in der österreichischen Bundesverfassung als „Staatsverträge" bezeichnet. Diese Verträge können bilateral (zwischen zwei Völkerrechts-

subjekten [»Völkerrechtssubjekt], zB Handelsabkommen zwischen zwei Staaten) oder multilateral (zwischen mehreren Völkerrechtssubjekten, zB »EMRK) abgeschlossen werden. *LB*

Völkerrechtsbehörde ÖR
Damit ist eine Behörde gemeint, die Völkerrecht durchsetzt. Eine solche existiert an sich nicht; der Begriff wird lediglich zum theoretischen Vergleich mit innerstaatlichem Recht herangezogen. *JF*

Völkerrechtsgesetzgeber ÖR
Die "Gesetzgebung", also die Rechtssetzung im Völkerrecht liegt bei den souveränen (»souverän) Staaten selbst. Einen zentralen Völkerrechtsgesetzgeber gibt es nicht, außer im supranationalen Recht (EG). *JF*

Völkerrechtsquellen ÖR
Völkervertragsrecht, »Völkergewohnheitsrecht und die (siehe »Allgemeinen Rechtsgrundsätze im Völkerrecht) (vgl Art 38 IGH-Statut). Das Recht wird von den Völkerrechtssubjekten selbst geschaffen, da ein zentraler Gesetzgeber fehlt. *JF*

Völkerrechtssubjekt ÖR
Völkerrechtssubjekte sind die Staaten und die Internationalen Organisationen (zB »UNO, »WTO etc), die durch ihre Organe völkerrechtliche Rechtshandlungen (zB Verträge, Resolutionen) schließen. *LB*

Völkerrechtssubjekt, partielles ÖR
Dieser Begriff bezeichnet in der Regel den Menschen als Träger von Menschenrechten; im Anschluss an den 2. Weltkrieg begann man, die Menschenrechte nicht mehr allein als Angelegenheit der Staaten anzusehen; der Mensch wurde in diesem spezifischen Bereich als Adressat anerkannt (daher partiell). *CMP*

Völkerrechtsverletzung ÖR
Ist die Missachtung des Völkerrechts. Da das Völkerrecht über keine zentrale Zwangsgewalt verfügt, sind die Völkerrechtssubjekte zur Selbsthilfe berufen. Das Fehlen einer organisierten Zwangsgewalt verhindert zusätzlich eine zentrale Durchsetzung der völkerrechtlichen Verpflichtungen und stellt – aus der Sicht des Positivismus – den Rechtscharakter des Völkerrechts in Zweifel. Kelsen sprach in diesem Zusammenhang von einer primitiven Rechtsordnung. *JF*

Volksabstimmung ÖR
Bei einer Volksabstimmung wird dem Volk die Frage vorgelegt, ob ein Gesetzesbeschluss Gesetzeskraft erlangen soll. Es ist also die Abstimmung des Volkes über einen Gesetzesbeschluss. Bei einer »Gesamtänderung der Bundesverfassung muss eine Volksabstimmung obligatorisch abgehalten werden. Dem Nationalrat steht jedoch auch die Möglichkeit offen, eine fakultative (nicht zwingende) Volksabstimmung über einen Gesetzesbeschluss durchführen zu lassen. Die Volksabstimmung ist ein Element der direkten Demokratie (»Elemente der direkten Demokratie). *TC*

Volksanwaltschaft ÖR
Staatliches Organ, das die Aufgabe hat, behauptete oder vermutete Missstände in der Verwaltung (dazu gehört auch die Privatwirtschaftsverwaltung, nicht aber die Gerichtsbarkeit!) zu überprüfen und daraufhin Berichte zu verfassen sowie Empfehlungen auszusprechen. Dadurch soll Menschen, die derartige Missstände vermuten, eine Hilfestellung geboten werden und letztlich die Qualität der österr Verwaltung verbessert werden. Achtung: Die Volksanwaltschaft besitzt – anders als Rechtsmittelbehörden oder die Gerichtshöfe des öffentlichen Rechts – keinerlei Befugnisse zur Aufhebung von Rechtsakten. *CMP*

Volksbefragung ÖR
Die Volksbefragung ist ein Element der direkten Demokratie (»Elemente der direkten Demokratie). Der Nationalrat beschließt dabei, über eine wichtige Frage der Bundesgesetzgebung das Volk zu befragen. Das Ergebnis dieser Befragung stellt ein politisch zu würdigendes Signal dar, ist aber in keiner Weise bindend. *TC*

Volksbegehren ÖR
Das Volksbegehren ist eine Form der Gesetzesinitiative und stellt eines der »Elemente der direkten Demokratie dar. Beim Volksbegehren ist ein von 100.000 Wahlberechtigten unterzeichneter Antrag (= Volksbegehren) dem Nationalrat zur Behandlung vorzulegen. Der Nationalrat ist allerdings nicht dazu verpflichtet, über dieses Volksbegehren einen Gesetzesbeschluss zu fassen. *TC*

Volkssouveränität ÖR
Prinzip, nach dem in einer mittelbaren oder unmittelbaren »Demokratie die Gewalt letztlich vom Volk ausgeht. *JF*

Vollhandelsgewerbe PR
Im HGB (siehe »Handelsgesetzbuch) unterschied man nach Art und Umfang des Gewerbebetriebs zwischen Vollhandelsgewerbe (Gewerbe eines Vollkaufmanns) und Minderhandelsgewerbe (Gewerbe eines Minderkaufmanns). Mit Inkrafttreten der »Handelsrechtsreform wurde der Begriff „Handelsgewerbe" durch »Unternehmen ersetzt, die Un-

terscheidung nach dem Umfang des Betriebs wurde aufgegeben – es gibt also keine „Voll- oder Minderunternehmen“. *MH/AG*

Volljährig (PR)
ist eine »natürliche Person ab Vollendung des achtzehnten Lebensjahres. Die Volljährigkeit (auch Eigenberechtigung genannt) ist ua Voraussetzung für die Erlangung der unbeschränkten »Geschäftsfähigkeit. *BB*

Vollkaufmann (PR)
Beim Kaufmannsbegriff des HGB (siehe »Handelsgesetzbuch) unterschied man nach Art und Umfang der kaufmännischen Tätigkeit zwischen Vollkaufmann und Minderkaufmann. Mit Inkrafttreten der »Handelsrechtsreform am 1. 1. 2007 wurde diese Unterscheidung zugunsten des einheitlichen Begriffs »Unternehmer aufgegeben. *MH/AG*

Vollmacht (PR)
»Einseitiges Rechtsgeschäft; durch eine Vollmacht wird der Bevollmächtigte berechtigt, den Vertretenen (Vollmachtgeber) gegenüber Dritten zu berechtigen und zu verpflichten. Der Bevollmächtigte wird durch die Vollmachtserteilung nicht zu einem Handeln verpflichtet. Beachte: Die Vollmacht betrifft das Außenverhältnis (= Verhältnis gegenüber Dritten), nicht das Innenverhältnis (= Verhältnis zwischen Vertreter und Vertretenem). Häufig wird etwa ein »Auftrag oder eine »Ermächtigung (Innenverhältnis) mit einer Vollmacht (Außenverhältnis) verbunden. *SR*

Vollmachtgeber (PR)
Person, die eine andere Person (= Bevollmächtigter) dazu berechtigt, sie gegenüber Dritten zu berechtigen und zu verpflichten. Siehe »Vollmacht. *SR*

Vollrecht (PR)
Das Eigentumsrecht (»Eigentum) ist das umfassendste aller dinglichen Rechte (»Dingliche Rechte) und wird deshalb in Relation zu den beschränkten dinglichen Rechten (»Beschränkt dingliches Recht) Vollrecht genannt. *DH*

Vollrechtsfähigkeit (PR)
Siehe »Teilrechtsfähigkeit. *BB*

Vollstrecken (ÖR)
Siehe »Vollstreckung. *CMP*

Vollstreckung (ÖR)
Die Umsetzung einer rechtlichen Verpflichtung oder einer »Rechtsfolge in die Realität, meist unter Einsatz von Zwangsmitteln (zB Eintreibung von Geldstrafen, Exekution von privaten Geldforderungen durch den Zwangsvollstrecker). *CMP*

Vollstreckungsbeamter (PR)
Siehe »Gerichtsvollzieher. *PS*

Vollstreckungsbekämpfungsklage (PR)
Siehe »Impugnationsklage. *PS*

Vollstreckungsmittel (ÖR)
steht im Rahmen der Exekution eines Bescheides der Vollstreckungsbehörde zur Verfügung. Instrumente zur zwangsweisen Durchsetzung von Bescheiden (»Bescheid). Welches Zwangsmittel anzuwenden ist, richtet sich nach der Art der zu vollstreckenden Leistung. Zur Sicherung der Leistung können sog einstweilige Verfügungen getroffen werden. Vgl dazu »Pfändung, »Ersatzvornahme, »Zwangsstrafe, Festnahme. *JF*

Vollversammlung (PR)
nennt man das Organ einer »Gesellschaft, welches aus allen ihren Mitgliedern (Gesellschaftern) besteht. Sie ist das Organ zur internen Willensbildung (zB Generalversammlung bei der GmbH, Hauptversammlung bei der AG). Zur Führung der laufenden Geschäfte gibt es, va bei größeren Gesellschaften, daneben ein eigenes Geschäftsführungs- und Vertretungsorgan (bei der GmbH den/die Geschäftsführer, bei der AG den Vorstand). Vgl »Selbstorganschaft. *BB*

Vollziehung (ÖR)
umfasst die Verwaltung und die Gerichtsbarkeit. Die Bundesverfassung (Art 18 B-VG) bestimmt, dass "die gesamte staatliche Verwaltung – und damit nach hA auch die Gerichtsbarkeit – nur aufgrund der Gesetze ausgeübt werden darf". *JF*

Vollzugsakt (ÖR)
ist ein Akt der Vollziehung (vollziehenden Gewalt). Es handelt sich um individuelle Akte, die für konkrete Einzelfälle Recht schaffen. Vollzugsakte können von der Gerichtsbarkeit (Urteile, Beschlüsse) oder von der Verwaltung (Bescheide, Akte unmittelbarer verwaltungsbehördlicher Befehls- und Zwangsgewalt) herrühren. *CMP*

Volonté de tous RPH
ist ein Zentralbegriff der politischen Theorie von ROUSSEAU, bei welchem er – in Anlehnung an den ARISTOTELISCHEN Begriff der "Demokratie" – jene Geisteshaltung anprangert, die nur die Gruppen- und Individualinteressen im Blick hat und das Gemeinwesen einzig und allein ausbeutet und benützt für die eigenen Absichten. Solcherart kann ein politisches Gemeinwesen nicht gelingen, da es auf materieller Ungleichheit aufbaut und keinerlei Gerechtigkeitsperspektive und Chancengleichheit gewährleistet. *CMS*

Volonté générale RPH
ist der politische Zentralbegriff von ROUSSEAU. Damit möchte er – in Anlehnung an den ARISTOTELISCHEN Begriff der "Republik" – sa-

gen, dass ein politisches Gemeinwesen nicht aus einer Summe von partiellen Gruppeninteressen aufgebaut sein kann (= "Demokratie"), bei denen jeder das Gemeinwesen für die eigenen Zwecke instrumentalisiert und ausnützt, sondern das Gemeinwesen der Ort der Gerechtigkeit für alle ist und allen gleiche Chancen bietet bei relativer materieller Gleichstellung ("Bürgertum"). *CMS*

Von Amts wegen ÖR
Siehe »Amtswegig. *JF*

Vorabentscheidung ÖR
Siehe »Vorabentscheidungsverfahren *LB*

Vorabentscheidungsverfahren ÖR
Das Vorabentscheidungsverfahren gemäß Art 234 EG ist eine Verfahrensart vor dem »EuGH. Der Zweck des Vorabentscheidungsverfahrens ist die einheitliche Anwendung und Auslegung des Gemeinschaftsrechts. Nationale Gerichte, die Gemeinschaftsrecht anzuwenden haben, können bzw müssen dem EuGH Fragen zur Auslegung oder Gültigkeit von Gemeinschaftsrecht stellen. Die Entscheidung des EuGH ist für das vorlegende Gericht verbindlich. *LB*

Vorbereitende Tagsatzung PR
Erste mündliche Verhandlung, die der Entscheidung über Prozesseinreden, dem Vortrag der Parteien, der Erörterung des Sach- und Rechtsvorbringens, der Vornahme eines Vergleichsversuchs sowie bei dessen Scheitern der Erörterung des weiteren Fortgangs des Prozesses und der Bekanntgabe des Prozessprogramms und – soweit zweckmäßig – auch der Einvernahme der Parteien und der Durchführung des weiteren Beweisverfahrens dient. *PS*

Vorbereitender Schriftsatz PR
Schriftsatz, der der Vorbereitung der mündlichen Streitverhandlung dient. *PS*

Vorlageantrag ÖR
Nationale Tribunale (dh Gerichte und bestimmte Verwaltungsorgane zB UVS), deren Entscheidung von der Gültigkeit eines Gemeinschaftsrechtsakts (»Primärrecht und »Sekundärrecht) oder von der Auslegung eines solchen Rechtsakts abhängt, kann das anhängige Verfahren unterbrechen und diese Gültigkeits- oder Auslegungsfrage dem »EuGH zur »Vorabentscheidungvorlegen. *LB*

Vorläufige Nichterfüllung PR
Siehe »Verzug. *AP/EK*

Vormund PR
Dieser Begriff wurde durch das Kindschaftsrechtsänderungsgesetz 2001 durch den Begriff der »Obsorge einer anderen Person ersetzt. *SR*

Vormundschaft PR
Das Institut der Vormundschaft wurde mit dem Kindschaftsrechts-Änderungsgesetz 2001 aufgehoben und durch die »Obsorge einer anderen Person für Minderjährige ersetzt. Siehe daher »Obsorge einer anderen Person. *SR*

Vormundschaftsrecht PR
Siehe »Obsorge einer anderen Person. *SR*

Vorrang ÖR
Die Vorrangswirkung ist einer der zentralen Grundsätze des Gemeinschaftsrechts und bestimmt, dass gemeinschaftsrechtliche Regelungen Vorrang vor (widersprechenden) nationalen Rechtsakten haben. *LB*

Vorrangwirkung ÖR
Beschreibt den Vorrang des unmittelbar anwendbaren Gemeinschaftsrechts vor staatlichem Recht. Dem Gemeinschaftsrecht widersprechendes innerstaatliches Recht darf im Konfliktfall nicht angewendet werden. Wird auch Anwendungsvorrang genannt. Hinweis: Es handelt sich nicht um Derogation. *JF*

Vorsatz PR
»Verschuldensgrad. Dem Schädiger ist die Rechtswidrigkeit seines Handelns bewusst. Er handelt bereits vorsätzlich, wenn er den Eintritt eines Schadens ernstlich für möglich hält und sich damit abfindet, und nicht erst bei absichtlicher Schädigung. *AW*

Vorschrift ÖR
Siehe »Rechtsvorschrift. *CMP*

Vorvertrag PR
Vereinbarung, in Zukunft einen bestimmten »Vertrag zu schließen. Der Vorvertrag verpflichtet zum Abschluss des darin genannten (Haupt-)Vertrags, begründet aber nicht direkt die Rechte und Pflichten des Hauptvertrags.

Unterscheide davon: »Punktation, »Vorvertraglicher Kontakt. *MH/AG*

Vorvertraglicher Kontakt PR
Nach der »Lehre und »Rechtsprechung können Schuldverhältnisse auch aus dem Kontakt der Verhandlungspartner vor einem »Vertragsabschluss entstehen, sodass eine schuldhafte Pflichtverletzung (»Culpa in contrahendo) schadenersatzpflichtig machen kann. Die Haftung aus vorvertraglichem Kontakt ist ein »gesetzliches Schuldverhältnis, da ein »vertragliches Schuldverhältnis erst durch den Abschluss eines Vertrags begründet wird. Trotzdem sind auf die Haftung

aus vorvertraglichem Kontakt die Regeln für die Haftung aus Vertrag (siehe »Vertragshaftung) anzuwenden. *MH/AG*

Vorvertragliches Schuldverhältnis (PR)
»Vorvertraglicher Kontakt, »Culpa in contrahendo *AW*

VStG (ÖR)
»Verwaltungsstrafgesetz *JF*

Vulgarsubstitution (PR)
Siehe »Ersatzerbschaft. *MH/AG*

VVG (ÖR)
»Verwaltungsvollstreckungsgesetz *JF*

VwGH (ÖR)
»Verwaltungsgerichtshof *JF*

Wahlkind (PR)
Siehe »Adoptivkind; »Adoption. *SR*

Wahlkreis (ÖR)
Territoriale Untergliederung des Wahlgebiets, in der die Ermittlung des Wahlergebnisses erfolgt. Österreich besteht etwa bei einer Nationalratswahl aus einem Bundeswahlkreis (gesamtes Staatsgebiet), neun Landeswahlkreisen (mit den Bundesländern deckungsgleich) und insgesamt 43 Regionalwahlkreisen. Die zu vergebenden Mandate werden auf die Wahlkreise entsprechend der Größe der Bevölkerungszahl verteilt. *SL*

Wahlrecht (ÖR)
Summe jener Rechtsvorschriften (»Rechtsvorschrift), die das Verfahren der Wahl einer Person (zB »Bundespräsident) oder der Mitglieder eines Vertretungskörpers (zB »Nationalrat) regeln. *SL*

Wahlschuld (PR)
(Auch: obligatio alternativa, Alternativobligation) Der Schuldner hat mehrere Möglichkeiten, seine Schuld zu erfüllen. Sofern nicht vereinbart ist, dass das Wahlrecht dem Gläubiger oder einem Dritten zusteht, kann der Schuldner zwischen den Leistungsmöglichkeiten frei wählen. Im Unterschied zur »Ersetzungsbefugnis muss der Schuldner, wenn eine Leistung unmöglich wird, die andere erbringen.
Beispiel: Karl kauft einen der beiden Hunde Trix und Flix von Valentin. Valentin kann sich aussuchen, ob er Trix oder Flix leistet. Stirbt Trix vor der Erfüllung, muss er Flix leisten. *MH/AG*

Wandlung (PR)
(actio redhibitoria) ist ein sekundärer Gewährleistungsbehelf und stellt ein Gestaltungsrecht dar, das in der Aufhebung des Vertrages resultiert und nur bei Vorliegen von nicht geringfügigen Mängeln ausgeübt werden kann. Die Wandlung wird als Rücktritt vom Vertrag gesehen, der schuldrechtlich »ex tunc, sachenrechtlich hingegen »ex nunc wirkt. Die Rückgabeansprüche sind daher ausschließlich bereicherungsrechtlicher Natur (§ 1435 ABGB). *AP/EK*

Warenverkehrsfreiheit (ÖR)
Die Warenverkehrsfreiheit (Art 23 EG) ist eine der »Grundfreiheiten des Gemeinschaftsrechts und ermöglicht das freie Bewegen und In-Verkehr-Setzen von Waren innerhalb der »EU. *LB*

Washingtoner Artenschutzübereinkommen (ÖR)
Völkerrechtlicher Vertrag, der Maßnahmen zum Schutz gefährdeter freilebender Tiere und Pflanzen trifft. Österreich ist Vertragspartei. *CMP*

Wegehalterhaftung (PR)
Besonderer deliktischer Haftungstatbestand im ABGB. Der Wegehalter (Träger der Kosten für Errichtung und Erhaltung des Weges) haftet für Schäden, die durch den mangelhaften Zustand des Weges herbeigeführt werden. Die Haftung greift erst bei grobem Verschulden. Der Wegehalter haftet auch für »grobes Verschulden seiner Leute (Leutehaftung – abweichend von der Haftung für den Besorgungsgehilfen sind hier Untüchtigkeit und wissentliche Gefährlichkeit keine Voraussetzungen). *AW*

Wegerecht (PR)
Beispiel für eine Grunddienstbarkeit (»Grunddienstbarkeiten). Dem Inhaber des herrschenden Grundstücks wird das Recht eingeräumt, das dienende Grundstück zu überqueren, darüber Vieh zu treiben und mit dem Fuhrwerk zu fahren. *DH*

Weiderecht (PR)
Beispiel für eine Grunddienstbarkeit (»Grunddienstbarkeiten). Dem Inhaber des herrschenden Grundstücks wird das Recht eingeräumt, Vieh auf dem dienenden Grundstück weiden zu lassen. *DH*

Weisung (ÖR)
ist ein generell-abstrakter oder individuell-konkreter Akt bzw eine Anordnung eines Verwaltungsorgans, der bzw die sich im Rahmen der hierarchischen Organisation an nachgeordnete Verwaltungsorgane richtet. Anordnung zur Durchführung oder Unterlassung einer Handlung. Zur rechtswidrigen Weisung siehe »Weisungsgebunden. *JF*

Weisung (PR)
(Im arbeitsrechtlichen Sinn) »Willenserklärung des Arbeitgebers, die die im »Arbeitsvertrag allgemein festgelegte Pflicht des Arbeitnehmers zur Dienstverrichtung konkretisiert.
Beispiel: die Weisung, zwischen 9 und 17 Uhr am Arbeitsplatz anwesend zu sein.
Das Weisungsrecht des Arbeitgebers ist ein einseitiges »Gestaltungsrecht. *MH/AG*

Weisungsfrei ÖR
ist ein Organ, das in seiner Tätigkeit an keine Weisungen (»Weisung) bzw Anordnungen über Inhalt und Art seiner Amtsführung gebunden ist. Bsp: Richter, Mitglieder unabhängiger Verwaltungsbehörden. Unterscheide dazu »Weisungsgebunden. *JF*

Weisungsfrei PR
Weisungsfrei ist, wer bei Ausführung seiner Tätigkeit nicht den Weisungen (siehe »Weisung) des Vertragspartners unterliegt, zB der »Werkunternehmer. *MH/AG*

Weisungsgebunden ÖR
Die Verwaltung ist hierarchisch organisiert. Daraus ergibt sich, dass Verwaltungsorgane an die Aufträge der übergeordneten Organe gebunden sind. Eine ausdrückliche Regelung findet sich in Art 20 B-VG. Eine »Weisung kann nur abgelehnt werden, wenn sie von einem nicht zuständigen Organ erteilt wurde oder die Erfüllung des Auftrags einen strafgesetzwidrigen Zustand herbeiführen würde. *JF*

Werk PR
Gegenstand des Werkvertrages. Die Erzeugung eines Werks ist immer die Herstellung eines bestimmten Erfolges, zB Reparatur eines Autos, Schneidern eines Kleides, Verfassen eines Zeitschriftenartikels. Siehe »Werkvertrag. *MH/AG*

Werkbesteller PR
Jener Vertragspartner des Werkvertrages, der beim »Werkunternehmer ein bestimmtes »Werk bestellt. Siehe »Werkvertrag. *MH/AG*

Werklohn PR
Geldbetrag, der als Gegenleistung für die Herstellung eines Werks aus dem Titel des Werkvertrags gegeben wird. Siehe »Werkvertrag. *MH/AG*

Werkunternehmer PR
Jener Vertragpartner des Werkvertrages, der verpflichtet ist, für den anderen (»Werkbesteller) das »Werk herzustellen. Siehe »Werkvertrag. *MH/AG*

Werkvertrag PR
»Dienstleistungsvertrag, bei dem sich eine Partei (»Werkunternehmer) verpflichtet, für die andere Partei (»Werkbesteller) einen bestimmten Erfolg (»Werk) herzustellen. Im Unterschied zum »Arbeitnehmer arbeitet der Werkunternehmer dabei selbständig. Der Werkvertrag ist ein »Zielschuldverhältnis. Unterscheide davon: »Arbeitsvertrag, »Freier Dienstvertrag. Unterscheide außerdem den »Auftrag, bei dem keine faktsiche Leistung, sondern eine »Rechtshandlung geschuldet ist. *MH/AG*

Wert der besonderen Vorliebe PR
Siehe »Affektionsinteresse. *AW*

Wertabsolutismus ÖR
ist eine naturrechtliche Position, die aus positivistischer Sicht einen objektiven Betrieb der Rechtswissenschaft nicht zulässt. Der Wertabsolutismus geht davon aus, dass allgemein anerkannte – absolut geltende – Werte existieren, die über jeder positiven Rechtsordnung stehen. Insbesondere der Rechtspositivismus leugnet dies und nimmt an, dass Werte grundsätzlich relativ, also je nach Betrachtungswinkel unterschiedlich sind. (Siehe »Wertrelativismus). Bsp: Wenn mehrere Personen über den Spaß am Schnellfahren diskutieren, werden mit Sicherheit kontroversielle Positionen vertreten. Die einen werden den Spaß daran, die anderen die damit verbundenen Gefahren in den Vordergrund stellen, etc. Hinweis: Unter der Annahme einer wertrelativistischen Grundposition (Rechtspositivismus) sind subjektive Wertungen beim Betrieb der Rechtswissenschaft gänzlich auszuklammern. *CMP*

Wertpapier PR
ist eine Urkunde, in der ein privates Recht in der Weise verbrieft ist, dass zur Geltendmachung des Rechts die Innehabung der Urkunde notwendig ist. Wertpapiere sind beispielsweise Aktien, Schuldverschreibungen, Wechsel, Scheck, Investmentzertifikate. *AW*

Wertpapierrecht PR
Umfasst jene Rechtsnormen, die Wertpapiere (»Wertpapier) zum Gegenstand haben. Dazu zählen unter anderem Wechselgesetz, Scheckgesetz, Aktiengesetz. *AW*

Wertrelativismus ÖR
Die Meinung, dass Wertungen subjektiv sind und daher keine allgemeine Bedeutung haben; einfach gesprochen hat jeder Mensch andere Werte. Subjektive Werte sind daher aus rechtspositivistischer Sicht in der Rechtswissenschaft bzw der Rechtsauslegung unwillkommen. Gegenpol: »Wertabsolutismus. *CMP*

Wertsicherungsklausel PR
Klausel in einem Vertrag, die für den Fall, dass das Geld an »Kaufkraft verliert (Inflation), eine Erhöhung des geschuldeten Geldbetrages (»Nennwert) ermöglicht. *MH/AG*

Wertsystem ÖR
Ein Wertsystem folgt bestimmten Kategorien von Werten; nach positivistischer Anschauung sind Werte notwendig subjektiv und daher vom Interpreten bei der Suche nach wissenschaftlicher (ob-

jektiver) Erkentnis auszuklammern.
Beachte: Anderes gilt für die vom Gesetzgeber selbst zugrunde gelegten Werte: Der Gesetzgeber kann nämlich bei der Erlassung von Normen sehr wohl bestimmten Wertsystemen folgen; die Berücksichtigung dieser (vom Gesetzgeber in seinen Plan aufgenommenen) Werte bei der Auslegung ist zulässig. *CMP*

Werturteile ÖR
sind Urteile bzw Meinungen, die auf subjektiven, gefühlsmäßigen Wertungen beruhen und daher nicht objektiv nachweisbar sind. Wissenschaftliche Erkenntnisse dürfen nach positivistischer Sicht nicht auf Werturteilen beruhen. *CMP*

Werturteilsproblem ÖR
Die Unmöglichkeit, rein subjektiv motivierte Meinungen (Werturteile) objektiv nachzuweisen, führt den Rechtspositivismus zu der Erkenntnis, dass Werturteile keine Basis einer objektiven Rechtswissenschaft sein können. Persönliche Werturteile sind daher bei der Interpretation von Rechtsvorschriften auszuklammern (dh sie haben unberücksichtigt zu bleiben). Hinweis: Dies gilt nicht für allfällige Wertungen des Gesetzgebers selbst, die in die von ihm beschlossene Vorschrift Eingang gefunden haben. Solche – und nur solche – Wertungen sind – etwa im Rahmen historischer bzw objektiv-teleologischer Auslegung – zu berücksichtigen. *CMP*

Werturteilsproblematik ÖR
Siehe »Werturteilsproblem. *CMP*

Wesentlicher Irrtum PR
liegt vor, wenn ohne den Irrtum der Irrende den Vertrag überhaupt nicht geschlossen hätte. Er berechtigt unter bestimmten Umständen zur »Anfechtung des Vertrags (»Irrtumsanfechtung). Vgl auch »Unwesentlicher Irrtum, »Erheblicher Irrtum. *BB*

Westgalizisches Gesetzbuch PR
Der »Entwurf Martini trat zunächst in Westgalizien und schließlich in Ostgalizien und der Bukowina als Westgalizisches Gesetzbuch in Kraft. Nach einer weiteren Bearbeitung des Urentwurfes Martini wurde dieser als »Allgemeines Bürgerliches Gesetzbuch kundgemacht. *AW*

Wettbewerbsrecht PR
Überbegriff für jene Rechtsnormen, welche den Bestand und die Qualität des wirtschaftlichen Wettbewerbes regeln. Es umfasst insbesondere das Kartellgesetz und das UWG (Gesetz gegen den unlauteren Wettbewerb). Wettbewerb ist das konkurrierende Streben mehrerer Unternehmer auf einem gemeinsamen Markt nach dem gleichen Ziel (insb Geschäftsabschluss mit Dritten). *AW*

Wette PR
»Glücksvertrag, mit dem ein bestimmter Preis für denjenigen vereinbart wird, dessen Behauptung über ein für beide Teile noch unbekanntes Ereignis sich als richtig erweist. *MH/AG*

Widerspruch PR
Siehe »Versäumungsurteil. *PS*

Widerspruchsklage PR
(Exzindierungsklage) Mit der Widerspruchsklage kann der Eigentümer einer Sache diese herausfordern, wenn sie in eine gegen einen anderen gerichtete Zwangsvollstreckung einbezogen wird. Der Widerspruchsklage entspricht im Insolvenzverfahren die »Aussonderungsklage. *DH*

Widerstandsrecht RPH
hat seine Wurzeln bereits im Mittelalter (religiöse Herrschaftslegitimation). Ausgangspunkt ist die Kompetenzüberschreitung bzw der Treuebruch eines Herrschers gegenüber seinen Untertanen, was den Verlust seiner Herrschaftslegitimation und damit das Recht zum gewaltsamen Widerstand gegen ihn bis hin zur Beseitigung seines gesamten Herrschaftssystems bzw sogar den Tyrannenmord zur Folgen haben kann. Neuzeitlich wird das Widerstandsrecht mit dem Bruch des Gesellschaftsvertrags legitimiert. *CMS*

Wiederaufnahme des Verfahrens PR
Siehe »Rechtskraft. *PS*

Wiener Rechtstheoretische Schule ÖR
Wegweisende Richtung der juristischen Wissenschaftstheorie; positivistisch ausgerichtet; maßgeblich beeinflusst und begründet von Hans »Kelsen und Adolf Julius »Merkl. Aus ihr ist die »Reine Rechtslehre hervorgegangen. *CMP*

Willensakt ÖR
Wird von Normsetzern (also zur Normerzeugung ermächtigten Organen) gesetzt, aber auch von Vollzugsorganen (das zeigt sich vor allem dann, wenn Spielräume ausgefüllt werden). Wird von positivistischen Lehren besonders betont. Siehe auch »Montesquieu und »Doppeltes Rechtsantlitz. *CMP*

Willensübereinstimmung PR
Siehe »Konsens. *MH/AG*

Willensbildungsstörung PR
Siehe »Willensmangel. *BB*

Willenserklärung PR
Erklärung, die auf die Herbeiführung von Rechtsfolgen gerichtet ist. Der Erklärende teilt damit seinen Willen nach außen hin mit. Ein »Rechtsge-

schäft besteht aus einer oder mehreren Willenserklärungen. *SR*

Willensinterpretation ÖR
Siehe »Historische Interpretation. *CMP*

Willensmangel PR
liegt vor, wenn der rechtsgeschäftliche Wille nicht frei gebildet wurde, entweder weil der Erklärende bei Abgabe seiner Erklärung von unrichtigen Vorstellungen ausging (zB bei »Irrtum, »List, »Verkürzung über die Hälfte) oder sich in einer Drucksituation befand (zB »Drohung, »Wucher, gröblich benachteiligende Nebenbestimmungen in AGB). Willensmängel können zur »Nichtigkeit des Geschäfts führen (siehe »Anfechtung; »Irrtumsanfechtung). *BB*

Willenstheorie PR
Bedeutet, dass im Zusammenhang mit dem Verständnis von Willenserklärungen (»Willenserklärung) ausschließlich auf den wahren Willen des Erklärenden abgestellt wird. Dem Erklärungsempfänger ist dieser „innere Wille" des Erklärenden jedoch nicht zugänglich, sondern nur das, was der Erklärende nach außen hin kundtut. Um den Interessen von beiden Seiten gerecht zu werden, gilt in Österreich nicht die Willenstheorie, sondern die »Vertrauenstheorie. *SR*

Willkür ÖR
Siehe auch »Gleichheitssatz. Die Vollziehung verletzt den Gleichheitssatz, wenn sie Willkür übt. Willkür liegt etwa dann vor, wenn die Behörde bei der Erlassung einer Entscheidung eine Person aufgrund subjektiver Gründe benachteiligt (zB aufgrund ihrer Hautfarbe, ihrer Eigenschaft als Fremder etc) oder wenn die Behörde – objektiv betrachtet – das anzuwendende Gesetz gröblich verkennt bzw grundlegende Verfahrensvorschriften völlig außer Acht lässt (zB „denkunmögliche" Auslegung; Unterlassung jeglicher Sachverhaltsermittlung). *CMP*

Wirksamkeit RPH
bedeutet -im Gegensatz zur Geltung einer Norm- die Frage ihrer sozialen, ihrer faktischen Bedeutung. Es geht um die Befolgung, die Durchsetzung und die Folgen von Rechtsnormen in der sozialen Wirklichkeit. Aus der Wirksamkeit (SEIN) kann man nach Kelsen nicht die Geltung (SOLLEN) ableiten, obwohl man nicht leugnen kann, dass es auch so etwas wie die »Normative Kraft des Faktischen (JELLINEK) gibt. Im Bereich der Menschenrechte spricht man diesbezüglich von "Internationalität". *CMS*

Wirksamkeit ÖR
Man spricht hier auch von der Anwendbarkeit einer Norm. Ob eine Norm in einem bestimmten Fall anwendbar ist, hängt von ihrem sachlichen und zeitlichen Geltungsbereich (»Geltung) ab. Eine Norm kann also dem Rechtsbestand angehören, aber noch nicht (oder nicht mehr) anwendbar sein. Mit Wirksamkeit kann auch die „Effektivität" gemeint sein, die für den Geltungsbegriff von Bedeutung ist, siehe »Effektivität. *CMP*

Wirksamkeitsvoraussetzungen des Vertragsschlusses PR
sind Voraussetzungen für die »Gültigkeit des Vertrags, die schon bei Abschluss gegeben sein müssen. Es sind dies: »Geschäftsfähigkeit (bzw Zustimmung des gesetzlichen Vertreters), Fehlen von Willensmängeln (»Willensmangel), Möglichkeit des Vertragsinhalts (»Anfängliche Unmöglichkeit der Leistung), »Erlaubtheit des Vertragsinhaltes, Fehlen gravierender Leistungsinäquivalenz (»Verkürzung über die Hälfte), Beachtung etwaiger »Formvorschriften; außerdem natürlich: übereinstimmende »Willenserklärungen und bei Stellvertretung: »Vollmacht. Bei Fehlen einer davon leidet der Vertrag an einem »Wurzelmangel und ist nichtig. Beachte die verschiedenen Rechtsfolgen von »Nichtigkeit! *BB*

Wirkungsbereich ÖR
bezeichnet die Summe jener Angelegenheiten, in welchen ein Staatsorgan einzuschreiten hat. *CMP*

Wirtschaftliche Abhängigkeit PR
Im arbeitsrechtlichen Sinne: Ein »freier Dienstnehmer, der ausschließlich oder überwiegend für einen Auftraggeber tätig wird, sodass sein finanzieller Erfolg an diesem hängt, ist wirtschaftlich abhängig. Er ist durch seine wirtschaftliche Abhängigkeit eine »arbeitnehmerähnliche Person. Unterscheide davon: »Persönliche Abhängigkeit. *MH/AG*

Wirtschaftliche Vereine PR
Siehe »Verein. *BB*

Wirtschafts- und Währungsunion ÖR
Siehe »Europäische Wirtschafts- und Währungsunion. *JF*

Wirtschaftsrecht ÖR
Rechtsbereich, der Rück- bzw Auswirkungen auf wirtschaftliche Sachverhalte bzw auf Wirtschaftsteibende hat. Man unterscheidet Wirtschaftsverwaltungsrecht (zB Gewerbeordnung) und Wirtschaftsverfassungsrecht (zB wirtschaftliche Grundrechte wie Eigentumsfreiheit, Erwerbsfreiheit etc). Das Wirtschaftsrecht enthält naturgemäß einen besonders hohen Anteil an Gemeinschaftsrecht (Raschauer). *CMP*

Wohlfahrt ÖR
ist eine »Staatsaufgabe. Umfasst unter anderem die soziale Sicherheit, Bildung, Infrastruktur, Versorgung und Wirtschaftsförderung. Man spricht in diesem Zusammenhang von der Wohlfahrtsfunktion des Staates oder vom sogenannten Wohlfahrtsstaat. *JF*

Wohnrecht PR
Überbegriff für alle Rechtsnormen, die für den Bereich „Wohnen“ relevant sind. Dazu zählen beispielsweise das MRG (»Mietrechtsgesetz), das Wohnungseigentumsgesetz (»Wohnungseigentum), das Hausbesorgergesetz. *AW*

Wohnungseigentum PR
Form des Miteigentums (»Miteigentum). Dem Miteigentümer einer Liegenschaft eingeräumtes dingliches Recht, eine selbständige Wohnung oder eine sonstige selbständige Räumlichkeit ausschließlich zu nützen und darüber zu verfügen. *DH*

Wohnungseigentumsrecht PR
Siehe »Wohnungseigentum. *DH*

Wohnungsgemeinschaft PR
Siehe »Umfassende Lebensgemeinschaft. *VTH*

Wortauslegung PR
(Grammatikalische Auslegung) Am Beginn einer »Gesetzesauslegung ist die Bedeutung eines Wortes bzw eines ganzen Satzes zu ermitteln. Je nach Art der Tatbestandsbegriffe ist entweder der allgemeine Sprachgebrauch oder ein fachlich bzw rechtlich spezifischer heranzuziehen. Die Auslegung ist durch den äußerstmöglichen Wortsinn beschränkt. Diese Grenze darf auch mit den übrigen »Auslegungsmethoden nicht überschritten werden. Diesfalls wäre höchstens noch eine »Lückenfüllung in Betracht zu ziehen. *AP/EK*

Wortinterpretation ÖR
Die Wort- oder Verbalinterpretation stellt die erste Stufe der »Auslegung einer Bestimmung dar. Die Frage dabei ist, welche Bedeutung einem gewissen Wort zukommt (Wortsinn). Bei der Lösung orientiert man sich am allgemeinen Sprachgebrauch oder an der spezifischen Bedeutung eines Wortes. Teilweise werden Begriffe auch im Gesetz selbst erklärt. Dann spricht man von einer »Legaldefinition . *GH*

WTO ÖR
= World Trade Organisation. Gründung 1994. Die WTO ist eine internationale Organisation mit Sitz in Genf und hat derzeit 152 Mitglieder. Das Ziel der WTO ist der Abbau von internationalen Handelshemmnissen und die Liberalisierung des internationalen Handels. Eine weitere Aufgabe betrifft die Verwirklichung des internationalen Freihandels. *LB*

Wucher PR
liegt vor, wenn jemand den Leichtsinn, die Zwangslage, Verstandesschwäche, Unerfahrenheit oder Gemütsaufregung eines anderen dadurch ausbeutet, dass er sich oder einem Dritten für eine Leistung eine Gegenleistung versprechen lässt, deren Wert zu dem Wert der Leistung in auffallendem Missverhältnis steht. Wucher ist also eine Kombination von »Willensmangel und »Äquivalenzstörung. Das wucherische Geschäft ist wegen Gesetzwidrigkeit »nichtig (»Relative Nichtigkeit); vgl »Erlaubtheit des Vertragsinhaltes. *BB*

Wurzelmangel PR
Ein Mangel bzw Fehler, der beim Abschluss eines Vertrages vorliegt.
Beispiele: Geschäftsunfähigkeit (siehe »Geschäftsunfähig), »Irrtum, »Drohung, »List, »Anfängliche Unmöglichkeit der Leistung. *MH/AG*

Z ÖR
ist die Abkürzung für die Ziffer eines Paragraphen (»Paragraph) oder Artikels (»Artikel). Bsp: §51e Abs 2 Z 1. *JF*

Zahlungsbefehl PR
Siehe »Mahnverfahren. *PS*

Zahlungsverzug PR
Werden Geldschulden nicht am gehörigen Ort, zur gehörigen Zeit und auf die bedungene Art und Weise erbracht, kann dies zu einem Anspruch des Gläubigers auf »Verzugszinsen führen. *AP/EK*

Zeitlicher Geltungsbereich ÖR
Zeitraum, während dessen eine Vorschrift gilt. Beginnt mit der Kundmachung (bei Bundesgesetzen: ab 0 Uhr des der Kundmachung folgendes Tages) und endet mit einem allfällig festgelegten Zeitpunkt des Außerkrafttretens ("Ablaufdatum"). Ist kein Ablaufdatum festgelegt, ist der zeitliche Geltungsbereich unbeschränkt. *CMP*

Zerrüttung der Ehe PR
liegt vor, wenn die Wiederherstellung einer dem Wesen der Ehe entsprechenden Lebensgemeinschaft nicht mehr erwartet werden kann. Zerrüttung kann auch ohne Verschulden eintreten. Sie stellt eine Voraussetzung für das einseitige Scheidungsrecht (»Einseitiges Scheidungsrecht) wegen Verschuldens oder „aus anderen Gründen“ dar; vgl §§ 49 ff EheG. »Scheidung, »Schwere Eheverfehlung, »Häusliche Gemeinschaft *VTH*

Zession (PR)
(Auch: Forderungsabtretung) Die Abtretung einer »Forderung vom »Gläubiger auf einen neuen Gläubiger. Es wird somit ein Gläubigerwechsel vorgenommen. Die Zession bedarf nicht der Zustimmung des Schuldners.

Beispiel: Adam hat gegen Beate eine Forderung von € 100. Da Adam selbst Schulden bei Clemens hat, überträgt (zediert) er die Forderung gegen Beate auf Clemens. Clemens kann nun die € 100 gegen Beate geltend machen. *MH/AG*

Zeuge (PR)
Person, die über eine von ihr wahrgenommene Tatsache aussagen soll. *PS*

Zielschuldverhältnis (PR)
»Schuldverhältnis, das eine einmalige »Leistung zum Inhalt hat und mit der »Erfüllung dieser Leistungspflicht erlischt. ZB »Kaufvertrag, »Tauschvertrag, »Schenkungsvertrag, »Werkvertrag.

Unterscheide davon: »Dauerschuldverhältnis. *MH/AG*

Zins (PR)
Siehe »Mietzins. *MH/AG*

Zinsanspruch (PR)
ist die Möglichkeit, Zinsen als Gegenleistung für die Überlassung eines bestimmten Kapitalbetrages zu verlangen. Sie werden in Prozenten des Kapitalbetrags pro Zeiteinheit berechnet. Als Nebengebühren verjähren sie unabhängig von der Hauptforderung in drei Jahren. Ein allfälliger Zinsanspruch kann sich aus Vertrag oder Gesetz ergeben (vgl dazu »Verzugszinsen). *AP/EK*

Zinsen (PR)
Entgelt für überlassenes bzw Ausgleich für entgangenes Vermögen, zB Engelt beim Darlehen (siehe »Darlehenszins) oder »Verzugszinsen, wenn der Schuldner in Verzug gerät. *MH/AG*

Zinssatz (PR)
dient zur Berechnung der gesetzlichen »Verzugszinsen, wenn nicht anderes vereinbart worden ist. Der gesetzliche Zinssatz beträgt im Zivilrecht grundsätzlich 4 %, im Wechsel- und Scheckrecht 6 % und für unternehmensbezogene Geschäfte 8 Prozentpunkte über dem jeweiligen »Basiszinssatz. *AP/EK*

Ziviler Ungehorsam (RPH)
hat seine Wurzeln in der Anti-Vietnamkriegs-Bewegung in den USA der 60er und 70er Jahre des 20. Jhdts. Es geht dabei um einen gewaltlosen Widerstand (anders als beim Widerstandsrecht), und Ziel ist nicht ein "Regime Change", sondern die Verweigerung des bürgerlichen Gehorsams hinsichtlich bestimmter Regierungspolitiken – auch diesbezüglich unterscheidet sich der zivile Ungehorsam wesentlich vom Widerstandsrecht. Schwierige Abgrenzungsprobleme wirft va das Kriterium der "Gewaltlosigkeit" auf. *CMS*

Zivilgericht (PR)
Ordentliches, unabhängiges Gericht, das zur Entscheidung in privatrechtlichen Angelegenheiten zuständig ist. Unterscheide: »Strafgericht. *CMP*

Zivilgerichtliches Verfahren (PR)
Siehe »Erkenntnisverfahren. *PS*

Zivilmaklervertrag (PR)
Vertrag, bei dem eine Partei (»Makler) Geschäfte für die andere Partei vermittelt, ohne ständig damit betraut zu sein. Der Makler ist dabei, im Unterschied zum Handelsmakler (siehe »Handelsmaklervertrag), nicht gewerbsmäßig tätig. Auf den Zivilmaklervertrag sind die Regelungen des Maklergesetzes (siehe »Maklergesetz) anzuwenden. *MH/AG*

Zivilprozess (PR)
Siehe »Erkenntnisverfahren. *PS*

Zivilprozessordnung (PR)
Die Zivilprozessordnung enthält Regeln für den Ablauf des zivilgerichtlichen Verfahrens. *PS*

Zivilprozessrecht (PR)
Rechtsnormen, die das zivilgerichtliche Verfahren regeln. *PS*

Zivilrecht (PR)
Siehe »Allgemeines Privatrecht. *AW*

Zivilrechts-Mediations-Gesetz (PR)
Siehe »Mediation. *PS*

ZivMediatG (PR)
»Zivilrechts-Mediations-Gesetz *PS*

Zoón Politikón (RPH)
ist die anthropologische Konzeption des ARISTOTELES, der den Menschen als ein wesentlich politisches Lebenwesen versteht. Das bedeutet, dass nach ARISTOTELES der Mensch erst unter Menschen zu seinem vollendeten Lebensvollzug gelangen kann. Damit wird ausgedrückt, dass die "Polis" für den Vollzug des Menschseins von existenzieller Bedeutung ist, damit aber auch die Frage ihrer (verfassungs)rechtlichen Ausgestaltung. Er kritisiert damit klar alle Ansätze, die den Menschen individualistisch sehen. *CMS*

ZPEMRK (ÖR)
= Zusatzprotokoll(e) zur Europäischen Menschenrechtskonvention. Die »EMRK wurde seit ihrem In-Kraft-Treten im Jahr 1953 durch zahlreiche Zusatzprotokolle mehrfach verändert und ergänzt. Die Änderungen durch die Zusatzprotokolle betreffen sowohl materielles als auch formelles Recht;

es wurden neue Grundrechte eingeführt, Zuständigkeitsfragen geregelt und neue Kompetenzen festgelegt. *LB*

ZPO ÖR
»Zivilprozessordnung *CMP*

Zueignung PR
Form des Eigentumserwerbes (»Eigentumserwerb), bei der sich eine Person eine »herrenlose Sache mit dem Willen aneignet, daran »Eigentum zu begründen. *DH*

Zug um Zug PR
Siehe »Leistung Zug um Zug. *MH/AG*

Zugang PR
Damit ein »Anbot (= »empfangsbedürftige Willenserklärung) volle Wirksamkeit entfalten kann, muss es dem Empfänger zugehen; es muss also in seinen Machtbereich gelangen; der Empfänger muss zumindest die Möglichkeit haben, sich Kenntnis davon zu verschaffen. *SR*

Zurückbehaltungsrecht PR
Der Gläubiger kann zur Sicherung seines Anspruches seine Leistung zurückbehalten, wenn der Schuldner seine Leistung nicht oder nur mangelhaft anbietet. An unverwertbaren Sachen kann ein Zurückbehaltungsrecht begründet werden, aber kein Pfandrecht. *DH*

Zurechnungsgründe PR
im Schadenersatzrecht. Jene „Merkmale", die erfüllt sein müssen, um die Schadenersatzpflicht einer Person zu begründen. »Schaden, »Kausalität, »Rechtswidrigkeit, »Verschulden. Vergleiche »Verschuldenshaftung, »Gefährdungshaftung, »Eingriffshaftung *AW*

Zuschlag bei einer Versteigerung PR
Fall des Eigentumserwerbes. Werden Liegenschaften im Rahmen eines Exekutionsverfahrens (also zwangsweise) oder im Rahmen einer freiwilligen Versteigerung versteigert, so geht das Eigentum bereits mit dem Zuschlag und nicht erst mit der Einverleibung ins Grundbuch über. Dies gilt auch bei der Versteigerung beweglicher Sachen. *DH*

Zuständigkeit ÖR
bezeichnet den Umstand, dass eine Behörde durch gesetzliche Vorschriften (formelles Recht) zur Entscheidung einer Sache berufen ist. Man unterscheidet örtliche und sachliche Zuständigkeit. *CMP*

Zuständigkeitsmangel ÖR
Siehe »Unzuständigkeit. *CMP*

Zustellung ÖR
bedeutet die Erlassung schriftlicher Bescheide (»Bescheid) bzw behördlicher Erledigungen durch Übermittlung an die Verfahrenspartei. Erst mit erfolgter Zustellung erlangen Bescheide Rechtswirksamkeit. Erfolgt in zwei Schritten durch die Zustellverfügung und den eigentlichen Zustellvorgang. Gesetzliche Grundlage: ZustellG. *JF*

Zwang, staatlicher ÖR
Damit sind in der Regel die förmlichen Verfahren gemeint, die der Durchsetzung des materiellen Rechts dienen (zB Gerichtsverfahren zur Durchsetzung einer Geldforderung); ebenso der Einsatz von Zwangsgewalt durch Staatsorgane (zB Einsatz von Waffengewalt gegen Straftäter, Festnahmen etc). *CMP*

Zwangscharakter ÖR
Man sagt, dass das positive Recht Zwangscharakter hat, und meint damit, dass bei seiner Verletzung staatlich organisierter Zwang angedroht ist. Der Zwangscharakter ist nach positivistischer Grundhaltung wesentlicher Bestandteil des Rechtsbegriffs. Siehe auch »Zwangsordnung. *CMP*

Zwangsnormen ÖR
Synonym: »Verhaltensrecht. Zwangsnormen sind in der Terminologie Mayers dadurch gekennzeichnet, dass bei ihrer Verletzung staatlich organisierter Zwang einsetzt. *CMP*

Zwangsnormvollzugsnormen ÖR
Legen in der Terminologie Mayers fest, wer befugt ist, bestimmte Zwangsnormen durchzusetzen, und wie er dabei vorzugehen hat. Genauer gesagt, werden Zuständigkeit und Verfahren für den Vollzug von Zwangsnormen geregelt. *CMP*

Zwangsordnung ÖR
Man sagt, dass positive Rechtsordnungen die Typologie einer Zwangsordnung aufweisen, das bedeutet, dass bei ihrer Verletzung staatlich organisierter Zwang einsetzt. Nach Mayer besitzt auch die Erzeugungsnorm mittelbaren Zwangscharakter, weil sie die Erlassung sowohl der Zwangsnorm (Verhaltensnorm) als auch der Zwangsnormvollzugsnorm regelt. *CMP*

Zwangsstrafe ÖR
Siehe »Beugestrafe. *JF*

Zwangsvollstreckung PR
Siehe »Exekution. *PS*

Zweckmäßigkeitsüberlegung ÖR
Die Erwägung, ob etwas im Licht der gesteckten Ziele sinnvoll erscheint; hiebei fließen subjektive Wertungen ein. Zweckmäßigkeitsüberlegungen sind aus rechtspositivistischer Sicht etwa bei der Wahl des Gegenstands einer Wissenschaft, bei der Festlegung ihrer Methoden oder in der Rechtspolitik gestattet, nicht aber bei der Rechtsauslegung, die im Sinne der Erlangung objektiver Erkenntnisse frei

von persönlichen Wertungen sein soll. *CMP*

Zwei-Klassen-Medizin RPH
spricht die Frage an, ob in einer solidarischen Sozialversicherungsgemeinschaft allen Versicherten im Lichte knapper Ressourcen noch alle medizinisch notwendigen Behandlungsweisen zur Verfügung gestellt werden können. Alternativ wird davon gesprochen, jedenfalls eine medizinische Grundversorgung aufrechtzuerhalten, während eine Spitzenversorgung nur noch gegen private Zusatzversicherung bzw Zuzahlung erhältlich sein soll: Doch wer bestimmt, was eine "medizinische Grundversorgung" ist? *CMS*

Zwei-Schwerter-Theorie ÖR
beschäftigt sich mit dem Verhältnis zwischen Staat und Kirche im Mittelalter, genauer gesagt mit dem Rangverhältnis zwischen päpstlicher und kaiserlicher Macht. *CMP*

Zweiseitig verpflichtendes Rechtsgeschäft PR
Liegt vor, wenn sich beide Parteien eines zweiseitigen Rechtsgeschäfts (»zweiseitiges Rechtsgeschäft, »Vertrag) zu einer Leistung verpflichten. Bei diesen zwei einander gegenüberstehenden Leistungen spricht man von einem Synallagma (»synallagmatischer Vertrag). Alle zweiseitig verpflichtenden Rechtsgeschäfte sind zugleich auch entgeltliche Rechtsgeschäfte (»entgeltliches Rechtsgeschäft) *SR*

Zweiseitig zwingende Normen PR
Siehe »Absolut zwingendes Recht. *AP/EK*

Zweiseitiges Rechtsgeschäft PR
»Mehrseitiges Rechtsgeschäft; »Rechtsgeschäft, für dessen Zustandekommen Willenserklärungen (»Willenserklärung) von zwei (bzw mehreren) Parteien erforderlich sind. Zwei- oder mehrseitige Rechtsgeschäfte bedürfen somit zweier oder mehrerer übereinstimmender Willenserklärungen. Es handelt sich hier primär um Verträge (»Vertrag) *SR*

Zweite Säule ÖR
Seit dem »Vertrag von Maastricht bildet die Gemeinsame Außen- und Sicherheitspolitik (GASP) als Zweite Säule der Europäischen Union die rechtliche Basis für die europäische Außenpolitik. Die Tätigkeitsbereiche innerhalb der Zweiten Säule beziehen sich insbesondere auf Fragen der Diplomatie bzw der Europäischen Sicherheits- und Verteidigungspolitik. *LB*

Zwingende Rechtsnormen PR
Siehe »Zwingendes Recht. *AP/EK*

Zwingendes Gesetzesrecht PR
Siehe »Zwingendes Recht. *MH/AG*

Zwingendes Recht PR
(ius cogens) kann durch Parteienvereinbarung nicht abbedungen werden. Damit möchte der Gesetzgeber erreichen, dass bestimmte Regelungszwecke nicht durch abweichende privatautonome Rechtsgestaltung vereitelt werden. Sollte eine Vereinbarung dennoch Abweichendes vorsehen, so ist dies zur Gänze oder teilweise nichtig. Man unterscheidet »absolut zwingendes Recht und »relativ zwingendes Recht. *AP/EK*

Christian M. Piska, Stephan Lenzhofer (Hg.)

Casebook Einführung in die Rechtswissenschaften

Strategische Anleitung und Arbeitsbuch mit Fällen und Lösungen

3. Auflage
163 Seiten
EUR 15,–

Wer dieses Casebook aufschlägt, hat ein Ziel: die berühmt-berüchtigte Modulprüfung „Einführung in die Rechtswissenschaften und ihre Methoden" (kurz: Einführung) zu bestehen. Lernen allein kann im Fall der Einführung zu wenig sein.

Dieses Casebook enthält vor allem:

- Eine strategische Anleitung
- Zahlreiche originale Musterklausuren mit Lösungsvorschlägen
- Die Möglichkeit, die Modulprüfungssituation zu simulieren.

Die 3. Auflage wurde erweitert, durchgehend aktualisiert und enthält neue Prüfungsfragen. Sie ist damit speziell auf das Studienjahr 2009/2010 zugeschnitten.

Benjamin Kneihs

Verfassungs- und Allgemeines Verwaltungsrecht

2. Auflage
215 Seiten
EUR 22,–

Dieses Buch dient der Einführung in die Terminologie und Grundstrukturen des öffentlichen Rechts. Es soll einen ersten Überblick ermöglichen und das weiterführende Studium erleichtern. Weiterführende Hinweise auf Literatur und Judikatur ermöglichen die Vertiefung des erworbenen Wissens, Beispiele und Fragen zur Selbstkontrolle (mit Lösungen) machen dieses Werk zu einem wertvollen Arbeitsbuch.

- Grundlagen des öffentlichen Rechts
- Grundprinzipien der Bundesverfassung
- Rechtsetzung und Recht der Europäischen Gemeinschaft
- Das Handeln der Verwaltung (Hoheits- und Privatwirtschaftsverwaltung)
- Organisation und Grundsätze der (Bundes-)Verwaltung
- Grundrechte und Rechtsschutz (Instanzenzüge)

Ferdinand Kerschner

Wissenschaftliche Arbeitstechnik und Methodenlehre für Juristen

5. Auflage
272 Seiten + CD-ROM
EUR 32,–

Das Buch ist das österreichische Standardwerk für das Verfassen juristischer wissenschaftlicher Arbeiten. Es liefert Studierenden und wissenschaftlich Tätigen wichtige Hinweise zu Materialsuche, Gliederung, Zitierregeln, Abkürzungen und Fußnoten. Der Abschnitt über die Methodenlehre wurde wesentlich erweitert.

Eine beiliegende CD-ROM unterstützt die Arbeit mit dem Computer – sie enthält:

- Druckformatvorlagen für MS Word
- eine einfache Datenbank zur Erstellung einer Verfasser- und Entscheidungskartei
- eine Liste wichtiger Abkürzungen
- Links zu allen maßgeblichen juristischen Bibliotheken Österreichs
- einen Überblick über den Dokumentationsstatus der wichtigsten österreichischen Rechtsdatenbanken.